孙子兵法

薛将军精解《孙子兵法》

薛国安 著

中信出版集团 | 北京

图书在版编目（CIP）数据

薛将军精解《孙子兵法》/ 薛国安著 . -- 北京：中信出版社，2019.3（2025 . 1 重印）
ISBN 978-7-5086-9469-6

Ⅰ . ①薛… Ⅱ . ①薛… Ⅲ . ①兵法—中国—春秋时代 ②《孙子兵法》—研究 Ⅳ . ① E892.25

中国版本图书馆 CIP 数据核字（2018）第 209406 号

薛将军精解《孙子兵法》

著　　者：薛国安
出版发行：中信出版集团股份有限公司
　　　　　（北京市朝阳区东三环北路 27 号嘉铭中心　邮编　100020）
承 印 者：北京通州皇家印刷厂

开　　本：787mm × 1092mm　1/16　　印　　张：34.5　　字　　数：452 千字
版　　次：2019 年 3 月第 1 版　　印　　次：2025 年 1 月第 9 次印刷

书　　号：ISBN 978–7–5086–9469–6
定　　价：98.00 元

服务热线：400–600–8099
投稿邮箱：author@citicpub.com

目　录

前　言

001　打开老祖宗的智慧宝库

亲爱的读者朋友，从现在开始，我们将一起走进《孙子兵法》这座智慧宝库，看看它究竟有哪些奇谋妙计使得古今战将克敌制胜，有什么样的神奇魅力使得信息时代的人也将其奉为法宝。

近些年来，我国军事学术领域有一种观点认为：现在是信息时代，战争中拼的是技术，靠的是装备，谋略已经完全没用了，海湾战争就是典型的例子。暂且不说这种说法对不对，我们不妨用海湾战争的事实说话。

1991年的海湾战争中，美军先是对伊拉克进行了几十天的空中轰炸，战斧式巡航导弹、空射式巡航导弹轮番精确打击，各种先进武器纷纷登场。空中轰炸极大地摧毁了伊拉克的指挥系统、战争潜力和战略反击能力，为美军发起地面进攻创造了有利的条件。但是，地面进攻可没有高空轰炸那么轻松，伊拉克的火炮够不着万里高空，美军飞行员几乎没有性命之忧，他们可以吹着口哨潇洒地摁电钮，而地面作战必将与伊军面对面、零距离接触。美军在战前曾搞过模拟推演，推演的结果是，如果开展地面作战，光是美军的伤亡人数就可能超过万人。这是美军承受不了的巨大损失。越南战争就是由于持续时间太长、伤亡太大而激起美国各州的反战游行，迫使美国政府在没有取得最后胜利的情况下不得不宣布从越南撤军，军事上的一系列战术性胜利前功尽弃。我在美国做访问学者的时候，发现一个现象：美国图书馆里总结越战教训的著作特别多。由此可见教训之深。面临很可能造成巨大伤亡的地面作战，美军如何避免重蹈覆辙？美国人想到了谋略。在空袭进行过程中，美军就将多国部队配置在科威特与伊拉克接壤的边境附近地区，并多次进行联合作战演习，摆出要从科威特杀入伊拉克的架势。萨达姆凭这个，认准了美军的地面攻势将从科威特方向发起，于是将共和国卫队主力约 8 个师调到伊科边境摆兵布阵，构筑了坚固的防御阵地，号称“固若金汤”。而伊拉克与沙特接壤的边境地区只留下 1 个师防守，几乎是国门洞开。这恰恰是美军期望的结果。2 月 24 日凌晨 4 点，多国部队对伊军发起地面进攻。美军第 7 装甲军为主攻、第 18 空降军为助攻，由科威特向沙特，即由东向西快速机动，然后由南向北从伊沙边境地区突然杀入伊拉克，围歼了共和国卫队。如此大规模的作战，仅 100 个小时就结束了。美国人称这次地面作战的战术为“左勾拳战术”。我认为这个比喻并不准确，它只说了左手，没说右手，其实美军是左右开弓的。相比之下，孙子“远而示之近”的谋略更能说明美军的战法。美军其实早已确定从远处的伊沙边境下手，却有意营造在近处伊科边境开打的声势，把伊拉克共和国卫队都吸引到科威特对面的边境上严防死守，远处的伊沙边境则一片空虚。这就是运用谋略的效果。

美国人当然不是直接按照《孙子兵法》中写的去打仗的。某些新闻报道称，战争期间，美国总统小布什的办公桌上，时常放着一本《孙子兵法》，以便随手翻阅后从中选用几条谋略。还有的说，美国海军陆战队奔赴战场的每个官兵的行囊中都放着一本《孙子兵法》，以备战场上临阵研读。当时，不少人信以为真，甚至有些专家学者把这一说法当作证据，来说明美国人如何重视《孙子兵法》。对从战场上下来的人来说，他们一看就知道这不过是某些记者的浪漫想象和妙笔生花的“杰作”，不能当真。还记得 1979 年自卫还击作战开战前夕，我用推子给班里每个战友都推了光头，一根头发都不剩，以便负伤后快速包扎，每人带上一杆枪和一条命，再加上子弹、干粮和水壶，其余的一律不带，哪还会带什么兵书。但是，这并不妨碍平时装在头脑中的谋略在战场上的灵活运用和发挥。仔细分析美军地面作战的战法，就会发现其战法与孙子的谋略十分相似。因为许多指挥官都在美国军校学过《孙子兵法》，头脑中装着孙子的谋略走上战场。

2003 年伊拉克战争中，美国人又一次活用了谋略。这一次，一些美国人明确说是借用了孙子的思想。美军的这次作战战略概括起来就是两个字：震慑。通过精确且猛烈的打击，让伊拉克政府、军队和民众看到其必然失败的结局。怎么打都是败，最后对方心理崩溃，放弃抵抗。结果美军仅用 21 天就攻入首都巴格达，结束了战争。

震慑理论是美国海军一位退役上校在 1997 年提出的，然后被国防部拉姆斯·菲尔德发现并用于伊拉克战争。这位上校名叫哈伦·厄尔曼，他写了一本书，名为《震慑论》。他在书的前言中就明确承认，这一思想并不是他自己最先发明的，而是他从中国的《孙子兵法》中学来的。孙子讲“三军可夺气，将军可夺心”，“夺”即剥夺、使失去。这句话强调要想对付敌人军队，最好不要在他们士气高涨的时候硬碰硬，而要首先想办法打掉他们的士气；对付敌人将领，不要在他心理意志最坚定的时候出手，而要首先想办法扰乱他的心理。显而易见，美军的震慑理论对孙子这一经典谋略几乎是一脉相承。

美国号称当今世界第一军事强国，军事技术和武器装备确实都领先于世界各国。但是，美国人仍然不忘记活用兵法。这说明谋略不仅不是没有用，而是更有用武之地，能量更大。在信息技术的平台上，谋略与技术相结合，技术给谋略“装上了翅膀”，可以让当代将军想前人不敢想的战法。谋略赋予了技术人脑的功能，可以让现代武器做前人做不到的事情。比如，孙子说：“善守者，藏于九地之下；善攻者，动于九天之上。”在他心目中，这只是夸张的说法，而现在月亮都伸手可及，人们也可以下去深海走一走，因此毫无疑问，孙子这一夸张的想法可以完全变为现实了。试想，未来战争很可能是从太空打起，在深海中决胜。

再说，当今世界越来越一体化，国家之间，“你中有我，我中有你”，互相联系，互相制约，所以解决彼此之间的矛盾和纠纷更需要运用智慧，而不能单凭武力。比如，对于钓鱼岛问题和黄岩岛问题，很多人上街游行，纷纷喊打。这种爱国热情固然可嘉，但是从谋略思维的角度看，想要解决这些问题，打仗并不是最好的办法，或者说并不是首选办法。我们既要有血性，又要有理性。正如毛泽东所说，既要“敢于斗争，敢于胜利”，又要“有理、有利、有节”。孙子曾提出四条战略选择：“上兵伐谋，其次伐交，其次伐兵，其下攻城。”其中，打仗是最后一种选择，首选的还是伐谋、伐交。就钓鱼岛问题来说，几年来我方的政策还是大致符合孙子兵法这几条思路的。首先是通过海监、渔政执法船只不定期地进入钓鱼岛12海里[①]范围巡航的方式行使管辖权，然后设置东海防空识别区，经常派战机空中巡航。这些措施有效地打压了日本的嚣张气焰，突破了100多年来日本独管钓鱼岛的局面，体现了中国政府对钓鱼岛的神圣主权和实际管辖权。其次，2015年9月3日，我们联合俄罗斯、韩国等国家，以纪念抗战胜利70周年大阅兵的形式，谴责日本的战争罪行，遏制日本右翼集团重走军国主义道路的企图。再次，日本军舰为什么几年前敢于撞击我们香港、台湾地区的保钓船只，近几年却不敢对我们的执法船只“动一根手指头”？因为日方清楚地知道，这些执法船只背后就是我们强大的中国人民解放军，我们的解放军早已做好了随时战斗的准备。虽然钓鱼岛之争远未结束，但应当肯定的是，这一系列“组合拳”已经取得了阶段性成果。

可以预见，随着中国的日益发展和强大，我们面临的矛盾会越来越多，斗争也会越来越激烈，仅仅是2016年7月就接连出现了南海仲裁案闹剧和韩国宣布部署美军萨德导弹防御系统的事情，这些麻烦事都需要我们更加智慧地处理。

我从事《孙子兵法》教学和研究近30年，一直希望更多的朋友掌握《孙子兵法》中的智胜韬略和艺术，把老祖宗留下的这座宝库学好、用好。遗憾的是，现在大家都很忙，坐下来认真学习《孙子兵法》的人并不多。古代兵法名言说：“以计代战一当万。”（房玄龄，《晋书·杜预传》）这句话并不是说我们不用实干，光靠计谋和投机取巧就行，而是说相对于下大力气反反复复地傻干，用智慧灵活地巧干更好。但愿《孙子兵法》能够给各方朋友带来智慧的启迪，提升大家的谋略思维能力。

---

① 1海里=1.852公里。——编者注

002 《孙子兵法》的形成及特色

我们既然已经打开了《孙子兵法》这座智慧宝库的大门，不妨先从整体上看一看这座宝库的基本轮廓和突出特点。

我经常被一些朋友问到一个让人啼笑皆非的问题："薛教授，美人计是《孙子兵法》的哪一计？"我之所以经常遇到这样的问题，估计是因为许多人将《孙子兵法》与《三十六计》混为一谈，以为这两者是一码事。其实，它们是两本差异很大的兵书。

首先在时间上，《孙子兵法》产生于2 500多年前的春秋末期。当时孙子生活在齐国，他的爷爷曾经是打过仗的将领，父亲是卿大夫。这样的"高干家庭"自然会对孙子寄予很大的希望。所以，当孙子出生的时候，父亲为他取名——"武"，字"长卿"，希望他一生尚武，在军事上建功立业，长期在齐国享有高贵的军事和政治地位。但是，他的成长并非一帆风顺。齐景公执政后期，齐国大乱，四大家族为了争夺土地、赋税、人口和财富，彼此之间打打杀杀，相互兼并。孙氏作为一个小的姓氏，处于四大家族争斗的夹缝之中，很容易成为牺牲品。于是，在孙子二十来岁时候，他父亲认为他们"惹不起、躲得起"，干脆带着一家老小往南跑，跑到了相对安全一点的吴国。

孙子到了吴国之后，并不是急于求得一官半职，而是先在吴国首都姑苏城外的山区找个地方隐居。他一面潜心研究兵法，一面观察天下大势，尤其是研究吴、越两国争斗的情况，花5年时间陆续写下了兵法十三篇。这个过程中，他结识了同样喜欢兵法的伍子胥。伍子胥当时在吴王阖闾手下当"行人"，这个官职类似于现在的办公室主任，负责安排吴王的日常活动。公元前512年，在伍子胥第7次的举荐下，孙子得以带着兵法十三篇来到吴王宫殿晋见吴王，并受到吴王赏识，拜为将军。这才使《孙子兵法》有了用武之地，并得以流传。

相比之下，《三十六计》晚出现很多，有的说产生于隋朝，有的说产生于明朝，目前也没有定论。因为书中引用了明朝的战争案例，因此成书于明朝的可能性更大一些。不管怎么说,《三十六计》也比《孙子兵法》晚了上千年。

从内容上来说，这两本书就相差更多了。《孙子兵法》中压根儿没有美人计，他讲的都是大谋略、大思路。《孙子兵法》共 13 篇，6 000 字左右。有一个很简单的办法，可以帮助人们记住 13 篇的篇名以及先后顺序，那就是请记住这两句口诀：计作谋形势虚争，九行地九火用孙。口诀一共 14 个字，十分好记。其中前 13 个字，出自 13 篇每篇的篇名。计，是《计篇》；作，是《作战篇》；谋，是《谋攻篇》；形，是《形篇》；势，是《势篇》；虚，是《虚实篇》；争，是《军争篇》；九，是《九变篇》；行，是《行军篇》；地，是《地形篇》；九，是《九地篇》；火，是《火攻篇》；用，是《用间篇》。最后这个“孙”字，是指 13 篇的作者孙武，我们研究《孙子兵法》最好要了解他的生活年代和生平事迹。仔细分析这 13 篇，其先后顺序有讲究，并非随意排列。比如，第一篇讲战争决策，第二篇讲战争准备，第三篇讲战争谋划，第四篇讲作战力量，第五篇讲作战态势，第六篇讲战场变化……最后一篇讲用间谍获取情报。这就像剥竹笋一样，一层一层把国君或将领思考战争全局问题的主要步骤，或者说是战争的几个阶段逐步展开分析。这些显然都是大谋略、大思路。

《三十六计》虽然名声也很响亮，但与《孙子兵法》相比，它讲的应当属于小谋略、小技巧，比如借刀杀人、隔岸观火、树上开花、美人计、空城计等，都是具体操作的办法，没有像《孙子兵法》那样从军事哲学高度研究规律性的谋略思路。所以，概略地说,《孙子兵法》既讲用兵之道又讲用兵之术，道术结合,《三十六计》则主要是讲用兵之术。用现在的观念来看,《孙子兵法》讲的是战略,《三十六计》讲的是战术。

值得注意的是,《孙子兵法》所讲的用兵之道和用兵之术，核心是依靠智慧，以智取胜，而不是单纯以力取胜。所以古人说“孙子尚智”，就是说他崇尚智慧。在这一点上,《孙子兵法》与西方著名军事著作《战争论》有着明显的区别。

《战争论》是 19 世纪初普鲁士军事家卡尔·冯·克劳塞维茨的代表作。他 13 岁就参加了普鲁士的军队，多次与拿破仑的法国军队作战，而且还曾经和普鲁士的亲王一起被俘，在法国度过了一年的战俘生活。长期的战争实践中，他认识到“战争是迫使敌人服从我们意志的一种暴力行为”，“战争中手段只有一种，那就是战斗”，所以“暴力的使用是没有限度的”。（克劳塞维茨，《战争论》）这些言论可以说是《战争论》的核心观点。英国著名军事家富勒曾经认为，两次世界大战的无限扩大，克劳塞维茨的“暴力论”应当负有一定的理论引导责任。应当说，这一观点是有道理的。因为那时的德国军人在很大程度上受了克劳塞维茨思想的影响，单纯用战争解决问题，结果战争越打越大，越打越糟。如果把光圈放大一点来看，“用暴力解决问题”不只是《战争论》这一本书的主题，它是西方悠久的文化传统之一，并一直延续到今天。有的国家仍然动不动就使用武力打击弱小国家的行为，就是这种文化传统的表现。所以，有人说中国人崇尚智慧，西方人崇尚力量。这话虽然不完全准确，但还是能够概略地说明东西方文化的某些差异。这种差异在《孙子兵法》与《战争论》中表现得较为明显。

《孙子兵法》与《战争论》还有一点明显的区别，那就是《孙子兵法》注重说理，而《战争论》注重说事。其实，这也是东西方思维差异的表现。

西方人习惯于讲直观、讲细节，所以从古希腊、古罗马时代开始，西方早期的军事著作如《伯罗奔尼撒战争史》《高卢战记》《远征记》等，基本上都是用讲故事的方法记载战争过程和将领指挥作战的指令，还没有上升到理论层面上阐述。克劳塞维茨继承了这种思维方式，他的名言是“光辉的战例是最好的老师”，他书中的战史和战例众多，上至古希腊时期的马拉松战役，下至拿破仑战争时期的滑铁卢之战，全书共有 200 多处引用拿破仑战争的战例分析和论证问题。

相比之下，中国人的思维传统则习惯于讲宏观、讲顿悟。顿悟，就是长期观察思考社会生活的种种现象，在头脑中反复琢磨其中的哲理，久而久之，忽然开窍，然后直接写出思考的哲理，而不去叙述具体事件过程。这叫“舍事而言理”——舍去具体事情，直言精辟道理。老子、孔子、孙子都用这种方法著述。

《孙子兵法》最初被写在小竹片上。1972 年于山东临沂发现的汉墓中挖掘出来的《孙子兵法》就是用约42厘米长的竹简写的，竹片不到1厘米宽，很薄，每片大约写30个字。这种书写方式不允许写长篇大论，所以孙子采取“舍事而言理”的方式。他不讲战争战例的具体过程，只讲“干货”，几个字或者一句话就阐明了一个道理。比如，“百战百胜，非善之善者也；不战而屈人之兵，善之善者也。”这句话就非常精练，也非常精辟。

综上所述，我们已经简要分析了《孙子兵法》的成书过程、基本框架、崇尚智慧的特点、“舍事言理”的思维方法。了解了这些情况和特点后，我们学习的时候就不要仅仅盯着表面的文字，而要透过文字深入琢磨，最好做到三个“结合”：一是结合历史事件和现实生活琢磨，二是结合孙子整个思想体系思考，三是结合战争智慧分析。如此研读本书，才会感觉有血有肉，有滋有味。

需要说明的是，《孙子兵法》流传至今，版本较多，重要的版本可分为两个系统：一为传世本，以宋代《十一家注孙子》和武经七书本《孙子》为代表；二为简册文书，以1972年山东临沂银雀山出土的西汉竹简《孙子兵法》为代表。本书主要以中华书局1961年出版的影宋本《十一家注孙子》为底本，参之武经七书本《孙子》和汉简本《孙子兵法》，同时吸收了1990年军事科学出版社出版的《孙子校释》中的某些研究成果。该书由吴九龙、杨炳安、吴如嵩、穆志超、黄朴民等几位当代研究《孙子兵法》的专家合编，根据汉简本校正了传世本中的某些错谬，有正本清源之功。孔子有言：“学而不思则罔，思而不学则殆。”（《论语·为政》）孟子也云：“尽信书，则不如无书。”（《孟子·尽心章句下》）其核心都是要求人们读书时要善于独立思考问题，强调学贵有疑。本着这一思想，本书在忠实原典、吸收前人研究成果的同时，也结合作者自身参加战争实战的经验对《孙子兵法》某些关键词句做出了超越成说、不同以往的解读。因此，细心的读者可能会发现本书有些原文词句与传世本，甚至竹简本不同。比如《虚实篇》中“守而必固者，守其所不攻也”，传世本作“不攻”、竹简本此处半脱落，《孙子校释》本专家解读为“必攻”，本书仍写作“不攻”。一字之差，含义迥异。孰是孰非？请读者甄别。

第一篇

《计篇》——提高决策正确率的关键几招

[**篇题解析**]

战争是个复杂多变的系统工程。就国家而言，一场战争势必需要政治、经济、军事、外交、文化等方面的整体联动；对军队而言，一次作战势必需要战略、战役、战术、战斗等层次的上下配合。所以，战争之事非同小可，正如管子所言："故凡攻伐之为道也，计必先定于内，然后兵出乎境。"（《管子·七法第六》）即所谓"先计而后战"。这是常识，也是常规。孙子撰写兵法十三篇，最初目的是为吴王争霸天下出招想辙，自然要首先分析天下大势，研判诸侯强弱，然后再建言献策，于是他从《计篇》着手，拉开战争全貌的序幕。英文版中《计篇》被翻译成"Laying Plans"，即开始计划。这显然是不准确的。《计篇》之"计"，既指计划，又指计算、计谋。当时，"计"指国君主将战前在庙堂计算天下形势、各方实力、预判胜负，在今天来看就相当于决策层进行的战略分析、战略谋划、战略拍板。从全书内容来看，此篇既是龙头又是总纲，既确立了"以智取胜"的核心理念，又规制了全书的基本思路。清代兵学家邓罗廷注意到了这一特点，赞叹道："孙子一书，自始计以迄用间，如同条，如共贯，原始要终，层次井井，十三篇如一篇也。"（邓罗廷，《兵镜备考》）也就是说，《计篇》的思想精髓在13篇中逐步展开，贯穿始终，前后浑然一体。

【**正文注释**】

孙子曰：兵①者，国之大事，死生之地，存亡之道②，不可不察③也。

---

① 兵：兵，含义很广，指兵器、兵卒等。《说文》："兵，械也。"《周礼·司兵》："司兵掌五兵。"注引郑司农云："五兵者，戈、殳、戟、酋矛、夷矛。"由兵可引申为战争等义。此处指战争。

② 死生之地，存亡之道：《左传·襄公二十七年》："圣人以兴，乱人以废。废、兴、存、亡……皆兵之由也。"杜牧注："国之存亡，人之死生，皆由于兵。"而贾林注"地，犹所也，亦谓陈师、振旅、战陈之地"，所释义狭。戚继光《大学经解》谓此句"正以释国之大事也。'地'字，虚看乃兵之死生所系；存亡以国"。其释较公允。

③ 不可不察：《尔雅·释估》："察，审也。"此句言深入考察、研究。

故经[①]之以五事，校之以七计[②]，而索其情[③]：一曰道，二曰天，三曰地，四曰将，五曰法。道者，令民与上同意[④]也，故可与之死，可与之生而不诡[⑤]也。天者，阴阳[⑥]、寒暑、时制[⑦]也。地者，远近、险易[⑧]、广狭、死生也。将者，智、信、仁、勇、严[⑨]也。法者，曲制[⑩]、官道[⑪]、主用[⑫]也。凡此五者，将莫不闻，知之者胜，不知者不胜。故校之以计，而索其情。曰：主孰有道[⑬]，将孰有能？天地孰得[⑭]？法令孰行？兵众孰强[⑮]？士卒孰练？赏罚孰明？吾以此知胜负矣。

将听吾计，用之必胜，留之；将不听吾计，用之必败，去之。

---

① 经：度量。《诗经·大雅·灵台》："经始灵台。"毛享传曰："经，度之也。"杜牧注："经者，经度也。"按：犹今之分析，预测。

② 校之以七计：校，校量、比较。《广雅·释诂一》："校，度也"，又"校"通"较"。计，指下文"主孰有道"等七个方面。曹操注谓下述"七计"，其说是。

③ 索其情：索，求索，探索。《广雅·释诂三》："索，求也。"情，指敌我双方的实情。

④ 令民与上同意：上，指国君；意，思想、志向。此句谓使民众与国君统一意志。

⑤ 不诡："诡"，古训"违"，训"疑"；《吕氏春秋·淫辞》："言行相诡，不祥莫大焉。"此句谓生死与共，民无二心。

⑥ 阴阳：指昼夜、晴晦等自然天象。

⑦ 时制：指季节更替。曹操注："顺天行诛，因阴阳四时之制。"

⑧ 险易：《说文》："险，阻难也。"泛指险阻难行之地。易，平坦易行之地。

⑨ 智、信、仁、勇、严：孙武认为这是将领必须具备的五个方面的素质。此句《潜夫论》引作："将者，智也、仁也、敬也、信也、勇也、严也。"

⑩ 曲制：军队的组织、编制等制度。曹操注："部曲、幡帜、金鼓之制也。"

⑪ 官道：各级将吏的职责区分、统辖管理等制度。曹操注："官者，百官之分也。道者，粮路也。"

⑫ 主用：军备物资、军事费用的供应管理制度。

⑬ 主孰有道：孰，谁。道，曹操注："道德智能。"此句指哪一方的国君得民心，政治清明。

⑭ 天地孰得：曹操注："天时、地利。"李筌注同。即指哪一方得天时、地利。

⑮ 兵众孰强：指哪一方的军队武器装备、物资保障更好。

计利以听[①]，乃为之势[②]，以佐其外[③]。势者，因利而制权[④]也。

兵者，诡道[⑤]也。故能而示之不能[⑥]，用而示之不用[⑦]，近而示之远，远而示之近[⑧]。利而诱之，乱而取之[⑨]，实而备之[⑩]，强而避之，怒而挠之[⑪]，卑而骄之，佚而劳之，亲而离之[⑫]。攻其无备，出其不意。此兵家之胜[⑬]，不可先传[⑭]也。

夫未战而庙算[⑮]胜者，得算多[⑯]也；未战而庙算不胜者，得算少也。

---

① 计利以听：以，通“已”。听，从，采纳。此句谓筹谋有利的作战方略已被采纳，即战争决策已定。

② 势：造势。《考工记·弓人》：“射远者用势。”郑司农云：“势为形势。”

③ 以佐其外：佐，辅助，辅佐。外，曹操注：“常法之外也。”梅尧臣曰：“定计于内，为势于外，以助成胜。”此句谓造势以佐助人君有效地达到战争目的。

④ 制权：制，从也。《淮南子·汜论》：“圣人作法，而万物制焉。”高诱注：“制，犹从也。”权，权变。制权，即根据利害关系而灵活处置。《荀子·议兵》：“权不可预设，变不可先图，与时迁移，应物变化。”

⑤ 诡道：欺诈、多变的方式。《孙膑兵法·威王问》：“诈者，所以困适也。”此句言用兵打仗，应以机变为原则。

⑥ 能而示之不能：能，能力、能够。示，显示。能攻显示为不能攻，能守显示为不能守。

⑦ 用而示之不用：用，用战。实际要打仗，而显示为不打。

⑧ 近而示之远，远而示之近：杜牧注：“欲近袭敌，必示以远去之形；欲远袭敌，必示以近进之形。”意即李筌注“令敌失备也”。此句言本来要从近处进攻，却显示要从远处进攻。本来要从远处进攻，却显示要从近处进攻。

⑨ 乱而取之：杜牧注：“敌有昏乱，可以乘而取之。”此句言敌人处于混乱状态，要趁机进攻。

⑩ 实而备之：曹操注：“敌治实，须备之也。”梅尧臣注：“彼实，则不可不备。”敌具实力，则需严加戒备。

⑪ 怒而挠之：怒，士气旺盛。梅尧臣注：“彼褊急易怒，则挠之，使愤激轻战”，注释颇偏。挠，扰之意，又训为屈。此句意谓敌人士气旺盛，我当谨慎屈避其锋锐，待其气衰，再攻击。

⑫ 亲而离之：离，离间。《广雅·释诂一》：“离，分也。”此句意为敌人内部团结，则设计使其分裂。

⑬ 此兵家之胜：犹言这是军事家克敌制胜的奥妙。

⑭ 不可先传：曹操注：“传，犹泄也。”杜牧注曰：“传，言也。”此全句谓军事家克敌制胜的奥秘，不可以事先讲明。

⑮ 庙算：庙，古代祭祀祖先与商议国事的建筑。算，计算。《说文》：“算，数也。”古代兴兵作战，要在庙堂举行会议，谋划作战大计，预计战争胜负，这就叫庙算。

⑯ 得算多：算，在此为计数用的筹码，引申为胜利的条件。得算多，指具备取胜的条件多。

多算胜，少算不胜，而况于无算乎？吾以此观之，胜负见[①]矣。

【白话译文】

孙子说：战争是国家的大事。它是军队生死搏斗的手段，关乎国家的生死存亡，不能不认真地考察和研究。

因此，要从敌我五个方面情况去研究，从敌我七个方面得失去比较，以求得对战争情势的正确认识。五个方面情况如下：一是道，二是天，三是地，四是将，五是法。道，就是要让民众和君主的意愿一致，战时他们才会心甘情愿为君主去死，不存二心。天，就是昼夜、阴晴、寒冬、酷暑、春夏秋冬。地，就是高陵洼地、路途远近、险隘平地、地域宽窄、死地生地。将，就是指挥者所具备的智慧、诚信、仁爱、勇猛、严明等素质。法，就是军事训练、管理教育、武器装备、军法军令。凡属这五个方面的情况，将领都不能不知道。充分了解这些情况的就能取胜，不了解的就不能胜利。所以，要用"五事""七计"比较敌我优劣，以求得对战争情况的认识。哪一方君主的政治开明？哪一方将帅的指挥高明？哪一方符合天时地利？哪一方的法令能贯彻执行？哪一方的武器装备精良？哪一方士卒训练有素？哪一方执法严明？我们根据这些情况，就可以判断谁胜谁负了。

如果听从我的计谋，用兵作战就会取胜，我就会留下来；如果不听从我的计谋，作战一定失败，我就会离去。

计算利害得失并且意见被采纳，就会造成有利的态势，作为外在的辅助条件。所谓有利的态势，就是凭借有利的情况，制定临机应变的策略。

用兵作战，是一种诡诈之术。所以，能打而要装作不能打，要打而要装作不想打。要攻近处而要装作攻击远处，要想远袭而要装作近攻。敌人贪利，就用小利引诱他；敌人混乱，就攻取他；敌人力量充实，就要防备他；敌人兵力强大，就要避开他；敌将易怒，就激怒他；敌人谨慎，就要

---

① 见：同"现"，呈现，显现。本句为我根据这一规律来考察，战争的胜败就显而易见了。

骄纵他；敌人休整得好，就要使其劳累；敌人内部和睦，就要离间他们。总之，攻其无备，出其不意。这是军事家制胜的秘诀，不可事先呆板地规定。

开战之前预计可以打胜仗的，是因为胜利的条件充分；开战之前预计不能打胜仗的，是因为胜利的条件不充分。计算周密，条件充分的能胜利。计算疏漏，条件不充分的不能胜利。何况不做计算，毫无条件的呢？我们根据这些来观察战争，胜败也就清楚了。

003 决策大事，不可不察 / 自卫还击作战中的痛切感悟

【原文】

兵者，国之大事，死生之地，存亡之道，不可不察也。

【精解】

孙子生活的那个年代，语言发展还不太完善，有人做过统计，春秋战国时期各种典籍中出现的不重复单字大约 6 500 个，常用的也就 3 000 个左右。现在单个汉字已超过 8 万。可以想象，孙子那个年代的人想要表达的意思很多，可用的文字却很少，所以一个字往往需要表达几种意思。《计篇》的“计”字，就包括计算、计划、计谋的意思，这些都是战争决策过程中必须考虑的重要事情，所以被列为第一篇。用现在的话来说，这一篇的主题讲的是决策拍板问题。

从表面上看，决策好像是一瞬间的事情，实际上却是一个复杂的思维过程。这一篇着重从几个层次分析战略决策的几个关键步骤。首先是阐明慎重决策的重要性，提出“兵者，国之大事”的著名观点。其次，说明拍板决策前进行战略分析和预测的方法，强调要精心计算双方“五事七计”等方面的客观情况。再次，说明落实战略决策的一系列谋略措施，提出著名的“诡道十二法”。最后，归纳全篇主题，强调决策必须以实力为基础的观点，即“多算胜，少算不胜，而况于无算乎”。

在战争决策问题上，孙子反对盲目决策，更反对情绪化决策。所以，开篇就以呐喊似的方式呼吁人们高度重视战争决策。“兵者，国之大事，死生之地，存亡之道，不可不察也。”这就是整部《孙子兵法》的第一句话。它提醒人们，战争是关系到国家存亡、民众生死的大事情，千万不能把它当作儿戏，草率决策，一定要慎重考察，深入研究，搞清楚了再做出决策。千百年来，这句话成为人们普遍认可的经典名言。但是，如果穿越历史，回到孙子生活的时代，就会发现明确说出这句话需要有相当大的勇气，因为战争从夏朝打到商朝，从商朝再打到西周，到春秋时期几乎年年

都会发生战争。由孔子修订而成的《春秋》中记载，春秋时期 242 年间各种战争发生了 480 多次，平均每年两次。长期战争导致山河破碎、民不聊生，所以人们普遍厌恶战争，整个社会上笼罩着一片反战的思想情绪。

与孙子差不多时代的老子、孔子都不看好战争。老子尤为明显。他的基本观点是“兵凶战危”，认为战争是危害巨大的事情。老子的主张是无为而治，以柔克刚。出于这种思想，他反对打打杀杀，并曾经用两句话描述战争的巨大破坏：“师之所处，荆棘生焉。大军之后，必有凶年。”即凡是军队经过的地方，必然杂草丛生；战争过后，紧接而来的必然是灾荒之年。所以“兵者不祥之器，非君子之器，不得已而用之”。（老子，《道德经》）一句话，尽量远离战争这种不祥之事。显然，这种观点与孙子高度重视战争的思想大不一样。

孔子虽然不像老子那么厌恶战争，却也不像孙子那么看重战争。这从他与弟子的一番对话中可以看得很清楚。

有一天，子贡向孔子请教治理国家的办法。孔子竖起三个手指头，回答说：“足兵，足食，民信之矣。”（《论语·颜渊》）即要有充足的军备和充足的粮食，百姓信任统治者，做到这三样就可以了。

子贡接着问：“如果迫不得已要去掉一项，三项中先去掉哪一项？”

孔子干脆地说：“去掉军备。”

可见，在孔子的治国理念中，战争和军队远不如信义重要。这种治国理念无可厚非，但是单纯靠信义恐怕难以求得国家安稳。战国时期的儒学大师孟子就曾对孔子这一观点表示质疑，他认为：“春秋无义战。”（《孟子·尽心章句下》）春秋时期各国之间打来打去无非是以大欺小，为争利而战，胜者为王，败者为寇，没有谁讲信义，也没有谁单靠讲信义而变强大。

孙子是个唯物主义者，长期的战争经历让他深刻地意识到，战争是社会运行的一种方式，不可避免。国家之间只要有利益之争，争到白热化程度就是战争，不管你喜不喜欢，迟早要面对战争。像鸵鸟那样把头埋在沙子里，无视危险，一个劲儿地高喊“非战也”“非攻也”，照样会被强者吞食。正确的办法只能是勇敢地面对战争，正视强敌，以战止战。因此，他开篇就明确呼吁“兵者，国之大事”，把战争看作决定民众生死、国家存亡的头等大事。这一句话很直白，旗帜鲜明，与老子、孔子的观点大相径庭，充分体现出孙子高度重视战争的思想。

有的人可能以为孙子既然如此重视战争，是不是偏好战争呢？是不是“战争狂”呢？成都武侯祠门口有一副对联，上联是“能攻心则反侧自消，从古知兵非好战”，下联是“不审势即宽严皆误，后来治蜀要深思”。上联说的是诸葛亮，足智多谋，往往注重用谋略从心理上征服敌人，七擒孟获，让他心甘情愿俯首称臣。自古以来，像诸葛亮这样真正了解战争的人并不喜好战争。下联讲的是刘备，感情用事，不顾客观情况，只想着为关羽报仇，贸然发动夷陵之战，结果大败而逃，留下了深刻的教训，所以后人一定要引以为戒。我很赞同“从古知兵非好战”的说法。那些真正经历战争、真正了解战争的人，深切地知道战争不是什么好玩的游戏，而是人头落地的事情。对此，我有过刻骨铭心的体验。

1979 年对越自卫还击作战中的一幅场景，让我永生难忘。那是 2 月 19 日清晨的一次战斗，我们团奉命攻打一座高地。敌方阵地上堑壕暗道犬牙交错，我们攻到半山腰时，敌人从山脚下的暗道窜出来，截断了我们的退路，敌人在山顶上用火力压制。我们被夹在堑壕之中，上下都是敌人。正在大家一边抵抗一边等待援兵时，不知谁喊了一句：“上面的敌人反扑了！”紧挨我的一名机枪副手本能地起身抬头往上看，就在这时山下飞来一颗子弹，这位战友应声倒地，子弹从肩胛穿进去，从腮帮钻出来，两头冒血，用“血流如注”来形容一点都不为过。我和另外一位战友立刻掏出急救包摁住伤口，急救包一下子就被殷红的鲜血浸透了，再换一个，又浸透了。只见这位战友，嘴里吐着血，咕噜着想说什么却说不出来，脸上的血色迅速消失，很快变成青灰色了。一个刚才还在枪林弹雨中冲杀的 20 岁生命，瞬间就没了。我无力回天，欲哭无泪！

这就是战争，随时制造死亡的地方！

正常人经历这么一场生死搏杀，对战争还会有好感吗？

孙子的一生都是在战乱之中度过的。司马迁曾经用一句话总结孙子一生的战争活动："西破强楚，入郢，北威齐晋，显名诸侯，孙子与有力焉。"（司马迁，《史记·孙子吴起列传》）这里提到两大战事：往西攻破楚国，往北威胁齐、晋两国。孙子为这两场战事出了大力，即都参与了这些战事，可谓饱经战火磨难，比常人更清楚战争的真实面目。因此，他在高呼"重战"的同时，又特别强调对战争"不可不察也"。察，就是考察、研究的意思。"不可不察"强调的是但凡要进行战争决策，务必算一算，仔细地想一想，千万不要像刘备那样，怒而兴师。一个"察"字，反映出孙子慎重对待战争的思想。

既重战，又慎战，这就是孙子开篇第一句话要表达的思想，也是贯穿全书的一条主线。毫无疑问，它也是当今世界各个领域的人做重大决策时必须遵循的首要原则。无论要做战争决策，还是企业决策，都务必慎之又慎。

004 决策必算，五事七计 / 诸葛亮“隆中对”的战略分析

【原文】

故经之以五事，校之以七计，而索其情。

【精解】

对于战争决策问题“不可不察也”，强调的是一定要慎重考察，深入研究。其实，这话说起来容易，做起来有点难。面临战争的时候，国君将帅要考虑的问题很多，可以说是千头万绪，不可能眉毛胡子一把抓。孙子提出了一个办法：“故经之以五事，校之以七计，而索其情。”

“经”，即分析、预测。“经之以五事”，就是指从道、天、地、将、法五个方面对比分析敌我双方的情况，即民心向背、气候条件、地理形势、将领才能、法制管理。孙子认为，这几个方面的情况是国家和军队实力的基本支柱，也是决定战争胜负的关键要素。如果把敌对双方的情况按照这五个方面一一对应地分析比较，就不难看出谁强谁弱、谁优谁劣了。然后才能正确决策。历史上的多次重要的君臣对话，基本上都是按照孙子的决策分析方法展开的，其决策分析方法奠定了影响历史走向的军事战略。比如商朝末年周文王与姜太公在渭水边上的对话，楚汉战争前夕刘邦与韩信在汉中的对话，东汉末年刘备与诸葛亮的“隆中对”等。我们不妨回味一下“隆中对”。

“隆中对”发生在建安十二年，刘备在徐庶的建议下“三顾茅庐”。诸葛亮被刘备的真诚感动，在刘备第三次拜访的时候接受了他的求见。于是刘备叫关羽、张飞等人退下，诚恳地说，现在汉室的统治崩溃，奸臣当道，皇上都被迫出奔了。我自不量力，想要为天下人伸张大义，然而才智与谋略短浅，就因此失败，弄到今天这个局面。但是我的志向到现在还没有消减，仍然希望恢复汉家天下，您认为我该采取怎样的办法呢？

诸葛亮早知刘备的来意，于是从几个方面帮他分析天下大势，以及斗争各方的状态。

他首先从主要对手说起。他说，自董卓独掌大权以来，各地豪杰同时起兵，占据州、郡的人数不可胜数。现在曹操已经打败了袁绍，拥有百万大军，挟持皇帝来号令诸侯，军事强大，政治有利，确实不能直接与他争强。

然后他又分析次要对手孙权，认为孙权占据江东，已经三代，其地势险要，民众拥戴，又任用了有才能的人，因而只可以把他作为外援来依靠，但是不可谋取他。

北面、东面分析完了，诸葛亮接着分析南面。他说，荆州北靠汉水、沔水，一直到南海的物资都能被获取，东面和吴郡、会稽郡相连，西边和巴郡、蜀郡相通，这是大家都要争夺的四通八达之地，但是它的主人刘表没有能力守住它，这大概是上天有意拿来资助将军的，将军您可有占领它的想法呢？

诸葛亮分析道，除了荆州，还有益州。益州地势险要，有广阔肥沃的土地，自然条件优越，高祖凭借它建立了帝业。现在刘璋昏庸懦弱，那个地方虽然殷实富裕、物产丰富，刘璋却不知道爱惜，有才能的人都渴望得到贤明的君主。

前后左右对手的情况被分析了一圈，诸葛亮接着分析刘备的情况。将军现在虽然实力不如曹操和孙权，但也有两大优势：其一，将军是皇室的后代，声望很高，闻名天下；其二，您广泛招揽英雄，重用人才，深得人心。凭着这些优势，如果谋划得当还是可以夺取天下的。

刘备听得热血沸腾，急切地问：那下一步该怎么办呢？

诸葛亮略微思考一下，提出了如下三步战略。

第一步，先占据荆、益两州，守住险要的地方，作为立足之地；

第二步，与西边的各个民族交好，安抚南边的少数民族，对外联合孙权，对内革新政治；

第三步，一旦天下形势发生了变化，就派一员上将率领荆州的军队直指中原一带，将军您亲自率领益州的军队向秦川出击，夹击曹魏。

最后，他信心十足地说，如果真能这样做，那么夺取天下的事业就可以成功，汉室天下就可以复兴了。

听完这番话，刘备连连叫好。

刘备后来基本上就是按照这个战略方案建立了蜀汉政权，形成了天下三分的战略格局。

诸葛亮这一番分析显然符合孙子的思路，概略地分析、对比了斗争各方的道、天、地、将、法等方面的情况，从而做出了正确的战略决策。

但是，按照孙子的观点来看，诸葛亮这番分析还不十分到位，有点“粗放”，还应当更加深入具体，也就是要“校之以计”。

“校”在这里读作比较的“较”，为比较之意。“计”，指下文的七句话：“主孰有道，将孰有能，天地孰得，法令孰行，兵众孰强，士卒孰练，赏罚孰明”。俗称“七计”。这“七计”实际上是对“五事”更加深入具体的分析。

现在有些人喜欢说大话、新话，什么词给力，什么词抢眼，就说什么词。这一点我们必须向孙子学习。他言辞简洁且有分寸。“七计”之中每一计都用一个字为衡量标准，观察精确。

比较双方的一国之主时，孙子不看国土大小、民众多少，而是将“道”作为标准，关键看其是否得道。得道者得民心，得民心者得天下。反之，有国土也会丢失，有军队也会反叛。

比较双方的一军之将时，孙子不看职务高低、军队多少，而是以一个“能”字作为衡量标准，看将领是否有能力带兵打仗，开疆拓土。无能之辈掌兵，误国、误军又误民。

比较双方的天地时，不看天时好坏和地理优劣，关键看是否能够得其利。这里“得”字很巧，意在说明天时地利这些自然条件、外在因素都是作战的平台，各方都想抢夺有利位置，坐等是不行的，只有灵活用计、用谋才能“得”而用之。赤壁大战中，诸葛亮巧借东风。东风并非自动吹来，而是他根据当地气候变化规律，算准了刮东风的时间，然后令火借风势，烧着了曹操的连环战船。

“主孰有道”“将孰有能”“天地孰得”，这三条对应“五事”中的道、天、地、将四个方面，用具体标准衡量双方优劣得失，观察得更加具体、细致。

接下来的四句话，则是对“五事”中“法”的展开和细化，是法制管理在不同方面的具体表现。

“法令孰行”，是指要深入观察哪些法令法规能够被真正贯彻执行。一个“行”字体现出孙子非常务实的思想。与现在有些领导的思维方式不同，孙子不看法令法规是不是写得周全、细致，更不看文字上“四六句”是不是漂亮，只关注贯彻执行的情况。毕竟，法令法规的管理作用只有通过贯彻执行才能体现出来。

“兵众孰强”，这里的“兵众”两字，有的版本翻译成兵员众多，恐非也。兵，指兵器；众，指众多方面的物资。这句话说的是，要具体比较一下哪一方的武器装备和物资保障能够因依法管理而实力强大。

“士卒孰练”，是指要分析比较哪一方士卒能够依据法令法规，训练有素。不经训练，或者训练不到位，战斗力很难得到提高。1979 年的自卫还击作战中，牺牲了不少临战前征招的新战士，关键原因之一就是训练时间太短。他们从参军入伍到走上战场不过两个月时间，无论是对于适应战场的心理还是熟练掌握战术，都是不够的，因此不少新战士在震耳欲聋的炮火声中惊慌失措、动作失常，没来得及消灭敌人，就被敌人打倒了。孙子突出强调的这个“练”字实在是太重要了。

“赏罚孰明”，是指看一看哪一方赏罚能够依法执行、纪律严明。此处作者关注的是一个“明”字，即按制度公开透明地办事。因为中国人自古以来就很讲情分，一旦允许暗箱操作，各方面打招呼的就来了，小动作就难免，也就不可能做到公平公正，奖赏不仅不能起到激励作用，还可能引起普遍的不满情绪。惩罚也不可能起到警示作用，反而可能助长不正之风。

显然，这 4 个角度都是法制法规在部队管理、物资管理、训练管理、赏罚管理等方面的具体体现，是对“五事”中“法”的具体展开。

孙子得出结论，一旦以“五事七计”为抓手，把双方整体扫描一遍、透视一番，便可从中“索其情”。“索”，就是探索、索取。“索其情”即索取对双方宏观整体和微观细节的正确认识，从而清楚地了解双方实力强弱，为正确决策提供可靠的依据。

不言而喻，孙子所说的“五事七计”也是当今时代各个领域的人做重大决策、部署全局之际必须认真考察的对象。尤其是信息化条件下的战争决策，需要更高水平地运用“五事七计”的分析方法。除了“五事七计”之外，还必须考察双方的军事技术、军事联盟、战争潜力等方面因素。

005 治国要务，上下同意 / 韩信“汉中对”指点迷津

【原文】

道者，令民与上同意也，故可与之死，可与之生而不诡也。

【精解】

在古代汉语中，“道”的意思比较复杂，道路、道德、道理、规律、原则等，都可以用“道”来表示。在《孙子兵法》中，“道”的含义不仅简单明了，而且至关重要。

孙子非常简练地说了一句话：“道者，令民与上同意也。”对于这句话，有必要先解释两个字。一是“令”。这里的“令”不是命令、指令，而是“使”，如同现在常用的令人深思、令人神往等成语中的“令”。“民”在先秦兵书中往往不是指民众，而是指官兵，后来才逐渐用于指民众。解释了这两个字，这句话就比较好理解了。它实际上是规定了一条分析比较的标准，看敌对双方国君将帅得不得“道”，就是看他们能不能使所统辖之下的军队和民众能够自觉自愿地与上层领导的意志保持一致，即“与上同意”。上下一致，可谓得道，上下离心离德，即是失道。这一条既是战争胜负的决定性因素，也是平时治国治军的首要问题。所以孙子把它作为战略分析的第一个着眼点。楚汉战争前夕，韩信与刘邦在汉中对话时，最为看重的也就是这一点。

公元前 206 年，项羽自称西楚霸王，大封 18 个诸侯王，将他的劲敌刘邦派到秦朝流放罪人的巴蜀一带，称之为汉王。同时还安排秦朝降将章邯、司马欣驻在附近地区钳制刘邦。刘邦觉得很憋屈，一心想着东山再起。这时，老天爷给他送来了一个特殊人才——韩信。几经周折，刘邦拜韩信为大将。拜将仪式结束后，刘邦急不可待地请教韩信，问道：“将军何以教寡人计策？”

韩信反问道：“现在与您东向而争天下的不是项羽吗？”刘邦答道：“正是项王。”韩信又问：“那大王自己估计一下，论兵力之勇悍、待人之

礼仁、势力之强大这三个方面，您同项羽比，谁高谁下？”刘邦沉默片刻，回答说：“不如项王。”韩信赞同地说：“不仅大王，就连我也觉得您不如项王。可是我曾经侍奉过项王，请让我谈谈项王的为人。”

韩信首先分析项羽的勇悍，他说：“项王一声怒喝，上千人都会吓得腿软，可是他不能任用贤将，这只能算作匹夫之勇。”

他又分析项羽的礼仁：“项王待人恭敬慈爱，语言温和，人有疾病，他便同情落泪，把自己的饮食分给他们。可是等到部下有功应当封爵时，他把官印的棱角都磨光滑了也舍不得给人家，这是妇人之仁。”

接着韩信重点从四个方面分析项羽的势力状态：“项王虽然独霸天下使诸侯称臣，可是放弃地势险要的关中而建都于地势平坦的彭城，这是他的第一个失误。项羽背弃楚怀王之约，把自己的亲信和偏爱的人封为王，诸侯对此愤愤不平。这是他的第二个失误。项羽将旧主楚怀王驱逐于江南，使得诸侯纷纷效仿，也都回去驱逐他们原来的君王而自立为王了。这是他的第三个失误。项羽所到之处，无不大行杀戮，所以天下人都怨恨他，百姓只是在他的淫威下勉强屈服。这是他的第四个失误。”

分析到这里，韩信总结说：“从表面上来看，项羽名义上虽为天下的领袖，实质上已失去民心，所以他的势力会很快衰弱的！”听到这里，刘邦激动不已，俯身前倾，不知不觉膝盖都贴到前面的座席了。

韩信接着分析刘邦的三大优势。他说：“第一，大王您入武关时，秋毫不犯，废除秦王严酷刑法，与秦民约法三章，秦国百姓无不想拥护您在关中为王，可谓深得民心。第二，根据当初诸侯的约定，大王理当在关中称王，关中的百姓都知晓。可大王失掉应有的封爵、被安排在汉中做王，秦地百姓无不怨恨项王，可谓合乎法度。第三，如今大王起兵向东，进攻三秦的属地，只要号令一声即可收复，可谓有强大的力量基础。”

韩信最后鼓励刘邦说：“在这种情况下大王如能反其道而行之，任用天下武勇之人，何愁敌人不被诛灭！把天下的土地分封给功臣，何愁他们不臣服！率领英勇的、一心想打回老家去的士兵，何愁敌人不被打散！”（司马迁，《史记·淮阴侯列传》）

韩信的这一番话，实际上为刘邦制定了东征以夺天下的方略。刘邦听后大喜，认为得到韩信太晚了。他对韩信言听计从，部署诸将准备出击。

半年之后，刘邦采纳韩信“明修栈道，暗度陈仓”之计，领兵杀出汉中，迅速占领关中大部地区，取得对楚的初战胜利。

韩信这一番分析显然没有诸葛亮的“隆中对”那么全面，没有从政治、经济、外交、地理、实力方面盘算一圈，而是着重分析项羽如何失道、不得人心，刘邦如何得道、深受人民拥戴。为什么仅仅凭这些他就敢于鼓动刘邦杀出汉中呢？因为他知道“道”是力量的重要源泉，有了“道”，就会有无穷的力量。正如孙子紧接着说出的一个道理，那就是一旦达到了“令民与上同意”的程度，那么军队和民众“故可与之死，可与之生而不诡也”。“诡”，是诡诈、疑惑的意思。“不诡”，可以理解为军队和民众在关键时刻决不背叛，没有二心。

无论古今，平时喊打仗、发誓言、表忠心，都很容易，可是一旦真正面临战争，很可能就是另外一回事儿了。孙子认为，只有平时做到“令民与上同意”，战争来临时，军队和民众才有可能真正紧紧跟随国君和将帅，同生死、共命运，关键时刻也决不退缩。在大多数传世本《孙子兵法》中，这句话被写作“故可与之死，可与之生，而不畏危”。竹简本则写作“而不诡也”，两者意思相近，可以兼而有之。

在这个问题上，西方军事家克劳塞维茨与孙子心灵相通。克劳塞维茨也提出了战略五要素，即精神要素、物质要素、数学要素、地理要素、统计要素。其中，精神要素位列第一，被看作最重要的因素。他曾作为普鲁士军人亲自参加了著名的拿破仑战争，目睹了法国大革命的蓬勃发展和拿破仑战争的顺利进程，他认识到法国革命军队和拿破仑之所以能够取得一个又一个的辉煌胜利，重要原因之一是他们有着巨大的精神优势。一方面，由解放了的市民和农奴组成的革命军队为维护自身的自由而战，斗志高昂；另一方面，拿破仑极其善于利用民众武装，他有一句名言即“每一个士兵的背囊中都有一根元帅的指挥棍”，用来激发将士“与上同意”，英勇作战，争立战功。因此，与反法联盟的前 5 次作战中，法军尽管兵力少、武器差，却能紧跟拿破仑屡战屡胜，联军虽然兵力多、武器好，却屡战屡败，士兵在关键时刻各奔东西。克劳塞维茨从中看到，奥妙就在于法军具有巨大的精神优势。他由此得出一个明确认识："精神要素是战争中最重要的问题之一。"（克劳塞维茨，《战争论》）

俗话说："养兵千日，用兵一时。"军队作战时能够紧跟国君将帅，做到"可与之死，可与之生而不诡也"，一定取决于国君将帅平时能够"令民与上同意"。如果国君将领平时在这个问题上重视不够，做得不到位，战争状态之下就很难出现上上下下同生死、共命运的局面了。2003 年伊拉克战争期间，美军兵临伊拉克首都巴格达之际，很多军事专家预测将会有激烈的巴格达城下的攻防之战，也将会有残酷的巷战。可是，4 月 7 日早晨，美军仅仅靠着几辆坦克就攻进了巴格达，几乎没有遇到像样的抵抗。我们从电视画面上看到，伊拉克军人脱掉军装，扔掉武器，作鸟兽散。出现这种情况，并非是因为将士不爱国、胆小怯战，关键原因在于萨达姆平时不得"道"。这就从反面印证了孙子这一思想既是战争中的制胜要道，也是平时治国治军的重要方法的道理。

006　为将五德，良将必备 /1979 年 2 月 23 日无名高地战斗

【原文】

将者，智、信、仁、勇、严也。

【精解】

在传统说法中，关羽是因为大意而失了荆州。其实回顾一下当时的情况我们就会发现，并不是那么回事儿。当时，关羽镇守荆州三郡，控制着魏、蜀、吴三国交汇点。曹操和孙权对此耿耿于怀，暗中联手争夺荆州。可是，关羽攻襄阳、樊城，水淹七军，“威镇华夏”，不可强攻，只能智取。于是，针对关羽刚愎自用、恃才傲物的性格特点，孙权采取了一系列示弱纵敌的办法。

第一招，先是提出想让关羽的女儿做儿媳妇，和关羽结成儿女亲家，关羽却说“吾虎女岂配犬子”。其实，孙权不过是套近乎，示弱而已。

第二招，故意让吕蒙以养病为名由陆口前线回到都城建业休养，派年轻的陆逊接替吕蒙，陆逊上任后主动写信给关羽，称颂关羽的英武神功，希望关羽多予关照，使关羽放松戒备，抽走了荆州部分守军，一心对付魏军。

于是，吕蒙才得以偷袭荆州。由此可知，关羽丢掉荆州并非大意，完全是因为被迷惑误导。

孙权自诩为孙武后世子孙，也确实懂些兵法。他之所以能够从美髯公手上夺取荆州，关键在于活用了孙子分析将领才能的方法。他在行动之前认真分析了关羽骄傲自大的脾气性格，然后“对症下药”。

孙子主张，但凡战争决策务必首先考察双方的“五事七计”，其中“将孰有能”是要重点关注的。将领才能的方方面面，骑马、射箭、投掷、摔跤、带兵、打仗、喝酒、赋诗，究竟孰重孰轻？孙子一言以蔽之：“将者，智、信、仁、勇、严也。”

我们有必要从两个层面理解孙子这句话。

首先，孙子提出的是分析评判双方将领能力素质高低的五个着眼点，或者说是将领应当具备的五种能力素质。他就是看谁的将领更加智慧、更加诚信、更加仁爱、更加勇敢、更加严谨。学者将之称为“为将五德”。金无足赤，人无完人。一旦发现对方将领某一方面的弱点，便可如同孙权那样“对症下药”，避其所长，击其所短。

其次，这 5 个字同时指出了将领带兵打仗过程中发挥领导力的五个途径。

第一是“智”，将领不同于连排长，统率千军万马绝不是振臂一挥那么简单的事情，需要高超的智慧，以智慧筹划全局，以智慧驾驭战场，以智慧统领队伍。所以，作为将领分析处理问题时一定要注意“以智为上”。这四个字是我概括的，源自孙子对“智信仁勇严”的排序。“智”排第一位，自然是最重要的，应最先考虑的领导艺术。

第二是“信”，它不仅是一种品质，也是一种领导艺术。将领上有国君，下有官兵，凭什么让国君放心，靠什么令官兵跟随？关键在于诚信。其实，不仅军中将领要讲诚信，社会各个领域的领导者都应当讲诚信。美国学者詹姆斯和巴里曾经在世界范围做过多次名为“受人尊敬的领导的品质”的调查，每次都有 80% 以上的人选择了“真诚”。“真诚”在所有调查中差不多都是占据第一名的位置。这说明，“言必行，行必果”是世界性的共同要求，是带队伍、打胜仗的通用办法。因此，作为一个将领和领导者，如果没有真正想清楚的话，最好就不要做出决定；如果不想食言的话，最好不要轻易做出许诺，许诺的事情一定要做到。拥有这样一种稳重可靠的行事风格，才能赢得上级和下属真正的信任和敬重。

第三是“仁”。军队，对国家来说是暴力工具，对军人来说却是精神家园。千万官兵聚集军营，他们朝夕相处、生死与共，靠的不是说教，也不是金钱，而是情感。所以，孙子非常强调以情带兵，要求将领“视卒如婴儿”“视卒如爱子”，以培养兄弟情、生死情。这个过程中，将领首先要有仁爱之心，体恤官兵所思所想。同时，要主动“示爱”，把对官兵的关爱之情表达出来，让他们能感受到。如果深藏不露，官兵们感受不到关爱，也就难以产生亲和力、凝聚力了。吴起仅仅以一个为士兵吸脓疮的动作，便激起士兵的决死之心。

第四是“勇”。著名兵书《六韬》中曾提出将领要有“五种才能”之说。与孙子不同的是，姜子牙把“勇”排到第一位了。到了真正的战场上，你会发现军人常常会陷入一种无计可施的绝境，最后只能“玩命”。所以克劳塞维茨曾说：“战争在人类各种活动中最近似赌博。”（克劳塞维茨，《战争论》）当年在战场上我就被迫赌了一把。

那是自卫还击作战的第 7 天，我随一支清剿队攻打一处山洞。此洞位于半山腰，约一个班的敌人躲在洞中，居高临下，对我们的战友造成较大的杀伤性。由于洞口处立着一块大石，战友从山下往上射击，都只能打在大石头上，洞中之敌安然无恙。鉴于直射武器打不进去，队长便想起了我们喷火兵。我手中的喷火器使用的是油料，打山洞和坑道最有效。我背上一具喷火器，带上副手江流进，在三个步兵掩护下隐蔽地爬上山坡。可是，当我们爬到距洞口十几米处时，发现我们与洞口位置平行了，如果喷火，火药将擦着洞口边飞过去。怎么办？怎么办？已经到了敌人的眼皮子底下，稍不留神我们 5 人全都没命。当时真是无计可施了，既不可能退下去重来，又不可能搞什么包抄战术，只能再走近一点找个有角度的位置喷火。豁出去了！我挥手示意三个步兵在身后卧倒掩护，小声告诉江流进：“你也卧倒隐蔽，我死了你就上！”说完，我双手紧握喷火枪，手指紧扣扳机，一步一步向洞口接近。万幸，我走了七八步还没有惊醒敌人。距离洞口五六步时，我一个箭步冲到洞边，卧倒的步兵同时架枪喷火。“轰隆”一声巨响，火龙冲出枪口，直奔洞壁，折进洞中深处。接着，第二枪、第三枪，全打进去了。江流进冲上来又补上三枪，洞中 9 个敌兵顿时葬身于火海之中。

这一幕已经过去 30 多年了，我现在回想起来依然感慨万千。可见，勇还是不勇，不仅决定自身的生死，也直接影响着整个队伍的战斗精神。

最后看一看第五种能力：“严”。“严”的含义有多种，严谨思维、严于律己、严格管理、严于执法等，都可纳入其中。统领成千上万的热血男儿，讲究的是一个“严”字。所以军中流行一句话：“严是爱，松是害。”从严管理，从严治军，才能带出一支能征善战的铁军。毛泽东秋收起义之后率领剩余部队向井冈山撤退，当时跟着毛泽东走的是一群未经训练的工人、农民、市民、旧军队的官兵，比较散漫。有的官兵借了老百姓的门板当床板，开拔时不还就走；有的官兵借了老百姓的稻草当褥子，离开时胡乱堆放。这些事情虽然不大，但老百姓不高兴。面对这种情况，毛泽东于 1928 年 4 月 3 日在湖南省桂东沙田县召集全部人马，正式宣布《三大纪律六项注意》，规定上门板、捆稻草、说话和气、买卖公平等，把官兵平常与老百姓打交道的具体事情都做了明确规定。刚开始，散漫惯了的工人、农民，尤其是旧军队的官兵很不习惯，但是严格执行一段时间后效果出来了，原先散漫的队伍逐步改变了面貌，变成深受人民群众爱戴的子弟兵。只有在赢得人民群众的真心爱戴之后，部队才有可能得到钱粮支持，也才有可能吸引老百姓参军。

智信仁勇严，5 个字说起来很简单，含义却相当丰富，它既是将领应当具备的五大能力素质，又是分析将领性格特点的五大着眼点，还是将领平时带兵的五大抓手。曹操在孙子这句话后面做了一句注释：“将宜五德备也。”强调优秀的将领应当五德兼备，全面发展。不言而喻，现代人要想成为杰出人才、干出一番事业，恐怕至少也得“五德备也”。

007 用谋之妙，贵在信任/韩信为什么背弃项羽

【原文】

将听吾计，用之必胜，留之；将不听吾计，用之必败，去之。

【精解】

近几年一些研究《孙子兵法》的专家学者一直在争论一个问题。一些学者说，孙子是在齐国生活期间写完了兵法十三篇，然后带着它投奔吴国的。另一些学者说，孙子是来到吴国之后，隐居5年才陆续写出兵法十三篇。司马迁只是记载："孙子武者，齐人也，以兵法见于吴王阖闾。"（司马迁，《史记·孙子吴起列传》）他没有注明孙子在哪里完成这部兵书，所以两种说法都有很大的可能性。客观地说，从内容上来看，《孙子兵法》应当是孙子到吴国之后，根据吴王争霸天下的战略需求专门定制的，因为文中有两次直接提到吴国与越国争斗的情况，没有一处涉及齐国的事情。尤其是《计篇》中"将听吾计，用之必胜，留之；将不听吾计，用之必败，去之"，这句话显然就是针对吴王说的。

这句话是什么意思？为什么要说这句话？

因为按流程来说，盘算完了双方的情况，接下来就要确定计策。出谋划策可不是一件小事情。我们现在说，点子就是金钱，思路决定出路。孙子的那个年代也是如此，点子和思路不能随便出手，一出手就要进入决策。所以，在他讲完计算双方实力的方法、即将出谋划策之际，孙子先直言不讳地挑明前提条件："将听吾计，用之必胜，留之；将不听吾计，用之必败，去之。"

对于"将"，有两种理解。一种指将领，"将听吾计"意为将领听从我的计谋。另一种认为"将"作助动词用，意为如果，读作"江"。这句话是孙子对吴王说的，作为助动词更符合原意。这里的"用之"，不是指用我的计谋，而是指用军队作战。整句话说的是：大王如果能听从我的计谋，用兵作战一定胜利，那么我就留下来继续出谋划策；如果不能听从我

的计谋，用兵作战一定失败，那么我就离去另择明君。想象一下他们君臣对话的情景，阖闾虽然贵为大王，孙子不过是一个山中隐士，二人地位相差悬殊，但是孙子毫无卑怯之色，充满了自信和坦诚，表现出春秋时期士人的典型风骨。

士是周代以来的一个贵族等级，是贵族的最下层。周代分封制规定贵族有 4 个等级：天子、诸侯、大夫和士，前三个等级都有一定的田产，全国土地归天子所有，天子封诸侯国给诸侯，诸侯再封邑给大夫，而士不能占有土地。用现在的话来说，士是没有不动产的。但是，士阶层也有较高的社会地位，享有在官府接受良好教育的机会。春秋末期，周王室衰微，朝廷官学荒废，而民间私学兴起。孔子游学就是典型代表。社会上逐渐出现“学在民间”的现象，民间百姓学到某方面本事也可以成为士。所以，士处于贵族与平民之间，他们可上可下，士可以上升为贵族，士也可以被降为平民。这两种身份结合在一起，使得士具备一些独特的性格特征。孙子作为齐国贵族的后代，属于士的阶层。

士，最突出的特点是热衷于追求功名，士为知己者死。所以他们往往不计国籍和民族，愿意投奔他们认为英明的国君，甚至投奔敌国、辅助该国国君攻打本国，只要得到信任，付出生命也在所不惜。但是，如果国君不任用他，他就投奔别国。乍一听，这种人似乎没有原则，朝秦暮楚、背叛祖国。其实，如果还原到当时历史环境就不难看出，当时的诸侯国同属一个天下，士人可以到处流动，而且他们往往以天下为己任，并不局限在听命于某一个诸侯王。所以，孙子说“将听吾计，用之必胜，留之；将不听吾计，用之必败，去之”，这句话就突出体现了这一特点。楚汉相争时期的韩信，更是用实际行动体现士的特点。

秦朝末年，韩信本是一介平民，在农民起义大潮中，他带着宝剑投奔了当时势力最大的起义军团首领项梁。最初他并未得到重用，默默无闻。项梁战死之后，他又归属项羽，项羽让他做郎中（其职责为护卫、陪从，随时建议，备顾问及差遣）。韩信多次给项羽献计献策，刚愎自用的项羽都不予采纳。韩信心灰意冷，遂有去意。这也就是孙子所说的“将不听吾计，用之必败，去之”。一年之后，韩信离开项羽投奔刘邦。刘邦一开始也没把他当回事儿，只给他一个管理仓库的小官当，韩信依然不为人所知。

一个偶然的机会，韩信结识了刘邦的谋士萧何，并多次同他交谈，给萧何留下了深刻的印象。公元前206年，刘邦被项羽封为汉王，从长安迁往汉中地区。当时的刘邦相当于被项羽流放到偏僻山沟，非常落魄，于是先后有数十位将领逃亡。这个时候，韩信也逃走了。但是，他之所以逃走，并不是因为刘邦落魄。他是抱着干一番事业的想法从项羽旗下跑来的，认识萧何之后，萧何多次在刘邦面前举荐韩信，但刘邦一直没有重用他，于是他就再次像孙子所说的那样，“将不听吾计，用之必败，去之”，打算另择明主。

萧何听说韩信逃走，来不及向刘邦报告便去追赶韩信。军中有人向刘邦报告：“丞相萧何逃跑了。”刘邦大怒，犹如失去了左右手。

隔了一两天，萧何回来见刘邦，刘邦又是生气又是高兴，骂道：“你怎么也逃跑了？”萧何急忙回答说：“我可不敢逃跑，我是去追逃跑的人。”刘邦问道：“你追回来的是谁？”萧何说：“韩信。”刘邦一听追的是这么个小官，又生气了，骂道：“跑掉的将领有好几十个，你都没有追，倒去追一个小小的韩信，这是撒谎。”萧何解释说：“那些跑掉的将军是容易得到的，至于像韩信这样的人才，是普天下也找不出第二个来的。假如大王只想一直做汉中王，当然用不上他；假如大王想要争夺天下，除了韩信就没有可以商量大计的人了。这就看大王如何打算了。”刘邦难过地说：“我当然也打算回东边去呀，怎么能够老闷在这个鬼地方呢？”萧何马上建议道：“大王如果决计打回东边，务必重用韩信，他也就会留下来；假如不能重用他，那他终究还是要跑掉的。”刘邦不情愿地说：“好吧，我看你的面子，让他做个将军吧。”萧何摇头说：“不够呀，即使让他做将军，他也一定不肯留下来的。”刘邦只好说：“那么，让他做大将吧。”萧何高兴地说：“这就对了。”当下刘邦就想叫韩信来拜将。萧何连连摆手说：“不可，不可。大王一向傲慢无礼，如果任命一位大将也像是呼唤一个小孩子一样，这就会成为韩信离去的原因。大王如果诚心拜他做大将，就该选个好日子，自己事先斋戒，搭起一座高坛，按照任命大将的仪式办理，那才行啊！”刘邦只好点头答应。各位将军听说刘邦要拜大将了，个个暗自高兴，人人都以为自己会被任命为大将，等到举行仪式的时候，才知道被任命为大将的是默默无闻的韩信，全军上下都大吃一惊。

韩信成为大将后，果然不负刘邦厚望，就像孙子所说，“将听吾计，用之必胜，留之”，于是就有了“汉中对”那一幕，韩信分析刘邦与项羽相比，所具有的政治优势，鼓动他杀出汉中，争夺天下，并具体制订了“明修栈道，暗度陈仓”之计，使刘邦得以顺利挺进关中，从此拉开了开创西汉王朝事业的大幕。

韩信这一则故事虽然比孙子生活的年代晚了 200 多年，却很好地诠释了孙子的观点。我们从中不难看出孙子这句话至少有三层含义：第一，谋略是赢得战争胜利的法宝，打仗必须重用谋略，用之必胜，不用必败；第二，孙子对自己的谋略充满了自信，大王愿意用谋略打仗，他就留下来出谋划策，不愿意用谋略打仗，他就走人；第三，出谋划策的前提条件是得到君王的重视和信任，只有得到重视和信任，制定的谋略才能够得到贯彻落实。

鉴古观今，孙子这句话很有现实意义。今天身处重要岗位上的人在出谋划策时不能毫无主见、一味顺从领导，而应当敢于提出自己的意见和主张，善于提出有见地的方案。尤其在战争决策问题上更来不得唯唯诺诺、唯领导是从，应当具有孙子“将听吾计，用之必胜，留之”的风骨。

008 因利制谋，营造态势 / 毛泽东为何坚持“独立自主的游击战”

【原文】

计利以听，乃为之势，以佐其外。势者，因利而制权也。

【精解】

出谋划策的前提是国君将帅要高度重视和信任出谋划策的人，那么得到重视和信任之后该怎么办呢？

孙子说：“计利以听，乃为之势，以佐其外。势者，因利而制权也。”这段话有两层意思，而且含义比较微妙，不仔细琢磨的话不容易理解。

“计利以听，乃为之势”，其中的“计利”，就是指通过“五事七计”计算双方的利弊和强弱；“以听”，则是指所做的决策定下来了，建议被采纳了；“乃为之势”，意为紧接着就要想办法营造有利的态势。这实际上讲的是“造势”问题，也就是今天所谓执行战略决策和作战计划的主要方法。

“势”是态势，即一种没有具体形状、没有明确规格的状态，但是确实又能够帮助客观的力量或条件发挥巨大的能量。我们在日常生活中都有体会，借势而为，顺势而上，往往能够力量倍增。逆势而行，如同顶风行走，前行相当困难。战争中更是如此。所以，战争决策定下来之后就要营造有利的态势使之能够顺利落实。即使是在现代条件下打仗也是如此。1978 年底，邓小平下定决心后，全国全军马上展开相应的造势活动。政治上，从上往下，预先吹风，统一思想；军事上，从军委到各个部队立刻着手研究作战方案，加强部队训练，补充武器装备，征召新的兵员；外交上，强烈谴责越南蚕食中国领土，恣意驱赶驻越华侨，占领老挝以及侵略柬埔寨的行为；经济上，各系统筹集作战物资，准备前送后运；舆论上，宣传解放军，谴责对方种种罪行；南方各地医院——无论部队的还是地方的都积极着手准备病房和急救设施，等等。这一切活动，目的只有一个，那就是孙子所说的“乃为之势”，即营造打仗的态势。

那么，为什么要“乃为之势”呢？孙子一语说明，其目的就在于“以佐其外”。“佐”，辅助的意思。但是，对于这句话各家理解不太一致。

比如，三国时期的军事家曹操在“外”字下注：“常法之外也。”即战争决策定下来之后，就要用超乎常规之外的方法造势。他所谓的“常法之外”很可能是指孙子紧接着说的一系列不同寻常的“诡道”。尽管曹操是最早系统注释《孙子兵法》的人，但是这段注释似乎有点牵强，因而没有被后人继承下来。

再比如，明代的军事家戚继光认为，这句话的意思是说：当我制订的作战计划有益于国家、有益于军队时，就要严格保密，一旦被敌方获取，敌方必定进一步加强防备，所以要在外部制造各种真真假假的状态，混淆视听，使敌方不加戒备。这种理解强调的是营造一种外部态势来隐蔽作战计划。

今天的专家学者基本上继承了戚继光的这种理解，但又前进了一步。他们认为“以佐其外”不光是要营造一种外部态势隐蔽作战计划，还指战争决策或作战计划被执行者接受之后就要造“势”，用来帮助军队在国外的作战。“外”是对“内”而言，“内”是国内，“外”是国外。“计算”在国内，作战在国外。古人说“计必先定于内，然后兵出乎境”（《管子·七法》），军队一旦越过边境投入实际战斗，不能光靠算出的力量优势，还要靠有利的战场态势。

其实，“外”不一定限于国外，也可指庙堂之外。庙堂内定谋，庙堂外执行。因此，“以佐其外”应当不仅是指通过造势帮助我们在国外作战，还指通过营造有利态势辅助庙堂内敲定的战略决策或作战计划得以在治军、打仗、国防建设等各领域贯彻执行。

接下来“势者，因利而制权也”讲的是第二层意思，进一步说明“如何造势”。

孙子提出关键要在两个词上做文章，一个是“因利”，一个是“制权”。

“因利”是指作战要以双方“五事七计”对比中我方的有利之处为依

据。“制权”中“权”的本意是秤砣，秤砣根据重量在秤杆上滑动，引申为权变、权谋。制权，即制定谋略。“势者，因利而制权”，意在说明“造势”的方法是根据我方有利条件或力量优势制定相应的谋略，再通过运用谋略来营造有利的态势，从而使战略决策和作战计划得以贯彻执行。

如果我们认真读一读毛泽东的《论持久战》和《抗日游击战争的战略问题》，或许更能理解孙子这段话。

毛泽东在《论持久战》中深入分析了敌强我弱、敌小我大、敌退步我进步、敌寡助我多助的矛盾特点，阐明了“中国不会灭亡，也不能速胜，只要经过艰苦、持久的抗战，最后的胜利一定属于中国”的道理，确立了“持久抗战”的总方针。

那么，如何贯彻落实这一总方针呢？毛泽东在《抗日游击战争的战略问题》中进一步分析如何营造持久抗战的大势，并提出共产党武装抗日的战略方针，那就是坚持“独立自主的山地游击战”。但是，毛泽东的这一主张遭到了来自两个方面的反对。

一方面，国民党政府惧怕共产党武装发展壮大，极力限制和阻挠共产党领导的人民武装发展敌后游击战争。另一方面，在共产党内部，王明等人主张大规模运动战、阵地战，极力反对独立自主的山地游击战的方针。

针对种种反对意见，毛泽东的做法就如同孙子所说的“因利而制权”。他非常客观地分析中日双方的利弊，摆出了坚持独立自主的山地游击战的三点理由。

第一，他认为，中国既不是小国，又不像苏联，是一个大而弱的国家。这一个大而弱的国家被另一个小而强的国家攻击，但是这个大而弱的国家处于进步的时代，全部问题就从这里发生了。在这样的情况下，敌人占地甚广的现象发生了，战争的长期性发生了。所以，要持久抗战。

第二，他认为，敌人在我们这个大国中占地甚广，但他们的国家是小国，兵力不足，在占领区留了很多空虚的地方，因此抗日游击战争就主要地不是在内线配合正规军的战役作战，而是在外线单独作战。因此，必须展开独立的山地游击战。

第三，他认为，由于中国的进步，有共产党领导的坚强的军队和广大的人民群众存在，因此抗日游击战争就不是小规模的，而是大规模的。这说明，独立自主的山地游击战，并非“游而不击”，而是真正的全面抗战。（毛泽东，《毛泽东选集》）

由此可见，毛泽东制定“独立自主的游击战”战略方针并非凭空想象或感情用事，而完全是在对中日双方实力客观分析的基础上，根据双方利弊最终确定的，堪称“因利而制权”的典范。

从毛泽东的决策思维过程中我们不难看出，孙子所说的“权”，即具体的谋略措施，往往不是孤立的一条计谋，很可能是一个复杂的体系，有战略、战役、战术之分，甚至有政治、经济、文化之别。不同层次、不同方面的谋略措施综合运用，方能合力营造有利态势。

归结起来看，运用孙子这一谋略时最为关键的是要注重“因利”和“制权”的结合。在现代条件下贯彻落实重大决策，也务必注重这两个要素的结合，精确地根据自己的长处和优势制定相应的谋略。两者紧密结合，才能营造有利态势，使决策得以顺利贯彻执行。

009 智胜秘诀，巧用诡道 / 宋襄公恪守“蠢猪式的仁义道德”

【原文】

兵者，诡道也。

【精解】

也许有些人见到“诡道”两字会有些反感，总把它与阴险毒辣、心术不正联系在一起。其实，在先秦时期它是个中性词，没有褒贬之分，仅仅是指战争中欺诈、多变的方式及谋略运用的方式。这强调的是，要想打胜仗，就得用谋略。将领最基本的能力，就是要善于运用谋略，灵活应变，没有这本事就别上阵。虽然今天看来，这已是平常道理、基本常识。但是，回归到孙子生活的年代，大胆说出这句话则是需要一点反叛精神的。

这还得从公元前 638 年泓水之战讲起。那年 11 月宋楚两军夹泓水而战。先是楚军向南岸推进，宋军在北岸列阵等待。当楚军进至泓水岸边并开始渡河时，宋军的右司马公孙固向宋襄公建议：“彼众我寡，及其未既济也，请击之”（左丘明，《左传·僖公二十二年》），即楚宋两军众寡悬殊，但宋军已占有先机之利，可以趁楚军渡到河中间时予以打击。岂料，宋襄公不同意，说仁义之师“不推人于险，不迫人于阨。”楚军得以全部顺利渡过泓水，并迅速布列阵势。这时，公孙固又劝宋襄公趁楚军列阵未毕、行列未定之际发动攻击，宋襄公仍然不予接受，理由是遵循军法“不鼓不成列”，即敌军没有摆好阵势就不击鼓发起攻击。一直等到楚军布阵完毕，一切准备就绪之后，宋襄公这才击鼓向楚军进攻。可是，一切都已经晚了，弱小的宋军哪里是强大楚师的对手，一阵厮杀后，宋军受到重创，宋襄公本人的大腿也受了重伤，其精锐的禁卫军全部被楚军歼灭。幸亏有公孙固等人的拼死掩护，宋襄公才得以突出重围，狼狈逃回宋国。

回国后人们普遍埋怨宋襄公指挥不当，宋襄公却不承认自己的错误，向臣民辩解说“临大事而不忘大礼”（左丘明，《左传·僖公二十二年》），认为自己遵守军规军礼打仗并无不当。半年之后，宋襄公伤重而死。

毛泽东在《论持久战》一文中曾说过，我们不是宋襄公，不要那种蠢猪式的仁义道德。

现在有些人为宋襄公鸣不平，认为毛泽东的评价太过火了，没有理解宋襄公那个时代的贵族精神和君子风度。

我以为，这些人平时读书恐怕只重表面现象，不怎么琢磨内在本质。从表面上来看，西周时期乃至春秋初期打仗很讲究规则和礼法。比如：

- 君子不重伤（不再次伤害受伤的敌人）
- 不擒二毛（不捉拿头发花白的敌军老兵）
- 不以阻隘（不阻敌人于险隘中取胜）
- 不鼓不成列（不主动攻击尚未列好阵的敌人）
- 不伐丧（不在敌国国君去世后举国服丧期间发动攻击）

在这样的战场上，马背上的将领确实很威风、很有贵族范儿。可是，我们想一想，那个时代为什么会出现这些战场规则？至少有如下三方面原因。首先，当时诸侯王大多是周天子的子孙，彼此是兄弟或姻亲，不能杀个你死我活，所以要确立一系列规则控制战争行为。其次，周天子为保证“家天下”永久稳固，不允许诸侯通过战争扩大地盘、增强实力，于是用一系列军礼军法限制战争的规模和程度。谁要是借着战争吞并另一个诸侯国，便是图谋不轨，危及周天子权威，周天子很可能率诸侯共伐之。再次，当时各国之间交战的目的还比较简单，或者为争当盟主，或者为争夺一匹宝马，甚至为获得一位佳人，达到目的即可罢兵，所以容易受法规控制。明眼人一看就会明白，上述种种规则并不是贵族精神和君子风度的体现，实质上是为维护周氏“家天下”稳固的家规、家法所设。就算表面上十分文明有贵族风范，但是好景不长，随着周氏政权逐渐衰落，周天子号令天下的风光不再，以卿大夫为代表的新兴势力集团陆续出现，不断壮大，先后取得诸侯之位。此后的战争撕去了贵族虚伪的面纱，不再假装斯文。为了兼并彼此，战争双方全力以赴攻城夺地，奇谋诡诈大行于道。

泓水之战就发生在这一转变时期。它标志着周氏建立“家天下”以来，以“成列而鼓”为主要特色的“礼义之兵”逐渐消失，以“诡诈奇谋”为主导的作战方式开始出现。

春秋末期诸侯争霸战争中，饱经战火的孙子清楚地看到了这种变化，大声疾呼：“兵者，诡道也”，并提出一系列奇谋妙计，学者称之为“诡道十二法”。

现代战争与孙子那个年代的战争已经大不一样了，战争会在陆、海、空、太空、电磁等多维化立体式领域进行，各种嵌入信息技术的先进武器装备全方位比试，键盘鼠标取代了长矛大刀。于是，有些人认为战争没那么复杂了，不需要诡道了，只需要敲敲键盘、动动鼠标就行了。然而，敲键盘的手指是靠大脑指挥的，所以说，现代战争中仍然要讲究诡道。1982年的贝卡谷空战就充分说明了这一点。

在此之前的1973年中东战争中，以色列装备了性能先进的作战飞机，主要有美国的F–4型喷气式战斗轰炸机、法国的幻影Ⅲ型喷气式战斗机和美国的A–4型亚音速强击机。这些飞机都装上了针对萨姆–2、萨姆–3导弹的电子警报和干扰设备，一旦发现导弹来袭，就会自动报警，并按相同频率发射电波，干扰导弹的制导系统，使导弹不能准确命中飞机。所以在攻击埃及和叙利亚时，许多飞行员明明听到警报也不采取任何躲避措施，以为干扰系统会自动躲避来袭导弹。没想到飞机一连被击下100多架。以方几经侦察后才知道，原来埃、叙两国的防空导弹网中新增加了一种苏制萨姆–6地空导弹。这种导弹装在履带车上，机动性好，阵地不固定，又便于伪装隐蔽。所以，以军多次侦察都未发现萨姆–6导弹阵地。而且，这种导弹的性能远远优于萨姆–2和萨姆–3，具有抗干扰能力，所以能够排除以军飞机干扰，准确命中。此后，以色列空军对萨姆–6非常警觉，将其视为克星。

1981年以色列获得叙军在贝卡谷地部署萨姆–6导弹的情报，立即派无人侦察机前往侦察。这架侦察机虽然被叙军击落了，但是以军探测到了叙军指挥雷达的无线电电波频率。1982年，以军进攻叙利亚时，决心首先干掉萨姆-6导弹阵地。于是，以军采用了孙子的诡诈之道，先令两架无人机飞入贝卡谷地上空，假装袭击叙军基地。叙军发现敌机后立即打开萨姆-6导弹瞄准雷达，准备发射导弹。这一动作却正中以军下怀，以军迅速发射百舌鸟导弹直接命中萨姆-6导弹瞄准雷达，使之变成了“瞎子”，无法发现来袭目标。紧接着，以色列大批战机飞临贝卡谷地上空，精确投弹，仅仅几分钟时间，19个萨姆-6地空导弹连全部被摧毁。

可见，现代战争中，如果巧用诡道，仍然能够起到攻其无备、出其不意的效果。

30多年过去了，今天的战争比20世纪七八十年代的中东战争信息化水平更高，某些先进的武器装备具备了人脑的功能，但是战争主体仍然是人，战争结果的最终决定性因素仍然是人。而且人的智慧与信息技术平台相结合，可以发挥比以往任何时候更为巨大的能量。所以说，现在乃至未来的战争依然遵行“兵者，诡道也”的原则。经常有人问我，中国的军事力量与某国相比，谁强谁弱，在当今世界上排行第几？这种问题很难回答，也不能回答。其实，无论排行第几，无论对方如何强大，如果我们比以往任何时候都更加注重谋略的运用和发挥，便能用好、用活手中的武器装备，弥补某些军事力量方面的不足，仍然能够像毛泽东倡导的那样，以劣胜优，以弱胜强。

010 示假隐真，迷惑敌人 / 李牧示弱避战胜强敌

【原文】

故能而示之不能，用而示之不用，近而示之远，远而示之近。

【精解】

“兵者，诡道也”重点说明打仗就得巧用诡道。那么，用哪些诡道呢？其实能被称得上诡道的谋略很多，只要涉及战场上诡诈、欺骗、灵活变化的谋略一般都可以被称为诡道。孙子在《计篇》中一连列举了 12 条诡道：“能而示之不能，用而示之不用，近而示之远，远而示之近。利而诱之，乱而取之，实而备之，强而避之，怒而挠之，卑而骄之，佚而劳之，亲而离之。”人们称之为“诡道十二法”。这些文字都很直白，含义却比较微妙，需要我们用心领悟。一旦真正领悟了其中的精髓，你会发现它们既存在于古代战场之中，又活跃于现实生活之中。我们首先重点分析“能而示之不能，用而示之不用，近而示之远，远而示之近”。

现如今人们普遍有一种躁动情绪，愤青式的激情呼喊不绝于耳，一有风吹草动就喊打，似乎战争叫板越厉害就越爱国，示强口号越响亮就越强大。如果用孙子诡道思想稍加分析，就能理解这种情绪是不太理智的。孙子生活在春秋争霸战争的时代，每天考虑的主要事情就是怎样通过战争扩大地盘，争夺天下霸主地位。但是，他并不主张示强，反而要求示弱、示虚，“能而示之不能，用而示之不用，近而示之远，远而示之近”，就是这种思想的典型表现。

“能而示之不能”，关键字眼是“能”“示”“不能”。这句话说的是完全有能力战胜敌人时，表面上要有意显露没有这种能力的假象。

“用而示之不用”，其中的“用”，是指动用军队。它是说，实际要动用军队打击敌人时，表面上要故意显露没有用兵的迹象。

“近而示之远”，这里的“近”和“远”是指与敌人的距离。它是说，实际上准备在近处向敌人发动进攻时，要设法显露在远处下手的意图。

“远而示之近”，与“近而示之远”相反，是指实际上已确定从远处动手时，要主动显露从近处布阵的假象。

这 4 种办法有一个共同特点，即“示假隐真”，其实质是谋略造势之法。记得我的研究生导师吴如嵩先生曾经说过一个观点：“中国军事文化是女性文化。”坦率地说，当时听到这一说法，我不以为然。心想，战争是铁与血的斗争、刚性的碰撞，怎么能与女性扯到一起呢？但是稍稍一琢磨，又觉得此话虽然听上去有点不容易理解，但还是比较贴切的。孙子这 4 句话就带着些女性特点：柔而不刚，绵里藏针，欲取而先予，顾左而盼右，让人琢磨不透。孙子把这种艺术运用到谋略之中，确实能够达到多种效果。这至少有两大效果：一方面，种种示假动作有可能麻痹敌人、迷惑敌人、调动敌人，使其不加戒备，走向错误方向；另一方面，由于我方真实意图、真实状态被隐藏起来，不至于引起敌方的警觉和攻击，我方便赢得了相对安全的环境和发展时机，避免过早交战和消耗。这两种状态有利于我，不利于敌，一旦时机成熟便可乘势发威，突发制人。战国时期，赵国著名将领李牧就曾经用这种谋略大破匈奴。

赵国离匈奴很近，匈奴衣食匮乏了，就跑到赵国的边境大肆掳掠一番。面对这个纵横驰骋、来去如飞的对手，赵国最初没有有效的应对办法。

后来赵王派大将李牧去驻守雁门郡，李牧知道面对剽悍的匈奴骑兵，硬碰硬是打不过的，必须以软制硬，以静制动。于是，他干脆就采用了看上去最简单的一招：避而不战。

作为驻边主将，李牧拥有很大的权力，不光享有官吏的任命权，防区内的所有租税也都是李牧征收。李牧把收上来的钱财全部划归为边防守军的经费，以此激励士卒练习骑射。与此同时加强战备，维护好烽火台，军情紧急时保障联络畅通，并派出大量间谍刺探匈奴的动向。总之，李牧把战备工作做得滴水不漏。可见，当时赵军完全有能力与匈奴交战。但是，李牧下了一道死命令：“如果匈奴入侵，所有人马立刻退入军营中，不能和匈奴作战，胆敢和敌人接战的，擅自去追捕敌人的，一律斩首！”因此匈奴每次入侵，士卒就点起烽火通知各处守军退入城中固守，显示出没有能力与匈奴交战的假象。

如此数年，李牧从未出军交战，只是坚固防守，其效果是匈奴也没有办法攻进来抢劫，百姓、牲畜也就没有什么损失。

这个看起来有点消极的办法招来众人的非议，匈奴则大肆制造舆论说李牧胆小怯战。赵王承受不了舆论的压力，不得不换了一个人——任命赵葱代替李牧。

赵葱上任后一改李牧的做法，匈奴一旦入侵，立即领军出战，但是匈奴兵强马壮，赵国的军队根本不是对手，结果不仅大批官兵战死，百姓、牲畜损失极大，边境上几乎不能耕种、放牧了。

赵王不得不请李牧重新出山。李牧闭门不出，坚持说自己有病。赵王便一再强令李牧出来领兵。李牧提出条件说："如果大王一定要用我，允许我像以前那样做，我才敢奉命。"赵王不得不答应他的要求。李牧回到雁门郡，仍然采取"能而示之不能"的办法，匈奴有劲儿无处使，又是好几年一无所获，只好采用激将法，继续嘲笑李牧胆小怯战。

赵军将士一边防守不出，一边养精蓄锐，每天不仅粮饷不缺，还有丰厚的赏赐，大家都斗志昂扬，渴望作战。李牧看到匈奴麻痹大意了，自己的部队也实力大增了，可谓时机成熟，于是精选了1 300辆战车，13 000匹战马，50 000名勇士，100 000名弓弩手，全部组织起来进行临战训练，同时一反常态，派牧人把牲畜赶出去大模大样地放牧。这实际上是采用了孙子"用而示之不用"的方法。虽然已经决定用兵打仗，表面上却大规模放牧，表现出无意打仗的样子。

匈奴一看这种阵势，反而不敢贸然进攻，于是派先头部队试探性进攻。李牧命令数千人的先锋迎战，但一接触就溃退下来，单于见状，立即率领主力部队大举入侵。李牧布下奇兵，从左右两翼包抄匈奴，大破匈奴十几万铁骑。李牧乘胜追击，先后灭了匈奴的几个部落，匈奴单于只好逃往大漠深处。此后十几年，匈奴都不敢接近赵国的边城。

这个战例说明，有本事的人不看声音高低，能打仗的人往往不会随时挥舞拳头。

遗憾的是，现如今年青一代了解这种示假隐真谋略的人少了。认为中国的 GDP（国内生产总值）已经是世界第二，军事力量也可与美军匹敌，所以有人预测“2050 年中美对决”。于是，美国人高度警觉起来，从 2010 年开始明确提出“战略重心东移”，要到亚太地区搞所谓的“战略再平衡”，其实质就是要遏制迅速发展的中国，不让中国超过日本、韩国等东南亚各国，更不要超过美国。“再平衡”的结果是，日本人与我们争夺钓鱼岛，菲律宾人与我们争夺黄岩岛，越南人与我们争夺南沙诸岛，严重阻碍了中国的发展。客观地说，这种情况迟早会发生，毕竟中国强大了，韬光养晦已不能遮盖其伟岸的身躯和强劲的势头，美国和周边国家的猜忌、惊恐难以避免。但是，从主观上说，我们恐怕还是缺乏一些孙子“示假隐真”的谋略思维。

需要指出的是，谋略思路并不是固定不变的模式，只有在实践中灵活运用方能显示其威力。“能而示之不能”说的是常规办法，但是情况变化了，就不能只认这一种办法，而要灵活变化，甚至反过来运用。如诸葛亮的“空城计”，就是用“不能而示之以能”的办法，吓跑了司马懿的十万大军。虽然这个故事是《三国演义》中虚构的，但历史上确有一些运用这种计谋取得成功的例子，如唐朝名将张守圭防守瓜州等。

现实生活中，有些人无论在家庭还是工作单位中，总觉得人们跟他过不去，以为大家都嫉妒他、阻碍他。其实，根源还在自身。大家不妨用孙子“能而示之不能，用而示之不用”的谋略思想审视一下自己平时的言行，便不难发现问题所在，找到破解困境的钥匙。

011 以柔克刚，削弱强敌 / 越王勾践起死回生之术

【原文】

利而诱之，乱而取之，实而备之，强而避之。

【精解】

“利而诱之，乱而取之，实而备之，强而避之”是“诡道十二法”的中间 4 句话。仔细分析其中的精髓，可以用“以柔克刚”4 个字来概括。这也可以说是中国传统军事文化的典型反映。中国传统军事文化源于农业文明，而农业文明的突出特点之一就是顺应自然，不违时节，春耕，夏耘，秋收，冬藏。要根据季节做相应的事情，一般不会在冬季插秧，夏季收藏。这种生产生活的模式反映到军事上，则表现为顺势而为，量力而行。时机不成熟、态势不顺利的情况下，一般不要逆势而为。孙子在《谋攻篇》中说：“小敌之坚，大敌之擒也。”他说的是，实力弱小却非得坚强地与强大的敌人硬碰硬，其结果必定是被强大的敌人擒获。他提醒人们，在敌人确实强大的情况下，不可逆势而为，也不可逞强，应当运用柔术，先求得生存，然后再以柔克刚。春秋末期的越王勾践就是采取这种办法反败为胜，最后成为天下霸主的。

春秋末期，吴、越争霸战争愈演愈烈。公元前 496 年，吴王阖闾率军攻越。激战中吴王阖闾负伤致死。夫差继位后发誓要报杀父之仇，两年后夫差兴兵伐越。越王勾践得知夫差准备攻越的消息后，不听大臣范蠡的劝告，在准备不充分的情况下，决定出兵攻吴，先发制人。吴王夫差派尽吴国精兵，迎战于夫椒。吴军同仇敌忾，奋勇冲击，越军抵挡不住，节节败退，损失惨重，只剩下 5 000 人退守会稽山。吴军乘胜追击，包围了会稽山。

在生死存亡的危急关头，大夫范蠡提出向吴求和。勾践不得不面对现实，他清楚地看到对抗下去只能全军覆没，不得已采纳了这一建议。他一面派大夫文种向吴王求和，并用美女、财宝贿赂吴太宰伯嚭，要他从中斡

旋，劝说夫差允许越国作为吴的附属国；一面准备死战，假如吴国不许请和，越将破釜沉舟，与吴血战到底。当时吴国内部有两派意见。一派是以伍子胥为代表，他看出了越国君臣主动请和背后隐藏的真实意图，因而坚决主张彻底灭掉越国，然后再北上争霸，否则必将纵虎归山，养痈遗患，预言“今不灭越，后必悔之”。另一派则是以伯嚭为代表，他受了越国的贿赂，又担心伍子胥获得更大战功，于是奋力主张接受勾践的请和。夫差急于北上同齐国争霸，认为越国既已投降，便名存实亡，不足为患。因此答应越国议和，率军回国。

越王求得生存之后，并不甘愿臣服于吴国，一心想着报仇雪恨。于是，越王听从范蠡的一系列计谋，展开了迷惑吴王、削弱吴国的系统工程。其中的几个主要步骤与孙子所说的诡道几乎完全一致。

第一步是“能而示之不能，用而示之不用”。越军虽然战败，但仍可以拼死一战，而且越王内心深处时刻想着与吴国一战，但是他按捺住自己的强烈愿望，尽量以假象迷惑吴王。夫椒之战后，越王勾践把国内事务分别托付诸大夫管理，自己带着范蠡等人去吴国给夫差当奴仆。勾践在吴国忍辱含垢，历尽艰辛，终于骗得夫差的信任，三年后被释放回国。

第二步是“实而备之，强而避之”。面对强势的吴国，越王不急于报仇雪恨，而是隐蔽地发展生产，提升军事实力。勾践归国后，“身自耕作，夫人自织，食不加肉，衣不重采，折节下贤人，厚遇宾客，振贫吊死，与百姓同其劳”。（司马迁，《史记·越王勾践世家》）他改革内政，减轻刑罚，减免赋税，开垦荒地，发展生产，奖励生育，增加人口。在军事上，修缮被战争破坏的都城，扩充兵员，训练部队。

第三步是“利而诱之”。想方设法用小利诱惑吴王，削弱吴国实力。越王在隐蔽发展自己实力的同时，不断地给夫差送上优厚的礼物，表示忠心臣服，以消除他对越国的戒备；他采集良材、选派巧匠送给夫差，促使其大兴土木，消耗人力、物力。越王甚至主动送给吴王 2 000 人马和一大批武器装备，资助吴王北上争霸。吴王夫差丝毫没有察觉越王这一系列动作背后的企图，放心大胆地奢侈淫乐。他调用大量人力、物力建造姑苏台，不分昼夜地同西施在上面寻欢作乐。

第四步是“攻其无备，出其不意”。公元前484年，夫差趁齐景公去世后齐国大乱之机，北上联合鲁军攻打齐国，大败齐军。得胜后，夫差更加骄横，认为只要最后压倒晋国就可取得中原霸权，于是约晋定公和各国诸侯到黄池会盟。他亲自率精兵3万远征，北上黄池，只留下太子友等人率老弱病残1万人留守姑苏。

勾践梦寐以求的机会终于到来。前482年，勾践调集越军4.9万，兵分两路：一路由范蠡率领，由海道入淮河，切断吴军自黄池的归路；一路是由勾践亲自率领的主力，从陆路北上直袭姑苏。此时夫差正在黄池与晋定公争当霸主，听说越军袭破姑苏，唯恐影响其争霸，一连杀掉7个来报告情况的使者以封锁这一不利消息，并用武士威胁晋国，终于勉强做了霸主，然后急忙回国。但是由于姑苏失守的消息已泄，军心动摇，夫差感到反击越军没有把握，便派人向越求和。勾践这一次还是小试锋芒，考虑到吴军主力未损，自己的实力还不足以灭吴，便与吴王签订和约后撤军回国，继续韬光养晦。

第五步是“乱而取之”。公元前478年，吴国发生空前的饥荒，遣散的官兵四处为患，吴国一片混乱。勾践认为大举伐吴的时机已经成熟，遂在经过充分的准备后，于3月率军出征，进至笠泽。夫差也率领姑苏所有的部队迎击越军。吴军在北，越军在南，双方隔水对阵。黄昏时，勾践在主力的两翼派出部分兵力隐蔽江中，半夜时鸣鼓呐喊，佯攻以调动敌人。夫差误以为越军两路渡江进攻，连忙分兵两路迎战。勾践趁机率主力偃旗息鼓，潜行渡江，出其不意地从吴军的中间薄弱部位展开进攻，实行中央突破。吴军兵败溃退，越军乘胜扩张战果，挥兵猛追。吴军一败再败，退守姑苏，越王采取了长期围困的战术，一围就是三年，最后迫使夫差绝望自杀，吴国灭亡。越王挟灭吴的余威渡淮北上，与诸侯会盟，终于成为春秋时期最后一个霸主。

越国的这一系列做法先是示以柔弱，麻痹吴王，后是变柔为刚，战胜吴国。有些具体做法听起来似乎不太光明正大，但战争就是如此。

从越灭吴的实践过程中我们不难看出，“利而诱之”“强而避之”都不是一次性动作，而是一个艰难的过程，而且具体实施方法要非常巧妙。

比如“利而诱之，乱而取之”有三个要点：一是要舍得让利，“舍不得孩子套不住狼”；二是要投其所好，利益有多种表现形式，对方不关注的利益，投放再多也难有诱惑作用；三是要巧妙示利，交战对方并不傻，直接诱之以利，反而更加容易引起对手防范。

再比如“实而备之，强而避之”也有三个要点：一是敌强我弱之时，当柔则柔，当退则退，不要逞强、硬拼；二是“备”和“避”字面上有点躲避之意，实质是为了赢得准备的时间，退到安全地带，韬光养晦；三是要后发制人，孙子所说的“备”和“避”是为了“进”和“战”，一旦机会来临，就要实施反攻，战而胜之。

012 诱敌生乱，智胜强敌 / 孙子“三师疲楚”妙计

【原文】

怒而挠之，卑而骄之，佚而劳之，亲而离之。

【精解】

“怒而挠之，卑而骄之，佚而劳之，亲而离之”是“诡道十二法”中的最后四法。仔细分析这四法，其核心思想也可以用四个字来概括，那就是诱敌生乱。

一般来说，敌人的优势往往是我们的劣势，敌人犯的错误则很可能是我们的机会。所以，一个高明的将领要善于用计、用谋诱使敌人出错、生乱。这句话说的就是这方面的谋略。

对于“怒而挠之”，古往今来人们有两种理解。一种意见将之理解为“激将法”。十一家注本中，大多将其注为当敌人将领愤怒时再加一把火，刺激他更加愤怒，从而做出错误决策。另一种意见则将其理解为“示弱法”。他们认为这里的“怒”并不是指愤怒，而是鲜花怒放的“怒”，在此处当指对方士气旺盛。“挠”也不是指挠痒痒、有意挑逗之类的激怒敌人的动作。《国语 · 晋语》中有言：“抑挠志以从君。”韦昭注曰：“挠，曲也。”即委屈自己服从对方的意志。因此，“怒而挠之”应当理解为，敌人士气旺盛时，我当谨慎回避其锋芒，待其气衰，再行攻击。这两种理解，一个是主动挑逗敌人，创造战机；一个是被动回避敌人，等待战机。二者看似矛盾，其实核心是一致的，是从正反两方面揭示了心理意志的攻防战术。

对于“卑而骄之”，学者有三种理解，差别主要在于对“卑”字不同的理解。第一种意见认为，“卑”是指敌人卑怯，我方应当想办法使之骄傲麻痹。第二种意见认为，“卑”是指敌人强大，小看我方，那就得巧用计谋加重其骄傲心理。第三种意见认为，“卑”是指我方对强敌时应当卑辞示弱，促使敌人狂妄自大。

概括起来看，“怒而挠之，卑而骄之”主要是从心理方面刺激对方，诱使对方出错、生乱。相比之下，接下来的“佚而劳之，亲而离之”则是从状态上想办法制造对方的混乱。

战场状态往往像个万花筒，虚虚实实，有多种多样的表现，而且可以随时变化。优秀将领的高明之处就在于善于主动采用谋略引导一系列变化，从中变出对自己有利、对敌人不利的状态。

比如，“佚而劳之”。从字义上看，“佚”，同“逸”，意为安闲、安逸，指敌人的部队休整得很好，处于“实”的状态。这显然是强大的敌人，不能从正面攻击。孙子提出一个“劳之”的办法。“劳”当动词，是劳动、疲劳的意思。曹操注曰：“以利劳之。”李筌解释说：“敌佚而我劳之者，善功也。”就是指敌人休整得充分，那就要用小利引诱他奔波疲劳，从而使其由实变虚。一旦变虚了，当然就好打了。

再比如，“亲而离之”。“亲”指亲密团结，众志成城的状态。这也是强大之敌，不能硬取，但又非取不可。孙子提出的办法是“离之”，即挑拨离间。曹操注曰：“以间离之。”意为当敌人内部和睦团结时，则要想办法挑拨离间，使其由实变虚，然后就好下手进攻了。

两种方法，一是调动，二是离间，虽然手段不同，目的却完全一致，都是使敌人由实变虚，我方由虚变实，然后下手。相比硬碰硬式的作战，这种避实击虚的办法，无疑破坏更小、获利更大，也更为智慧。

孙子本人就是这一谋略的实践者。

公元前512年，孙子带着兵法十三篇觐见吴王阖闾后，阖闾不久便提出要发兵攻打楚国。没想到，刚刚拜为将军的孙子却认为时机尚不成熟，理由是：“民劳，未可，待之。”（司马迁，《史记·吴太伯世家》）短短一句话，道出了当时吴楚两国力量悬殊的状态。

楚国的土地、人口都远多于吴国，是一个经济大国。楚军在与晋国的争霸战争中久经历炼，武器装备优良，将士战斗力较强，人称“楚之为兵，天下强敌也”。此外，楚国周围还有若干属国，共同构成以楚国为中心的联盟，其力量显然比吴国强大得多。相反，吴国与越国和楚国进行了多次战争，虽然取得了一些胜利，但也付出了较大的代价，出现了“民劳”的状况。孙子认为，在这种情况下吴国不宜急于全面进攻楚国，还需进一步削弱楚军。可见，孙子这一建议实际上是从反面运用“怒而挠之，卑而骄之”，让头脑发热、急于出兵的吴王冷静下来，等待机会。

孙子的好友伍子胥完全赞同这一意见，俩人合谋提出了一个“三师疲楚”的策略。这一策略实际上包含两个步骤：首先，将吴军分为三支部队，轮番骚扰楚国边境，敌进我退，敌退我进，屡次调动楚军；其次，当楚军兵力确已疲惫、判断一再失误时，适时集中吴军主力部队全面进军，一举攻克楚国。

吴王采纳了孙子和伍子胥的建议，授权他们放手去干。于是，孙子和伍子胥先是指挥吴军从东面袭击楚国的几个附属国。楚军立即出兵救援，吴军则迅速回撤。稍隔一段时间，吴军又从南面攻打楚国的附属国弦国，楚军赶紧救弦，吴军返身又归。吴军忽东忽南，敌方一来就跑，来来回回地折腾楚军。而且一直折腾了 6 年之久，使楚军疲于奔命，士气沮丧。更重要的效果是，这种打了就跑、不与其决战的举动，让楚国的国君将帅得出错误的判断，以为吴军只是扰乱而无大举进攻的企图。“佚而劳之”初见成效。

在这 6 年中，孙子和伍子胥也不忘“亲而离之”，破坏一些小国与楚国的同盟关系。吴王阖闾九年的秋天，楚国围攻蔡国，蔡昭侯求救于吴。唐国成公听说蔡昭侯欲搬吴军攻楚，也派人跑到吴国，表示愿与蔡、吴联合，一起进攻楚国。蔡、唐的国力虽小，但居于楚的侧背，这就为吴军避开楚军正面，从其侧背做深远的战略迂回提供了有利的条件。

于是，孙子立即建议阖闾接受唐、蔡两国的请求，并设计了一条沿淮河西进，经唐、蔡两国深入迂回楚国西北部，然后进入楚国都城郢的进军路线。走这条路线，一方面可进一步麻痹楚国，使其错误地以为吴军不过是像以往一样，短线出击，救援蔡国而已，不会有大的企图；另一方面，可以避开楚国重兵布防的地区，由其守备薄弱的侧翼迂回突袭，避实击虚，出其不意。这样一来，楚兵虽多也将无法阻挡。

盼望多时的吴王欣然采纳了这一妙计，因此这年冬天便有了著名的柏举之战，楚军大败，吴军全胜。

为了赢得这一仗的胜利，孙子和伍子胥一直准备了6年，长期实施“佚而劳之，亲而离之”的一系列措施。“6年”这个时间概念告诉人们，谋略的运用往往不是一次性的简单动作，需要长期、耐心、细致地努力，方能逐渐显现效果。可谓性急吃不了热汤圆。

遗憾的是，孙子的这些智慧流传海外之后，被外国的学生用来对付昔日的老师。

兵法无国界。我们不能阻止外国人用兵法对付我们，只能“魔高一尺，道高一丈”，尽力加强自身的思想文化建设。

013　攻其无备，出其不意 / 美军神速击毙本·拉登

【原文】

攻其无备，出其不意。

【精解】

概略地说，“诡道十二法”可以分为三种类型：其中，前四法主要是通过“隐真示假”的动作麻痹敌人，使其放松警惕，对我方企图不以为备；中间四法则是通过“示弱惑敌”的方法，使其自傲轻敌，对我方力量毫不在意，然后我们便能以柔克刚；最后四法，则是主动用计、用谋使敌人头脑发热，出现混乱，即“诱敌生乱”，然后趁乱打击敌人。就这样一招一招与敌斗智，一步一步削弱敌人，那么，最终要达到什么目的呢？孙子以 8 个字概括：“攻其无备，出其不意。”这也就是“诡道十二法”的核心所在。

敌人的“无备”和“不意”，对我方而言，就是最有利的作战态势。因为，常人在无备、不意的状态下突然遭到猛烈打击，往往容易惊慌失措，丧失斗志。而且，在对方无备和不意的情况下发起攻击，可谓避实击虚，遇到的抵抗相对较小，付出的代价也不会太高。公元前 506 年的柏举之战中，孙子之所以能够以 3 万之众打败 20 万楚军，关键就在于其巧妙地运用了“攻其无备，出其不意”的谋略。

孙子和伍子胥在长达 6 年的时间里用三师疲楚、打了就跑的方式有效地消磨了楚国的军力，瓦解了楚国的联盟，造成楚王对吴国军事动向的无备和不意状态。公元前 506 年秋，楚国围攻蔡国，蔡昭侯求救于吴。长期受楚国欺压的唐成公也派人到吴国，表示愿与蔡、吴联合，一起进攻楚国。于是，孙子认为经过长期的准备，讨伐楚国的时机已经成熟，便立即建议阖闾接受唐、蔡两国的请求，迂回进攻楚国。

吴王早就急不可待，立即同意了孙子的建议。吴王阖闾亲自挂帅，以孙子、伍子胥为大将，令阖闾的胞弟夫概为先锋，倾全国 3 万水陆之师，

会合蔡、唐两国军队，乘坐战船，浩浩荡荡溯淮水西进。进抵淮汭时，孙子建议一部分精兵舍舟登陆，将由西进改为向南前进。伍子胥不解其意，问孙子："吴军习于水性，善于水战，为何改从陆路进军呢？"孙子答道："用兵作战，最贵神速，出其不意。应当走敌人料想不到的路，以便打敌人个措手不及。逆水行舟，速度迟缓，吴军优势难以发挥，楚军必然乘机加强防备，那就很难达到突袭的目的。"伍子胥恍然大悟。于是，孙子挑选了 3 500 名精锐士卒为前锋，绕过大别山脉，从楚军守备薄弱的东北部直插楚国纵深，对楚实施攻其无备、出其不意的打击。主力部队继续沿水路迂回进攻楚国。面对吴军的突然袭击，楚军措手不及，仓促应战。吴军连续 5 次大战，屡战屡胜，大败楚军，最终攻入楚都郢城，楚昭王被迫逃往随国。

孙子的亲身实践经验告诉人们，"攻其无备，出其不意"既是战前多方运用"诡道"的结果，又是作战过程中需活用的计谋。一旦战机出现，既要摆开堂堂之阵与敌短兵相接，更要从敌人无备的方向、以敌人不意的方式突然出手并快速打击，方能一战而胜。

现代战争已是"秒杀战"，已经能够做到发现即摧毁，分秒之间灰飞烟灭，胜负立现。因此，今天的军人比孙子那个时候更加看重"攻其无备，出其不意"。就连美国打击本·拉登的最终得手也是因为巧用了这一原则。

2011 年 5 月 1 日夜间，在巴基斯坦阿伯塔巴德的一座三层建筑物内，被美军追杀了十多年的本·拉登及其家人或许正在闲聊，抑或正在做着睡前的祷告。他哪里知道，就在此时，两架黑鹰直升机从阿富汗东部贾拉拉巴德空军基地起飞，机上 23 名美国海豹突击队队员全副武装，奉命执行代号为"海王星之矛"的行动——杀死本·拉登。

阿伯塔巴德距离巴基斯坦边境 120 英里[①]，是一个避暑胜地。城里有一座颇具名望的军事学院，距离本·拉登藏身的三层建筑物不到 1 英里。当

---

① 1 英里 =1 609.344 米。——编者注

天夜里 11 点 45 分，黑鹰直升机直接飞临这座建筑物上空。先是一号黑鹰直升机徐徐降落，岂料飞机卷起的巨大气流使它失去平衡，一头扎向院落西侧的土堆，幸好没有爆炸起火，突击队员迅速跳出机舱冲向院内。这时，二号黑鹰直升机平稳地降落在草地上，队员一涌而出，杀向建筑物内，随即同本·拉登身边的卫士展开枪战。毫无防备的本·拉登在几个房间来回躲藏，根本没有还手能力。约 40 分钟后，战斗结束，拉登眼部中弹身亡，他的一个儿子和两名卫士被打死。此外，还有一名女子在用身体遮挡拉登时丧生。美军突击队除一架黑鹰直升机损毁外，无一伤亡。打扫战场、清除痕迹之后，突击队员抬着本·拉登的遗体，装上搜查到的所有电脑、光盘、纸质材料，登上前来接应的支奴干直升机顺利返回基地。

整个袭击过程犹如美国大片，惊心动魄。然而，这不是虚构的电影，是真实的战争。有人称它是传统战争的转型，也是当代特种战争的范本。这标志着这种外科手术式的特种作战方式将成为新常态，当然也意味着“攻其无备，出其不意”的谋略思想将比以往任何时候都更有用武之地。

可悲的是，我们现在有些人毫无保密观念，想着法子到辽宁航母基地、歼 20 试飞现场、导弹发射场拍照，还拿到网上晒“猛料”、比“鲜货”。这些人希望展示中国军事实力强大的愿望是好的，但是其做法不可取。如果一切准备都事先曝光在世人面前，将来拿什么去“攻其无备”？还有些地方政府为了招商引资，任由外资企业挑选地盘，其中一些外资企业就喜欢找靠近军事基地或部队营区的地方安营扎寨，以致我们现在不少军事基地或部队营区附近都潜藏着形形色色的探测器、监听器。部队行动被间谍一览无余，何谈“出其不意”？国防不等于军防，看不见的战争就在我们眼前。可以说，国防不仅仅是军队的事情，而且是全民的责任。同样的道理，我们在未来战争中能不能打赢，也是全民的事情，需要每一位公民增强国防安全意识和保密意识。在这一点上，我们有必要向以色列人学习，全民重视国防，全民参与国防，平时严守国防，战时拎枪参战。

1982 年 6 月 5 日那天，天高气爽，晴空万里，在以色列的度假胜地特拉维夫海滩上，穿着比基尼、戴着太阳镜的泳客熙熙攘攘、热闹非凡。

突然，高音喇叭里传来了军队番号的呼叫声。与此同时，特拉维夫全城、海法市、加利利地区乃至整个以色列国土的电台、电视台都在不断地播放着这种番号呼叫。于是，许多泳客迅速离开度假海滩，公民离开机关、学校、商店，背上行囊、拎着枪，直接奔向了军营……

原来，以色列时任国防部长阿里埃勒·沙龙花 3 年时间制订了一个将巴勒斯坦解放组织和叙利亚人逐出黎巴嫩的计划。1982 年初，以军认为时机成熟，于 6 月展开军事行动。以色列战斗机轰炸了黎巴嫩南部地区，紧接着以军投入 12 万兵力、1 600 辆坦克、1 600 辆装甲车和 600 门火炮，越过叙以边界向黎巴嫩发动突然袭击，由此拉开了著名的贝卡谷地之战的序幕。电台、电视台的呼叫声实际上就是全国转入战时的秘密“动员令”。正是由于全民平时有战争准备，有国防意识，以色列才能在列国包围之中立于不败之地。

014 多算则胜，少算不胜 / 马岛战争中阿方为何失算

【原文】

夫未战而庙算胜者，得算多也；未战而庙算不胜者，得算少也。多算胜，少算不胜，而况于无算乎？吾以此观之，胜负见矣。

【精解】

这段话是《计篇》的结束语，也是全篇的概括和总结。我们有必要先弄清几个字的真正意思，方能准确理解其中之意。

“庙算”的“庙”不是指现在烧香拜佛的寺庙，而是指古代祭祀祖先与商议国事的建筑。自夏朝开始，国家凡遇战事，都要告于祖庙，议于庙堂。帝王在庙堂占卜吉凶，祈求神灵护佑，以巫术假托神的旨意，决定战争打还是不打。这是庙算的原始形态。春秋战国时代，战争频繁，“庙算”实际上成为在庙堂召开“作战会议”、研究克敌制胜方略的代名词了。

“算”字有两层含义，首先是指计算、分析。从这层含义上说，“庙算”就是指古代兴师作战前，在庙堂上谋划作战大计、预测战争胜负的一系列活动。这个过程中要计算双方的军队人马数量，或者武器装备、粮草数量。其次是“算”充当代词，代指 20 厘米长的小竹棍，是庙算时计数用的筹码，引申为胜利的条件。末尾一句中的“见”，在古代汉语中同“现”，意为显现、看见。

整段话的意思是说，开战之前预计能够取胜的一方，是因为筹划周密，胜利条件充分；开战之前预计不能取胜的一方，是因为筹划不周，胜利条件不足。一般来说，筹划周密，条件充分就能取胜；筹划疏漏，条件不足就会失败。更何况那些不做筹划、毫无条件的呢？我们根据这些来观察，谁胜谁负也就显而易见了。

归结起来看，这段话的核心是讲先计算后拍板，就是今之所谓战略预测和决策的问题。其中突出强调了两个要点，也是决策通常要注意的两个问题：一是务必先计算后决策；二是一定要以计算的结果作为决策的

依据，也就是要根据双方的强弱对比情况来决策。上文提到过的“汉中对”“隆中对”都遵循了这两点要求，从而做出了正确决策。

现代战争比古代战争更复杂，涉及的因素更加多元化，因此“庙算”问题比以往任何时候都更为重要。1982年的马岛战争中，阿根廷之所以惨败，最重要的原因就在于决策者在决策之前没有算明白。

首先，决策者没有算明白战略形势，对英国及国际社会的反应严重估计不足。马尔维纳斯群岛的主权争夺问题由来已久，双方之前的谈判虽然进展不大，但也取得了一些成果，阿根廷之所以急于以武力解决马岛问题，不仅是因为马岛在20世纪70年代发现石油，经济价值突增，更重要的是，阿方想通过解决马岛问题，转嫁国内危机，缓和国内矛盾。1981年阿根廷的通货膨胀严重影响了GDP及大多数人的工资增长，大部分地区举行大罢工，还爆发了大规模的反政府运动，在这种危机四伏的情况下，阿根廷领导人加尔铁里企图通过占据马岛等军事活动，转移民众的注意力。这一战略企图显然带有很大的盲目性和风险性。阿方估计，英国远隔重洋，鞭长莫及，不会为争夺马岛而进行战争；美国不可能支持英方，最多只会保持中立；北约国家自顾不暇，不会多管闲事。正是基于这种不太现实的战略判断，阿方盲目乐观，过于自信，心存侥幸，缺乏足够的应战准备，贸然决定出兵马岛。岂料，英国议会立刻以100%的投票率通过了对阿宣战的决议，并派遣了一支包括两艘航空母舰在内的特遣舰队远征南大西洋。美国也积极为英国提供军事援助，北约组织还对阿实施军事禁运和经济制裁。

其次，决策者没有算清楚双方的力量对比，过高地估计了自己的军事实力，战争准备严重不足。虽然阿方陆军实力较强，但已有100多年没打过仗，参战的守岛部队半数又是训练不到3个月的新兵，没有进行高寒岛屿作战的适应性训练，体质弱，难以适应战场环境；军官指挥能力低下，有的军官连最起码的军事常识都没有，不知道如何组织登陆作战，甚至用明码发报。相反，英军却是以职业军人为主体，作战经验十分丰富，而且海空作战力量体系比较完备，能够掌控制空权、制海权。

再次，决策者没有算清楚的是英军的进攻方向。阿方以为英军会进攻阿根廷本土，还担心邻国智利会趁火打劫。因此，阿方把大量兵力用于大陆防御，大大削弱了在马岛地区的作战力量。马岛战区的兵力部署也严重失衡，过于分散，彼此间缺乏有机的联系。没想到，5 月 21 日夜，登陆艇运载着英军第三突击旅在暗夜掩护下于圣卡洛斯登陆，各种装备及物资也被陆续运上岸。英军轻易突破了阿军阵地，建立了较为巩固的登陆场，并逐步扩大。6 月 12 日，英军分三路向马岛首府斯坦利港发动总攻，内外交困的阿军被迫投降。

阿方的失败证明了一个真理：战略决策的失误是最大的失误。阿方的教训从反面印证了孙子的忠告，现代战争中更需要先计算后决策，并且务必以计算的结果作为决策的依据，决不能单凭主观想象或激情冲动盲目决策。

《孙膑兵法》曾经说，在打仗问题上如果不能预见胜负，就不知道如何下手准备。打还是不打，怎么打，打到什么程度之类的战略问题都无法确定下来。孙子之所以把《计篇》作为首篇，用意也在这里，他要求人们先计算清楚状态和力量，预见战事吉凶和胜负，然后再定决心，想计谋。

—第二篇—

《作战篇》——战略决策不能玩空手道

[**篇题解析**]

在英文版《孙子兵法》中，本篇被翻译成“Waging War”，即进行战争，相当于现代军语中的“作战”。翻开这一篇读一读，我们便会发现这样翻译似乎不够准确。文中一大半内容都是在讲战争准备和军事后勤问题，只是在末尾讲了速战速决的思想，与“作战”之意并不完全吻合。为什么篇名与内容不完全一致呢？其实，这是因为外国人没有吃透“作战”两字的含义。在先秦的语言中，“作战”并不是一个词，而是两个词。《说文·人部》有言：“作，起也。”即起步、开始。又《说文·戈部》：“战，斗也。”《老子》第六十三章有：“天下大事，必作于细。”即天下所有大事都始于细节。可见，孙子这里的“作战”包含两层意思，一是准备战争，二是进行战争。按战争逻辑，“庙算”大计已定，接着就需要做好修缮车马、准备器械、筹集粮草、征收费用等方面的战争准备，然后军队才能出国作战。只有战前做好了充分的物资准备，一旦开战，才有可能速战速决，实现“庙算”既定的战略决心。否则，人力、物力、财力不足，贸然出兵，纵然有周密的作战计划，也难以取得胜利。按照这一逻辑思路，《作战篇》大致讲了4个方面的要点：一是分析春秋时期十万之师出国征战的物资准备规模和要求；二是分析旷日持久的战争造成的巨大危害，反衬速战速决的重要性和必要性；三是提出军队出国征战后勤保障的几种基本方法；四是强调速战速决的关键在于将领的能力素质。

【**正文注释**】

孙子曰：凡用兵之法，驰车千驷①，革车千乘②，带甲③十万，千里馈

---

① 驰车千驷：驰，奔、驱。驷，《诗经·清人》：“驷介旁旁。”郑玄笺云：“驷，四马也。”曹操注：“驰车，轻车也，驾驷马。”此句话谓套4匹马的轻型战车有1 000辆。

② 革车千乘：革车，《札记·明堂位》：“革车千乘。”郑玄注：“革车，兵车也。”曹操注：“革车，重车也，言万骑之重。”杜牧注：“革车辎车，重车也，载器械、财货、衣装也。”此句话意为装载军械物资的兵车千乘。

③ 带甲：春秋战国时期称武装士卒为带甲。

粮[①]，则内外[②]之费，宾客[③]之用，胶漆之材[④]，车甲之奉[⑤]，日费千金，然后十万之师举矣。

其用战也，胜久则钝兵挫锐[⑥]，攻城则力屈，久暴师[⑦]则国用不足。夫钝兵挫锐，屈力殚货[⑧]，则诸侯乘其弊而起，虽有智者，不能善其后[⑨]矣。故兵闻拙速，未睹巧之久[⑩]也。夫兵久而国利者，未之有[⑪]也。故不尽知用兵之害者，则不能尽知用兵之利也。

善用兵者，役不再籍[⑫]，粮不三载[⑬]，取用于国，因粮于敌[⑭]，故军食可足也。

国之贫于师者远输，远输则百姓贫[⑮]。近于师者贵卖[⑯]，贵卖则百姓财

---

① 馈粮：《周礼·玉府》郑玄注："古者致物于人，尊之则曰献，通行曰馈。"馈粮，运送粮草。

② 内外：谓前方、后方。

③ 宾客：各国诸侯的使节及游士。

④ 胶漆之材：张预注曰："胶漆者，修饰器械之物也。"此言制造与维修弓矢等作战器械的物资。

⑤ 车甲之奉：张预注："车甲者，膏辖金革之类也。"此句意为千里行军车甲修缮的花费。

⑥ 钝兵挫锐：兵器钝坏，锐气受挫。梅尧臣注："兵杖钝弊而军气挫锐。"

⑦ 暴师："暴"为"曝"之本字，意为露。《谷梁传·隐公五年》："暴师经年。"暴，露也。谓长期在外作战。

⑧ 殚货：殚，《说文》："尽也。"殚货言物资耗尽。

⑨ 不能善其后：何氏注："谓兵不胜而敌乘其危殆，虽智者不能尽其善计而保全。"其说是。

⑩ 兵闻拙速，未睹巧之久：拙，《说文》："拙，不巧也。"速，速胜。巧，工巧。久，拖延。李贽《孙子参同》注："宁速毋久，宁拙毋巧；但能速胜，虽拙可也。"

⑪ 兵久而国利者，未之有：杜牧注："兵者凶器，久则生变。"

⑫ 役不再籍：役，兵役。籍，名册，这里作动词，指征调。此句的意思是不再按名册继续征发兵役。

⑬ 粮不三载：三，意指极多。载，运载，输送。曹操注云："始载粮，后遂因食于敌，还兵入国，不复以粮迎之。"言不多次运送军粮。

⑭ 取用于国，因粮于敌：曹操注："兵甲战具，取用国中，粮食因敌也。"因，依、就，此为顺便夺取之意。

⑮ 国之贫于师者远输，远输则百姓贫：其意谓因战争运输财物而误农时，国家与百姓不能不贫困。

⑯ 近于师者贵卖：贵卖，言物价上涨。曹操注云："军行已出界，近师者贪财，皆贵卖，则百姓虚竭也。"言军队驻地附近物价上涨。

竭，财竭则急于丘役[①]。屈力中原[②]，内虚于家。百姓之费，十去其七；公家之费，破车罢马[③]，甲胄矢弩，戟盾矛橹[④]，丘牛大车[⑤]，十去其六。

故智将务食于敌[⑥]，食敌一钟[⑦]，当吾二十钟；萁秆[⑧]一石，当吾二十石。

故杀敌者，怒也[⑨]；取敌之利者，货也[⑩]。故车战，得车十乘已上，赏其先得者，而更其旌旗[⑪]，车杂[⑫]而乘之，卒善而养之[⑬]，是谓胜敌而益强[⑭]。

故兵贵胜，不贵久[⑮]。

故知兵之将[⑯]，生民之司命[⑰]，国家安危之主[⑱]也。

---

① 财竭则急于丘役：财竭，财力枯竭。丘役，指军赋。据《周礼》记载：九夫为井，四井为邑，四邑为丘，四丘为甸。从西周至春秋，军赋不断增加，春秋时，丘出戎马一匹，牛三头。"丘"为征收军赋的基本单位。此句话意思为国家财力枯竭，急于加重丘井之役。

② 中原：泛指国内。

③ 破车罢马：罢，同"疲"。战车破损，马匹疲病。

④ 戟盾矛橹：戟，合戈、矛为一体的古兵器。矛橹，一种主要用于防卫的大型盾牌，以大车类巨物蒙以生牛皮，可屏蔽，故称矛橹。泛指各种装备战具和攻防兵器。

⑤ 丘牛大车：曹操注："丘牛，谓丘邑之牛。大车，乃长毂车也。"此言为牛拉的辎重车辆。

⑥ 智将务食于敌：务，追求，力争。食，取食。明智的将领务求就食于敌国。

⑦ 钟：古容量单位。《左传·昭公元年》："齐旧四量：豆、区、釜、钟。四升为豆，各自其四，以登于釜，釜十则钟。陈氏三量，皆登一焉，钟乃大矣。"曹操注："六斛四斗为钟。"

⑧ 萁秆：萁，同"萁"，即豆秸。《汉书·杨恽传》："种一顷豆，落而为萁。"杜牧注曰："萁，豆秸也；秆，禾藁也。"

⑨ 怒：激励士气。曹操注："威怒以致敌。"李筌注："怒者，军威也。"

⑩ 取敌之利者，货也：梅尧臣曰："取敌则利吾人以货。"即对夺取敌人资财者要以实物予以奖励。

⑪ 更其旌旗：更，更换。用己方的旗帜更换缴获的敌方战车的旗帜。

⑫ 车杂：杂，混杂，混编。此句谓将俘获敌战车混编入己车阵中。

⑬ 卒善而养之：汉简本"善"作"共"，"共"有掺杂混合之意。即对俘获的士卒要优待和任用。

⑭ 是谓胜敌而益强：曹操注："益己之强。"杜牧注："得敌卒也，因敌之资，益己之强。"这就是所谓战胜敌人，使自己更加强大。

⑮ 兵贵胜，不贵久：贵，重也。胜，速胜。曹操注："久则不利，兵犹火也，不戢将自焚也。"意谓用兵作战贵在速战，持久则不利。

⑯ 知兵之将：知，识。《周礼·大司徒》："知仁圣义忠和。"郑玄注："知，明于事。"此谓懂得用兵的将帅。

⑰ 生民之司命：司，《诗经·羔裘》："邦之司直。"毛亨传："司，主也。"此谓民众命运的掌握者。

⑱ 国家安危之主：主，《管子·形势解》："主者，人之所仰而生也。"曹操注："将贤则国安也。"此谓国家安危的主宰。

【白话译文】

孙子说：凡用兵作战的一般情形，通常要出动战车千乘，运输车千辆，军队十万，还要越地千里[①]运送粮草，那么前后方的经费，款待使节、游士的用度，作战器材的补充，车辆盔甲的维修开支，每天都要耗费千金，然后十万大军才能出动。

用这样的军队作战，就要求速胜，旷日持久的作战会使军队疲惫，锐气受挫，攻城就会使兵力耗损。军队长期在外作战，则会使国家财政发生困难。如果军队疲惫，锐气受挫，军力耗尽，国家经济枯竭，那么诸侯国就会趁此危机举兵进攻，那时即使有足智多谋的人，也无法挽回危局了。所以，在用兵作战上，我只听说过指挥虽笨拙但求速战速决，没有见过为讲究指挥的巧妙而追求持久战的现象。战争久拖不决而对国家有利的情形，从未有过。所以，不能全面了解久战之害的人，也就不能完全了解速胜之利。

善于用兵打仗的人，不再次征集兵员，不多次转运粮秣，在国内将武器装备准备充足，在敌国补充粮草，这样，军队的军粮就充足了。

国家之所以因用兵而贫困，就是由于军队远征。军队远征，远道运输，就会使百姓贫困。靠近驻军的地方物价必然飞涨，物价飞涨就会使国家的财政枯竭。国家财政枯竭，统治者就会急于加重赋役。战场上军力耗尽，国内便会家家空虚。国内百姓的财产要耗去3/5，国家的财力也因车辆的损耗，战马的疲惫，盔甲、箭弩、戟盾、矛橹的制作补充及丘牛大车的征用而损失3/5。

所以，高明的将领力求在敌国内解决粮草供应问题。就地取食敌国1钟的粮食，等于自己从本国运输20钟粮食；夺取当地敌人饲草1石，相当于自己从本国运输20石饲草。

要使军队勇敢杀敌，就要激励部队的士气；要使军队夺取敌人的军需物资，就必须用财物奖励士兵。所以，在车战中，对于缴获战车10辆以

---

① 此处古代的单位“里”，本书其他各处皆同。——编者注

上的士卒，要奖赏最先夺得战车的。并且，要把敌人的旗帜换成我方的旗帜，与我方的战车混合编组；对于俘虏的敌人，要给予优待、抚慰并使用他们。这就是所谓越是战胜敌人，就越是增强自己。

所以，用兵作战贵在速战速决，不宜旷日持久。

懂得用兵之法的将领，是民众生死的主宰，是国家安危的柱石。

015 十万之师，日费千金 / “炸馆”悲剧的惨痛教训

【原文】

凡用兵之法，驰车千驷，革车千乘，带甲十万，千里馈粮，则内外之费，宾客之用，胶漆之材，车甲之奉，日费千金，然后十万之师举矣。

【精解】

俗话说：兵马未动，粮草先行。庙堂里定下战争决策之后，紧接着就要展开战争准备。所以，孙子在《作战篇》一开头便论述战争准备的主要内容和基本要求：“凡用兵之法，驰车千驷，革车千乘，带甲十万，千里馈粮，则内外之费，宾客之用，胶漆之材，车甲之奉，日费千金，然后十万之师举矣。”这段话至少包括他对人力、物力、财力三个方面的要求。

在人力方面，必须征集十万披戴铠甲的将士，即所谓“带甲十万”。此外，还有一个人力方面的数字孙子没有明说，那就是负责“千里馈粮”的运输人员，至少也得有十万。解放军打淮海战役，华东野战军与中原野战军共计 60 万人马，但是为前线送粮的老百姓号称百万大军。因此，有人称淮海战役的胜利是人民群众用小轮车推出来的。

在物力方面，至少有三项重要内容。一是准备“驰车千驷”。4 匹马驾一辆车，叫一驷，可谓轻型战车。二是准备“革车千乘”。革车究竟是什么车，古代有不同的说法。有的人认为，革车是指皮革做的车，是装载物资装备的运输车。有的人则认为是重型战车。如宋代大诗人兼学者梅尧臣注：“驰车，轻车也；革车，重车也。凡轻车一乘，甲士步卒二十五人。重车一乘，甲士步卒七十五人。”我分析，这两种说法并没有大的矛盾。运输车上有武器装备、粮食草料，配备官兵也多，当然可以作为战斗的主要单位。所以，重车主要用于堂堂之阵的攻守，驰车则常常用于快速机动的奇袭，大致与现代的各种坦克相似。重型坦克装甲厚重，移动缓慢，外形大，常用于率先发起正面攻击，或者抵挡敌方主力进攻。轻型坦克速度较快，机动性强，外形小，是侦察和摧毁敌方火炮的先锋队。第三个方面

的物力准备是“千里馈粮”。“馈”就是运送的意思。孙子没有明确说究竟运送多少，只说千里运粮。我们可以想象一下，十万将士，再加上十万民夫，二十万人走一路吃一路，所需粮食数量之巨大。

在财力方面，不仅战车、粮草、人员需要花费巨额资金，而且还有多方面开支，孙子列举了三项。一是“宾客之用”，招待诸侯国的使节及游士，请他们疏通关系、传递情报、说服劝降，这些都不是义务劳动，必须私下给些银子。二是“胶漆之材”，制作与维修弓矢等作战器械需要消耗大量的胶和漆，加起来是一笔不小的费用。三是“车甲之奉”，修补和维护战车、铠甲也需要大笔金钱。这里里外外、七七八八的费用加起来，“日费千金”。据北京大学李零教授推算，当时的“千金”并不是 1 000 斤黄金，而是 375 公斤重的铜（李零，《兵以诈立》）。古人常以“千金”形容价值很高。这里言其多，不一定是精确数字。

在孙子看来，战争准备达到如此程度，十万之师可出国征战才有可能速战速决。以今天的眼光来看，这些数字也许并不为奇，一家稍大一点的企业都拿得出手。但是穿越到 2 500 多年前，这些东西可是一个国家的全部“家当”。春秋时期，衡量军事力量的指标主要是战车和兵员的数量。一般诸侯国拥有 1 000~2 000 辆数量不等的战车，比如鲁国初封于曲阜，就是“革车千乘”。齐、秦、晋、楚，都有上千辆兵车，习惯上被称为“千乘之国”。按梅尧臣的说法，当时轻车一乘，配甲士步卒 25 人；重车一乘，配甲士步卒 75 人。“千乘之国”，便拥有甲士步卒近 10 万。由此可见，孙子要求“驰车千驷，革车千乘，带甲十万”，基本上就是全军出动。而从国家的财力上来看，“日费千金”，差不多掏空了国库所有的金钱。《管子·参患》中曾经算过一笔账，书中写道：“故一期之师，十年之蓄积殚。一战之费，累代之功尽。”意思是说，一年的军费，要消耗十年的积蓄；一次战争的费用，要耗去几代人的储备。

战争简直就是一个巨大的烧钱机器。难怪老子对战争深恶痛绝。

然而，痛恨归痛恨，该花的钱还得花。该花的钱舍不得花必将失去更多的钱，甚至失去生命和家园。

1999 年 5 月 8 日，美国 B–2 轰炸机发射三枚联合制导攻击武器，击中了我国驻南斯拉夫联盟大使馆，当场炸死 3 名中国记者——邵云环、许杏虎和朱颖，炸伤数十名其他人员，造成大使馆建筑严重损坏。消息传来，举国愤怒。中国政府严厉谴责美国暴行，要求其说明原因。孰料，美方声称“误炸”，轻描淡写地说了个“Sorry”（对不起）。美方的态度进一步激怒了中国人民，民众强烈要求政府以血还血，以牙还牙。政府最终和平处理了这一事件。

当时，我们全国上下都在以经济建设为中心，所有的人力、物力、财力都汇聚于此。于是，我军与美军的武器装备出现了“时代差”。美方的武器装备已经信息化了，B–2 轰炸机在几百公里之外开火，居然能够准确命中我驻南大使馆，而且精确到直接飞进大使馆的窗户。而那时我们基本上还是采用传统的机械化武器装备，各种火炮中射程最远的也只能打几十公里。就具体一次作战行动来说，一旦双方出现了武器装备的“时代差”，那就如同“叫花子和龙王比宝”，或者说如相差几个等级的选手在同一个擂台上进行拳击比赛，其结果可想而知。

血的教训告诉我们，有备才能无患，妄战必然危亡。只有平时具备“千驷”“千乘”“千金”之类雄厚的战争物质基础，才有可能在战争爆发时切实做到速战速决，也才有能力实现人们常说的“犯我中华者，虽远必诛”。

016　兵闻拙速，未睹巧久 / 美国为何兵败越南

【原文】

其用战也，胜久则钝兵挫锐，攻城则力屈，久暴师则国用不足。夫钝兵挫锐，屈力殚货，则诸侯乘其弊而起，虽有智者，不能善其后矣。故兵闻拙速，未睹巧之久也。夫兵久而国利者，未之有也。

【精解】

有的人认为，打仗就得爷们儿一点，直接扛着大刀上阵就行了，为什么需要花那么大的气力做烦琐的准备呢？

孙子身处春秋争霸时期，他写兵法十三篇的目的是帮助吴王争夺天下霸主地位。既然要争，就要采取进攻姿态，而不宜采取守势。这就决定了整部《孙子兵法》的基调是战略进攻。从战争史上看，大凡战略进攻的一方，无不想方设法速战速决。所以，孙子说："其用战也，胜久则钝兵挫锐，攻城则力屈，久暴师则国用不足。夫钝兵挫锐，屈力殚货，则诸侯乘其弊而起，虽有智者，不能善其后矣。故兵闻拙速，未睹巧之久也。夫兵久而国利者，未之有也。"孙子这一大段话的核心意思就在于说明为什么要速战速决。为此，他首先分析了持久作战带来的危害。

一方面，人力、物力、财力的巨大消耗，给军队作战能力以及国家经济造成严重危害。他分析了下面三种常见情况。

第一种情况是"其用战也，胜久则钝兵挫锐"。"钝兵挫锐"比喻部队像刀钝了似的，军力疲惫，士气受挫。对于这句话，古代学者的断句有所不同，分歧在于这个逗点应点在什么地方。有的人认为，应该点在"胜"字之后，即"其用战也胜，久则钝兵挫锐"，意为采用战争手段当然是为了赢得胜利，但是这一手段用的时间长了就麻烦了。还有的人认为，"胜"字前面可能脱落了一个"贵"字，应当是"其用战也，贵胜，久则钝兵挫锐"，意为用兵打仗贵在速胜，持久打仗军队必定过度损耗。第三种意见主张应点在"也"字之后，即"其用战也，胜久则钝兵挫锐"。"胜久"是

指靠持久取胜，时间一长，刀枪剑戟都被砍钝了，军心士气都消磨了。相比之下，第三种意见似乎更符合孙子的原意。

第二种情况是“攻城则力屈”。“屈”在此处不念“驱”，念作“绝”，意为耗尽。部队长时间攻打敌方坚固城堡，久攻不下，结果自然是力量消耗殆尽。

第三种情况是“久暴师则国用不足”。“暴师”指军队长期暴露于国外。数十万人在异国他乡，每天要吃要喝，要补充武器装备，一切都由国库提供，用不了多久，国库就被掏空了。

另一方面，随着军力、国力的衰竭，国家安全必然出现大问题。“钝兵挫锐，屈力殚货”是重申如果军队在战场上被消耗殆尽，国库因战争支出过度而空虚，那么整个国家就垮了，这时必定会出现“诸侯乘其弊而起”，纵然有绝顶聪明的人，也难以挽救危局了。

既然持久作战如此危险，那么如何避免持久作战，切实做到速战速决？孙子接着总结了一条规律性的名言：“故兵闻拙速，未睹巧之久也。”拙，《说文》解释为：“拙，不巧也。”巧，即工巧，搞花架子，做表面文章。全句意思是说，用兵打仗只听说过下功夫扎实准备，虽然看上去笨拙，但由于准备充分能够速胜的；没见过战争准备中偷工减料，投机取巧，看上去灵巧却准备不足也能够在持久作战中取胜的。

基于这一规律，孙子得出一个结论：“夫兵久而国利者，未之有也。”自古以来，通过长期战争使国家获得利益的，从来没有过。

应当说，美国人对孙子的这个结论是有过深刻体会的。1961—1975年，美国人在越南打了十几年仗，先后派遣了250多万人到越南，其中超过54万人为地面部队，除了没有动用原子弹外，什么高精尖武器都动用了。但是美军不仅没有取得最后的胜利，反倒是死了5.8万人，伤了10多万人，总共消耗弹药760万吨（相当于“二战”时消耗的3倍），耗费近3 000亿美元，最后在席卷全国的反战浪潮压力之下不得不撤兵。美国称之为“光荣的撤退”。

越南战争中，美军打赢了大多数战斗，但最终输掉了整个战争。美国上上下下、全方位地总结其教训。

美国著名战略理论家约翰·柯林斯在1973年出版的《大战略》中直接用《孙子兵法》分析越南战争的教训，他指出，孙子说“上兵伐谋”。在越南战争中，“谋”即指革命战略。美国忽视了孙子的这一英明的忠告，投入了战斗。他认为他们过高估计了自身的能力，低估了敌人的能力，热衷于使用武装力量，付出的代价越来越高，结果很快产生了一个不起决定性作用的目标：战场上的军事胜利。然而局面完全失去控制。

美军入越作战部队司令威廉·威斯特摩兰在回顾越南战争时，引用孙子“兵久而国利者，未之有也”的话，并不得不承认“进入越南是我国所犯的最大错误之一”。因为，越南山岳丛林地带与农田密布的地形有利于游击战，不利于运动战，极大限制了美军装甲、坦克部队的运用，因而大大削弱了美军在传统武力上的优势。即使是空军也难以在这种复杂地形充分发挥威力，战争的头几年间美国空军无法在空战中取得优势，甚至付出了近乎一比一的难堪交换比。

战略上低估对手，思想上准备不足，战场上受制于地形，这一切使得越南战争呈现出“猫捉老鼠”的状态。越军神出鬼没，美军四处追击，最初设想的速决战，变成了没完没了的持久战。于是，孙子所说的“钝兵挫锐，屈力殚货”的现象发生了。美国国内大量适龄青年为了躲避征兵，逃往加拿大或瑞典。各地大学生率先举行反战游行，反对上前线充当炮灰。同时，随着美国在越南的军事行动陷入困境，国防开支负担不断加重，美国经济调头向下，1967年经济增长率降到2%。1970年美国的经济增长则完全陷于停顿。经济上的危机进一步加剧了民众的反战情绪，全国性反战游行此起彼伏、风起云涌，以致社会陷于混乱，政府陷于瘫痪，无法有效运作。

上述这些情形与孙子分析的状态何其相似。所以说，无论古今，许多战争规律是一致的。孙子所谓“兵久而国利者，未之有矣”，至今仍然是真理。美国人痛定思痛，明白了这个道理。越南战争之后，美国但凡打仗，尽量避免打持久战。在海湾战争、科索沃战争、阿富汗战争、伊拉克战争、利比亚战争中，美军全都以短、平、快的方式快打快撤。

对于这几场战争，一场接一场地看，看得人心惊肉跳。但是，我们不能光看热闹，还要看门道。通过这几场战争，我们可以清楚地看到现代战争的特点：爆发突然，进程短促，开战即决战。因此以快制快无疑是重要的制胜之道。然而，以快制快来不得纸上谈兵，也不由豪情呼喊口号决定，一切取决于战争准备。只有战争准备充分才有可能快得起来，只有战争准备充分、才会有足够的能力一拳把对手打倒。相反，如果战争准备不充分，还未出手就已呜呼哀哉了。我们的国家建设得这么好，当然更不允许长期的战争破坏，看看伊拉克、叙利亚人民生活在战乱之中的场景，相信没有谁希望我们的国土上出现长期战争。但是，事物的辩证法就是如此，要想远离战争，更要加强战争准备。“备战才能止战，能战方能言和”，说的就是这个道理。它绝不是一句空话，其中蕴含了孙子所说的备战与速胜的哲理，值得我们高度重视。

017 用兵利害，将必尽知 / 蹇叔哭师与萨达姆败笔

【原文】

故不尽知用兵之害者，则不能尽知用兵之利也。

【精解】

一般来说，没有充分的战争准备，就不可能赢得速战速决的胜利。孙子进一步提醒人们，不要光想着战争的胜利成果，不要光惦记着通过战争获得利益，同时要看到战争是一柄双刃剑，既可以砍倒对方，也会伤着自己。如果想要这柄剑只砍对方，不伤自己，就需要具备辩证思维，既看到用兵打仗有利的一面，也要看到不利的一面。

“故不尽知用兵之害者，则不能尽知用兵之利也。”这句话中，关键字眼是两个“尽知”。“尽知”就是完全了解、全面认识。整句话说的是，如果不能完全了解用兵打仗有害的一面，就不可能完全了解用兵打仗有利的一面。有的版本分析后一个“尽知”应当是“尽得”之意，即如果不能完全了解用兵打仗有害的一面，就不可能完全得到用兵打仗带来的利益，这样理解也符合逻辑。孙子此言意在提醒人们，知其危害，才能知道怎样趋利避害，扬长避短，最终获得战争之利。

战争固然是用来获取利益的工具，舞剑之前要尽可能地预见潜在的危害，隐藏的危险，可能的麻烦。比如，如果平时舍不得在战争准备上花钱费力，以致战争准备不足，舍不得在武器装备建设上加大投入，以致军队没有足够的作战能力，那么一旦爆发战争，就很可能战事越打越久，战线越拉越长，损失越来越大，这时周边的潜在对手就很可能趁机落井下石，国家也就陷入危险了。孙子认为，只有完全弄清楚了这些危险，才知道怎样有针对性地防范，怎样有效备战，才知道在战略战术上怎样避实击虚、趋利避害，从而速战速决，在砍倒对方的同时大获全胜、尽得用兵之利。春秋时期，秦穆公只想尽得用兵之利，却没有事先尽知用兵之害，结果导致秦军覆没。

周襄王二十四年，郑文公、晋文公先后去世。驻扎在郑国的秦国大夫杞子派人向秦穆公密报，说他们掌握着郑国都城的城防，建议秦穆公派兵偷袭郑国，由他们做内应，则郑国可灭。秦穆公多年来处心积虑地谋求向东发展，这个建议正中下怀，如能袭取郑国，即可进入中原，与晋国争夺霸权。

于是，秦穆公向大夫蹇叔征求意见。蹇叔说：辛劳大军远道奔袭，这是我从未听说过的。跨越千里去袭击别人，人家怎么会不知道？我军长途跋涉，精疲力竭，人家有所准备，我们是不会成功的。这实际上是客观的利害评估，犹如孙子所说的“尽知用兵之害”。可是，头脑发热的秦穆公早已拿定主意，他不听蹇叔意见，命令孟明视、西乞术、白乙丙三位将领率兵东进。

周襄王二十五年春，秦军行抵滑国，遇上了郑国前往成周做生意的商人弦高。弦高见状，立刻意识到秦军这是要去攻打自己的国家。于是，他一面假冒郑国国君名义先送 4 张牛皮，然后送上 12 头牛，犒劳秦军，说“我们国君听说将军来到敝国，专门派我前来犒劳大军，并且让我为将军们在郑国停留期间提供安全警卫和物资保障”，一面派人迅速回国内报告。“弦高犒师”的故事由此而来。

郑穆公获得弦高报告，立即派人去探察秦军将领所居的馆舍，见秦兵已经厉兵秣马，全副武装，准备作战了。于是，郑穆公派大夫皇武子以送行的名义对秦将说：君等久留在敝国，敝国已无法供应粮秣、牛羊。听说君等要离开，特意前来送行。

秦将孟明见机密已泄，郑国有了准备，认为“攻之不克，围之不继”（左丘明，《左传·僖公三十三年》），不如退兵，于是灭掉滑国，带着一些战利品打道回府。

晋国得到秦国偷袭郑国的情报，中军帅先轸认为，秦穆公不听蹇叔忠告，而以贪婪兴师，这是上天赐给我们打击秦军的机会，于是力主攻打秦军。晋襄公采纳了先轸的建议，发兵击秦，并联合姜戎一道行动。晋与姜戎联军在崤函地区伏击秦军。崤，指崤山，函，即函谷关。这一带高山峻岭，形势险要。当秦军进入埋伏圈时，晋与姜戎联手夹击，秦军全部覆没，孟明视、西乞术、白乙丙三位将军全部被俘。但是，晋襄公并没有杀掉三位将领，而是将他们释放，让他们回国去羞辱秦穆公。

孟明视等人率领残兵回到秦国。秦穆公穿着白色的衣服在郊外等候，对着被释放回来的将士哭着说："我违背了蹇叔的劝告，让你们受委屈了。"不仅没有撤掉孟明视的职务，反而检讨说："这是我的错误，大夫有什么罪啊！"并道出一句千古名言："且吾不以一眚掩大德！"

秦穆公对败将十分宽容，其心胸可嘉，但其不审利害盲目用兵、"不能尽知用兵之利"的做法，值得人们引以为戒。

相信类似秦穆公这样令人后悔的事例古今皆有，1990 年伊拉克吞并科威特的事件可谓其翻版。

伊拉克位于波斯湾北岸，科威特是伊南部邻国，后者是"小国寡民"的典型。但是，后者拥有丰富的石油资源，是世界上第 4 大储油国，年人均国民收入达 1.4 万美元，在欧美拥有上千亿美元资产，号称"富甲天下"。从地理上说，它位居波斯湾西北角，战略地位非常重要。伊拉克与科威特关系长期不和，对边界划分和部分地域的归属存有争议，在石油售价及对美、苏态度等重大问题上立场各异。伊拉克在两伊战争中欠下 400 亿 ~500 亿美元外债，其中欠科威特 150 亿美元，战后无力偿还，于是产生赖账之意，但遭科威特拒绝。萨达姆恼羞成怒，便铤而走险，采取了武装入侵的行动。

伊军的作战企图是以优势兵力快速进入科威特境内，抢占战略要地，推翻科威特政府，使其成为伊拉克的一个省，将其巨大的财富和资源攫为己有。伊军共集结了 10 万人的军队、350 辆坦克、近千辆装甲车、数十架飞机、数十艘舰艇。双方兵力相差悬殊，科军仅有 2 万人、275 辆坦克和数十架作战飞机，而且科方对伊的入侵估计不足，基本上没有临战准备。

1990 年 8 月 2 日凌晨，集结在边境一线的伊军突然越过边境向科军发起进攻。伊军首先攻占了科边境地区，随即兵分三路向腹地高速推进，仅用 10 个小时就控制了科威特的全境。8 月 8 日，伊拉克正式吞并科威特，科威特成为伊拉克的第 19 个行省，萨达姆委派他的表弟阿里·哈桑·马吉德担任省长。

然而，萨达姆没有想到的是，当伊拉克军队在科威特高歌猛进的同时，美国正虎视眈眈，摩拳擦掌。就在伊军侵入科威特的第一天，美国总统老布什就发表讲话，谴责伊拉克的行动是“赤裸裸的侵略”，对美国在海湾地区的巨大经济利益“构成了真正的威胁”，并宣布冻结伊拉克和科威特在美国的所有资产。美方同时做出了强烈的军事反应，两个航母战斗群在伊军入侵科威特后不到 1 小时即受命驶向海湾，海湾战争的序幕由此拉开。最终伊拉克输得很惨，民众国破家亡。

萨达姆败得这么惨，其关键原因显然在于他在决策之际只是盘算着吞并科威特所获得的利益，对可能招致的连锁反应、巨大危险估计不足。结果，萨达姆不仅没有尽得用兵之利，反而尽失国家利益。

可见，孙子提出的“不尽知用兵之害者，则不能尽知用兵之利也”实属古今通则，甚至可以说是各个竞争领域的通则。在任何领域，干任何大事，必须先在“尽知”二字上做足文章，把所有的困难想尽、想全，然后才能对症下药，趋利避害，尽得其利。否则，我们不仅不能尽知、尽得竞争之利，反而尽失全部利益。

018 取用于国，因粮于敌 / 左宗棠收复新疆千里运粮

【原文】

善用兵者，役不再籍，粮不三载，取用于国，因粮于敌，故军食可足也。

【精解】

有一天，我给一位朋友几块军用压缩饼干，他连声说："好吃，好吃，真好吃！"我说："如果在战场上让你连吃三天，你就不会说好吃了。"他操着湖南口音不解地问："怎么会呢？喝点水噻！"面对这种天真的问话，我哭笑不得。他哪里知道，真正的战场上，尤其是深入敌国作战的战场上，哪会有水喝。1979 年开战之前，我们每个战士事先携带了 6 块压缩饼干，一桶 2 公斤重的肉罐头，2 块急救包。开战之后，炊事班很难随时跟进，特别是在山岳丛林地带，部队分散作战，更不可能及时得到米饭菜汤。我们头三天一直啃压缩饼干，自带水壶里的水两下就喝完了，路边水井据说已经被敌人投毒，我们不敢取水喝，只好干吃硬咽，饼干粉像锯木屑一样噎嗓子。更难办的是，当打到敌国更深处时，压缩饼干和罐头吃完了，后勤供应上不来，大家饥肠辘辘。好在战区遍地是甘蔗和木薯，于是，我们顾不得规定了，就地拔起甘蔗就吃，挖出木薯就啃，如此才能略微填填肚子，保持战斗力。

因为有过这种刻骨铭心的经历，所以读到孙子"善用兵者，役不再籍，粮不三载，取用于国，因粮于敌，故军食可足也"这句话时，我忍不住默默颔首，深以为然。

这句话主要说的是战略进攻过程中后勤保障的一种有效方法，也可称之为"以战养战"的方法。为了保证给不断向前推进的部队及时提供充足的粮草，必须从两方面想办法。

一方面，尽可能在出发前准备足够的人员和物资。"役不再籍"中"役"指兵役，即作战所需的兵员出征前应一次性征集齐全，不用反复回

国按花名册征兵。“粮不三载”，“粮”指作战所需的粮草，即一次装载要足量，不要再来来回回地千里送粮草。这里的“再”和“三”，不限于两次、三次，而是代指多次。总之，作战初期所需的一切人员物资要全部取自国内，一次性准备到位，不要出征之后再反复由国内长途运送。

随着作战的深入，人员不断伤亡，粮草不断消耗，补给线越拉越长，后方很难继续为前方提供人员和粮食的补充，这时就需要从另一方面想想办法了，即孙子所谓“因粮于敌”。这里的“因”，可理解为因袭、因便、依靠、凭借、获取，等等。说穿了，就是就地取材，以战养战。

“取用于国，因粮于敌”，两种方法有机结合，“故军食可足也”。“军食可足”不仅指粮食充足，泛指军队所需的一切东西都可以得到足够的补充。

对比两种方法，第一种方法是通行惯例，取自本国，别人无话可说，所以这种方法未受诟病。第二种方法是取之于野战战场，补给往往是从敌国获取，颇有“掠取”和“抢夺”之意，因而，在古今饱受非议。早在宋代，一些儒学之士据此指责孙子如秦人一般凶狠，倡导虎狼之兵。到现在，仍有一些学者带着贬义理解这句话，认为这就是“抢”，其实不然。

左宗棠为晚清收复新疆立下了汗马功劳，功在千秋。

左宗棠战前分析，入疆作战，行程数千里，远离内地，交通不便，加上新疆贫瘠，严重缺粮，因此提出：“粮、运两事，为西北用兵要着。事之利钝迟速，机括全系于此。”朝廷虽然认同他的建议，但是国库空虚，拿不出大批银子保障西征，只拿出300万两，又由海关赞助了200万两。左宗棠只好外借了500万两高利贷，凑了1 000万两银子的军费。同时，他还筹集了2 000万公斤粮食，集中了5 000辆大车、5 500匹骡马、20 000峰骆驼。1876年4月，左宗棠统率着大部分由湘军组成的7万多西征大军，踏上了收复新疆的征程。这些钱粮数目看起来很大，但是分摊到数千华里[①]的道路上，近10万将士和民工每天吃喝，很快就消耗得差不

① 1华里＝0.5公里。——编者注

多了。于是，左宗棠一路行进，一路继续筹钱征粮，并有意选择1877年8月间打响收复新疆之战。因为，这个时间“新谷遍野，有粮可因”，消耗的粮草可以就地补充。具体作战过程中，左宗棠及其部下也采用了“因粮于敌”的办法。例如，1877年10月，刘锦堂在库尔勒作战时，由于敌军劫掠秋粮后西逃，致使清军粮食匮乏。他们当时除了急令后方迅速转运粮秣接济外，就是就地四处搜索，最终发现了敌人的粮窖并缴获粮食10万多斤，从而保障了战斗的顺利进行。

对于这次战争，左宗棠在后勤上既高度重视粮食的筹备和运输，尽可能做到“取用于国”，又重视时机和条件，适时地“因粮于敌”，从而成功地收复新疆，为维护中华民族的统一和领土完整立下了巨大功劳。左宗棠也因此被人们誉为“千古英雄”。

毋庸讳言，孙子的“因粮于敌”多少含有点“抢”的意思，而且《军争篇》中的“侵掠如火”“掠乡分众”以及《九地篇》中的“重地则掠”“掠于饶野”等说法，都有抢掠之意，但这并不意味着孙子主张大发战争财，无节制地抢掠。孙子的思想中有一个非常重要的哲学观念，那就是“度”，类似于现在人们所说的“底线思维”。比如，孙子强调将领要勇敢，但又提醒不要过度勇敢，变成勇而无谋，这样很可能被敌人诱杀。他主张以情带兵，要求将领“视卒如婴儿”“视卒如爱子”，同时又提醒要爱之有度，过度关爱会变成溺爱，部队反而不能打仗。同样道理，“因粮于敌”也是有限度的，应仅限于满足“军食”，即弥补军队的人员和粮草损耗，而不是肆无忌惮地烧杀抢掠。其核心目的是战胜敌人，而非掠夺财物。

如果将其扩展一下，“因粮”的对象不一定是敌人，自己的盟友也可“化缘”。美国两次出兵伊拉克，联盟集团各国都必须掏腰包，共同为美军的战争消耗埋单。这无疑是孙子“因粮于敌”思想的现实运用。

019　智将远征，务食于敌 / 游牧民族骑兵作战特点

【原文】

国之贫于师者远输，远输则百姓贫。近于师者贵卖，贵卖则百姓财竭，财竭则急于丘役。屈力中原，内虚于家。百姓之费，十去其七；公家之费，破车罢马，甲胄矢弩，戟盾矛橹，丘牛大车，十去其六。

故智将务食于敌，食敌一钟，当吾二十钟；萁秆一石，当吾二十石。

【精解】

“取用于国，因粮于敌”，强调军队作战所需粮草一部分来自国内自筹，另一部分则来自战场掠取，但是还没有说明为什么要战场掠取。紧接着，孙子根据一般战争规律，算了一笔账：“国之贫于师者远输，远输则百姓贫。近于师者贵卖，贵卖则百姓财竭，财竭则急于丘役。屈力中原，内虚于家。百姓之费，十去其七；公家之费，破车罢马，甲胄矢弩，戟盾矛橹，丘牛大车，十去其六。故智将务食于敌，食敌一钟，当吾二十钟；萁秆一石，当吾二十石。”这几句话有三层意思。

第一层意思是，分析为什么一场大规模战争会导致国家和人民的贫困。“国之贫于师者远输，远输则百姓贫。”意为军队出国远征，必定需要长途运送粮食草料。这些粮食草料既是从老百姓那里征集来的，又需要成千上万的老百姓运送，运送越多，走得越远，老百姓付出越大，就越贫困。管子曾大略计算过：“粟行三百里，则国无一年之积；粟行四百里，则国无二年之积；粟行五百里，则众有饥色。”（《管子》）

“近于师者贵卖，贵卖则百姓财竭，财竭则急于丘役。”意思是一旦军队驻扎下来，数十万人要吃要喝，物资需求陡然增长，很快就会在军营周边形成集市。军队吃皇粮，不怕东西贵，只要买得到。商家趁机抬价，于是价格飞涨，这就苦了当地老百姓了。老百姓也不得不以高价购买所需物资，很快就陷入贫困。

国家也承受不起如此巨大的经济负担，于是“急于丘役”。这里的“急

于丘役”是指急忙增加军赋。“丘”是西周时期井田制的划分单位。周天子规定：“九夫为井，四井为邑，四邑为丘，丘十六井，出戎马一匹，牛三头。”那时候把长、宽各百步称为一“田”，为一个成年劳动力的耕种土地，然后9块“田”摆在一起恰好是个“井”，这样就有了“九夫一井”的说法。然后，4井为邑，4邑为丘，丘大致相当于现在的1个村，战争状态下每丘必须提供1匹马、3头牛。再大一级的单位是“四丘为甸”，要提供1辆战车、4匹马、12头牛、72名步卒。如果一次性征集倒也不算什么，但是频繁地按这个标准征赋，老百姓就不堪重负了。

孙子这两句话，揭示了战争导致国家和民众贫困的一般逻辑：远征—远输—百姓贫；近师—贵卖—百姓和国家财竭—增加赋税—百姓贫。这种恶性循环导致的结果是“屈力中原，内虚于家”，即军队在战场上不断消耗力量，百姓和国库则日益空虚。

第二层意思是，进一步用具体数字说明“内虚于家”的状态：首先看百姓之费，各家资财耗费7/10。再看公家之费，由于修补和制作驰车革车、铠甲头盔、刀枪剑戟、大小盾牌、攻城器械，国库资财损耗3/5。不难想象，百姓和国家贫困到如此程度，离国破家亡也就不远了。这绝不是用兵打仗的目的。打仗就是为了征服敌国、获取利益，决不能做赔本儿的生意。

于是，第三层意思则是提出一个减少百姓和国家战争负担的办法：“智将务食于敌。”“食”在这里当动词，有就食、获取之意。本句指明智的将领务必从敌国获取战争所需要的一切，与“因粮于敌”是一个意思。孙子特意用了一个“务”字，强调务必从敌国掠取，而不是可做可不做，或者愿不愿意做的事情。他做了一个简单的对比：“食敌一钟，当吾二十钟；萁秆一石，当吾二十石。”想要读懂这句话，需要理解几个词。“萁秆”是喂牛马的草料。萁是豆秸，秆是禾秆（谷子的秆）。“钟”是古代计量单位。齐国的容量单位分四等：豆、区、釜、钟。“石”也是古代容量单位。韦昭注：“百二十斤也。”它大约相当于今天的30公斤。综合起来看，这个对比确实非常划算。从敌国获取1钟粮食，相当于从本国运输20钟；

从敌国获取1石草料，等同于从本国运送20石。费效比相当可观，且至少有三大效益：一是减少了百姓和国库的经济负担，二是减少了长途运输的巨大成本，三是部队所需粮草可以得到及时补充。

有人说游牧民族不读兵书，却打败了饱读兵书的汉人。此话似乎过于绝对，其实在漫长的战争史上，民族之间的战争往往互有胜负，而且互相影响，互相借鉴，孙子这一思想或许就多少借鉴了游牧民族的某些经验。或者说，游牧民族活用了孙子这一思想。

游牧民族的军队通常以骑兵为主，凭借快速机动能力实施远程奔袭，大幅迂回战略。他们一般都是远离根据地，单纯靠后勤供给很难提高军队行进速度，所以他们的传统做法是“因粮于敌”“务食于敌”，而不是靠后方补给。蒙古骑兵虽然驰骋在晚于孙子1 500多年之后的战场上，但是他们承袭了先秦游牧民族的作风，其战略战术突出反映了游牧民族的特点。蒙古军队“才犯他境，必务抄掠……因粮于敌”。这是蒙古兵书《黑鞑事略》中记录的一条用兵原则。其中“必务抄掠”与“务食于敌”的语气和内涵几乎完全一致。蒙古骑兵“食于敌”的具体做法有三种：一是抢夺牲畜以备后用。二是坚壁清野，用软硬兼施的方法迫使对方供给粮食。成吉思汗的战将哲别在占领花剌子模的南方后告知居民，如果想免于被杀，就快快投降并提供粮食，不要依靠城堡的守军。按照蒙古的法律，降服者的财产和家属归胜利者所有。三是每征服一地，就建立作战基地，以战养战。

我一直认为，学习《孙子兵法》，要准确把握每个字的真正含意，才能品尝到“原汁原味”，同时又不能死抠字眼、钻牛角尖，要拓展、升华，读懂弦外之音，字外之意。“务食于敌”在春秋时期是一种迫不得已的以战养战的办法，但其中的智慧并不完全是抢劫和掠夺，也含有“借用外在资源”之意。有的人把它理解为“借力使力”，我认为是可以的。即学会借助别人的力量，使自己站在有利的位置，获得更大的能量和利益。我们现在实际上也面临这种问题。我的几位同事几年前曾经参加过亚丁湾护航，他们回忆说，在舰艇上漂泊的那半年多时间里，每天吃土豆、萝卜之类的东西，几乎没有叶菜，时间一长很难受。因为，那时我们在海外没有基地，得不到物资补充，只好靠出发时自备的食物充饥。

近几年情况有所改善。随着中国的经济发展日益全球化，尤其是随着“一带一路”倡议的实施，越来越多的国家与中国发生贸易往来，客观上需要中国在海外建设一些“客栈式”基地。比如，位于非洲和阿拉伯半岛间的吉布提，与索马里接壤，就在亚丁湾海域。那里海盗众多，他们肆意劫掠商船，对包括中国在内的很多国家的海上运输安全危害极大。而吉布提国家小，财力不足，人口不足 100 万，无力为其他国家提供沿途安全保障。中国政府在吉布提建设了一个军事保障基地，不仅可以带动当地经济发展，还可以为吉布提提供更多就业机会，为更多途经船只提供更好的公共服务，为中国海军亚丁湾护航编队提供临时“歇脚”的场所，这十分有助于中国海军护航编队持续为世界各国提供护航服务。同时，中国政府和中国企业以多种方式开展海外港口经营合作，积极参与海外重要港口建设。这些海外港口基地并非作战军事基地，而是以民用为主、军用为辅的物资保障基地。当然，战争状态之下，在离我国很远的地方为我军提供“军食所需”那是理所当然的事情了。

020　激励竞争，怒货并用 / 解放军诉苦复仇教育和立功运动的效果

【原文】

故杀敌者，怒也；取敌之利者，货也。

【精解】

出国征战时，为了弥补战争消耗，保证速战速决，不得不“务食于敌”。同时，孙子意识到不光是在物资上要吃饱喝足，还得从精神上鼓舞斗志，官兵才能够勇往直前、速战速决。

从电影中看，军人在战场上冲锋的时候，往往是指挥官振臂一呼：“冲啊！”呼啦啦一下子几十号人就拼命冲上去了。其实，真正的战争远不是这么简单，军人关键时刻能不能冲上去，很大程度上取决于战前种种看不见的动员工作。正如孙子所说：“故杀敌者，怒也；取敌之利者，货也。”“怒”既可以是“愤怒”，也可以是“心花怒放”的“怒”。曹操理解得很到位，他解释说“威怒以致敌”，即激励起高昂的士气与敌交战。“货”意为以钱财赏赐。曹操注曰：“军无财，士不来；军无赏，士不往。”就是在精神激励的同时，还要实施物资刺激。联系起来看，这两句话实际上讲的是指挥艺术。它强调的是，要使军队英勇杀敌，就应当激励部队的士气；要使军队夺取敌人的军需物资，就必须依靠财货奖赏。一手是精神，另一手是物质，两手并用。战争往往比的是智慧，拼的是勇气。灵活运用孙子提出的精神和物质两种手段，通常能够有效地激励士气、使部队勇往直前，如此才能速战速决。

东汉桓帝延熹五年，荆州刺史度尚在征讨桂州叛军首领卜阳、潘鸿等人的过程中就很好地运用了这种指挥艺术。度尚的军队攻入南海郡，连续攻破三屯，缴获了大量珍宝。官兵有了钱财就骄傲起来，恣意喝酒、淫乐，斗志很快松懈下来。度尚对将士说：“卜阳、潘鸿作贼十年，皆习于攻守，需要各位通力合作方可战而胜之。”但是，这番话无人理睬，官兵自顾逍遥。于是，度尚心生一计。他决定战前先让官兵尽情地射猎游玩，

官兵得知后非常高兴，纷纷外出射猎。度尚却秘密指使手下人一把火烧了自家营房，烧尽官兵缴获的钱财。官兵回来后，个个痛哭不已。度尚趁机鼓动说："卜阳等人财宝足富数世，诸卿并力杀敌，所得会更丰富。今日敌烧我营，损失不是很大，何足介意！"这无异于火上浇油，官兵愤怒无比，踊跃请战。度尚立刻下令，全军吃饱喝足，明晨直接杀赴敌营。卜阳、潘鸿毫无防备，度尚的官兵斗志高昂、势如破竹，一鼓作气攻破卜阳、潘鸿之营，大获全胜。(范晔，《后汉书·张法滕冯度杨列传》)

度尚的做法虽然符合孙子"怒也""货也"的要求，但不光明正大，一旦真相大白，官兵意识到被愚弄，军心斗志仍然会受到损伤，损伤更大。因此，如何有效地"怒也""货也"，需要运用智慧、找准官兵的关切点，艺术地动之以情，晓之以理。要说这方面的高手，还数解放军。解放战争中，解放军之所以迅速壮大，而且能征善战，与当时的诉苦复仇教育和立功运动有直接关系。

解放战争初期，大量工人、农民参加解放军，同时大批被俘的国民党官兵也被编入解放军。如何迅速统一思想，使他们真正融入解放军、敢于与国民党军队决战，是一个非常迫切的问题。解放军想出了一个非常有效的办法，那就是各连队普遍开展诉苦复仇活动。诉苦活动方式多种多样，或以连排为单位召开诉苦大会，选择苦大仇深的典型人物诉苦，痛斥地主压迫和国民党的迫害；或以班组为单位讨论劳动人民为什么遭受贫穷，怎样翻身解放等问题；或开展组织解放战士、新战士、老战士"三合一"的对比分析，对比共产党与国民党、解放区与国统区的差别。诉苦后要追究苦根，弄清苦从何来、仇向谁报，认清什么是阶级剥削、阶级压迫。周恩来指出："以诉苦运动启发阶级觉悟是很好的教育方式。"[《军队政治工作历史资料（第11册）》] 官兵通过吐苦水、挖苦根，认清了阶级、认清了敌人，每个指战员都明白战争是为了自己和人民的解放，这就大大提高了其敢于牺牲的革命精神。

与此相配合，各连队同时开展立功运动。解放军的立功，主要不是"货也"，没有什么物质奖励，重在精神奖励，以记战功的形式表彰战绩突出的人物。军功章不是金钱，其价值却远远高于金钱，巨大的精神荣誉伴随受奖者一生。而且，在解放军队伍里，立功受奖注重向下倾斜，重在鼓励基层官兵的斗志。这方面国民党军队确实相形见绌。从对抗战英雄授勋（或授予英模称号）中也可以清楚地看出国共两军的巨大差别：在国民党军队，最高荣誉是被授予国光勋章，其次是被授予青天白日勋章。据统计，抗战期间有 2 人被授予国光勋章，有 170 人被授予青天白日勋章，在这 172 位获勋者中，将官及省部级以上高官 143 人，占 83.1%；尉官 3 人，军士 2 人，没有士兵。在共产党军队，最高荣誉是授予英模称号。据统计，抗战期间共有 150 名指战员被授予英模称号，其中连以下指战员 146 人，占 97.3%；剩下的是营、团领导 4 人。除此之外，还授予 30 名民兵和 3 名普通群众以英模称号。解放战争时期，解放军的奖励更是注重向下倾斜，极大地鼓舞了基层官兵的斗志。

为使立功受奖产生普遍效应，解放军还特别注重用多种形式表彰立功人员。诸如，对立功人员颁发立功奖状、立功证书、立功奖章，登报表扬，酌量给予物质奖励，并将功绩记入档案；对立功单位授予锦旗，其中给有重大特殊功绩者授予称号，并举行隆重的授旗、授勋大会；对牺牲的功臣进行追功活动，并由部队和地方政府予以慰问抚恤。各部队的庆功大会都开得隆重热烈，功臣和立功单位代表披红戴花、坐荣誉席；首长宣读嘉奖令，号召全体指战员赞英雄、学功臣；许多部队向功臣家属送喜报，立功喜报由师、团以上单位印制，直接派人或委托地方政府组成喜报队，敲锣打鼓送往家中；在给地方政府的报功单上写着“特向你们报功，表示庆祝，请你们组织群众整队欢送，广为宣传”等字样。有的地方政府还向功臣家庭赠送“功臣之家”“光荣之家”等匾额。奖功、庆功、报功活动，极大地激发了指战员的荣誉感，促进了部队立功运动的深入发展，也对军人家属和人民群众起了巨大的鼓舞作用。

正是因为善于“怒之”“货之”，解放军才能够发挥出巨大的精神优势，以劣势武器装备战胜拥有优势武器装备的国民党 800 万大军。

历史不可复制，思想则需继承。解放军忆苦复仇、立功运动的具体形式或许已经不太适应现实环境和条件了。现代的军人是独生子女的比较多，受过高等教育的也比较多，更没有什么“苦”可诉，甚至一张立功喜报也不一定能够打动人心，然而现代战争要求军队比以往更英勇、更神速。这就在客观上要求我们，要善于根据新的时代特点，更灵活、更多样化地运用孙子“杀敌者，怒也；取敌之利者，货也”的指挥艺术。推而广之，其他各竞争领域的团队管理、竞争激励也离不开这两点。

021　化敌为友，胜敌益强 / 解放军瓦解敌军的神奇威力

【原文】

故车战，得车十乘已上，赏其先得者，而更其旌旗，车杂而乘之，卒善而养之，是谓胜敌而益强。

【精解】

战争是一个不断消耗的过程，尽管我们提供了充足的粮食草料，又鼓舞了官兵的斗志，但枪炮一响必有死伤，打的时间越长，伤亡越大，人马越少，军队越难继续作战。孙子提出了一个物资越打越多、士兵越战越强的办法。

孙子提出，高明的办法与“因粮于敌”“务食于敌”一样，不仅粮食草料可以取之于敌，战车、武器、兵员也可取之于敌。孙子以车战为例，说道：“故车战，得车十乘已上，赏其先得者，而更其旌旗，车杂而乘之，卒善而养之，是谓胜敌而益强。”这段话有三层意思。

第一层意思，他鼓励官兵缴获敌军战车，对于一次作战缴获 10 辆以上战车的官兵，就奖赏最先夺得战车的人。得到奖赏的官兵斗志倍增，更加英勇地作战，更乐于从战场缴获敌军的战车，同时自己军队的战车损耗得到及时补充，战车越打越多。

第二层意思，他认为不仅要缴获，还要及时转化。“更其旌旗，车杂而乘之”，“更”就是更换，指用己方的旗帜更换缴获的敌方战车的旗帜，将敌方战车变为我军战车。“杂”有掺杂、交叉、混合之意，即将己方官兵与俘虏的士卒混合编组到每一个战车单元。比如，一辆战车，车上有三人——驾手、箭手、持戈手，车下有二三十步卒不等。一半俘虏兵，一半我方官兵，共同组成新的作战单元。

第三层意思，他认为不仅要把俘虏的战车和官兵编入我方的部队，还要“卒善而养之”，即善待敌方的俘虏，使得俘虏感激不杀之恩，心甘情愿地改换门庭，从而令敌军士卒成为我方作战力量。如此一来，战车增加

了、人马壮大了、军队的战斗力随之增强，孙子称之为“胜敌而益强”。

应该说，孙子这一思想非常了不起。之所以了不起，就在于孙子把握了矛盾转化的精髓，实现了以患为利、化敌为友，弥补了作战过程的战斗力损耗，为实现速战速决的战略意图提供了持续不断的力量保障。

有的学者认为，孙子这一思想好是好，但实施起来不容易。敌人怎么能够成为战友呢？其实，春秋时代的敌国、敌人，往往同处一个“天下”，同属中华民族大家庭。作为普通官兵，双方并没有深仇大恨，不过是各为其主。一旦其主将战败，归降新主以留得性命也是当时的一种自然选择。所以，战争史上，明智的将领大多通过“善俘”化敌为友、越战越强。东晋时期的名将祖逖曾经成功地实践了这一思想。

晋元帝太兴三年，东晋大将祖逖率军进至雍丘，准备继续进攻盘踞在黄河南北的后赵王石勒的军队。后赵是十六国时期羯族首领石勒建立的政权，因其建立在战国时期赵国的地盘上，所以被称为后赵。祖逖在出师前十分重视感化敌区人民、宽待俘虏。他“爱人下士，虽疏交贱隶，皆恩礼遇之”，厚待捕获的石勒降卒，并释放其回家，因此敌区军民“感逖恩德”，“归附者甚众”（房玄龄，《晋书·祖逖传》）。当时后赵的石勒在黄河沿岸地区军事势力强大，当地一些坞堡主迫于石勒的威力，不得不臣服于石勒，送子弟到石勒帐下当人质，表示归顺。祖逖理解他们的处境，对儿子在石勒帐下做人质的坞堡主及家属采取宽大政策，允许他们表面上归顺于石勒，实则归顺东晋朝廷。祖逖有时还会派出小股部队，假装打击这些坞堡，以表明他们并未归附晋朝，消解石勒的疑心。祖逖这种做法实际上是活用了孙子“卒善而养之”的思想，使各位坞堡主感激不尽，因而经常暗地主动向祖逖传递情报，禀报后赵军队的一举一动，祖逖因此在战场上始终处于主动地位，屡破后赵军队。祖逖的正确政策深得人心，为顺利收复黄河南北大片失地创造了有利条件。

同时我们也应当清楚地看到，在你死我活的战场上，化敌为友、变敌人的士卒为我方的作战力量，确实不是一件容易的事情。因为，利益集团或民族部落之间的利害关系还是使得敌对双方难以真正融合。因而，战场上常常出现“诈降”，或者降而又反的情况，于是杀俘、坑卒之事屡见不鲜。例如，白起在长平之战中，将赵军40多万俘虏血腥坑杀，用白起的话来说就是“赵卒反覆，非尽杀之，恐为乱”（司马迁，《史记·白起王翦列传》）。项羽在新安大开杀戒，坑杀秦军降卒20万人。之所以如此残忍，也是出于同样的考虑。然而，杀戮越多，反抗越大。白起自以为杀掉40万俘虏足以吓破赵人的胆，从而能不费吹灰之力攻陷赵国都城邯郸，结果事与愿违，秦军在邯郸城下遭到赵国军民的殊死抵抗，最后不得不灰溜溜地退兵回国。项羽也是如此，杀俘事件使得秦人家家户户披麻戴孝，对项羽恨之入骨，这就埋下了日后楚汉战争中项羽落败的祸根。

尽管化敌为友相当困难，但办法得当还是可以实现的。关键是要找准利益关切点，在孙子所说的“善养”二字上做文章。要善意地对待，动之以情，晓之以理；还要友善地礼遇，给予优厚的物质利益，便有可能转化敌人，减小矛盾对手。

在这方面，我们解放军可谓高手。瓦解敌军，是我军政治工作的三大原则之一。通过实行宽待俘虏政策，从政治上动摇敌人军心、破坏敌军战斗力，争取敌军官兵放下武器、投诚起义，这是我军政治工作的重要内容。从红军时期开始，我军就把优待俘虏、不搜俘虏腰包作为《三大纪律八项注意》的重要内容。从土地革命战争、抗日战争、解放战争、抗美援朝战争，到中华人民共和国成立后的多次边境自卫防御作战，我军政治工作都有瓦解敌军和教育及管理战俘的工作，在瓦解敌军、夺取战争胜利中都发挥了重大作用。抗日战争时期，经过我军艰苦细致的思想争取工作，凶残顽固的日军有数千名官兵投诚和被俘后，成立了“日本士兵觉醒联盟”“在华日人反战同盟”等组织，配合八路军、新四军对日军展开宣传争取工作。解放战争时期，我军更是创造了大规模瓦解敌军和改造投诚、起义部队的辉煌战绩。解放战争期间，国共双方的兵员损耗都很大，但解放军方面在每次战役后都能迅速补充兵员。这些补充兵员，一部分来自解放区参军入伍的老百姓，大多数来自战场上被俘的国民党兵。经过忆苦思甜会、官兵联欢、解放区家乡变化介绍等思想政治工作，体会到解放军官兵一致、内部团结的氛围后，这些穷人出身的俘虏兵几乎是一夜之间就变成了解放军战士。在这种示范作用的带动下，整师整军的国民党军队阵前起义，一大批国民党官兵掉转枪口，成为英勇的解放军指战员。整个解放战争期间，国民党官兵起义、投诚和接受和平改编的共有 170 多万人。毛泽东同志曾经说过："我们的胜利不但是依靠我军的作战，而且依靠敌军的瓦解。"（毛泽东，《毛泽东选集》）

解放军瓦解敌军，不只是靠政治教育，更注重善待、优待俘虏，以实际行动做到了孙子所说的"卒善而养之"。1955 年人民解放军首次授衔就很能说明问题。这次授衔中，一些原国民党军队的军官被授予人民解放军军衔，其中有的被授予将军军衔。比如：

陶峙岳、陈明仁、董其武 3 人为上将；

孔从洲、韩练成、曾泽生 3 人为中将；

邓兆祥、张世珍、林遵、魏镇 4 人为少将。

此外，还有大校 6 人，上校 26 人，共 3 098 人获得授衔。

从这些数据不难看出，解放战争期间，解放军人员越打越多、战术水平越打越高，"善俘""优俘"的政治工作做得好，无疑是非常重要的原因。

善待对手，便可转化对手，从而使自身"胜敌而益强"，这不只是兵法，各领域也都有转化竞争对手、减少对抗阻力、增强自身实力的问题，不妨借鉴孙子"胜敌而益强"的思想，灵活地想一些办法，使自己的朋友变多，对手变少。

022　兵贵胜，不贵久 / 速决战与持久战孰优孰劣

【原文】

故兵贵胜，不贵久。

【精解】

《作战篇》的主要谋略思想层层递进、前后呼应。比如，先讲务必做好充分的战争准备，再讲“取用于国，因粮于敌”“智将务食于敌”，从敌国战场上获取各种作战物资，甚至“车杂而乘之，卒善而养之”，缴获敌军的战车、官兵，将其转化成为我方的作战力量。这一切谋略措施的目的何在？孙子的回答是“兵贵胜，不贵久”。

孙子认为，只有备足了战车、兵器，拥有充足的作战官兵，才有足够争取速战速决的胜利的力量。孙子这个观点并不是讲条件、要价码，而是真切地道出了一条战争客观规律。

这句话的意思很明白，就是强调速战速决，但文字表述上有点令人费解。各个版本的《孙子兵法》都写作“兵贵胜，不贵久”，查一查各家注释，却发现他们都不注释“胜”，只注释“速”字。比如，有的注释为“贵速胜疾还也”，强调快打快撤。显然，在古代注释者的眼中，“胜”，即“速胜”。因为，孙子说过“兵久而国利者，未之有也”。所以，孙子所说的“胜”就是“速胜”。如果直接说“兵贵速，不贵久”，似乎也不太严谨。因为，行动迅速并不一定胜利。相比之下，还是“兵贵胜”更符合战争规律。曹操从反面分析：“久则不利，兵犹火也，不戢将自焚也。”他认为战争打久了，若不能迅速收手，就如同玩火自焚。这些解释虽然角度不同，却都切中肯綮。可见，孙子此言就是要求打仗务必速战速决，不能拖拖拉拉、旷日持久。这也就是《作战篇》的核心思想所在。

之所以追求速胜、反对持久，原因就在于孙子上文分析的久战不决会造成三大危害：一是军队战斗力衰竭，二是国家财力空虚，三是外敌乘虚而入。这些危害足以导致国破家亡，这样的战争不仅不能赢得利益，反而

赔本，所以一定要尽力避免。最有效的办法，就是争取速战速决。

我给北大学生讲《孙子兵法》时，学生提出了两个问题。第一个问题是，孙子讲速决战，毛泽东讲持久战，为什么两位军事家观点完全相反？第二个问题是，日本人想三个月内速战速决灭亡中国，结果失败了，中国人用 14 年持久抗战，结果胜利了，究竟是速决战好，还是持久战好？

恐怕有必要从两个方面回答这两个问题。

首先，孙子与毛泽东所处战略态势不同。孙子处于春秋争霸战争时期，他撰写兵法十三篇的主要目的就是帮助吴王争夺天下霸主地位。而且当时的吴国是南方的大国，实力雄厚，既然要争夺霸主地位，就得主动出击，采取进攻方式打垮敌军、征服敌国。所以，《孙子兵法》的谋略思想基本上倾向于战略进攻，很少讲防守。毛泽东提出持久战时则处于中日力量极度不平衡的情况下。毛泽东何尝不想尽快赶走日本侵略者，但日本的经济、军事实力远远强于中国，中国完全没有能力取得速胜。只有通过持久对抗，不断消耗日本国力和军力，实现敌我双方力量对比的整体转变，为最终的战略反攻创造条件。所以，毛泽东提出持久战的方针。

其次，孙子的速决战观点与毛泽东的持久战观点表面上不同，精神实质却基本一致。两种理论都强调持久和速决的转化关系，持久是速决的基础，没有经过持久备战，就不可能具备速战速决的作战能力；速决是持久的目的，持久备战只有通过速战速决才能最终转化为胜利的成果。那么，孙子说的“兵贵胜，不贵久”，强调的是与敌军直接交战之际一定要速战速决，但是动作能不能快起来，完全取决于战前的准备过程。孙子之所以说“兵闻拙速，未睹巧之久也”，强调的就是只有战前下了一番看上去笨拙、实际上扎实的功夫，才有可能在打起来时行动迅速、速战速决。孙子是这么说的，也是这么做的。比如，孙子和伍子胥的“三师疲楚”之计，就是在长达 6 年的时间里来来回回地调动楚军。古代的“三”一般不是实际的“三”，而是“多”。“三师疲楚”，就是小群多路、持久地消耗楚军，为最终的战略偷袭做准备。这就把平时持久备战与战时速战速决有机地结合了起来。毛泽东的持久战理论讲究的只是战略上的持久，通过敌后游击战，一点一点地消灭敌人，但凡大一点规模的战役，讲究速战速决。如平型关战斗、百团大战的主要战斗等，特点都是快打快撤。所以，毛泽东的持久战战略也是为最后的速决战打基础。

至于日本企图三个月速战速决地征服中国，落得个战败投降的结局，这并不是速决战理论本身的错，关键在于日本进行的是侵略战争，不得人心，最终必定失败。同时，从军事上来说，其失败的关键原因也在于日本没有认清速决与持久的关系，战略野心太大。速决战来不得一厢情愿，必须以实力为基础。尽管当时日本经济、军事实力比中国强，但它毕竟是个小国，战争潜力小，持久作战的能力差。中国是个大国，有巨大的战争潜力，战略空间大，耗得起，而且在耗的过程中，力量不断增强，最终得以集聚巨大的力量实施战略反攻。

进入21世纪，速战速决更是成了名副其实的战争制胜法宝。2003年的伊拉克战争中，美军只用21天就攻入了巴格达，结束了战争。2008年的俄罗斯格鲁吉亚战争仅几天就休战，转入谈判。2001年开始的阿富汗战争和2011年发生的利比亚战争持续时间相对长一些，但也是断断续续，双方真正交战的时间都很短暂。可以预见，速战速决是未来战争的常态。

虽然交战时间短暂，作战准备、作战保障却表现出“持久”的特点。1991年的海湾战争，虽然交战只有42天，但美军向海湾地区运送作战部队和各种作战物资、进行战场布势、营造作战态势以及组织多国部队花了将近半年时间。

现代军事理论中有一种说法：战争胜负并不取决于双方交战的那一具体时刻，而取决于双方战前的战争准备，交战时刻的胜负不过是对战前战争准备的一次公开检验。我完全认同这个观点。很难想象，一个国家平时没有战争准备，舍不得进行军事投入，武器装备落后，军事训练水平不高，战争来临之际还能够速战速决。我曾经听到个别官员胡说，他们说武器装备、战备建设纯粹是烧钱，产生不了任何利润，花那么多钱干什么？少搞一些战备，少拨点军费就行。说得轻一点，这种观点是缺乏军事常识；说得严重一些，这是误国误民的谬论。等到战争来临时再着手战争准备，再临时搞武器装备、战场建设，一切都来不及了，其结局必然是战败。今天的中国建设得如此之好，与革命战争时期大不一样了。那时候可以用空间换时间，让对手暂时占领一些地盘，分散它的兵力，削弱它的力量，我方则赢得力量转换的时间。今天，我们任何一寸土地都让不得。所以，还得重申那句真理："备战才能止战，能战方能言和。"

现代社会已经进入快节奏时代，出现了快餐、快的、快闪、快播、快递、快车、快信，等等，一切都空前快速。因此，当今时代孙子"兵贵胜，不贵久"的思想不仅适应现代战争的要求，而且适应各个竞争领域的共同要求。我们不妨将孙子的话换个词，改作"干大事贵胜，不贵久"。当代竞争讲究下先手棋，快鱼吃慢鱼。但是，与战争领域一样，各竞争领域的"速胜"都不可能一蹴而就，一夜暴富、一步登天的事情极其罕见，只有功夫在前，打牢基础，才有可能快、准、稳、狠地把握各种发展机会，干出一番大业。

023 知兵之将，生民之司命 / 毛泽东是否反对读兵书

【原文】

故知兵之将，生民之司命，国家安危之主也。

【精解】

这句话具有双重作用，既是本篇的结束语，又是对本篇思想画龙点睛的总结。这句点睛之笔要说明的是，能不能速战速决，最终取决于有没有“知兵之将”或者将领是否“知兵”。

战争是人与人之间的搏斗，既搏力量，更斗智慧。一般地说，力量强大和具备优势的一方往往拥有战争中的主动权，因而获胜的可能性更大。然而，力量只是代表具备了胜利的基础和可能性，要将可能性变为现实，还要正确发挥人的主观能动性，即通常所说的“斗智”。正如毛泽东指出的，战争的胜负，固然取决于双方军事、政治、经济、地理、战争性质、国际援助诸条件，然而仅有这些，只是有了胜负的可能性，它本身不能分胜负。要分胜负，还需加上主观的努力，这就是指导战争和实行战争，这就是战争中的自觉能动性。（毛泽东，《毛泽东选集》）仔细分析，孙子这句话强调的也正是这个意思。速战速决固然是落实战略决策的重要方法，军队有多少人马，国库有多少资金，这些能不能在敌国就地补充，也都是非常重要的因素，但是胜败的关键还在于将领是否有足够的智慧。

在这里，孙子提出了一个具有跨时代意义的概念：“知兵之将”。古代汉语中“知”与“智”相通。“知兵”不是说认识几个士兵，而是指精通打仗的规律和用兵的奥妙。“知兵之将”不是指某些混吃混喝，靠投机钻营、贪污受贿爬到将军位子上的人，而是指精通兵法、英勇善战的“智将”。孙子认为，这样的将领才有可能用好、用活各种作战物资，才有可能在战场想办法及时补充作战损耗，更有可能采用灵活的战略战术赢得作战的胜利。所以，这样的将领才是“生民之司命，国家安危之主也”。

“生民之司命”在流传过程中出现了一点文字争议。宋朝十一家注本

作“生民之司命”，武经七书本无“生”字，还有几种版本也无“生”字，军事科学院出版的《孙子校释》采纳了后者，改作“民之司命，国家安危之主也”。我以为“生”字并非多余，“生民”实际上是一个词组。《诗经·大雅》第十一篇就定名为《生民》，颂扬后稷生育万民。“司命”是天上的星官。《史记·天官书》说，天上的文昌宫有6颗星，其中第4颗就是司命。司命是定人死生寿夭的神。在孙子看来，智将就是保证民众生命的司命，同时也是国家安全的主宰者。其地位重要、作用巨大，非一般人所能胜任。

然而，历史上不少人忽略了将领保护民众生命、维护国家安全的神圣职责，只喜欢其头顶上的光环，以为人人都可以获得这种光环。所以，有些人读了几本兵书就自诩为“智将”。典型的例子如战国时期的赵括，他对兵书倒背如流，以为指挥打仗如同喝蛋汤一样容易，结果长平一仗，被秦军将领白起的诱敌深入之计引进绝境，全军覆没。

可悲的是，赵括的例子既不是空前，也没有绝后。五代十国时期后梁将领刘鄩就是其中一个例子。刘鄩喜欢读兵书，号称“一步百计”。后梁最后一位皇帝朱瑱继位时任他为镇南军节度使。公元915年，后唐庄宗李存勖进军魏州，多次派主力部队攻打刘鄩营地，刘鄩避而不战，而皇帝多次催促其出战。李存勖与诸将商议说：“刘鄩学过《六韬》，喜欢灵活机动的用兵，本来打算等机会袭击我们，现在被朱瑱催逼，必然想速战。”于是，李存勖到处宣扬要撤军回太原，命令爱将符存审防守魏州，主力部队假装西归，实际上却把主力部队秘密留在魏州东北面不远处的贝州。刘鄩果然向皇帝报告说：“晋王西归，魏州没有防备，可以出击。”于是，皇帝令万人攻打魏城东部，没想到李存勖从贝州迅速返回夹击。刘鄩突然看见庄宗的大军，惊恐地说：“晋王还在此地呀！”慌忙引兵撤退，唐军追击到故元城，李存勖与符存审结成两个方阵夹攻，刘鄩摆成圆阵抵抗。双方激战，战不多时，刘鄩大败南逃。（欧阳修，《新五代史·刘鄩传》）毛泽东读到这一段时，在书上批注一句话：“兵书多坏事，少读为佳。”

有人据此认为毛泽东反对读兵书，因为兵书主要讲奇谋诡诈之术，读多了会毒害人心，让人变坏、变得狡诈。还有的人认为，兵书读多了，容易滥用兵法、危害社会。这些说法显然仅仅是孤立片面地理解其字面含义，并未把握其精髓。毛泽东这句批语是针对刘鄩表面上饱读兵书，实际上却不会灵活运用而说的，并非是反对读兵书。他在读《新五代史·刘仁赡传》时，又写了一句批语。刘仁赡是五代时期南唐大将，比刘鄩小 30 岁左右，差不多是同时代人。他虽然只是略通兵书，但有勇有谋。毛泽东批注："（兵书）略通可以，多则无益有害。"其中的"略通"二字很有讲究，说明读兵书不能食而不化、死记硬背，而要弄通其思想、掌握其精华，更重要的是在实践中灵活运用。毛泽东此言既说出读兵书的方法，也指出了成为知兵之将的主要途径。

孙子饱经战乱，写出兵法十三篇，克劳塞维茨与拿破仑大战多年，写出《战争论》。这是规律，也是常理。这告诉人们，"知兵之将"只能产生于理论与实践的结合过程之中，也只能产生于指导战争过程中自觉能动性的发挥和超越。孙子认为，将领只有经过如此历练，才有可能真正成为足智多谋的智将，也才有可能在纷繁复杂的战场上巧妙地运用"取用于国，因粮于敌""务食于敌""车杂而乘之，卒善而养之"等谋略思想，从而越战越强，速战速决。

之所以说"知兵之将"的概念具有跨时代的意义，是因为当代国家安全和战争形态更加需要精通军事谋略、深谙指挥艺术、掌握现代技术，由此，富有实战经验的智将才能在未来战争中做到速战速决。同样道理，在其他竞争领域，只有真正掌握竞争规律、熟悉竞争艺术的领导者，才能带领团队突破重围，谋求速胜。

第三篇

《谋攻篇》——确立竞争谋略的最高境界

[**篇题解析**]

根据《孙子兵法》13 篇的逻辑顺序分析，《计篇》《作战篇》《谋攻篇》应当同属第一层次，主要讲战略决策、战略部署的问题。《计篇》制定战略决策，《作战篇》展开战争物资准备，《谋攻篇》则筹划战略思路。诚如杜牧分析："庙堂之上，计算已定，战争之具，粮食之费，悉已用备，可以谋攻。故曰《谋攻》也。"

顾名思义，"谋攻"即谋划攻战方略。"谋"的本义是咨询、计议、商量，引申为谋划、谋略。"攻"的本义是攻击、进攻。曹操注："欲攻战，必先谋。"点出了篇名的要义，即为作战策划相应的谋略。本篇的中心思想是"不战而屈人之兵，善之善者也"。围绕这一中心，孙子从战略、战役，甚至战斗各层次入手，分析如何以谋略攻敌，"上兵伐谋，其次伐交"，尽量避免"攻城"之类拼实力、拼消耗的恶仗，争取以最小的代价赢得最大的胜利。《谋攻篇》可以说是 13 篇中写得最漂亮、最精练的。南北朝时期的著名文学理论家、文学批评家刘勰在《文心雕龙》中称赞："孙武兵经，辞如珠玉。"

【**正文注释**】

孙子曰：凡用兵之法，全国为上，破国次之①；全军②为上，破军次

---

① 全国为上，破国次之：国，国都，城市。春秋之"国"，其内涵与今不同。《左传·隐公五年》："郑人……伐宋，入其郛……未及国。"焦循《补疏》："当时谓郛内为国也。"又云："合天下言之，则每一封为一国。而就一国言之，则郊以内为国，外为野。就郊以内言之，则城内为国，城外为郊。"故春秋之"国"主要指都城，或指以都城为中心、以郛郭为外城，包括周围之"乡""遂"在内的地域。"全"，保全，完整。"破"，击破。曹操注："兴师深入长驱，距其城廓、绝其内外，敌举国来服为上；以兵击破，败而得之，其次也。"意谓保全敌人的城邑，并使之完整地被降服为上策，击破敌人的城邑为下策。

② 军：泛指军队，亦作为军队编制单位。《周礼·地官·小司徒》郑玄注："军，万二千五百人。"曹操、杜牧注引《司马法》："一万二千五百人为军。"

之；全旅[①]为上，破旅次之；全卒[②]为上，破卒次之；全伍[③]为上，破伍次之。是故百战百胜，非善之善者[④]也；不战而屈人之兵，善之善者也。

故上兵伐谋[⑤]，其次伐交[⑥]，其次伐兵，其下攻城。攻城之法为不得已。修橹轒辒[⑦]，具器械[⑧]，三月而后成，距闉[⑨]又三月而后已。将不胜其忿，而蚁附[⑩]之，杀士三分之一，而城不拔[⑪]者，此攻之灾也。

故善用兵者，屈人之兵而非战也，拔人之城而非攻也，毁人之国而非久也，必以全争于天下[⑫]，故兵不顿[⑬]而利可全，此谋攻之法也。

---

① 旅：《说文》："五百人为旅。"曹操注同。

② 卒：古代兵制单位，百人为卒。卒长为百夫长。《周礼·地官·小司徒》："五人为伍，五伍为两，四两为卒。"

③ 伍：古代最基本的兵制单位，5人为伍。

④ 百战百胜，非善之善者：百战百胜固善，然终有杀伤、耗损，故非善之善者。

⑤ 上兵伐谋：上兵，用兵作战的上策。张预注："兵之上也。"易培基《杂记》谓"义不能通"，"上兵"应作"上正（政）"，其说非是。伐谋，用智谋使敌人屈服，曹操注："敌始有谋，伐之易也。"此句意为上等的用兵策略是以谋略取利。

⑥ 伐交："交"，结交、外交。陈皞、张预等以为"交"谓伐于两军交合，义短。李筌注："伐其始交也。"孟氏曰："交合强国，敌不敢谋。"故"交"释以"外交"为善。即以外交途径战胜敌人，瓦解敌之联盟，巩固和扩大自己的联盟。

⑦ 修橹轒辒：修，《国语·周语》："修其簠簋。"韦昭注："修，备也。"曹操注："治也。"橹，曹操注："大楯也。"轒辒，古代攻城用的四轮车，用排木制作，外蒙生牛皮，下可藏十数人。杜牧注："轒辒，四轮车，排大木为之，上蒙以生牛皮，下可容十人，往来运土填堑，木石所不能伤，今俗所谓木驴是也。"

⑧ 具器械：具，修置、准备。此句言置备攻城的各种器用、械具。

⑨ 距闉：杜佑注："距闉者，踊土积高而前，以附其城也。积土为山曰堙，以距敌城，观其虚实。""闉"通"堙"，即为攻城而堆积的向敌城推进的土丘，被用来观察敌情，攻击守城之敌，既可于其上施放火器，又便于登城，是古代攻城必修之工事。

⑩ 蚁附：曹操注云："使士卒缘城而上，如蚁之缘墙。"蚁，名词用作状语，意为"如蚂蚁一样……"。

⑪ 拔：破城而取之曰拔。《汉书·高帝纪》："攻砀，三日拔之。"

⑫ 必以全争于天下：全，此言全国、全军。此句谓要用全胜的战略争胜于天下。

⑬ 兵不顿：兵刃不钝，兵锋未损。比喻战斗力未损，士气未挫。

故用兵之法，十则围之[①]，五则攻之，倍则战之，敌则能分之[②]，少则能逃[③]之，不若则能避之。故小敌之坚，大敌之擒[④]也。

夫将者，国之辅[⑤]也，辅周则国必强，辅隙[⑥]则国必弱。

故君之所以患于军[⑦]者三：不知军之不可以进而谓之进[⑧]，不知军之不可以退而谓之退，是谓縻军[⑨]。不知三军之事，而同三军之政[⑩]，则军士惑矣。不知三军之权[⑪]而同三军之任，则军士疑矣。三军既惑且疑，则诸侯之难[⑫]至矣，是谓乱军引胜[⑬]。

故知胜[⑭]有五：知可以战与不可以战者胜，识众寡之用[⑮]者胜，上下

---

① 十则围之：此句“十”与以下几句“五”“倍”皆言我与敌相比，我所处的力量地位。“十”即十倍于敌。此言绝对优势，但非一定为实际之十倍。

② 倍则战之，敌则能分之：倍，比敌人多一倍。敌，即匹敌。言我方力量比敌人多一倍则可战而胜敌，双方势力大体均等则分割围歼。

③ 逃：与下文“避”异文同义，指主动地采取不与敌争锋的办法，并非消极地逃跑。

④ 小敌之坚，大敌之擒：之，此为“若”义。此句言只知固执硬拼的小敌，必为大敌所擒。

⑤ 国之辅：辅，辅木。《左传·僖公五年》：“辅车相依。”杜预注：“辅，颊辅，车，牙车。”孔颖达疏：“盖辅车一处分为二名耳，辅为外表，车是内骨，故云相依也。”是辅与车必相依持而行。“辅周”，曹操注谓指“周密，谋不泄”。李筌注：“辅，犹助也。”意为国君的辅佐。按：将帅和国家的关系如同辅车相依。如果相依无间，国家一定强盛，如相依有隙，国家一定衰弱。

⑥ 隙：缺也，疏漏之意。此言将领佐君不周，有疏漏。

⑦ 患于军：患，作动词，为患、贻害。此言危害军队。

⑧ 谓之进：谓，可训“使”，见《广雅·释诂》。故“谓之进”可作“使之进”，命令他们前进。

⑨ 縻军：縻，原义为牛辔，可引申为羁绊、束缚。杜牧注：“縻军，犹驾御縻绊，使不自由也。”

⑩ 同三军之政：同，毕以珣《孙子叙录》谓有“冒”义，有干预之意。政，政事，指军中行政事务。曹操注：“军容不入国，国容不入军，礼不可以治兵也。”梅尧臣注：“不知治军之务，而参其政，则众惑乱也。”

⑪ 权：权变，权谋。

⑫ 诸侯之难：诸侯国乘其军士疑惑之机，起而攻之的灾难。

⑬ 乱军引胜：乱军，自乱其军；引胜，失去胜利。杜牧、王皙等注“引胜”为“致敌之胜”，于义亦通。梅尧臣注云“自乱其军，自去其胜”，可谓精确。

⑭ 知胜：预测胜利。

⑮ 识众寡之用：懂得兵力众与寡的灵活运用。

同欲[1]者胜，以虞待不虞[2]者胜，将能而君不御[3]者胜。此五者，知胜之道也。

故曰：知彼知己，百战不殆[4]；不知彼而知己，一胜一负；不知彼，不知己，每战必殆。

【白话译文】

孙子说：战争的指导法则是，使敌人举国屈服是上策，击破敌国就次一等；使敌全军降服是上策，打败敌人的军队就次一等；使敌人一个“旅”降服是上策，击破敌人的“旅”就次一等；使敌人全“卒”降服是上策，打败敌人的“卒”就次一等；使敌人全“伍”投降是上策，击破敌人的“伍”就次一等。因此，百战百胜，还不算是最高明的，只有不战便使敌屈服，才算是最高明的。

所以，上策是挫败敌人的战略方针，其次是挫败敌人的外交关系，再次是打败敌人的军队，下策才是攻打敌人的城池。攻城的办法只有在万不得已时才使用。制造攻城的蔽橹、轒辒，准备各种攻城器械，需要花费3个月的时间。构筑攻城的土山的工程又要3个月才能竣工。将帅控制不住自己愤怒的情绪，驱使士卒像蚂蚁一样去爬梯攻城，结果1/3的士卒伤亡了，而城池依然未能攻克，这便是攻城所带来的危害。

因此，善于用兵的人，不用直接交战便使敌人屈服，攻取敌人的城池不用强攻，攻破敌人的国家不须旷日久战。一定要用全胜的战略争胜于天下，这样军队不至于长期困顿于外，而胜利可以完满地取得。这就是用计谋攻敌的法则。

所以用兵的原则是：有十倍于敌人的兵力就包围他，有五倍于敌人的

---

① 上下同欲：欲，意愿。同“欲”，即同心同德之谓。上下，曹操注指君臣。此句言君臣上下同心同德。

② 以虞待不虞：虞，备也。《国语·晋语四》：“卫文公有邢、翟之虞。”韦昭注：“备也。”

③ 将能而君不御：御，驾驭。在此为制约之意。此句言将领有才能，君主不得参与干涉。

④ 百战不殆：殆，危。百战不殆，即言每战必胜且无危险。

兵力就进攻他，有两倍于敌人的兵力就要战胜他，有与敌人相等的兵力就要分割他，兵力少于敌人就要退却，实力比敌人弱就要避免决战。所以，弱小的军队如果只知硬拼，就会变成强大敌军的俘虏。

将帅好比是国家的辅木，将帅对国家如能辅车相依、尽职尽责，国家就会强盛；如果相依有隙，未尽其职，国家必然衰弱。

国君危害军事行动的情况有3种：不知道军队在什么条件下不可以前进而坚持让军队前进，不了解军队在什么情况下不可以后退而坚持让军队后退，这就叫束缚军队；不了解军队内部事务，而去干预军队的行政，就会使部队将士迷惑；不懂得军事上的谋略变化，而去干涉军队的指挥，就会使将士疑虑重重。军队既迷惑又疑虑，那么诸侯国军队趁机进犯的灾难也就到来了。这就是所谓的自己扰乱自己，导致敌人获胜。

预见胜利有5种方法：知道可以打或不可以打的，能够胜利；知道兵多和兵少的不同用法的，能够胜利；全军上下一心的，能够胜利；己有备而敌无备的，能够胜利；将帅有指挥才能且国君不加以牵制的，能够胜利。这5条，是预见胜利的方法。

所以，既了解敌人，又了解自己，百战都不会有危险；不了解敌方但了解自己，或者胜利，或者失败；既不了解敌人，又不了解自己，那每次战争都会有失败的危险。

024　不战而屈人之兵，善之善者也 / 墨子模拟演习是否屈人之兵

【原文】

孙子曰：凡用兵之法，全国为上，破国次之；全军为上，破军次之；全旅为上，破旅次之；全卒为上，破卒次之；全伍为上，破伍次之。是故百战百胜，非善之善者也；不战而屈人之兵，善之善者也。

【精解】

估计不少人存在这样的疑问："百战百胜"的将军为什么不是最好的将军？现在如果打一仗，获得胜利的将军立刻就会赢得大量鲜花、颂歌，勋章、提拔接连而至。如果谁百战百胜，必定受到连续提拔。孔子曾说："学而不思则罔，思而不学则殆。"（《论语·为政》）他强调的是读书不能光看文字表面，还要思考深层内涵。表面上看，"百战百胜"固然是好，但是仔细想一想，一百次仗打下来，哀鸿遍野、十室九空，杀伤破坏何等巨大。算一算战果，杀敌一千自损八百，获利极小，这叫得不偿失。再则，一个将军需要打一百次仗才能最终征服敌人，意味着他只擅长斗力，不擅长斗智。这种费劲儿大获利小、长于斗力短于斗智的将军当然算不得"善之善者也"。相比之下，"不战而屈人之兵"——没有经过大规模杀戮，对于交战双方都没有造成巨大的杀伤破坏，巧妙地征服了敌人，可谓以小的代价获得大的胜利——其"费效比"最高，获利最大，最为智慧，当然是"善之善者也"。

孙子"不战而屈人之兵"的观点，体现了中国人崇尚和平、崇尚智慧的思想文化传统。在这个问题上，东西方思维差异很大。西方军事理论家克劳塞维茨认为，战争有"三无限"的特点：一是目的无限，以消灭敌人为最终目的；二是暴力无限，只要能够消灭敌人，有多少军力就使用多少军力；三是手段无限，为了消灭敌人，有什么手段就采取什么手段。在这种思想指导下，西方近代以来的战争规模越打越大，死伤越来越多。由德国人发动的第二次世界大战就是最好的例证。从 1939 年开始至 1945 年结

束，参战国由欧洲几个国家发展为遍布全球的几十个国家和地区，战场范围由欧洲扩大到亚非大陆和大西洋、太平洋、印度洋等广阔海域，作战手段由常规战争手段上升为使用原子弹。与西方某些军事思想相反，中国人虽然也重视战争，但是反对暴力制胜，主张谋略制胜。或者说，中国人反对大规模杀戮，主张和平制胜。正是基于这种民族思想文化传统，孙子提出："百战百胜，非善之善者也；不战而屈人之兵，善之善者也。"春秋时期墨子救宋的故事可谓运用这一思想的典型范例。

鲁国工匠公输盘为楚王发明并制作了云梯，准备将其作为楚军进攻宋国的利器。楚国强大，宋国弱小。墨子是宋国的大夫，一生崇尚和平，反对非正义战争，是"非攻"的倡导者。当他得知楚国将要攻打宋国的消息时，连忙来到楚国劝阻楚王和公输盘攻打宋国。但楚王和公输盘仗着拥有新式攻城器械，不为墨子的游说所动。墨子意识到，只有打消楚王和公输盘对云梯的迷信，才有可能打消其攻宋的企图。于是，墨子要求在楚王的大殿上让公输盘用他发明的云梯模拟进行攻打宋国的场景，而自己用衣带作城池、以木片作防守城墙的武器，采取各种准备好的策略一一化解云梯的进攻。公输盘 9 次变着法子采用云梯等攻城器械猛攻，墨子 9 次灵活应对，结果"公输盘之攻城械尽，子墨子之守圉有余"(《墨子·公输》)，公输盘输得心服口服。这种最早的军事模拟演习让楚王清楚地看到，宋国不惧怕云梯，如果攻宋必定无功而返。演习结束后，墨子匆匆赶回宋国，组织自己的 300 弟子及百姓加紧战备、严阵以待。楚王鉴于演习失败，又加上宋国有了防备，不得不放弃了侵宋的计划。墨子就这样不费"一枪一弹"救了宋国，达到了"不战而屈人之兵"的目的。

弦高犒师、诸葛亮七擒孟获，都是未经大战就征服了敌人，堪称"不战而屈人之兵"的典范。所以说，孙子这一思想并非天方夜谭，而是从大量战争实践中总结出来的经验，是中国农耕文明智慧的结晶。

这么说来，墨子模拟演习、弦高物资贿赂就可以使敌人放弃进攻，"不战而屈人之兵"是不是说压根儿就不需要战争了，纯粹用谋略、外交等和平手段就可以了呢？如果深入了解上面提到的几个故事，你就会意识到墨子救宋、弦高犒师，那都只是暂时缓解矛盾，并没有真正地征服敌人。从古至今，征服敌人最终都是要通过战争。所以，孙子只是说，“不战而屈人之兵”比“百战百胜”费效比更高，更应予以重视。这就好比人们从事重大活动，往往需要制订上、中、下几个方案，理想状态下用上等方案，现实状态下用中等方案，最差状态下用下等方案，等等。常人的思维大多是尽最大努力争取实现理想方案，但通常还是按现实方案办事。孙子的思想其实也就是这么简单，在战争与和平之间，尽最大努力争取和平，但不放弃战争。所以，《谋攻篇》一开头便连用5个排比句阐明“五全五破”，即：“凡用兵之法，全国为上，破国次之；全军为上，破军次之；全旅为上，破旅次之；全卒为上，破卒次之；全伍为上，破伍次之。”

这5个排比句，反映的是春秋时期战争的规模和层次。“国”指国都、举国交战；“军”是当时最高一级军事编制单位，12 500人为一军；“旅”是基础单位，500人为一旅；“卒”是较低一级单位，100人为一卒；“伍”是最小单位，5人为一伍。大概相当于今天的军、师、营、连、组。“全”与“破”大致就是和平与战争两种手段。“全”即用谋略攻敌，不战而胜，赢得完全胜利。“破”即用战争手段攻破敌国，战而胜之。“五全五破”意味着在孙子的思想中，不论是举国交战，还是战场野战，甚或小规模格斗，各个层次的斗争都必须“全为上”“破次之”。首选不战而胜，次选交战而胜，两手并用、互相配合。它既是战略思想，也是战役、战术思想，应当贯穿战争全过程。

可见，“不战而屈人之兵”是一种大智慧，是超越常规竞争的智慧，不仅贯穿战争全过程，其实也贯穿人类各种竞争领域之中。怎样既征服对手的意志，又不造成双方重大损伤；既获得期望的利益，又避免遭受巨大的破坏，这是各领域竞争都有必要思考的共性问题，各位不妨从孙子的谋略中寻求一些智慧的启迪。

025　巧战而屈人之兵，上善之战也 / 和平解放北平背后的故事

【原文】

故上兵伐谋，其次伐交，其次伐兵，其下攻城。

【精解】

孙子提出的“不战而屈人之兵”思想充满智慧，符合人们追求和平的美好愿望，因而深受世界各国人的青睐和赞誉。日本企业家兼《孙子兵法》研究家服部千春说：“《孙子兵法》不是打仗的，《孙子兵法》是教人和平的，是和平主义者，是不战主义。”（服部千春，《孙子兵法校解》）其理由就是孙子以“不战而屈人之兵”为用兵打仗的最高境界。美国总统里根认为中国的哲学家孙子说：“百战百胜，非善之善者也；不战而屈人之兵，善之善者也。”真正成功的军队是这样一支军队：由于其力量、能力和忠诚，它将不是需要用来打仗的一般军队，因为谁都不敢向它寻衅。简单地说就是只需要威慑对手，而不需要实际打击对手。

这些评价充分肯定了“不战而屈人之兵”中崇尚和平的思想成分，也不乏溢美之词，看起来令人舒坦，但不可全信。其实，他们心里十分清楚，战争与和平是一对孪生兄弟，哪有只讲和平不讲战争的兵书，哪有只管威慑不管打仗的军队。作为见多识广的企业家、政治家，他们完全知道孙子这句话的潜台词。

孙子此言的潜台词究竟是什么？在回答这一问题之前，有必要先了解一下孙子惯用的表达方式。孙子和老子、孔子等先秦哲学家一样，非常注重运用夸张、比喻的手法来强调某种重要的思想观点。例如讲攻防问题时，他强调“善守者，藏于九地之下；善攻者，动于九天之上”。“九”是单数之极，“九天”“九地”则是最高、最深之处。何处为最高？何处为最低？这是无法确定的。显然，孙子的目的在于以这种夸张的比喻说明攻防问题上隐蔽待机和突然行动的重要性。由此可知，所谓“不战而屈人之兵”，其中的“不战”两字，并非表示完全否定，也并非是要否定一切战

争，而是突出强调要尽可能避免直接交战，或者将战争规模限制在尽可能小的范围，把杀伤破坏降到最低的程度，从而迫使敌人屈服。联系“不战而屈人之兵”后面的一句话，我们能够更加清楚地看出“不战”两字的真正含意。

孙子说：“故上兵伐谋，其次伐交，其次伐兵，其下攻城。”其中的“上兵”即用兵作战的上策。上策是追求最理想的状态，伐谋、伐交，不战而胜；中策是谋求比较理想的状态，在伐谋、伐交的基础上小战而胜；下策是立足最现实的状态，伐谋、伐交、伐兵多手并用，巧战而胜。这里的“上”“下”“其次”并不是割裂的关系，也不是多选一的关系，它们强调的是主次、先后顺序。一般是先斗智，伐谋、伐交，然后是斗力，伐兵、攻城。即伐谋、伐交、伐兵、攻城多手并用，打组合拳。应当说，古老而美丽的北京城能够保存到今天，多亏毛泽东当年灵活运用了这四条谋略思路。

1948 年 11 月初，辽沈战役进入尾声，当时，在河北平山县西柏坡那个小村庄指挥解放战争战略全局的毛泽东已经清晰地看到了曙光，希望和平进入古老的北平城。当然，想要和平进入北平，并不是把国民军赶跑就完事儿了，而是要降服其华北主力兵团。毛泽东分析，随着辽沈战役的胜利和淮海战役的顺利发展，位于平津地区的蒋系部队向南撤退的可能性增大，一旦蒋系部队南撤，傅系部队必将西逃。如果蒋介石采取撤退方针，人民解放军虽可不战而得平、津等大城市，但国民党军加强了长江防线，对于之后渡江作战不利。于是，毛泽东面临的首要问题是如何“伐谋”，打消蒋介石、傅作义逃跑的念头。

11 月 18 日，毛泽东命令刚刚取得辽沈战役胜利的东北野战军停止休整、提前入关，在华北军区主力协同下提前发起平津战役。12 月 11 日，毛泽东指示平津前线领导人：为了不使蒋介石、傅作义定下迅速放弃平津向南逃跑的决心，在两周内的基本原则是“围而不打”，如对北平西面的新保安、张家口；有些则是“隔而不围”，即只做战略包围，不做战役包围，如对北平以及北平东面的天津、唐山等地，以稳住华北地区的国民党军，避免迫使其狗急跳墙。局势的发展正如毛泽东所预料。12 月中旬，傅作义将华北“剿总”司令部由北平西郊迁入城内，放弃唐山、芦台，加强塘沽的防守。随着东北野战军和华北野战军的步步逼迫，傅作义集团西逃和南逃的一切道路被封闭，这只“惊弓之鸟”变成了“笼中之鸟”，欲逃无路。“伐谋”成功了。

其次是伐交（交，既可指外交，也可指两军相交，还可指交往），毛泽东动员社会各界力量劝傅作义走和平道路，让北平地下党组织对傅作义展开一系列“伐交”。12 月中旬，傅作义邀请许德珩、徐悲鸿等 20 多位知名学者、社会名流到中南海座谈，分析时局。与会者一致认为只有和平才是唯一出路，纷纷呼吁傅作义走和平起义道路。与此同时，平津前线指挥部也派专人与傅作义谈判。“伐交”也取得了一些成效。

再次是伐兵，以战促和。我方与傅作义的和平谈判进展并不顺利，傅作义自以为尚有 55 万大军，要价很高。在谈判陷入停滞期间，毛泽东命令西面部队发起攻击。12 月 22 日，我军首先攻占了新保安，歼灭敌主力 35 军军部和两个师。24 日，又解放张家口，全歼守敌第 11 兵团所属的 1 个军部 7 个师。两仗下来，傅作义直接吃到苦头，便赶紧叫停、继续谈判。

最后是攻城，最终解决问题。1949 年 1 月 14 日，为了让傅作义集团彻底丢掉幻想，人民解放军对天津警备司令部发起总攻，主力从东、西两面实施对进突击，兵锋直指天津中部。进攻发起前，国民党华北“剿总”副司令邓宝珊与人民解放军代表谈判时声称，解放军不可能迅速攻占天津，还反问林彪：你们计划打几天？恐怕 30 天也打不下。然而，没想到，如此固若金汤的城市防御，只经 29 小时激战就被攻克了。

天津失守，北平就完全变成了一座孤城。北平剩余的 20 万守敌，在我军的严密包围之下完全陷入绝境。经过各方艰苦努力，1 月 16 日，双方达成了北平和平解放的初步协议。傅作义最终接受我军的和平条件，率部出城接受改编。1 月 31 日，东北野战军第 4 纵队在人民群众的欢呼声中进入北平接管防务，古都北平宣告和平解放。

和平解放北平，既是毛泽东高超的战略思想赢得的胜利，也是人民解放军的优势实力打出来的胜利。由此可见，想实现“不战而屈人之兵”，不仅需要伐谋、伐交、伐兵、攻城多种手段并用，更需要以强大的军事实力作坚强的后盾。显然，这是一种把理想与现实、战争与和平、斗力与斗智结合起来的战略思想，是一种“巧战而屈人之兵”的大战略思想，堪称战略思维的最佳境界。

日本学者兼评论家会田雄次曾认为，《孙子》是一针见血地道出了人类竞争社会之本质的兵书……人类的心理从古到今是不变的，因此，《孙子》的学说，在人与人、人的群体与人的群体之间竞争的方方面面，是可以超越时代而被加以应用的，这样说并非夸张过分。应当说会田雄次读懂了《孙子兵法》。确实如此，凡事最好都不要只使用单一手段，或者直接硬碰硬，如果把类似于伐谋、伐交、伐兵、攻城的多种手段配合起来，效果可能更好。

026 攻城之法，为不得已 / “上帝折鞭之处”——钓鱼城

【原文】

攻城之法为不得已。修橹轒辒，具器械，三月而后成，距闉又三月而后已。将不胜其忿，而蚁附之，杀士三分之一，而城不拔者，此攻之灾也。

【精解】

中国是个古老的农业文明国家，我们的祖先很早就知道用垒墙筑城的办法抵御外族掠夺或野兽侵袭，以保护辛勤劳作的成果。据考古发掘证明，中国构筑城池的做法起源于原始社会向奴隶社会的过渡时期，大约是在夏王朝建立的前后。随着战争的出现，以及兵器和战术的发展变化，筑城技术进一步发展，城池规模越来越大。商周时期，坚固城池成为统治阶级对外进行防御、对内实行统治的基地。历代统治阶级都把城池的得失作为战争胜负的主要标志，把构筑和加强城池筑城体系作为国家设防的重点。城池筑城体系，一般有高墙、壕沟等主要防护设施；锯齿一样的垛墙，供守军观察、射击和投石；城墙上下还有门洞、甬道、暗道，便于部队出击和机动。此外，古人在城池外围的交通要道上构筑关城和堡城，作为城池防御的前哨阵地。

不难想象，在以长矛大刀为主战兵器的时代，攻打如此完备且坚固的城池何等困难。无怪乎向来注重战争费效比的孙子在面对“固若金汤”的城池时也只能提出“攻城之法为不得已”。孙子进一步分析说：“修橹轒辒，具器械，三月而后成，距闉又三月而后已。将不胜其忿，而蚁附之，杀士三分之一，而城不拔者，此攻之灾也。”

这段话概括了攻城作战的“三步曲”。

第一步是“修橹轒辒，具器械，三月而后成”。韦昭注：“修，备也。”“橹”，曹操注：“大楯也。”指蒙以藤革，用以攻城的防御武器。“轒辒”，杜牧注：“轒辒，四轮车，排大木为之，上蒙以生牛皮，下可容十

人，往来运土填堑，木石所不能伤，今俗所谓木驴是也。”也就是说，这些攻城器械往往需要三个月时间才能准备齐全。

第二步是“距闉又三月而后已”。“距”为备、具之义。“闉”通“堙”，指土山。“距闉”即在敌人城池前堆积高于城墙的土山，以便于观察城内动静，或居高临下射箭。这种土方工程又需要三个月时间才能完成。

第三步是“将不胜其忿，而蚁附之，杀士三分之一，而城不拔”。在古代，“三”和“九”往往都不是实指，而是泛指，代表“多”。前后两个“三月”，泛指第一步、第二步都花去多个月时间，大半年内都攻不下敌人城池。这种情况下，有些将领很可能控制不住自己愤怒的情绪，驱使士卒像蚂蚁一样爬梯攻城，结果士卒伤亡了 1/3，而敌人的城池依然未能攻克。

孙子认为，这种耗时长、伤亡大、久攻不克的攻城之战得不偿失，是“攻之灾也”，应当尽量避免。

重庆市合川区曾专门成立“申遗办”，准备向联合国教科文组织世界遗产委员会申请将钓鱼城列入《世界文化遗产名录》。我有幸应邀作为军事论证课题负责人，带领几位专家教授专门研究钓鱼城的军事价值及攻防思想。研究过程中，我进一步认识到攻城之法确实是下下之策。

1235 年，蒙古骑兵采取大迂回战略，从甘、陕攻入四川、云南，企图顺长江而下与诸路人马会师，直取南宋都城临安。战争前期，蒙古铁骑攻城略地，势如破竹，但是，1258 年受阻于弹丸小城——钓鱼城。

宝祐六年（公元 1258 年）7 月，蒙哥汗统兵 4 万，自六盘山分兵三路进攻四川。12 月，攻占川西、川北大部州县，进抵武胜山，准备进攻合川钓鱼城。钓鱼城坐落在今重庆市合川区城东 5 公里的钓鱼山顶，其山突兀耸立，相对高度约 300 米，处嘉陵江、渠江、涪江汇合处，南、北、西三面环水，壁垒悬江，城周均筑数丈高的石墙，南北各建一条延至江中的一字城墙，江边筑设水师码头，布有战船，既可控制三江，又可屏蔽重庆，这是支撑四川战局的防御要塞，地势十分险要。钓鱼城久攻不下，蒙哥汗命诸将“议进取之计”。术速忽里认为，屯兵于坚城之下是不利的，不如留少量军队困扰之，以主力沿长江水路东下，与忽必烈等军会师，一举灭掉南宋。然而骄横自负的众将领主张强攻坚城，反以术速忽里之言为迂腐。蒙哥汗未采纳术速忽里的建议，决意继续攻城。开庆元年（公元1259年）2月，蒙哥汗进驻钓鱼城东面不远处的石子山，亲自督诸军攻打钓鱼城。蒙军连续进攻城东之东新门、奇胜门、镇西门、小堡等处，但在守城军民顽强抗击下，其进攻均告失败。尽管被围攻数月之久，钓鱼城内依然物资充裕，守军斗志高昂。十分有趣的是，有一天南宋守军居然将两尾重15公斤的鲜鱼及百余张蒸面饼抛给城外蒙军，并附上书信，称即使再守10年，蒙军也无法攻下钓鱼城。相形之下，城外蒙军的境况就很糟了。蒙军久屯坚城之下，又值酷暑季节，加上水土不服，军中疾病流行，战斗力大减。王坚趁机多次夜袭蒙古军营地，使蒙军人人惊恐，夜不得安。

蒙军攻城5个月而不能攻下，前锋元帅汪德臣便单骑至钓鱼城下喊话劝降，却被城上飞石击中，不久死于缙云山寺庙中。汪德臣之死，给蒙哥汗精神上以很大打击。蒙军入蜀以来，所经沿途各山城寨堡，多因南宋守将投降而轻易得手，尚未碰上一场真正的硬仗，没想到钓鱼城之战不仅消磨了大半年时间，而且对方还打死了爱将。蒙哥汗决定亲自上阵，尽快拿下钓鱼城。7月21日，蒙哥汗亲临东新门外瞭望台，窥探城内虚实以便决战。岂料，一通石头飞来，击垮了瞭望台，蒙哥汗受伤，27日，卒于军中。蒙古军遂撤围北还。

西方史学家称钓鱼城是“上帝折鞭之处”。因为蒙军被迫北还，不仅使南宋得以延续20年，还迫使西征欧亚大陆的蒙古大军迅速回撤。在欧洲史学家看来，蒙古大军西征欧洲，是上帝派来惩罚欧洲的，但是，谁也没想到高扬的皮鞭竟然在钓鱼城被折断了。

蒙哥汗，一代天骄，殒命坚城之下，教训极其深刻。美国人吸取了这一教训，2003年伊拉克战争中，美军活用了第二次世界大战中的蛙跳战术，丢下几十万伊军不管，跳过伊拉克境内一个个坚城，直取首都巴格达，仅用21天就结束了战争。可见，对于孙子的忠告，顺之者胜，逆之者败。

其实，孙子的这一忠告也是生活中的智慧。生活中遇到难题，也不要性急，像蒙哥汗那样急于解决，可能一炮打来就没命了。遇事还得用智慧、有耐心，“上兵伐谋，其次伐交，其次伐兵，其下攻城”，得一步步来。

027　谋攻之法，力争全胜 / 美国“冷战”获胜的谋略措施

【原文】

故善用兵者，屈人之兵而非战也，拔人之城而非攻也，毁人之国而非久也，必以全争于天下，故兵不顿而利可全，此谋攻之法也。

【精解】

利德尔·哈特是20世纪中叶英国的一位著名军事理论家。他曾在格里菲思翻译的《孙子兵法》序言中回忆了会见中国学生的情景：“第二次世界大战期间，一名中国武官、蒋介石的学生数次来见我。他对我说，我和富勒将军的著作是中国军事院校的主要教材。我听后问他：‘《孙子兵法》呢？’他回答说，《孙子兵法》虽被奉为经典，但大多数年轻军官认为它已经过时，在机械化武器时代不再有很大研究价值。我说，他们现在就受教于孙子，因为《孙子兵法》这本篇幅不长的书把我20多部书中所涉及的战略和战术基本原则几乎包罗无遗。”这段文字给我留下了很深的印象。一方面，我为那位数典忘祖的中国学生感到羞愧；另一方面，我为利德尔·哈特的谦逊而感动。

利德尔·哈特的代表性军事著作《战略论》在西方乃至中国影响很大，但他是《孙子兵法》的忠实粉丝。他在《战略论》的扉页上辑录了21条经典军事语录，其中15条取自《孙子兵法》。他尤其欣赏孙子“不战而屈人之兵”的思想，认为最完美的战略，也就是那种不必经过战斗就能达到的战略，所谓不战而屈人之兵，善之善者也。受此启发，他提出了著名的“间接路线战略”思想。其核心思想是，把战斗行动尽量减到最低限度，避免正面强攻的作战方式，强调用各种手段出敌不意地奇袭和震撼敌人，使其在物质上遭受损失，在精神上丧失平衡，以达到不进行决战而制胜的目的。认真对比分析一下，不难发现这一思想的基本内容几乎就是从《孙子兵法·谋攻篇》翻译过去的，只不过被冠以一个醒目的现代名词。

孙子的原话是："故善用兵者，屈人之兵而非战也，拔人之城而非攻也，毁人之国而非久也。"也就是说，善于用兵的人，使敌军屈服不靠硬打，攻占敌人的城堡不靠强攻，毁灭敌人的国都不靠久战。尽管从古文到白话文，从中文到英文，再由英文到中文，转来转去，具体文字有所变化，但基本精神完全一致。利德尔·哈特的贡献在于，他悟出了孙子"三非"的真谛——不是完全非战、非攻、非久，而是间接采取更为高明的办法使敌人屈服。这种更为高明的办法就是"必以全争于天下"。其中的"全"是指上文强调的"五全"，即全国为上、全军为上、全旅为上、全卒为上、全伍为上。要完全、完整地保全自己的国家和军队，同时也尽可能避免打破对方的国家和军队。实现"全胜"的主要途径就是"谋攻"，即以"不战而屈人之兵"为代表的谋略制胜。孙子还特别强调一个"必"字，要求必须以追求全胜为宗旨的谋略争胜于天下。因为，巧妙运用伐谋、伐交之类的谋略措施，很有可能使敌人的军队由强变弱，一战即溃；使敌人的城防由实变虚，一攻就破；使敌人的国都由治变乱，一举可得。这样的胜利当然就是"兵不顿而利可全"的胜利。古代汉语中，"钝"与"顿"相通。"兵不顿"是说自己的军队没有像刀砍钝了那样遭受重大损失，而是获得了完全、完美的胜利。孙子认为，这就是谋攻之法应有的效果。

随着人类文明的发展，孙子这一思想越来越适应现代社会竞争的要求。先后两次世界大战中，战争双方长时间恶战、强攻，各参战国都饱受战争创伤。为了战胜对方、避免两败俱伤，西方战略家将目光投向了《孙子兵法》。1986 年，美国前总统吉米·卡特的国家安全事务助理布热津斯基在其《运筹帷幄》一书中提出："孙子说，'上兵伐谋'。进行持久的历史冲突，情况亦然。模仿孙子的话来说，美国欲在美苏争斗中不战而胜，上策是挫败苏联的政策和利用苏联的弱点。"

美苏都是超级核大国，都拥有毁灭对方甚至毁灭地球的核武器，因此彼此之间不敢打仗，一旦大打出手，那很可能就是人类终结的时刻。但是，争夺世界霸主地位的斗争又使得双方不能善罢甘休。于是，双方在尽力避免战争的同时，不遗余力地展开各种明争暗斗。美国从军事、政治两方面同时下手。

军事上，美国人怂恿苏联搞军备竞争。1983 年 3 月 23 日，时任美国总统的里根发表电视讲话，宣称将要实施所谓的“战略防御倡议”（strategic defense initiative，简称 SDI），后来被称为“星球大战计划”。“星球大战计划”的最终目标是彻底消除苏联核武器对美国的威胁。此倡议的着眼点在于利用美国的技术优势，对苏联导弹进行多层次、多手段拦截，使对手的核武器失去作用；同时，计划攻击苏联部署在空间的卫星，以配合自己的进攻性武器打击对手。这一倡议极大地刺激了苏联，诱使其不断加大军事投入，争夺太空领域的掌控权。1985 年，苏联的军费达到 1 100 亿美元，占当年财政支出的 1/3，如此大的军事投入在几年内很快就拖垮了本已十分脆弱的经济。

政治上，美国人想方设法地向苏联灌输西方文化观念，搞乱其思想；大量培植所谓民主党派和组织，瓦解其政府；极力吹捧苏联领导人戈尔巴乔夫的“新思维”，迷惑其心智。

美国人尝到了甜头。继搞垮苏联之后，为了维护其“一超独霸”的国际地位，美国继续推进“不战而胜”战略，把矛头指向了更多国家。

吴如嵩先生曾经指出：“美国的‘不战而胜’战略，完全阉割了孙子‘不战而屈人之兵’的精神实质，把本来立足于崇尚和平、主张慎战、倡导天下大同的和合文化的战略观念歪曲为霸权主义的理论武器，这是必须引起我们高度警惕的。”（吴如嵩，《孙子兵法新说》）先生此言一针见血，入木三分。回头看看美国搞垮的这些国家，哪一个恢复了元气？这些国家至今都是长期动荡，民不聊生。俄罗斯从苏联的废墟上勉强站起来，美国又对其进行一系列经济制裁、政治围堵、军事对峙以及民族分裂的措施，欲置之死地而后快。这与孙子只求削弱敌人意志、尽量减少杀伤破坏的“全胜”观念大相径庭。

028　用兵六法，量力而行 / 项羽为何拒不过乌江

【原文】

故用兵之法，十则围之，五则攻之，倍则战之，敌则能分之，少则能逃之，不若则能避之。故小敌之坚，大敌之擒也。

【精解】

谋攻之法，其核心就是尽量追求全胜，力避破胜。但是，在伐谋、伐交进展不顺利的情况下，孙子也主张伐兵、攻城。伐兵、攻城属于战役、战斗行动，与敌军面对面作战时，是不是就可以不顾一切地猛攻猛打了？

孙子是这样说的："故用兵之法，十则围之，五则攻之，倍则战之，敌则能分之，少则能逃之，不若则能避之。故小敌之坚，大敌之擒也。"这句话中，孙子分析了 6 种兵力对比的情况，相应提出 6 种不同的战法，可概括为"用兵六法"。

"十则围之"是说我方有 10 倍于敌的兵力就可以包围敌人，或者迫使其投降，或者一举歼灭之。

"五则攻之"是说我方的兵力是敌人的 5 倍时，便可以强攻歼敌、速战速决。

"倍则战之，敌则能分之"这两句话在流传过程中产生了存在差异的不同版本。三国以后的传世本都写作"倍则分之，敌则能战之"，其中的"倍"指两倍，"敌"指匹敌。意思是说，有两倍于敌的兵力时，就要分割它、各个击破。与敌人势均力敌、旗鼓相当时，就要决一死战、决战决胜。十几年前，吴如嵩、吴九龙等几位专家在编写《孙子校释》时，认为传世本上的这种写法与战争常理似有不符。因为，兵力两倍于敌时仍然拥有优势，应当是"战之"。与敌人兵力相当时，无优势可言，反倒应当是"分之"，这种情况下"战之"，必定是恶战，造成双方巨大损失。这与孙子主张集中兵力、避实击虚的一贯思想相悖。而且，这些专家还找到了一些历史上的依据。比如，《史记 · 淮阴侯列传》说"吾闻兵法：'十则围之，

倍则战。'"《资治通鉴》载武德元年陈智信、单雄信说李密亦云："兵法曰：'倍则战。'" 据此，《孙子校释》的作者认为，此句当为"倍则战之，敌则能分之"。这样一调整，思路就通顺了。我方有两倍于敌的兵力时就可以全力以赴，战而胜之，而与敌兵力相等时就要设法分散敌人再各个击破。按军事常规和孙子的一贯思想来看，这样校正确实有道理，但是，我们也并不能完全否定传世本的说法。孙子固然很看重集中兵力、避实击虚，但是他也强调"死地则战""疾战则存，不疾战则亡"，用现在的话来说就是，该亮剑的时候就要敢于亮剑，该决战的时候就要敢于决战。所以，"倍则分之"仍然是承接上文的谋略思想，要想办法分割敌人，谋求绝对优势。"敌则能战之"则讲的是特殊情况：既不占优势，又不处于劣势，而且非战不可的时候，就是狭路相逢勇者胜了。这也是战争中常有的事情。所以，传世本的这种说法也有道理，我们不妨兼而有之，灵活理解。

"少则能逃之"与"不若则能避之"中的"逃"与"避"互文见义，都喻指摆脱强敌、避免不利情况下的交战，而不是逃跑、投降。《计篇》中的"实而备之，强而避之"与此思想一致。在孙子看来，兵力"少"和实力"不若"，都要理智地回避决战，先退一步，等强弱转换之后，再反戈一击。

这6条"用兵之法"各有特色，围、攻、战、分、逃、避，皆应根据不同的兵力对比情况灵活运用。虽然各种方法表现方式不一，其中的思想灵魂却完全一致。即兵力强大时，以强胜弱；兵力弱小时，避实击虚。总之，要以双方客观实力为基础，打有把握之仗。基于这种思想，孙子反对在敌强我弱的情况下硬着头皮打明知不可为而强为的仗。

"小敌之坚，大敌之擒也"这句的前一个"之"犹"若"，后一个"之"犹"则"。其中的"坚"乃坚持、固执之义。意谓在兵少力弱的情况下，不宜战而坚战，不当守而固守，就会被强大的敌人擒杀。这种战法是意气用事，违背了战争常规，历史上曾经使很多英雄为之战死沙场、遗恨终生。我们不妨分析一下项羽的悲剧。

无论古代还是今天，人们都一直在争论项羽该不该过乌江的问题。说起这一争论，有必要首先还原一下公元前202年垓下之战的情景。那年11月，刘邦召集5路大军将项羽包围在垓下。当时项羽的楚军尚有约10万人，刘邦的汉军参战兵力已超过60万人。汉军以韩信亲率的30万人为主力，孔将军为左翼，费将军为右翼，刘邦坐镇后方，周勃、柴武等预备军在刘邦军后待命。交战初期，双方互有胜负，陷入僵持状态。僵持中，韩信采用心理战法，让汉军夜间高唱楚歌。楚军自项羽以下莫不以为汉军已尽得楚地，官兵们士气崩溃。项羽眼见大势已去，便乘夜率领800名精锐骑兵突围南逃。天明以后，汉军得知项羽突围，于是派遣5 000名骑兵追击。项羽渡过淮水后，仅剩百余骑相随，行至阴陵时迷了路，向一个农夫问路，农夫骗他说："向左边走。"项羽带人向左走，陷入大沼泽地中。不一会儿，汉兵追了上来。项羽只好又带着骑兵向东跑，到达东城，这时就只剩下了28人，追赶上来的汉军骑兵却有几千人。项羽自己估计不能逃脱了，于是对他的骑兵说："吾起兵至今八岁矣，身七十余战，所当者破，所击者服，未尝败北，遂霸有天下。然今卒困于此，此天之亡我，非战之罪也。"接着鼓动道，既然上天要灭亡我们，那就杀个痛快再说吧。于是，项羽领着28名骑兵来回冲阵，再次杀开一条血路，向南疾走。他们逃至乌江边，乌江亭长正停船靠岸等在那里，对项羽说："江东虽小，地方千里，众数十万人，亦足王也。愿大王急渡。今独臣有船，汉军至，无以渡。"项羽笑曰："天之亡我，我何渡为！且籍与江东子弟八千人渡江而西，今无一人还，纵江东父兄怜而王我，我何面目见之？纵彼不言，籍独不愧于心乎？"（司马迁,《史记·项羽本纪》）"无颜见江东父老"的说法由此而来。项羽说完这番话，将跟随自己征战5年的宝马赠给亭长，命令剩余的骑兵全部下马，以短兵器与汉兵搏杀，项羽一人杀汉军百八十人，自己身上十几处受创，在精疲力竭的情况下自刎而死。项羽死后，汉军全歼8万楚军，楚地皆降汉，历时4年半之久的楚汉战争以刘邦的胜利告终。

对于项羽之死，历来看法不一。唐朝大诗人杜牧曾经在乌江边写了一首《题乌江亭》：

胜败兵家事不期，包羞忍耻是男儿。

江东子弟多才俊，卷土重来未可知。

显然，杜牧认为，胜败乃兵家之常事，大丈夫自应当能屈能伸。

北宋的大政治家王安石也曾写了一首《题乌江亭》：

百战疲劳壮士哀，中原一败势难回。

江东子弟今虽在，肯为君王卷土来？

显然，王安石认为项羽过不了江东。多年战争，损兵折将、大势已去，就算过了江东，江东子弟也未必愿意跟随项羽重新打天下。

南宋词人李清照写了一首五言绝句：

生当作人杰，死亦为鬼雄。

至今思项羽，不肯过江东。

这是李清照对项羽宁死不肯过江东的赞叹。她认为，项羽生前干出了一番惊天动地的大事，死也死得惊天动地，他有霸气、更有傲骨，因而能傲视群雄，真可谓是人中之豪杰、鬼中之英雄！

一直到今天，仍然有许多人与李清照持一样的观点，认为项羽不过江是对的，要不然也就不会有霸王别姬的故事，人们也就不会传颂西楚霸王的威名了。

显然，项羽之死是典型的“小敌之坚，大敌之擒也”。俗话说：大丈夫能屈能伸。韩信强忍胯下之辱，刘邦鸿门宴上忍气吞声，方能开创西汉王朝。他们没有逞一时之气、以卵击石，赢得垓下大捷，开创了西汉王朝。

曾经担任过中共中央政治局常委、中央书记处书记的李瑞环对《孙子兵法》有过一段很有意思的评价。他说：“研究兵法可以运用到各个方面，并不一定就是要打仗，有句成语，‘自古知兵非好战’嘛！”（李瑞环,《孙子探胜》）诚如其言，孙子提出的“用兵六法”，既是战争之法，也是竞争之法。在商场、赛场、职场等竞争领域做决策、干大事，无不需要量力而行，根据实际情况灵活应对。项羽那种逞个人英雄豪气，丢失天下大业的“小敌之坚”，还是少一点为好。

029 将者国之辅，辅周则国必强 / 刘、项成败关键之所在

【原文】

夫将者，国之辅也，辅周则国必强，辅隙则国必弱。

【精解】

令人不解的是，孙子讲完“用兵六法”之后，紧接着话题一转，说到将领与国君的关系上来了，他说“夫将者，国之辅也，辅周则国必强，辅隙则国必弱”。为什么突然要讲这个话题呢？

要研究这个问题，首先得了解一下将领的重要地位和作用。

自从1988年恢复军衔制以来，人们几乎每年都可以从电视节目中看到国家主席给新晋上将授衔的仪式，气氛庄严肃穆，上将们神情凝重，神圣感、荣耀感跃然脸上。我虽然只是个少将，没有达到国家主席亲自授衔的规格，但是国防大学校长、政委两位上将面对列队站立的全校军官，将主席签发的少将委任状颁发给我时，当时的情形同样也是非常庄严和神圣的。其实，这种形式自古就有，甚或更为隆重。《六韬·龙韬·立将》就记载了上古时期立将的仪式及内容，具体如下。

周武王问姜太公：“任命军队的主将应举行什么仪式？”

姜太公回答说：“凡是国家遇到灾难必须出兵时，国君应该离开正殿，在偏殿召见将要被立为主将的人，告诉他‘社稷安危，一在将军’。现在有某国不肯归顺，挑起了战争，希望将军能统率军队前去讨伐叛逆。主将既已接受了诏命，国君就要令专门负责占卜事宜的太史钻龟甲进行预测，选择吉利的日期出战。接着国君要斋戒三天，按选定的日期到太庙主持立将仪式。”

姜太公接着介绍了仪式的具体步骤。

第一步，国君进入太庙正殿大门，处东向西而立。主将进入太庙正殿大门，处南向北而立。

第二步，国君亲自拿起象征权力的钺（青铜或铁制作，形状像板斧且

较大），用手握着钺的头部，将钺柄交给主将，授权道："自今日以后，上至于天，军中之事全由将军掌握。"再用手握住斧柄，让主将接住斧刃，庄重地说："自今日以后，下至于渊，军中的一切全由将军控制。"

第三步，国君向主将提出一系列要求。第一，看到敌军的薄弱环节就进攻，看到敌军强大的地方就停止进攻；第二，不要以为我方人数多就轻视敌军；第三，不要以为肩负的使命重大就决计以死殉国；第四，不要以为自己身份地位高贵就鄙视他人；第五，不要以为自己见解独到就将其强加于众人；第六，不要把一切巧辩之词当作一定正确的理论；第七，士卒未坐，你不可以先坐，士卒未食，你不可以先食，不分严寒酷暑，都必须和士卒同甘苦、共患难。

第四步，主将接受了国君的任命后表态。主将跪拜回答国君说："臣曾听说，国不可从外治，军不可从中御。作为臣子的，如果怀有二心，就不可能忠心耿耿地侍奉国君；作为主将，如果心意不定，就不能抵御敌军。臣既然已接受君命，执掌斧钺、拥有军权，就不敢留有从战场上生还的念头，但我希望国君您能授予我全部的权力。如果君主不应允，我就不敢担任主将。"

第五步，君主同意主将的请求，承诺从此凡是军中的事情，可以不听从君主的命令，一切都由主将来裁决、发号施令。于是，主将马上拜辞远征。

从《六韬》记载的这些情景中我们不难想象，当时立将的仪式相当庄严、隆重。之所以要举行这种仪式，绝不是摆摆样子，孙子一句话道出了其中的奥妙："将者，国之辅也，辅周则国必强，辅隙则国必弱。""辅"即夹在古代战车车轮旁的直木，每轮二木，用来加固并增加车轮载重支力。"国"就是整个战车。辅木与车轮衔接紧密，整个战车牢固结实，可经千里颠簸。反之，辅木与车轮有缝隙，整个战车松松垮垮，跑不了几步便会散架。国家好比战车，主将对国君忠心耿耿、尽心辅佐，整个国家必定强盛。如果主将对国君三心二意，虚与委蛇，则整个国家必定衰弱。

孙子本篇主题是讲谋攻，中间插进来这么一段话，似乎有点突兀。其实，我们梳理上下文思路就会发现，这句话不可或缺。意在强调，谋攻之法也好，用兵之法也罢，一切都靠将领实施。所以，国君要高度重视将领的特殊地位和重要作用，要敢于授权，放手使用将领，使他们能够在战场上随机决断、灵活指挥。

如果用史实来诠释孙子此言，那么刘邦与项羽的对比恐怕最能说明问题。

刘邦称帝后，在洛阳南宫摆设酒宴，大会文武百官。刘邦首先问道："各位王侯将领不要瞒我，都要说真心话。我之所以能取得天下，是因为什么呢？项羽之所以失去天下，又是因为什么呢？"高起、王陵两位大臣出列回答说："表面上看起来，陛下傲慢而且好侮辱别人；项羽仁厚而且爱护别人。可是陛下派人攻打城池夺取土地，攻下和降服的地方就分封给人们，跟天下人同享利益。项羽却妒贤嫉能，别人有功就忌妒人家，别人有才能就怀疑人家，打了胜仗不给人家授功，夺得了土地也不给人家好处，这就是他失去天下的原因。"刘邦感叹地说："你们只知其一，不知其二。"接着，他说出一段千古名言："夫运筹策帷帐之中，决胜于千里之外，吾不如子房。镇国家，抚百姓，给馈饷，不绝粮道，吾不如萧何。连百万之军，战必胜，攻必取，吾不如韩信。此三者，皆人杰也，吾能用之，此吾所以取天下也。项羽有一范增而不能用，此其所以为我擒也。"（司马迁，《史记·高祖本纪》）

这段话虽然不乏得意的味道，但公允地说，它还是准确地道出了刘邦得天下、项羽失天下的关键原因。刘邦提到的子房、萧何、韩信，分别是他的主谋、宰相和大将，这三个人都是人中俊杰。刘邦自认为，论谋略功夫，运筹帷幄之中，决胜于千里之外，我比不上张子房；论治国功夫，镇守国家，安抚百姓，供给粮饷，不断绝粮道，我比不上萧何；论打仗功夫，统率百万大军，打仗就一定胜利，攻城就一定夺取，我比不上韩信。但是，刘邦得意地说，我能够重用他们，他们忠心耿耿地帮我出谋划策、治国理政、带兵打仗，这就是我能够取得天下的原因。用孙子的话来说，刘邦这架战车，辅木和车轴衔接紧密，各位人才得到充分信任和重用，因而全心全意地辅佐刘邦，在各自的位置上充分发挥自身的能力，使得整部战车得以快速奔驰。相反，项羽之所以被刘邦擒获，就是因为他即使有忠心耿耿的人才却不知道好好使用。

刘邦最后这句话点到了项羽的要害。其实，项羽旗下本来人才济济，韩信、陈平等人都是项羽的部下。由于项羽刚愎自用、不听下属意见，导致人才纷纷背离，全都跑到刘邦的旗下。最后只有足智多谋的范增继续为他效力。项羽表面上尊称范增为“亚父”，但仍改不了刚愎自用的毛病。范增建议他在鸿门宴上除掉刘邦，结果他心慈手软，没有及时下手，使刘邦得以逃脱。不久之后，陈平用挑拨离间之计，让项羽对范增的忠心产生怀疑，导致范增辞官而走，病死途中。辅木和车轴之间有缝隙，从而使整部战车经不起折腾，三下两下就散了架，项羽成为孤家寡人，纵有雄才大略，也无人为他具体实施，能不败乎？

唐太宗李世民曾说：“以铜为镜，可以正衣冠；以史为镜，可以知兴替；以人为镜，可以明得失。”（赵莹，《旧唐书·魏徵传》）刘邦和项羽的经验教训值得我们借鉴。现代竞争中，无论是治理国家、经营企业，还是掌管一个部门，孙子“将者，国之辅也，辅周则国必强，辅隙则国必弱”的观点仍需高度重视。像刘邦那样，选好骨干人才、重用骨干人才、信任骨干人才，方能提升他们的忠诚度、激发他们的活力，从而使他们在激烈竞争中活用“谋攻之法”和“用兵之法”。

030 自乱阵营，御将之忌/毛泽东为何三次赋予粟裕决断指挥权

【原文】

故君之所以患于军者三：不知军之不可以进而谓之进，不知军之不可以退而谓之退，是谓縻军。不知三军之事，而同三军之政，则军士惑矣。不知三军之权而同三军之任，则军士疑矣。三军既惑且疑，则诸侯之难至矣，是谓乱军引胜。

【精解】

将领能不能活用谋攻之法和用兵之法的重要因素之一，在于国君是否敢于授权和放手使用将领。为什么要授权和放手呢？孙子紧接着说了一段话，即“故君之所以患于军者三：不知军之不可以进而谓之进，不知军之不可以退而谓之退，是谓縻军。不知三军之事，而同三军之政，则军士惑矣。不知三军之权而同三军之任，则军士疑矣。三军既惑且疑，则诸侯之难至矣，是谓乱军引胜”。

从各种史料来看，春秋之前尚没有专职武将。诸侯各国的领导体制基本上是文武不分，主要官员身兼文武二职，出将入相。平时在朝为官，战时领命出征，战毕回朝交兵、被解除统兵之权。上古时期的命将仪式通常都是临战前拜将，并不是授予终生荣誉，打完仗就不是将军了，回朝继续为官。大致从春秋末期开始，随着周天子“家天下”逐渐式微，诸侯坐大，各国军队规模越来越大，战争越来越复杂，不懂兵法的文官偶然“客串”一下将军已经不够用了，客观上需要一批专职的军事人才平时统领庞大的军队，战时应对复杂的战争。同时，随着世袭分封制逐步取消，作战成果成为官员加官晋爵的主要标准，一批在战争中战功卓著的将领被选拔出来成为军事统帅。孙子就是在这个时期被吴王阖闾拜为将军的专职武将。进入战国时期后，专职武将大批涌现，吴起、孙膑、乐毅、白起、廉颇等，都是著名的武将。

随着专职武将的出现，国君的内心越来越纠结。一方面，国君需要授

予武将军事大权，以便其在纷繁复杂的战场上机断决策、灵活指挥；另一方面，武将军权太大，长期统军，国君又担心其拥兵自重，不听招呼，甚或起兵反叛。出于这种矛盾心理，当时不少国君自觉或不自觉地用多种方式防范、控制武将。但是，事与愿违，这种做法反而搞乱了整个军队。孙子称之为“患军”，并分析了国君为患军队的三种常见现象。

一是“縻军”。“縻”指牛缰绳，也有捆、拴的意思。“不知军之不可以进而谓之进，不知军之不可以退而谓之退”，即国君不解战场的具体情况，不知道战场上已经不能进攻了，仍然要将领指挥进攻；战场上正需要继续进攻，却非要将领马上撤退，这就如同用绳索把将领的手脚捆起来，使其无法灵活地指挥作战。

二是“惑军”。齐国将军司马穰苴曾说：“古者，国容不入军，军容不入国。”（姜子牙，《司马法·天子之义》）他认为治国的礼仪法度不能用来治军，治军的礼仪法度也不能用来治国。治军讲究权变，治国注重礼义，两者尽量不要混用。孙子注意到，如果国君“不知三军之事”，即不了解治军的规律和特点，却要“同三军之政”，事无巨细地干预军中行政事务。这也就是简单地用治国的那一套来治军，规矩变了、套路改了，将领很可能陷入无所适从的迷惑状态。

三是“疑军”。治军有特殊规律，打仗更有特殊规律，尤其要善于运用权谋、兵法。孙子指出，如果国君“不知三军之权而同三军之任”，即在不了解兵法的情况下，非要亲自统军作战，将领必定产生疑虑。

一旦“三军既惑且疑”，军队上上下下陷入疑惑迷茫之中，必定军心大乱、斗志下降。在弱肉强食的时代，军队虚弱之时便是“诸侯之难”来临之际，其结果是“乱军引胜”。“引”，在此处为失却之意。梅尧臣注解此句：“自乱其军，自去其胜。”

综合来看，孙子这段话核心讲的是御将方法。但是，他没有正面讲，只是从反面总结教训。应当说，这些教训在历史上屡见不鲜。

宋王朝军队在与游牧民族的战争中屡战屡败，主要原因就在这里。宋太祖赵匡胤本身是靠陈桥兵变夺取了皇位，为了巩固皇权、防止武将效仿陈桥兵变，赵匡胤通过杯酒释兵权解除了武将的军权，并严格控制武将。宋太宗赵光义进一步采取“将从中御”政策，自以为是军事天才，每临战事都要亲自“图阵形，规庙胜，尽授纪律，遥制便宜，主帅遵行，贵臣督视”（宋杨亿，《武夷新集·李继隆墓志铭》）。一切都由赵光义自己制定，将领只能遵行、不能违背。而且还要派大员随军监督、严格执行。将领如果不按其阵图和谋划打仗，即使打赢了也要追究其抗旨不遵的罪名，弄不好还要丢官或被问罪抄家。如此的高压控制下，没有一个将领敢于积极作为，一切照章办事、照图打仗，战场所需要的灵活性、自主性、积极性全都不见踪影，自然是屡战屡败。

相比之下，毛泽东才是真正的军事天才。革命战争年代，毛泽东主要考虑战略问题，战役、战斗问题则放手让爱将各显神通。粟裕是一位能征善战的常胜将军，毛泽东对其充分信任，曾经三次赋予其指挥决断权。

第一次是在1947年5月孟良崮战役期间，粟裕考虑调集几个强有力的部队，以“猛虎掏心”的战法，从敌人战斗队形中央插入，切断对解放军威胁最大的中路先锋敌整编74师与其友邻的联系，将国民党74师全部消灭。粟裕将这一想法向陈毅报告，陈毅当即表示同意，遂联名上报中央。毛泽东回电指示：“敌5军、11师、74师均已前进。你们须聚精会神选择比较好打之一路，不失时机发起歼击。究竟打何路最好，由你们当机决策，立付施行，我们不遥制。”（毛泽东，《毛泽东军事文集》）

第二次是在豫东战役期间，粟裕认为军委原定在鲁西南地区歼灭国民党第5军的计划条件尚不成熟，提出“先打开封，后打援敌”的作战方案，毛泽东回电：“完全同意铣午电部署，这是目前情况下的正确方针。”并特别指示：“情况紧张时，独立处置，不要请示。”［毛泽东，《毛泽东年谱（1893—1949）》（下卷）］

第三次是在淮海战役期间，粟裕建议把战役发起时间提前两天，第二天就收到中央军委的复电：“完全同意鱼（6日）戌电所述攻击部署，望你们坚决执行。非有特别重大变化，不要改变计划，愈坚决愈能胜利。在此方针下，由你们机断专行，不要事事请示，但将战况及意见每日或每两

日或每三日报告一次。”（毛泽东，《毛泽东军事文集》）

正是由于毛泽东敢于放权、善于放手，战将才能够挥洒自如、越战越强，跟随毛泽东打出一个新天地。

需要特别指出的是，孙子所说的御将之道并非撒手不管，任由武将擅权。孙子对武将与国君关系的比喻是很有讲究的，“将者，国之辅也”，一个“辅”字，既突出了武将的重要地位和作用，又明确了武将的定位和角色只能是国家这架战车上的辅木，必须与车体衔接紧密才能发挥安全保障作用。这就意味着武将不能脱离国君擅自作为，战略上要服从国君决策，战术上可以根据战场情况灵活应变。

孙子总结国君为患军队的教训，意在说明过于严厉的具体管理只能束缚人的手脚、遏制人的活力，从而引导人们反思什么是正确的管理方法。孙子虽未正面给出答案，其实人人已各有答案。应当说美国管理大师彼得·德鲁克的“目标管理论”道出了其中的潜台词。

031　知胜五法，预测胜负 / 日本发动甲午战争前的战略判断

【原文】

故知胜有五：知可以战与不可以战者胜，识众寡之用者胜，上下同欲者胜，以虞待不虞者胜，将能而君不御者胜。此五者，知胜之道也。

【精解】

孙子认为国君与将领共同筹划战争问题的时候，应当预先判断敌对双方强弱、预见战争胜负，然后再决策和作战。于是，孙子提出了 5 种预知胜负的方法，即“故知胜有五：知可以战与不可以战者胜，识众寡之用者胜，上下同欲者胜，以虞待不虞者胜，将能而君不御者胜。此五者，知胜之道也”。可以概括为“知胜五法”。

战场情况如万花筒一般变化多端，要分清哪些至关重要、哪些无关紧要，不能眉毛胡子一把抓，要抓主要矛盾和矛盾的主要方面。孙子提出“知胜有五”，关注的都是最重要的问题和决定战争胜负的关键性因素。

第一，“知可以战与不可以战者胜”，即看看双方将领战略判断的对错。强调的是将领对双方整体情况、综合实力是否了如指掌，对能不能打、能不能胜是否有一个清醒的判断。只有判断正确的一方才能正确决策、赢得胜利。

第二，“识众寡之用者胜”，其中的“众寡”是指人马的多与少、大部队与小部队、主力部队与突击分队。“识众寡之用”则是看将领是否精通兵力运用的方法，或者说是否善于灵活指挥。作战指挥既讲究量力而行，又讲究力量配合。只有灵活运用大小力量，并且注重主次配合，才能赢得胜利。

第三，“上下同欲者胜”，与《计篇》中“令民与上同意”基本上是一个意思，主要指军队思想意志上下一致，有同一个愿景、同一种精神。就战略指挥而言，“上下同欲”还包括将领与国君之间要统一战略意图，从思想上实现高度集中统一的指挥。

第四，“以虞待不虞者胜”，其中的“虞”通“预”，意为有准备。即看看双方军队作战准备的疏密程度。以己方的有备对待敌方的无备，方能取得胜利。

第五，“将能而君不御者胜”，其中的“御”通“驭”，意为驾驭。在军事领导体制中，国君对将领管理得过死，势必束缚将领的指挥才能，每战必败。相反，将领有指挥才能而国君不加牵制，往往能够赢得胜利。

孙子以非常肯定的语气强调：“此五者，知胜之道也。”意在说明，要想通过谋攻之法、用兵之法赢得战争的胜利，首先必须从这 5 个方面实施战略预测和战略判断。而且，这是一组多面镜，从 5 个不同角度分析判断，五位一体，既看重点，又看综合。建立在这样基础之上的谋攻之法和用兵之法，其主观臆断成分被降到最低，针对性、准确性、灵活性达到最高，军队赢得胜利的可能性最大。

不少人曾经探讨过一个问题：19 世纪末，日本一个蕞尔小国为什么胆敢发动甲午战争，主动进攻一个貌似强大的世界性大国，而且居然打赢了？用孙子的“知胜五法”来分析，日本人并不是盲目冒险，而是先知后行。

18 世纪下半叶，当时东、西方有不少人看好中国，或者说忽悠中国，认为中国即将崛起，坚信以中国之丰富物产，如能积极变革，将成为世界最大强国，傲视东、西洋，风靡四邻，当非至难之事也。1887 年，日本参谋本部制定了所谓“清国征讨策略”。其第一步是攻占台湾地区，第二步是吞并朝鲜，第三步是进军中国满蒙，第四步是灭亡中国，第五步是征服亚洲，称霸世界。日本何以如此大胆？因为当时的日本正处于产业革命高潮，急需对外输出商品和输出资本。既然邻居如此富裕，所以日本加大了对中国的侦察和研究，出动乐善堂、玄洋社等间谍组织和人员潜入中国，加紧对中国各方面的情报搜集和渗透。深入中国的日本间谍得出的结论与世界舆论大不一样，他们向国内报告说：清国上下腐败已达极点，纲纪松弛，官吏逞私，祖宗基业几近倾颓。而中日两国唇齿相保、辅车相依，在列强的虎视眈眈下，清国一旦不保，日本势将进退维谷。因此，日本要先发制人。此后间谍提供的一连串报告多方面对比了进攻中国的可行性。

第一个方面，日本战略目标明确且坚定，大清却沉醉于表面的天下太平之中。在日本间谍宗方小太郎眼中，中国“犹如老屋废厦加以粉饰”。用孙子的话来说，日方做到了“知可以战与不可以战”，大清却浑然不知大战即将来临。

第二个方面，日本战争准备紧锣密鼓、磨刀霍霍，大清却毫无战备。早在 1867 年，日本明治天皇睦仁登基伊始，就蓄意向海外扩张。1872 年，日本开始侵略中国藩属国琉球，准备以琉球为跳板进攻台湾地区。1874 年，发生了琉球船民被台湾地区高山族人杀死的事件，日本以琉球是日本属邦为借口大举进攻台湾地区，这是近代史上日本第一次发动对中国的武装侵略。1879 年，日本完全并吞了琉球王国，改设为冲绳县。在进行这些火力试探的同时，日本一直积极准备大规模战争，自 1890 年后，日本以国家财政收入的 60% 来发展海军、陆军。与日本相反，大清国认为西方人也好、日本人也罢，“并不利我土地人民”，认为他们只是想在贸易上占些便宜而已，于是放松了军备意识。1891 年以后，北洋水师甚至连枪炮弹药都停止购买了。用孙子的话来说，日本做到了“以虞待不虞”，而大清国战争准备严重不足。

第三个方面，日本做到了“上下同欲者胜”，大清国却一团散沙。从 1893 年起，明治天皇决定每年从自己的宫廷经费中拨出 30 万元，再从文武百官的薪金中抽出 1/10，补充造船费用。举国上下士气高昂，以赶超中国为奋斗目标，准备进行一场以“国运相赌”的战争。相反，大清为了迎接慈禧太后 1894 年的 60 岁寿诞，用海军建设费来修建颐和园，以供她“颐养天年”。与此同时，整个大清社会思想崩溃。日本间谍宗方小太郎报告说，大清王朝全民丧失信仰，社会风气江河日下，人心腐败已达极点，冒领公款、挥霍浪费甚至侵吞赈灾款粮等现象层出不穷。

第四个方面，日本军事实力逐渐强大，大清军力徒有其表。在 19 世纪七八十年代的中日冲突中，中方在硬实力上一直占优势。1890 年，北洋海军 2 000 吨位以上的战舰有 7 艘，总吨位 27 000 多吨，号称世界第八、亚洲第一；日本海军2 000吨位以上的战舰仅有5艘，总吨位17 000多吨。可是，到甲午战争前夕，日本已经建立了一支拥有63 000名常备兵和23万预备兵的陆军；海军则有军舰32艘、鱼雷艇24艘，总排水量72 000吨，超过了北洋海军。相反，北洋海军自1888年正式建军后，就再没有增添任何舰只，舰只渐渐老化，与日本新添的战舰相比，北洋海军的舰只火力弱、射速慢、航速迟缓。

此外，针对双方的将领、经济、社会等方面的情况，间谍都做了深入的研究和分析，从而促使日本政府最终得出一个明确的判断：大清王朝这块肥肉可以一举吞食。于是1894年，日本假借解决朝鲜危机之名，悍然向中国发动了侵略战争，大败清军，并使北洋水师全军覆没，使中国人民遭受了巨大的灾难。

回顾这段沉重的历史，我们不难看出，孙子提出的“知胜五法”是指导战争的客观规律，按照它去谋划战争、指导战争、指挥作战，就很可能赢得胜利；违背它，或者无视它，像晚清政府那样浑浑噩噩，只能一败涂地。其实仔细想想，孙子的“知胜五法”也是现实生活中各个领域的制胜之法。

032 知彼知己，百战不殆/1979年2月19日的“复和”之战

【原文】

知彼知己，百战不殆；不知彼而知己，一胜一负；不知彼，不知己，每战必殆。

【精解】

这段话是《谋攻篇》的结束语，也是对“知胜之道”的进一步补充和强调。它强调的是运用“知胜有五”方法时，必须同时关注敌我双方的情况，而不能只看自己、不看敌人，或者只注重观察敌人、不注重了解自己。所以，他接着提出了“知彼知己，百战不殆”的名言。做到“知彼知己”，则百次决策、百次作战都不会失败；如果只做到一半，知己而不知彼，则一胜一负；如果两眼一抹黑，敌我双方的情况都没有弄清楚，毫无疑问，每次决策和作战都必定失败。

其实，“知彼知己，百战不殆”这句话的意思非常简单明了，不外乎提醒人们，每次决策或者行动，都要尽可能把敌我双方的情况搞清楚后再拍板、再行动。但是，整部《孙子兵法》中，孙子在这个问题上用的笔墨最多，全文有79个“知”字，而且从第一篇《计篇》到最后一篇《用间篇》，几乎每一篇都从不同的角度强调了知彼知己的重要性，或者分析知彼知己的谋略方法。孙子之所以如此高度重视这个非常简单的问题，道理很简单：犹如万丈高楼平地起，“地基”是一切的基础。“知彼知己”就是这种基础，一切决策、措施、行动都建立在这一基础之上。毛泽东清晰地看到了这一点，曾说：“中国古代大军事学家孙武子书上‘知彼知己，百战不殆’这句话，是包括学习和使用两个阶段而说的，包括从认识客观实际中的发展规律，并按照这些规律去决定自己行动克服当前敌人而说的；我们不要看轻这句话。”（毛泽东，《毛泽东选集》）在毛泽东看来，战略决策、作战指挥，一切都源自“知彼知己”这一基础。因此，他特别强调“我们不要看轻这句话”。

遗憾的是，人们恰恰容易看轻这句貌似简单的话。1979 年自卫还击作战，我们虽然达到了预期的战略目的，严惩了敌军，为经济建设创造了一个相对和平安全的环境，但是，也为忽略孙子这句话付出了沉重的代价。

由于中越两国关系长期友好，我们从未想过与对方兵戎相见，因而未曾认真侦察、了解对方的兵力部署和战场地形。1978 年下半年，在多种因素驱使之下，两国关系走向战争状态。战前，我们用了几个月时间侦察敌情，但对方已高度戒备、严密防范，我们的侦察分队很难深入敌境，因而对敌军兵力部署、战场布局侦察了解得不够细致、不够全面。由于“知彼”不到位，全面开战之后问题就暴露出来了，许多具体战斗打得比较混乱。我所在的步兵团打的第一仗就是乱战。

那是 1979 年 2 月 19 日发生的事情。我们团担负攻打敌方境内一个叫“复和”的县城的任务。天未亮之际，我们全副武装沿着一条简易公路朝西北方向奔跑。一路跑一路找，找复和县城的位置。作战应当目标明确、直接攻取，为何还要一路跑一路找呢？当时我只是一个班长，不知道全局的事情，只知道蒙头蒙脑地跟着队伍跑。战后才知道，当时上级赋予我们团任务时说得就很含糊，只是命令攻打复和县城，但县城的精确位置、敌军兵力部署都没有详细交代。在奔跑途中，我们路过一片规模比较小的村庄，村中茅草房居多，我们以为是普通贫困山村，未予理睬，继续前进。殊不知，那就是复和县城。越过村庄不远，我们进入一个环形山区，左右两侧以及正前方都是高山，简易公路在中间蜿蜒前伸。天刚蒙蒙亮，当我们走到中间地段，忽然三面山上的敌人同时开火，枪声大作，子弹如雨点般打到我们队伍中来。当时，我在先头连的尖刀排，走在最前面。刹那间，战友纷纷中弹倒地。连长迅速指挥部队还击，战友卧倒在田地里架枪射击。敌人在高处暗处，我们在低处明处，虽然我们武器多、火力强，但对敌压制效果不明显，反倒是我们的伤亡人数不断增加。团长一时不知所措，不知道究竟有多少敌人包围我们，只好一面组织抵抗，一面呼唤增援。

当时，我只能趴在稻田埂下当观众，看战友打得激烈。因为我使用的是火焰喷射器。这种武器既笨重，射程又很近，在油料稀释的情况下，只能打个二三十米。当时距离敌人二三百米，射程够不着，只好当观众。但是，没过多长时间，连长爬到我身边，用严厉的语气命令道：“喷火班长，带着你的人，到山根底下喷他几枪，看他怎么回事！”这简直就是把我们当照明灯使用了。我明知这是有去无回的命令，但战场上军令如山，来不及思考，只能回答“是！”便立刻带着一位老兵王声才同志，一人背一具喷火器，在尖刀排掩护下沿着简易公路护坡猫着腰向正面山根接近。距离山脚下 50 米左右时，我们被一道水渠挡住了去路，山根下马路两边，一左一右两个暗堡火力点不时射出一串串子弹。排长立刻命令全排所有武器同时开火，压制了敌人。我和老王趁机越过马路，打算接近敌人暗堡开火。可是，当我们刚跑到马路对面时，暗堡中射出一串子弹，打在我的脚前，火星四射，只听得老王唉哟一声，中弹滚倒在地。说时迟那时快，我一个箭步跳下路坎，然后沿着路坡继续前进，到距离敌堡只有 20 来米时，瞄准正在吐着火舌的暗堡开了一枪。我这个武器虽然笨重、射程近，但也有优点。开火之际，轰隆一声巨响，一条火龙扑向暗堡，巨大的响声和大片的火焰很有震撼力。战友趁势迅速冲了上来，抵近射击，彻底干掉了山根下两个暗堡的敌人。我顾不得回头寻找老王同志，在这分秒必争的时刻，只能继续向山坡上冲击。这时我才发现这是敌人预先准备的阵地，山坡上有好几道堑壕。我们刚上山坡就被第一道堑壕的敌人压制住了。我找了个位置，瞄准第一道堑壕中间的火力点开火，火龙直接灌进射孔。然后，我又在第二条战壕干掉了一个火力点。三枪开路，引领全排突入敌人阵地。

大约激战了 3 个小时，我们攻克了敌人的主阵地。作为辅阵地的两侧山上，敌人弃阵而逃。胜利后，我站在主阵地山坡上，俯视整个战场，只见山坡上、战壕里、稻田中、马路边，不少战友仍然横七竖八地趴在那里不动弹，不是牺牲，就是受了重伤。我至今不知道那次战斗我们究竟牺牲了多少战友，估计不下 100 位，而敌人留在阵地上的尸体不过三四十具。

这次作战以我们团为主，加上后来增援的团，参战的其实是两个团，当面敌军肯定远不如我们的多，至于是一个营还是两个营，我至今也不清楚。我们兵力上占有绝对优势，却打得如此艰难、伤亡惨重。显然，这是一次得不偿失的胜利。在牺牲的战友中，有我喷火排的唐爱云排长，也有我自己班的新战士王和平，最先与我一起冲杀的王声才同志也负了重伤。

战后总结教训，伤亡惨重的关键在于敌情不明、地形不熟，以致陷入敌人包围之中，仓促应战，指挥不当。相反，敌人却是预有准备、张网等待。

多年来，只有要机会去广西，我一定想办法去边境的烈士陵园看看牺牲的战友，给战友点一支烟，敬上一杯酒，献上一束花。在战友面前坐一会儿，聊一会儿。这些战友牺牲的时候都非常年轻，唐爱云排长只有 28 岁，战前一个月刚刚出生的双胞胎儿子还没来得及看上一眼，就出征了。新战士王和平仅仅 19 岁，美好的生活刚刚开始，却永远长眠在广西的青山脚下。

殷红的鲜血、逝去的生命告诉我们，“知彼知己”说起来只是一句话，但是一旦看轻这句话、违背这个真理，那就可能被打败，无数年轻的将士就得为之付出鲜血和生命。

谨以此文纪念那场战争，纪念那些为国捐躯的战友。同时，我也以亲身经历的血的教训呼吁人们高度重视“知彼知己，百战不殆”的问题，它既是战略决策思想，又是作战指挥艺术，更是珍爱官兵生命的客观要求。在当今信息化条件下，我们千万不要看轻这句话。

033 知己知彼，常见误读 / 毛泽东是否笔误

“知彼知己”虽然至关重要，可是现在人们对这句话的理解并不一致，甚至不小心产生了一些误读现象。

先说第一种误读。现在不少人在引用孙子这句话的时候，总是把它用作“知己知彼，百战不殆”。这样用虽然没什么大错，基本上还是符合孙子原意的，但是，如果从学真经的角度看，这种习惯说法就不准确了。查一查《孙子兵法》原文，《谋攻篇》和《地形篇》两次说到这句话，但一定是“知彼知己，百战不殆”，与人们的习惯说法顺序不一致。习惯说法是先知己，后知彼，孙子则强调先知彼，后知己。这种顺序并非要区分出孰重孰轻，两者都很重要、缺一不可。然而相对而言，知彼更加困难。因为，战场上双方都是聪明人，斗智斗勇，制造了各种假象，如云雾一般，很难透过云雾看清真相，然而我方的决策、行动都必须准确针对敌方想法和状况而定。因此，我们在知彼问题上要舍得下更大的功夫。

第二种误读主要出现在翻译上。孙子明明写的是“知彼知己”，但是查阅各种外文版《孙子兵法》，除日文版是 1 000 多年前日本遣唐使从中国直接带过去的、不存在翻译问题外，英、法、俄等译本几乎皆将之译成“知敌知己”。比如，英文版为“If you know the enemy and know yourself, you need not fear the result of a hundred battles”。即直接译成“知敌知己”了。反过来又导致有些中文版的《孙子兵法》白话译文中也将之写成“知敌知己”。孙子那个年代已经有“敌”字，如《作战篇》中有“因粮于敌”“务食于敌”等，但此句原文写的就是“知彼知己”，从未出现“知敌知己”的字样。孙子是一位打过仗的将领，他深知交战很少只是两个孤立的对手单打独斗，往往是两大阵营、两大集团的斗争。如果写成“知敌知己”，很容易将人们的目光聚集到单一对手身上，而忽略其他潜在对手，以致决策和行动出现漏洞。写成“知彼知己”，一个“彼”字则很可能引导人们在分析决策时打开眼界，既了解对面的主要对手，又兼顾侧翼或身后潜在对手，从而避免出现盲区。

此外，还有一种误读，那就是把孙子这句话读成“知己知彼，百战百胜”。这么读至少有两点不妥：一是如前面所说，颠倒了“彼”和“己”的顺序，二是用“百战百胜”替代了“百战不殆”。查一查原文便知，“知彼知己”后面紧跟的一定是“百战不殆”，而不是“百战百胜”。孙子遣词用句非常讲究分寸，从来不说大话、空话。他深知战争胜负是多种因素共同作用的结果，“知彼知己”固然是重要因素，甚至在某些特殊情况下是决定性因素，但是仅此一个因素还不能决定战争胜负，政治、经济、军事、外交等方面的因素共同作用才能最终决定胜负。不过，做到了“知彼知己”，便可能避免胡乱决策，进而避免错误行动，避免失败。所以，孙子在“知彼知己”之后只说“百战不殆”，而不说“百战百胜”。

也许有的朋友会提出疑问，毛泽东的题词不就是写的“知己知彼，百战百胜”吗？毛泽东写的还会有错吗？

从文献上来看，毛泽东先后三次引用孙子这句话。一次是 1936 年 12 月在中国抗日红军大学发表演讲，毛泽东说：“中国古代大军事家孙武子书上‘知己知彼，百战不殆’这句话，是包括学习和使用两个阶段而说的，包括从认识客观实际中的发展规律，并按照这些规律去决定自己行动克服当前敌人而说的；我们不要看轻这句话。”（《论中国革命战争的战略问题》）第二次是 1938 年 5 月 26 日—6 月 3 日，在延安抗日战争研究会上进行《论持久战》的演讲时，毛泽东说道：“战争不是神物，仍是世间的一种必然运动，因此，《孙子》的规律，‘知彼知己，百战不殆’，仍是科学的真理。”这两次引用孙子的话，前一次是“知己知彼，百战不殆”，后一次完全遵循原文“知彼知己，百战不殆”。

第三次引用则引发了许多不同看法。这一次是毛泽东 1950 年 5 月 7 日为全国军事情报会议和全国战略情报会议题词：“知己知彼，百战百胜。”不少人说，写错了。我以为，这并不是写错了，而是毛泽东在当时的特殊背景条件下有意体现针对性故意这么写的。1950 年 1 月，中华人民共和国刚刚成立不久，全国上上下下仍然陶醉在胜利的喜悦之中。面对错综复杂的形势和任务，为了让大家迅速冷静下来，毛泽东决定在全党全军开展整风运动，要求各级党组织开展批评与自我批评，首先克服党内领导干部中的居功自傲情绪、盲目乐观思想、命令主义作风，以及极少数人贪污腐化、政治上堕落、违法乱纪等错误。在全国性整风运动进入高潮之际召开的全国军事情报会议和全国战略情报会议上，毛泽东自然把“知己”放在首位。同时，这又是针对情报工作的题词，为强调其重要性，所以把“百战不殆”改为“百战百胜”。这既强调情报工作至关重要，又是对情报功臣几十年重大贡献的褒奖。所以，不能说毛泽东写错了，更不能说毛泽东不懂《孙子兵法》。

其实，毛泽东不仅多次引用孙子的“知彼知己，百战不殆”这句话，而且战争实践中确实高度重视“知彼知己”。

1976 年深秋，原红四方面军总指挥徐向前同当时的中央调查部长罗青长谈起情报工作时说，《长征组歌》中有这么一句：“毛主席用兵真如神。”不错，毛主席用兵确有过人之处，但他也是以情报为基础的。红军之所以敢于在云、贵、川、湘几个老军阀的防区内穿插往返、如鱼得水，就是因为我们在龙云、王家烈、刘湘、何键的部队内部安插了我们的人，并且破获了他们的密码。

长征期间，在万里征途中红军时时受敌重兵围追堵截，却未中过一次埋伏，总能在国民党军设置的包围圈中准确地找到空隙钻出，这主要是因为我军依靠电台侦察及时掌握了准确的情报。

长征开始后，敌我双方的军队都在时时运动之中。由于当时国内没有建立有线电话网，蒋介石对国民党军各军、各师下达的命令主要通过无线电报发送。此时，负责电讯侦察的军委二局的电码破译能力大幅提高，能截获大多数敌军的电令，破译成功率几乎达到百分之百。每破译敌人一个高密度的密电，中央红军的安全就增加一分。长征结束后，毛泽东高度评价和赞扬军委二局说，没有二局，红军长征是不可想象的。有了二局，我们就像打着灯笼走夜路。或许正是因为情报部门多次及时且精准的情报，才使毛泽东得以正确决策，在关键时刻挽救了党，挽救了红军。所以毛泽东在情报界各位功臣的聚会上，化用孙子的话，有意写成“知己知彼，百战百胜”，也就不难理解了。

我军研究《孙子兵法》的老前辈、原军事科学院副院长郭化若将军曾经评价说：“《孙子兵法》中‘知彼知己，百战不殆’的名言，揭示了正确指导战争的规律，至今仍是科学的真理……《孙子兵法》中关于作战方针、作战形式、作战指导原则等的论述，都是以‘知彼知己，百战不殆’这一思想为基础的。”（《中国大百科全书·军事》）这段话可谓准确揭示了《孙子兵法》的基石。确实，孙子的整个思想大厦都建立在“知彼知己，百战不殆”这一思想基础之上。理解了“知彼知己，百战不殆”，才能理解孙子整个思想体系。它既是军事哲学的基石，又是一种朴素的、辩证的唯物主义认识论和方法论。可以毫不夸张地说，它也是世间所有竞争领域必须遵循的认识论和方法论。

第四篇

《形篇》——谋求竞争制胜的力量基础

[**篇题解析**]

《形篇》中的“形”字，不是指形象、形势，而是指形体，是有血有肉的实体。军队的实体当然指的就是实力。

本篇以一个“形”字为篇名，说明军事实力问题是全篇的主题。围绕这一主题，孙子先后分析了军事实力的形成，军事实力的作用，军事实力的对比，军事实力的发挥，军事实力的计算，军事实力的要求等问题，充分说明军事实力是战争制胜的物质基础，当然也是在社会各领域竞争中制胜的前提条件。然而，孙子并不是唯实力论者。他在强调军事实力的重要性的同时，更注重阐明军事实力必须与谋略艺术相结合才能充分发挥能量的思想。通篇充满着唯物主义和军事辩证法思想，闪耀着智慧的光芒。

【正文注释】

孙子曰：昔之善战者，先为不可胜①，以待敌之可胜②。不可胜在己，可胜在敌③。故善战者，能为不可胜④，不能使敌之必可胜。故曰：胜可知，而不可为⑤。

不可胜者，守也⑥；可胜者，攻也。守则有余，攻则不足。善守者，藏于九地⑦之下；善攻者，动于九天之上⑧，故能自保而全胜也。

见胜不过众人之所知，非善之善者⑨也；战胜而天下曰善，非善之善

---

① 先为不可胜：王皙曰：“不可胜者，修道保法也。”此句的意思是先做到自己不被别人战胜。

② 以待敌之可胜：待，等待。可胜，指敌方可能被战胜的机会或条件。

③ 不可胜在己，可胜在敌：言不可被战胜的条件，在于消除己方的弱点；能否胜敌则在于敌人是否有隙可乘。曹操注：“自修理，以待敌之虚懈也。”

④ 能为不可胜：能创造自己不可被敌战胜的条件。

⑤ 胜可知，而不可为：言胜利可以预见，却不能强求。张预注：“己有备，则胜可知，敌有备，则不可为。”

⑥ 不可胜者，守也：张预注云：“知己未可以胜，则守其气而待之。”意为知道己方不能取胜，就要采取防守，等待机会。

⑦ 九地：九，在此乃言单数之极。汪中《述学·释三九篇》云：“古人措辞，凡一二所不能尽者，均约之以三以见其多；三之不能尽者，均约之以九以见其极多。”藏于九地之下，即言深秘隐藏其形而不露也。

⑧ 动于九天之上：九天，梅尧臣注谓指“高不可测”。此句言善攻击者进攻时迅捷异常。

⑨ 见胜不过众人之所知，非善之善者：言预见胜负的能力不高出众人的水平，不算是高明者。

者[①]也。故举秋毫[②]不为多力，见日月不为明目，闻雷霆不为聪[③]耳。古之所谓善战者，胜于易胜者也。故善战者之胜也，无智名，无勇功[④]。故其战胜不忒[⑤]，不忒者，其所措必胜，胜已败者也。故善战者，立于不败之地，而不失敌之败[⑥]也。是故胜兵先胜而后求战，败兵先战而后求胜。善用兵者，修道而保法[⑦]，故能为胜败政[⑧]。

兵法：一曰度[⑨]，二曰量[⑩]，三曰数[⑪]，四曰称[⑫]，五曰胜[⑬]；地生度[⑭]，度生量[⑮]，

---

① 战胜而天下曰善，非善之善者：力战而胜之，天下人都说好，不算最好的。王皙曰："以谋屈人，则善矣。"

② 秋毫：兽类于秋天新长出的极纤细的毛称秋毫，用以比喻轻细之物。

③ 聪：听觉辨音能力强。

④ 无智名，无勇功：杜牧注："胜于未萌，天下不知，故无智名；兵不血刃，敌国已服，故无勇功也。"张预注："阴谋潜运，取胜于无形，天下不闻有料敌制胜之智，不见搴旗斩将之功。"二家注释皆有道理。

⑤ 忒：失误。《周易·豫》："四时不忒。"郑玄注："忒，差也。"不忒，不差、不失误之意。

⑥ 不失敌之败：言不放过敌人可能为我所败的机会。杜牧注："窥伺敌人可败之形，不失毫发也。"王皙曰："常为不可胜，待敌可胜，不失时机。"其说甚是。

⑦ 修道而保法：杜牧注云："道者，仁义也；法者，法制也。""道"与《计篇》中"道者，令民与上同意"的"道"同义，指政治。"修道"即修明政治。"法"，亦指《计篇》中"法者，曲制、官道主用"之"法"，指法令制度。"保法"即确保法制。此句的意思为修明政治，确保法令制度的贯彻实行。

⑧ 能为胜败政：政，通"正"。《老子》第四十五章言"清静为天下正"，即言为天下之主。能为胜败政，意谓能在胜败问题上成为最高的权威或主宰。

⑨ 度：《礼记·明堂位》："颁度量。"郑玄笺："度为丈尺、高卑、广狭也。"张预注："度以量地。"故此言度量土地幅员。

⑩ 量：《汉书·律历志》："量者，龠、合、升、斗、斛也，所以量多少也。"此言计量物质资源。

⑪ 数：贾林注曰："算数也。以数推之，则众寡可知，虚实可见。"王皙曰："百千也。"此言计算部队实力的强弱，兵员的多寡。

⑫ 称：《楚辞·惜誓》："若称量之不审兮。"王皙注："称，所以知轻重。"杜牧注："称，校也。"此言衡量双方实力之对比的状况。

⑬ 胜：指胜负优劣的情状。曹操曰："胜败之政，用兵之法，当以此五事称量，知敌之情。"

⑭ 地生度：曹操注："因地形势而度之。"地，指国土幅员。此句言敌我交战，必先以双方所拥有的土地幅员为基础。

⑮ 度生量：赵本学注："既度之，则其地之所容者何阵，或当用广、用长、用圆、用方，奇正当居何处，当分为几阵，皆可知矣，此'度生量'也。"此言基于双方拥有"地利"状况，可知其物质资源之储备及国力之强弱也。

量生数[①]，数生称[②]，称生胜[③]。故胜兵若以镒称铢[④]，败兵若以铢称镒。称胜者之战民[⑤]也，若决积水于千仞[⑥]之溪者，形也。

【白话译文】

孙子说：从前善于打仗的人，先要创造条件使自己立于不败之地，然后捕捉战机战胜敌人。胜利的主动权掌握在我们自己手中，能否战胜敌人则在于敌人是否有隙可乘。所以，善于作战的人，能够创造不被敌人战胜的条件，却不一定能够做到必定战胜敌人。所以说：胜利可以预见，但不可强求。

若想不被敌人战胜，就要采取防御手段；要想战胜敌人，就要采取进攻手段。一定数量的兵力，将其用于防御则可能有余，用于进攻则可能不足。所以善于防御的人，防御时隐蔽自己的兵力如同深藏在九地之下；善于进攻的人，展开自己的兵力时如同神兵自九天而降，所以他们既能保全自己又能获得完全的胜利。

将领预见胜利的能力不超过一般人，不算最高明的。将领带领军队激战后取胜，即使普天下都说好，他也不算是最高明的。这就好像一个人能举起秋毫称不上力大，能看见太阳、月亮算不上眼明，能听见雷霆算不上耳聪。古时候所说的善于打仗的人，总是战胜那些容易战胜的敌人。因此，高明的指挥员所打的胜仗，从表面上看不出显赫的胜利，因此没有善谋的名声，也没有勇武的战功。他的取胜不会有差错。之所以不会出现差

---

① 量生数：梅尧臣注："因量以得众寡之数。"此言由物质资源状况之计量，可知所拥兵员之众寡。

② 数生称：王皙注："喻强弱之形势也。"此言由兵员之众寡可知双方兵力强弱之对比。

③ 称生胜：曹操注："称量之数，知其胜负所在。"此言由双方强弱形势之衡量对比，可知其优劣胜负之情状。

④ 以镒称铢：铢，古代计量单位，二十四铢为一两。镒，二十四两为一镒，合五百七十六铢。以镒称铢，比喻兵力轻重众寡之悬殊。

⑤ 战民：《尉缭子·战威》："夫将之所以战者，民也。"此言统帅指挥部众参加作战。

⑥ 仞：长度单位，说法不一。《说文》《孟子》赵歧注均谓八尺，《仪礼》郑玄注与《吕氏春秋》高诱注为七尺。"千仞"，盖言其高也。

错，是因为他们的作战措施建立在必胜的基础之上，战胜了那些已处于失败地位的敌人。善于作战的人，总是使自己立于不败之地，不放过击败敌人的机会。所以，胜利的军队通常是先有胜利的把握，之后才主动同敌人交战，失败的军队往往是先冒险同敌人交战，然后祈求侥幸取胜。善于用兵的人，必须修明政治、确保法制，才能够主宰战争胜负的决定权。

兵法上衡量双方力量有5个着眼点：一是度，二是量，三是数，四是称，五是胜。敌我所处地域大小的不同，产生双方土地面积大小不同的“度”；敌我土地面积大小的“度”的不同，产生双方物产资源多少不同的“量”；双方物产资源多少的“量”的不同，产生双方兵员多寡不同的“数”；双方兵员多寡的“数”的不同，产生双方军事实力强弱不同的“称”；双方军事实力强弱的“称”的不同，最终决定战争的胜负。所以胜利的军队较之失败的军队，有如以“镒”称“铢”那样占有绝对优势；而失败的军队较之胜利的军队，就像用“铢”称“镒”那样处于绝对劣势。因军事实力强大而取胜的军队，其将领指挥军队作战时，就像在800丈悬崖决开山涧的积水一样，这就是军事实力的“形”应当具有的状态。

034 先为不可胜，以待敌之可胜 / 朱元璋得天下的绝招

【原文】

昔之善战者，先为不可胜，以待敌之可胜。不可胜在己，可胜在敌。故善战者，能为不可胜，不能使敌之必可胜。故曰：胜可知，而不可为。

【精解】

现在市面上有一些关于《孙子兵法》的书，单从书名上看，似乎《孙子兵法》全部要义就在于一个“诈”字，教人们如何诡诈、欺骗。其实，翻遍《孙子兵法》，只有一处使用了“诈”字，即《军争篇》所言：“兵以诈立，以利动，以分合为变者也。”此处的“诈”仅就战役、战术而言，强调作战需要以诡诈多变取胜，根据利益大小决定作战行动，要灵活变换兵力的分散或集中等方法。如果以这一作战思想取代战略思想，把这一种具体原则上升为核心主题，则无异于买椟还珠，舍本求末。

翻开《孙子兵法》，大量的思想观点倡导大家当老实人、做老实事，按规律办事、认认真真干实事。如《计篇》强调，将领要具备智、信、仁、勇、严这“五德”，才能胜任统军作战的任务。这其中并未提到“诈”。再如，《作战篇》中强调，要想赢得速战速决的胜利，先得下笨功夫、老老实实地搞好战备，投机取巧非但不能速胜，反而招致失败。《形篇》的第一段话说得就更明白了：“昔之善战者，先为不可胜，以待敌之可胜。不可胜在己，可胜在敌。故善战者，能为不可胜，不能使敌之必可胜。故曰：胜可知，而不可为。”我们有必要重点分析这段话。

我们看“昔之善战者”这句话，一个“昔”字，意味着过去所有善于指挥打仗的将领都遵循着一条共同的规律，即“先为不可胜，以待敌之可胜”。“不可胜”，指我方不可被战胜的条件。“可胜”，指敌方可能被战胜的机会或条件。这句话中的“先”和“为”不可忽略。“先”是指时间概念，强调的是交战之前预先做好战争准备。“为”是讲行为主体，强调把功夫下在自身、从自身做起。一旦战前准备到位，便可创造不可被战胜的

条件，立于不败之地。以这种有利状态等待敌方可能被战胜的机会或条件出现，其结果必然是以强胜弱，以有备胜无备。

“不可胜在己，可胜在敌”一句强调赢得不可被战胜的地位当然是好事，但创造这种有利地位的过程是非常艰苦的事情。人们常常乐于前者，疏于后者。孙子针对这种常见心理，特别提醒说：“不可胜在己，可胜在敌。”他认为做好战争准备不能靠等待，也不能靠外援，更不能靠侥幸，唯一的途径是靠自主作为。是不是一定会出现可以战胜敌人的机会或条件，则取决于敌人是否决策失误、行动失败，这不依我们的主观愿望而定。

也许有的人会想到主动用计、用谋，引诱敌人出错。诚然，灵活运用谋略确实可以引诱敌人出错，导致敌人出乱，促使敌人衰弱，但这只是可能，并非必然。敌人也会用计、用谋，敌人也会想方设法避免出错。所以孙子又客观地指出：“善战者，能为不可胜，不能使敌之必可胜。”也就是说，我们只能把希望寄托在自己的主观努力上，不能把希望寄托在敌人必定会犯错误或者必然会受骗上当之上。如果对方不犯错误，不管你准备多充分、谋略多巧妙，也不一定能够取胜。

孙子接着说，“故曰：胜可知，而不可为”。即胜利可以预见，却不能强求。之所以说战争胜利可以预见，那是因为战争规律告诉人们，准备充分则胜，准备不充分必败。之所以说战争胜利不能强求，张预注释时说出了其中的原因，那就是“己有备则胜可知，敌有备则不可为”。

值得注意的是，孙子在这段话中连用了两个“善战者”。“善”不仅指善于，还包含完善之意。善于指挥打仗的将领，由于战前做好了充分的战争准备，或者靠着威慑对方，避免了战争，或者以立于不败之地的优势轻而易举地打败对方，杀伤小且获利大，可谓“善之善者也”。

朱元璋之所以能够从一介小和尚变成明朝开国皇帝，重要的原因之一就在于他事业中兴之际所采用的战略路线与孙子揭示的这一规律相吻合。

公元 1356 年，朱元璋顺利进入集庆，并将集庆改名“应天府”，从此有了一块比较稳定的根据地。此时，占据浙江、四川、湖广的张士诚、陈友谅、方国珍等已纷纷称王称帝，有人也建议朱元璋称帝。但朱元璋感到自己力量还不够强大，不能急于称帝，还必须隐蔽地壮大自己的力量。于是，仅仅自称吴国公。

朱元璋文化程度不高，但善于征求意见。打下徽州时，曾征求学士朱升对他今后战略发展的意见。朱升提出："高筑墙，广积粮，缓称王。"这9个字几乎总结了朱元璋一贯实行的方针，字字说在他的心坎儿上。朱元璋非常高兴，立刻奉之为基本战略。用孙子的话来说，就是"先为不可胜"。此后，朱元璋命令军队自己动手生产、兴修水利、减轻农民负担，几年工夫，到处兴屯，府库充盈、军粮充足。

当时，朱元璋所在的应天府周围遍布对手。长江上游有陈友谅，下游有张士诚，东南有方国珍，南面有陈友定。他们虽然同是反抗元朝的武装，但彼此征战。朱元璋尽量避免参与他们的争斗，而让其互相厮杀。与此同时，趁各方势力混战之际，朱元璋把军事进攻的矛头指向土地肥沃、盛产粮食丝绸的浙江一带，并顺势把孤立的元军据点一个个地消灭。各方势力互斗，彼此实力大减。相反，蛰伏几年的朱元璋实力大增，超过各方势力，形成了"先为不可胜，以待敌之可胜"的优势。于是，朱元璋采纳谋士提出的对东南采取守势，东北和西面取攻势的战略，1363年6月先击败陈友谅，1367年9月再战张士诚，随后消灭方国珍，先后击破几大势力集团，扫清了统一全国的障碍。1368年，朱元璋在应天称帝，国号大明，年号洪武。

当代中国也处于多极竞争的格局之中，与强敌发生武装冲突，遏制"台独"分裂势力，打击恐怖主义，诸如此类的事情很可能随时发生。我们不能等到事情发生了再临时抱佛脚，仓促应战。我们务必遵循孙子所说的"先为不可胜，以待敌之可胜"的思想，平时加强战备、加强自身建设。近几年我们整顿作风、严惩腐败、军队全面改革，这都是"先为不可胜"的战略性举措。干部队伍纯洁了，军队编制精干了，自身实力强硬了，便可随时应对各种战争危机，并立于不败之地。

035　守则有余，攻则不足 / 志愿军乘胜前进时彭德怀为何上言回撤

【原文】

不可胜者，守也；可胜者，攻也。守则有余，攻则不足。

【精解】

作战，最基本的方式就是进攻和防守。有攻必有守，有守必有攻。在一般人看来，打第一枪的必定是攻者，打第二枪的则很可能是防者。其实不然。攻守之势并不由开枪的先后顺序决定，“不可胜者，守也；可胜者，攻也。守则有余，攻则不足”两句话揭示了其中的奥妙。

古今学者对此有三种理解。

第一种意见认为“不可胜者，守也”，是指我方不可被战胜的条件，或敌方不可胜我，这是采取防守方式所能获得的有利态势。“可胜者，攻也”，指敌方可能被战胜的机会或条件，或我方可以战胜敌人，这是采取进攻方式所能产生的效果。

第二种意见以张预为代表，认为“知己未可以胜，则守其气而待之。知彼有可胜之理，则攻其心而取之”。第一种意见中“不可胜”指我方不可被战胜的条件，此处却指己方不可能取得胜利，与其恰好相反，但也不失为一种理解。

第三种意见认为：“敌不可胜，则取守势；可胜，则取攻势。”（李零，《兵以诈立》）即敌方不可能被战胜，我方就采取守势；敌方可能被战胜，我方就采取攻势。前两种意见中，“不可胜”是我，“可胜”是敌，而此处“不可胜”“可胜”均指敌方状态。这与前两种意见的理解角度不一，但从道理上似乎也说得通。

《孙子兵法》书名一般译作*The Art of War*（战争艺术），没有译成“战争原理”或“战争科学”。虽然外文版《孙子兵法》很多词句译得不准确，但在书名的翻译上还是颇费心思、措辞得当的。“原理”“科学”内涵相对稳定，“艺术”却讲究特色和变化。孙子此言充分体现了这一特点。

三种意见均有道理，可供人们多视角理解、多方法运用这一思想。只是相对而言，第一种意见对应于上文更加前后一致、思想一贯。尽管理解角度不一，有一点却是一致的，那就是以实力确定攻守之势，来不得主观随意。

孙子接着分析其中的原因："守则有余，攻则不足。"宋代十一家注本、武经七书本作"守则不足，攻则有余"，各本皆同。基本意思是说，采取防守是因为敌强我弱，实力不如对方；采取进攻是因为我强敌弱，实力超过对方。然而西汉竹简本则写作"守则有余，攻则不足"。有的专家解释为："采取防御是因为敌人兵力有余，采取进攻是因为敌人兵力不足。"（吴九龙，《孙子校释》）如果按这种方式理解，难道敌人兵力有余时我们只能防御，敌人兵力不足时我们必须进攻？战争史告诉我们，实际战争并非如此。有时，即使敌人兵力有余，我方也不得不进攻。所以，我的观点是：同样的兵力，用于防御可能有余，用于进攻则可能不足。因为防御是比进攻强的一种作战方式。防御的一方，战线较短，容易得到人员、物资补充，战斗力恢复快；有地利优势，以逸待劳；受攻击者往往容易获得各方同情，有道义支持。相反，进攻的一方，战线较长、机动作战、易受谴责，诸因素使其损耗大、补充难、外援少。之所以进攻作战一般需要拥有超过防御一方3~5倍的兵力优势，原因就在这里。

综合来看，前后两句话强调的都是实力问题，依实力定攻守。意在提醒将领，一定要客观对比敌我双方实力，分清强弱、量力而行，切不可当守而攻，或当攻而守。当守而攻，不仅没有足够实力战胜敌人，反而很容易被强大的敌人战胜。正如《谋攻篇》所说："小敌之坚，大敌之擒也。"当攻而守，则很可能丧失战机，让煮熟的鸭子飞掉。

抗美援朝战争中，彭德怀准确把握敌我双方的力量消长，在志愿军势如破竹之际及时建议回撤，才把战线稳定在"三八线"南北一带，巩固了既得的胜利。

设身处地想一想，在势头正盛、实力尚强的时候主动退却、转攻为守，需要何等的智慧、何等的冷静。许多人缺的就是这种智慧和冷静，一味进取，越过自己实力所限仍然不停下前进的脚步，因此前功尽弃。企业界多少创业者因为一味追求做大做强而不堪重负，就是缺乏这种智慧和冷静。所以，做人做事一定要量力而行，强则攻、弱则守，根据力量消长灵活转换攻守之势。

036 藏动结合，攻守呼应／陆逊先退后进大败蜀军

【原文】

善守者，藏于九地之下；善攻者，动于九天之上，故能自保而全胜也。

【精解】

作为一个将领，不仅要弄清楚什么情况下应该进攻、什么情况下应该防守，而且还应当明白怎样进攻、怎样防守、攻守有什么技巧。孙子一语道出其中的奥秘："善守者，藏于九地之下；善攻者，动于九天之上，故能自保而全胜也。"这句话强调了一个"善"字，要善守、善攻。善守者，往往深藏不露，犹如藏身于9层地下，无影无踪，令进攻者无从下手。善攻者，往往突发制人，犹如发动于九霄云外，闪电式突击，令防守者猝不及防。在中国传统文化中"九"并不是实数，往往表达极点、顶点、多数之意。"九地""九天"，并非一定是九层地下，或九重天上，而是强调极深、极高之处。

这是孙子常用的一种表达方式，即通过极度夸张、形象比喻的方法表达某些重要的思想观点。"不战而屈人之兵，善之善者也"中的"不战"两字也采用了这种表达方式，孙子并非是说完全不战，而是强调尽可能把迫不得已的战争控制在最小范围、杀伤破坏降到最低程度。或许战争规模和破坏小到常人难以察觉的程度，几乎接近于不战，这才是最为明智的、利益最大化的胜利。

藏于九地之下，强调的是隐蔽性。动于九天之上，强调是突然性。一藏一动，使对方看不见、摸不着，不知如何进攻；想不到、料不定，不知如何防守。如果将领能够把这两种作战方式灵活运用，则既能保全自己，又能取得完全的胜利。

孙子是辩证法大师，通常注重关照矛盾双方及相互转化。而此处"善守者"，只讲一个"藏"；"善攻者"，只说一个"动"，似乎偏于一端，与

孙子辩证的思维习惯不太吻合。事实上，单纯的“藏”并不是防御的全部内容，单纯的“动”也不是进攻的所有办法。克劳塞维茨曾说：“防御这种作战形式绝不是单纯的盾牌，而是由巧妙的打击组成的盾牌”，所以应“以防御开始而以进攻结束”(克劳塞维茨,《战争论》)。恩格斯更明确指出，防御不应当只是消极的，而应当从机动中吸取力量，并且只要一有机会，“防御者就应当采取进攻行动”，“最有效的防御仍然是以攻势来进行的防御”，“消极防御，即使有良好的武器，也必败无疑”。(马克思，恩格斯，《马克思恩格斯军事文选》)毛泽东更是反对单纯躲藏式的消极防御。照此说来，孙子此言毛病大了。

有趣的是，竹简本中此句为“善守者，藏于九地之下，动于九天之上”，中间没有“善攻者”三字。专家分析很可能是汉代抄书者漏掉了这几个字，因为这样一来，只讲了防守一方，没讲进攻一方，而且十一家注本和武经本均有“善攻者”，其文为“善守者，藏于九地之下；善攻者，动于九天之上”。

从军事理论和战争实践上来说，我更倾向于竹简本的文本。因为时间上它比传世本早上千年，更接近原文；思想上“藏”“动”兼顾，更符合孙子的辩证法思维。单纯一个“藏”，算不上“善守者”，只有将“藏”与“动”结合起来，寓攻于守、寓守于攻，两手并用，打组合拳，才是高明的“善守者”。至于“善攻者”，按孙子的思维习惯推理，应当有相应的表述，也许是在 2 000 多年流传过程中散失了。

三国时期的夷陵之战，陆逊可谓灵活运用了孙子这一思想。

公元 219 年，孙权袭取荆州，擒杀关羽，吴、蜀两国结仇。公元 221 年 7 月，刘备亲率蜀汉军队十几万人，对吴国发动了大规模的战争。孙权在蜀军战略进攻的情况下奋起应战。他任命右护军、镇西将军陆逊为大都督，统率朱然、潘璋、韩当、徐盛、孙桓等部共 5 万人开赴前线，抵御蜀军。陆逊上任后，通过对双方兵力、士气以及地形诸条件的仔细分析，认为刘备兵势强大、锐气正盛、报仇心切，因此吴军应暂时避开蜀军的锋芒，再伺机破敌。他耐心说服了吴军诸将放弃立即决战的要求，果断地实施退却，一直后撤到夷道、猇亭，然后在那里停止退却，利用险要地势筑起高城、坚守不出。

公元222年，蜀军先头部队沿着长江由上而下，进入夷陵地区，被吴军挡住了前进的道路，只好在长江两岸安营扎寨。2月，刘备亲率主力从秭归进抵猇亭，建立了大本营。蜀军不得已在巫峡、建平至夷陵一线设立了50多个营寨。连续几个月，两军一直相持不决。刘备为了迅速同吴军进行决战，多次派人到阵前辱骂挑战，但是陆逊一直沉住气不予理睬。蜀军将士求战不得，逐渐斗志涣散松懈。6月的江南正值酷暑时节，暑气逼人，蜀军将士忍受不了江面闷热，纷纷躲进两岸树林中乘凉。刘备无可奈何，只好让水军舍舟并转移到陆地上，把军营设于岸边密林里，让部队休整，准备待秋后再发动进攻。

陆逊看到蜀军士气低落，毫无阵形，认为战略反攻的时机已成熟。山峡一带地势崎岖狭窄，难以展开大规模部队，陆逊通过小部队进行试探性进攻，发现最好的办法是火攻。因为蜀军的营寨都是由木栅筑成，其周围又全是树林、茅草，一旦起火，就会烧成一片。决战之日，陆逊命令官兵各持茅草一把，夜间突袭蜀军营寨，顺风放火。霎时间火势猛烈，蜀军大乱。陆逊乘势发起反攻，蜀军全线崩溃。刘备夜间突围逃遁，逃入永安城中。

刘备逃到白帝城后，吴将潘璋、徐盛等人都主张乘胜追击，扩大战果。但此时刘备收拢散兵以及赵云的后军来援，永安驻军接近2万，陆逊已经失去攻克永安的机会。再加上陆逊顾忌曹魏方面乘虚而入，袭击后方，于是停止追击，主动撤兵。9月，曹魏果然攻吴，但因陆逊早有准备，魏军无功而返。次年4月，刘备愧于夷陵惨败，一病不起，呜呼哀哉。

此战，陆逊先是藏于险隘之处，后是动于火攻之中，得手之后随即退兵转入防守，巩固既得胜利。其攻守结合，灵活转换，可谓深得孙子的攻守之道。其战果堪称典型的“自保而全胜”。

令人不得不赞叹的是，孙子2 500多年前提出的攻守之道，不仅没有随着时间的推移而过时，反而越来越鲜活，完全适应现代信息化战争的要求。“善守者，藏于九地之下；善攻者，动于九天之上”在孙子心目中还是夸张和想象，用来强调“藏”和“动”的程度，那时实际作战中不可能上九天，入九地。可是在今天的技术条件下，这一想象却变得完全可行，而且未来战争十有八九就这么个打法。现在，地面、空中、水上各种侦察通信、指挥控制系统大多依赖卫星通信系统，比如美国的 GPS（全球定位系统）、中国的北斗通信系统，它们犹如天上的眼睛俯看着大地。那么，很有可能未来战争就是从九天之上开始动手的，先挖掉“天眼”，空中、地面、水上的各种系统就全没用了。再比如，现在侦察技术非常先进，导弹发射架、战舰、战机平时几乎就被对方看得清清楚楚，因此不得不藏于九地之下。现在核动力潜艇一般能够下潜 500~600 米，一旦潜伏在深海之中，那可不就是“藏于九地之下”吗？在这种状态之下突然上浮发射导弹，那可真是防不胜防。有些国家害怕中国的核潜艇，原因也就在这里。

人世间许多事情具有相通性、相似性。为人处世亦有攻守之道，机会来了，应当“动于九天之上”，毫不手软，关键是动作要像闪电般迅速且勇猛；机会未到时，要善于“藏于九地之下”，耐心等待，关键是要藏得住——多少人因为忽略了“藏”而在机会到来时为暗箭所伤。总之，无论我们的生活、事业处于高潮还是低潮、顺境还是逆境、成功还是失败，都应该坚持攻与守结合，藏与动呼应。

037 高手过招，胜于易胜 / 努尔哈赤的“伐大树”理论

【原文】

见胜不过众人之所知，非善之善者也；战胜而天下曰善，非善之善者也。故举秋毫不为多力，见日月不为明目，闻雷霆不为聪耳。古之所谓善战者，胜于易胜者也。

【精解】

高手过招，往往不是拳脚相加，而是胜于未萌，兵不血刃，即孙子说的：“见胜不过众人之所知，非善之善者也；战胜而天下曰善，非善之善者也。故举秋毫不为多力，见日月不为明目，闻雷霆不为聪耳。古之所谓善战者，胜于易胜者也。”

这段话有两层意思，一是主张避免暴力作战，二是主张以智取胜。

我们先看第一层意思。

春秋时期，随着周天子式微，诸侯势力壮大，出现了“征伐之令自诸侯出”的局面。同时也就打破了世卿世禄制，军功爵制开始登上历史舞台。这是历史的进步。从此，将军可以出于豪门，也可出于卒伍，普通士兵杀敌有功可以得到奖赏和提拔，军功卓著的则可能被擢升为将军。

然而，进步的事物并非尽善尽美。军功爵制打破世卿世禄制桎梏的同时，也滋长了人们嗜杀争功的风气，战场上动辄杀人盈野、血流成河，人民生命财产和社会生活遭到极大破坏。老子曾描述过这种情形：“师之所处，荆棘生焉。大军过后，必有凶年。”（老子，《道德经》）孙子虽然并不反对战争，但也不赞成滥用武力。他认为：“见胜不过众人之所知，非善之善者也；战胜而天下曰善，非善之善者也。”即对胜利的预见能力不超过一般人，不算最高明的。将领带兵激战后取胜，即使是普天下都说好，也不算是最高明的。孙子连用三个很有意思的比喻为之定性：“故举秋毫不为多力，见日月不为明目，闻雷霆不为聪耳。”“举秋毫”，即把动物在

秋天新长出的极其纤细的毫毛举起来。“见日月”，即肉眼看见日月。“闻雷霆”，即耳朵听得见雷霆。这些都是说凭原始本能赢得胜利是寻常之事。言下之意，孙子认为一位将领如果与常人的预见同步，大战后取胜，这都没有什么稀奇之处，也不值得特别称道。

经过这一番铺垫，孙子接着道出了第二层意思，即他所希望的战争方式。他认为，真正值得称道的“善战者”，即“胜于易胜者也”。

“胜于易胜”用白话来说，就是战胜那些容易战胜的敌人。这是老太太都知道的常理，孙子何以奉之为“善战者”？

《孙子兵法》的一大特点是言约意丰。精练的语句表达丰富的思想，精妙的文字包含深刻的内容。要想深入理解和把握其思想精髓，不宜仅仅停留于字面，而要穿透纸背，甚至联系上下文，或整个思想体系动态地理解。“易胜”的字面意思是容易被战胜之敌。如果仅限于此，孙子此言确实有失水准。但是，从孙子整个思想体系来看，不难看出这个“易”字并非指静态，而是指动态。因此我们有必要从两个角度理解此句。一是敌人过于强大时，不宜正面对抗，而要“实而备之，强而避之”，然后通过一系列谋略措施诱使强敌出错、生乱、变弱，一旦对方由治变乱、由强变弱，便可以抓住机会战而胜之。可见“易”字中包含着一个动态转变的过程，也是斗智的过程。二是我们要找准敌人最容易被战胜的薄弱环节，予以致命一击。在孙子看来，善于用智慧使原本强大的敌人变弱，或者善于找准敌人容易被攻击的命脉，然后兵不血刃地战而胜之，这样的将领才是“善之善者”。

努尔哈赤之所以能够以 13 副遗甲起兵，最终开创大清王朝，重要原因之一就在于他所采取的“伐大树”战略自觉或不自觉地暗合了孙子这一谋略思想。

努尔哈赤起兵后，在女真各部族中异军突起，并逐步开展统一女真各部族的战争。在进攻乌拉部族的一次战斗中，双方你攻我守，乌拉兵白天出城对垒，夜里入城固守，双方相持三天。皇太极与其兄莽古尔泰急不可耐，想立即过河进攻。努尔哈赤不同意，并将乌拉比喻为大树，教导皇太极说："欲伐大木，岂能骤折？必以斧斤伐之，渐至微细，然后能折。"这实际上就是孙子所说的"弱敌""易敌"的思想。在努尔哈赤的指挥下，他们先后毁掉乌拉的一些外围城寨，经过一年的努力，最后吞灭了乌拉。从此，"伐大树"之说成为努尔哈赤和皇太极之后与明朝作战的基本战略。

努尔哈赤所要砍伐的"大树"很多，先是女真内部的各大部族，然后是强大的明王朝。为了一棵一棵地砍倒这些"大树"，努尔哈赤先是效忠明王朝，多次进京朝贡，明朝皇帝认为其是"忠顺守边"的好将领，并授权其统一不"忠顺"的各部族，因而努尔哈赤的势力得以逐渐壮大。与此同时，努尔哈赤为了扩大联盟、减少对手，尽力与蒙古各部落首领联姻、结盟，与朝鲜交好。

在基本统一了女真各部族之后，军事实力已足以与辽东明军抗衡时，努尔哈赤才将斧头挥向了明王朝这棵大树。他先是在 1616 年建立了后金政权（1636 年皇太极改国号为大清），随后与明王朝争夺地盘。1619 年，后金军队在萨尔浒之战中大败明军，并趁势夺取辽东 70 多座城，随后逐步将势力由辽东推进到辽西，乃至长城脚下的山海关。前后 30 年，清军如同伐大树一般，一斧一斧砍掉明王朝的军队，自身不断壮大，军事实力超过了风雨飘摇的明王朝。1644 年，李自成率领的农民军推翻了明王朝，清军趁机大举入关，攻占京城，先后剿灭李自成和南明政权，最终实现清太祖努尔哈赤问鼎中原的宏伟梦想。

努尔哈赤"伐大树"的战略，较好地诠释了孙子的"胜于易胜"思想。从其统一战争的实践中不难看出，想要运用孙子这一思想需要做到"四个善于"。一要善于斗智，力争使对手由强变弱；二要善于强壮自身，增强"举秋毫""见日月""闻雷霆"的实力，孙子并非反对实力战，而是强调越是有超强的能力，越无须恶战；三要善于以己之长、击敌之短，找准敌人最容易战胜的薄弱环节予以打击；四要善于坚持，要有耐力，无论是弱化敌人，还是强壮自身，都必须经历一个渐进的过程，唯有坚持努力，方能使对方处于"易胜"的状态。

放眼当今社会，孙子的"胜于易胜"理论及包含的这 4 个要点，实际上远不止是兵法，称其为人生之法、竞争之法也一点不为过。无怪乎日本东京大学名誉教授金谷治曾说，《孙子》十三篇是中国最古的兵书，在讨论战略、战术当中所指教的它的深远的洞察，并不单是战争，而且蕴含着能够适用于人生整个历程的智慧。

038 智者之胜，无名无功 / 晋灭吴之战的第一功臣——羊祜

【原文】

故善战者之胜也，无智名，无勇功。故其战胜不忒，不忒者，其所措必胜，胜已败者也。

【精解】

“胜于易胜”的谋略艺术非常巧妙，但是运用这种谋略并不是一件容易的事情，我们需要进一步灵活地配套运用一系列谋略，才能使很难对付的敌人变为很容易战胜的对手。所以，孙子接着说：“故善战者之胜也，无智名，无勇功。故其战胜不忒，不忒者，其所措必胜，胜已败者也。”

这段话有两层意思。

首先，善战者不能为功名而战。中国人历来崇拜“良将”。何为“良将”？一般解释为：能征善战的将领。然而，对照古代兵家的观点，这种解释并不准确。姜太公曾说：善于用兵作战的人，不等敌人出兵列阵就将其歼灭；善于消除祸患的人，不等祸患发生，就能将之清除；善于打胜仗的人，能够取胜于无形之中。最高明的制胜战略就是不战而胜。因此，通过战场上冲锋刺杀、白刃格斗取得胜利的将领不能称之为良将；在作战失利后才再加强守备的将领也不能被称为高明的将领。我们琢磨其中的意思，这与孙子的观点何其相似。两位军事家的具体表述不同，但对“良将”的评判标准惊人一致。在他们看来，打恶仗，胜于难胜者，很容易引起众人瞩目，也很容易得到君主或上司给予的功名和奖赏，但杀伤破坏太大，所获利益甚小，不是“良将”之所为。真正的“良将”，即“善战者”，往往无须大战、恶战便可征服敌人，所以“无智名，无勇功”。也就是说，良将在人们浑然不知的情况下就巧妙地征服了敌人，赢得了巨大的利益，同时又没有造成巨大的破坏，表面上没有什么可歌可泣的感人事迹让人们称颂，也没有什么气壮山河的英雄壮举让上层奖励其勇武的战功。

没有经过大战、恶战，何以征服敌人？这就是第二层意思所要说明的

问题了。“其战胜不忒，不忒者，其所措必胜，胜已败者也。”“不忒”即不差、不失误之意。“其所措必胜”则是指所采取的谋略措施非常巧妙、能够顺利实施，每一项措施都巧妙地削弱了敌人，使其逐渐走向失败。这样的将领打仗必胜无疑，不会有差错。因为，最终交战时，敌人已经处于失败地位了。所以，无须大战、恶战，仅以小战，甚或不战，就可以征服敌人。能使杀伤破坏最小化，所获利益最大化的人，当然是“善之善者也”。但是，这种胜利不是一次性冲杀的结果，而是长期斗智斗勇的结果，常人见不到其中的刀光剑影。所以杜牧注云：“胜于未萌，天下不知，故无智名；兵不血刃，敌国已服，故无勇功也。”

可见，在孙子的标准体系中，“良将”不仅能征善战，而且还应当能谋善战。西晋灭吴的幕后英雄羊祜就堪称这样的良将。

西晋灭吴，是中国历史上成功跨越长江天险、完成统一大业的典范，也是对孙子“胜于易胜”“胜已败者”思想的成功运用。这场战争的真正策划者是羊祜。司马炎称帝、建立西晋后，便积极筹划消灭孙吴政权的战争，以实现统一全国的大业。泰始五年（269 年），司马炎任命大将军卫瓘、司马伷分镇临淄、下邳，加强对孙吴的军事布置，又特地调任羊祜为荆州诸军都督。羊祜到任后，并不急于攻打东吴，而是采取一系列谋略措施加强自身的战争准备和军事实力，同时削弱、瓦解东吴，使之由强变弱。

首先，他发现荆州的形势并不稳固，百姓的生活不够安定。于是，他大量开办学校，发展教育，安抚百姓，招揽人才。这些措施迅速使荆州的社会秩序趋于稳定。

其次，他注意到戍守边疆官兵的军粮也不充足。于是，把军队分作两半，一半执行巡逻戍守的军事任务，一半垦田。当年，全军共垦田 5 000 多公顷。羊祜刚来时，军队连 100 天的粮食都没有，到后来，军队的粮食积蓄可用 10 年，大大增强了军队的战斗力。

再次，羊祜深知“亲而离之”的道理，于是实施怀柔、攻心之计。在荆州边界，羊祜对吴国的百姓与军队讲究信义，每次和吴人交战，羊祜都预先与对方商定交战的时间，从不搞突然袭击。有部下在边界抓到吴军两位将领的孩子。羊祜知道后，马上命令将孩子送回。不久之后，那两位少年的父亲率其部属一起来归降。打猎的时候，羊祜约束部下，不许他们超越边界线。如有禽兽被吴国人伤到后被晋兵获得，他都送还对方。羊祜的这些做法，使吴人心悦诚服。

最后，鉴于曹操赤壁之战因军队不习水战而失败的教训，羊祜建议晋武帝司马炎派专人为益州刺史，令其负责制造船只、训练水师。晋军所建造的大型战船，长 120 步，可装载 2 000 多人，上构木城，筑起楼橹，四面开门，船上可骑马驰骋，而且数量众多，它们为实现“水陆并进”灭吴提供了重要的军事力量。

公元 276 年（咸宁二年）10 月，经过 7 年努力，羊祜的上述措施得以一步步实现，荆州边界的晋军实力远远超过了吴军。吴国境内又因为吴主孙皓的高压统治而矛盾日益激化，将士离心，又因缺乏统一对策，吴国败象日益明显。晋灭吴的条件和时机已经成熟。于是，羊祜向司马炎打了一个报告——《平吴疏》，在分析敌我双方作战态势的基础上，提出了水陆俱下、六路并进的作战计划。司马炎接受了羊祜的建议，但由于西北鲜卑族首领起兵反晋，后方不稳，加之太尉贾充等人的反对，伐吴战争便被推迟了。

三年后，司马炎采用羊祜拟制的计划，发兵 20 万，分 6 路进攻吴国，以摧枯拉朽之势，一举灭吴，实现了国家的统一。

羊祜既没有亲自享受满朝官员的歌颂，也没有被授予显赫的战功，但他的谋略措施实实在在地使晋方日益强大、吴方渐趋衰败，实为晋灭吴之战的第一功臣，是真正的良将、智将。

纵观中国历史，羊祜这样的良将并不少见，然而，被载入史册的却寥寥无几。毕竟，人们的眼光更容易聚焦在那些战功卓著的将领身上，人们更乐于传颂那些惊心动魄、气壮山河的英雄故事。但是，就历史的发展和社会的进步来说，尤其是就当代战争领域来说，我们更需要像羊祜这样的良将、智将，或者说更需要孙子所推崇的“其所措必胜，胜已败者也”的战争艺术。

我们在处理钓鱼岛问题、黄岩岛问题、南沙问题时，既要有一战而胜的军事能力，更要善于采用多种必胜的谋略措施，像羊祜那样耐心地从政治、经济、军事、文化多方面运用谋略，从而逐步破解难题。同时，我们也要高度警惕敌对势力西化、分化中国的谋略措施。肯定地说，以中国今天强大的经济和军事实力，任何国家都不敢与我们全面战争。然而，堡垒最容易从内部攻破。这是全世界都知道的常理。西化、分化中国，实际上也就是把日益强大的中国变弱、变乱，然后轻而易举地分而治之。西化、分化中国的主要途径就是从思想文化上影响中国年青一代的“三观”，尼克松在其著作《不战而胜》中已经非常清楚地说出这一目的。值得欣慰的是，2017 年 1 月 25 日，中国共产党中央委员会办公厅、中华人民共和国国务院办公厅印发了《关于实施中华优秀传统文化传承发展工程的意见》，决定在全国范围实施中华优秀文化传承发展工程，并制定了一系列从宣传、演艺、创作，到教育、纪念活动等方面弘扬中华优秀文化的具体的办法。希望全民高度重视并积极参与这一重塑灵魂的伟大工程，尤其是媒体、演艺、教育领域的人们更责无旁贷。

039 先胜后战，常胜之道 / 齐桓公“尊王攘夷”战略的妙用

【原文】

故善战者，立于不败之地，而不失敌之败也。是故胜兵先胜而后求战，败兵先战而后求胜。善用兵者，修道而保法，故能为胜败政。

【精解】

孙子主张“胜于易胜”“胜已败者”，表面上看起来是打弱者、败者，似乎不费吹灰之力，其实这是一种“功夫在诗外”的谋略艺术。敌人的虚弱和败局并非天成，而是由于我方用计、用谋使其出错，诱其生乱，从而由强变弱、由盛而衰。但是，对方并不会轻易上当受骗，更不会主动变得衰弱。这就需要我们在对敌实施谋略攻击的同时，也要下大力气加强自身建设、提升自身实力。于是，孙子以递进式提出三点建议。

首先，“善战者，立于不败之地，而不失敌之败也”。这句话强调的是，要想“胜于易胜”“胜已败者”，首先自身要强硬，才有能力抓住机会战胜敌人。所以，善于指挥打仗的人，总是想办法使自己立于不败之地，而不放过任何击败敌人的机会。

其次，“胜兵先胜而后求战，败兵先战而后求胜”。这句话意在说明，要想“立于不败之地”，重点在于战前做好充分的准备。战争实践一再证明，胜利的军队通常是先有胜利的把握才寻求同敌人交战；失败的军队往往是先冒险同敌人交战，然后祈求侥幸取胜。

再次，“善用兵者，修道而保法，故能为胜败政”。这句话进一步说明谋求“先胜”的途径和效果。其中“修道而保法”是指平时进行战争准备的主要抓手，即修明政治建设，确保法令制度的贯彻实行。朝廷政治清明，才能人心所向；社会秩序稳定，才能繁荣经济。“修”和“保”都是表示长期动作的动词，意味着必须在战争来临之前长期坚持进行这些工作，才能逐步提升国力、军力。拥有优势的国力、军力的作战方，才能在战争中掌握胜负的决定权。“故能为胜败政”中的“政”，通“正”。《老子》

第四十五章中的“清静为天下正”，其中的意思与孙子的思想十分相似，它强调的是决定战争胜负的是平时战备和自身建设。

时下有人把谋略区分为“阴谋”与“阳谋”。所谓“阴谋”，是采用欺诈、蒙骗等手段，表面意图和真实意图不一致的谋略。所谓“阳谋”，是表面意图与真实意图统一的一种谋划，所有行动与计划都让对手看见、知道。照此标准，孙子上述三招当属阳谋。

然而，综观中国古代战争史我们不难发现，这种区分并不科学。实际的战争准备和征战过程中，我们很难区分哪是阴谋，哪是阳谋。谋略天生有阴阳两面，二者互为表里。《三十六计》第一计“瞒天过海”的解语揭示了这种两面性：“备周则意怠，常见则不疑。阴在阳之内，不在阳之对。太阳，太阴。”意为，当人们防备得周全时，更容易麻痹大意；司空见惯的事情往往不会引起怀疑。隐秘的计谋常潜藏在公开的事物之中，并不是和公开暴露的事物相对立。所以，极（太）公开的事物里往往隐藏着非常机密的计谋。可见，阴阳其实为一体。《兵经百言》中也有相似说法：“有用阳而人不测其阳，则阳而阴矣；有用阴而人不测其阴，则阴而阴矣。善兵者，或假阳以行阴，或运阴以济阳，总不外于出奇握机，用袭用伏，而人卒受其制。”（揭暄，《兵经百言》）意为有人采用公开行动但敌方无法了解其中的深意，那么表面上的行动实际上就是阴谋；有人采用隐蔽的行动但敌方无法识破其真相，那么这个行动就真成了阴谋。善于用兵的人，有的借助公开的行动来掩护隐蔽的行动，有的用隐蔽的行动来辅助公开的行动，总不外乎突出奇招、把握战机这些手段，以偷袭或埋伏的手段最终制服敌军。将其归结起来就是一句话：阴阳一体，互为表里。

“修道而保法”就有阴阳两面的考虑。首先，它一定是长期的、公开的、大规模的举动，而且，其目的完全在于加强自身建设。同时，不可否认，它也有隐蔽的一面。加强自身建设，当然是为了有足够的能力迎接挑战，用孙子的话来说，就是谋求“先胜”，然后“胜于易胜”“胜已败者”。纵观历史，成大业者无不如此。

公元前 771 年，平王东迁之后，周天子逐渐失去掌控天下的能力，实力稍强一点的诸侯国纷纷争夺天下。齐桓公一开始也急于争霸，但宰相管仲认为齐国的实力尚不足以与秦国、晋国等强大的对手硬碰硬，于是建议齐桓公先提升自身实力再说。齐桓公采纳了管仲的意见，想方设法修明政治，确保法制，推行改革，实行军政合一、兵民合一的制度，通过减少税收，提高人口的生育水平，增加齐国的总体人口数量。经过这一番改革和建设之后，齐国国力大为增强，齐桓公这才开始凭借其优势实力向中原地区发展。他先是与邻国修好，建立军事、政治联盟。最早一次建立联盟的活动发生在齐桓公五年（前681年）。这一年，齐桓公召集宋、陈、蔡、邾等4国国君在齐国的北杏“会盟”。所谓会盟，就是诸侯间会面和结盟的仪式。当时，一些较小的诸侯国为了抵御大国侵略便进行联合作战，一些较大的国家利用自己的实力和影响，吸引其他小国加入自己的阵线。北杏这次会盟的主要议题是各国协力平息宋国内部争夺君位的变乱。整个会盟由齐桓公主持，这就奠定了他在齐、宋、陈、蔡、邾5国联盟中的领导地位，齐桓公成为历史上第一个代替周天子充当盟主的诸侯。当时中原华夏诸侯苦于受到戎狄等游牧部落的攻击，于是齐桓公打出“尊王攘夷”的旗号，率领诸侯军队东征西讨。这样一来，通过“尊王”，他从政治上得到周天子的认可和支持，有了正统领导地位；通过“攘夷”，他在军事上得到诸侯各国的赞同和支持，掌握号令诸侯军队的实际权力，因而成为当时天下公认的霸主。

刘邦由小小的泗水亭长成为西汉王朝的开创者，也经历了漫长的“修道保法”的过程。初入咸阳时，他与关中百姓“约法三章”，秋毫无犯，深得人心，与项羽坑杀秦卒20万、让秦人家家户户披麻戴孝的暴行形成鲜明对照。称帝之后，他又以秦朝覆亡为鉴，采取了与民生息、恢复发展生产的政策。同时，大兴马政，官民共同养马，持续60年，为建立强大骑兵部队奠定了雄厚的基础，使汉武帝得以远征漠北，大败匈奴。

唐朝初期的强盛，同样源自“修道保法”。唐太宗采取选用廉吏、惩治贪官、减轻剥削、注意民众休养生息、推行均田制等修明政治的措施，使唐王朝日益强盛，威服四方。

尽管时代变迁，但是孙子所揭示的规律和真理仍然没有变，甚至更富有生命力，也更富有现实意义。我们的“中国梦”，是力争在中国共产党成立一百年时全面建成小康社会，在中华人民共和国成立一百年时建成富强民主文明和谐的社会主义现代化国家。如果如期实现这两个一百年的宏伟目标，现在面临的一切麻烦事都比较好办了。我们就用不着因为某个国家换个不靠谱的总统而担惊受怕，也用不着因为某些敌对势力说一两句危言耸听的话而神经紧张。甚至我们的企业在海外也会更加安全，我们的老百姓在世界各地旅游时也会更有尊严。当然，实现“中国梦”既不是一蹴而就的事情，需要几十年的努力奋斗，也不可能是一帆风顺的事情，一定会遇到来自各方面的阻力，所以，需要极大的耐心、高超的智慧和扎实的努力。用孙子的话来说，要“修道而保法”。功夫下在平时，下在自身，而不寄希望于偶然的机会或别人的施舍；功夫下在实处，下在细处，而不要耍嘴皮、唱高调。

用开阔的眼光看，孙子揭示的这些规律和真理运用于企业经营和团队管理，甚至学校教育、市场投资等领域也无不可。因此在各项管理工作中，我们要寓努力于平时，用智慧于细节，谋实力于事前。

事虽殊，理相通。需要提醒各位的是，这些规律和真理，不是一日之计，重在自觉，贵在坚持，要在巧行。

040 权衡实力，五步推算 / 孙子何以准确预测“六卿分晋”走势

【原文】

兵法：一曰度，二曰量，三曰数，四曰称，五曰胜；地生度，度生量，量生数，数生称，称生胜。

【精解】

孙子是一位非常务实的军事思想家，他的一切谋略思想都不是拍脑门儿随便拍出来的，均建立在对物质基础的考量之上。他不仅强调“善战者”必须平时扎扎实实加强建设，提升军事实力，而且要求人们战前客观具体地计算双方的综合实力，尤其是军事实力，从而清楚双方的强弱对比，然后再量力决策、量力作战。因此，他提出一个按田赋制度计算双方军事实力的办法。

田赋是中国古代国家对拥有土地的人征收的土地税。“田”是指按田地征收的田租；“赋”就是军赋，大致相当于现在的国防费。不打仗的时候，军赋可以按田地多少折合成钱粮，称作人头税，需要打仗的时候则是按田地多少征集兵员。从夏朝开始就建立了“兵出于农，计田赋以出兵车”的制度。孙子正是根据田赋制度提出了军事实力计算方法，即“兵法：一曰度，二曰量，三曰数，四曰称，五曰胜；地生度，度生量，量生数，数生称，称生胜”。

这段话有两层意思。

第一层意思是明确度、量、数、称、胜 5 个衡量标准，或者说 5 个着眼点。

“一曰度”，指度量土地幅员的尺度单位。郑玄笺：“度为丈尺、高卑、广狭也。”

“二曰量”，指计量粮食等物质资源的容量单位。《汉书 · 律历志》言：“量者，龠、合、升、斗、斛也，所以量多少也。”

“三曰数”，指计算兵员多寡的数量单位。贾林注曰：“算数也。以数

推之，则众寡可知，虚实可见。”

“四曰称”，指衡量双方实力对比的指标。王晳注：“称所以知轻重。”杜牧注：“称，校也。”

“五曰胜”，指双方兵力比较的结果。

曹操理解孙子之意，强调说：“胜败之政，用兵之法，当以此五事称量，知敌之情。”

第二层意思在于说明，这 5 个标准环环相扣，彼此具有直接的因果关系，可谓“地生度，度生量，量生数，数生称，称生胜”。其内在逻辑是，根据田地的广度可以分析出可产粮食的数量，根据可产粮食的数量可以判断所能供养军队兵员的人数，根据供养军队兵员的人数可以分析双方军事实力的强弱，最后根据双方军事实力的强弱可以预测战争的胜负。这实际上是揭示了权衡双方实力强弱的 5 步计算法。在今天的社会条件下，孙子这种计算方法已经不很科学了，今天打仗不光靠兵员，还要靠技术和各种武器装备，单纯靠计算人数多少已经不能准确判断军事实力了。但是，在以农业为主体的单一经济模式时代，这一计算方式还是比较客观、较为科学的。它不仅可用于计算军事实力，政治、经济等方面的状态均可依此分析计算。孙子就曾经用这种方法准确地预测春秋末期六卿分晋的走势。

晋昭公去世后，晋国公室越来越弱小，而六位卿大夫越来越强大。范氏、中行氏、智氏、韩氏、赵氏、魏氏六卿分别把持国政，最终导致晋室瓦解，史称“六卿分晋”。

1972 年山东临沂银雀山发掘的汉墓所出土的竹简中，除整理出《孙子兵法》13 篇之外，还有《吴问》《见吴王》等几篇短文，专家分析这很可能是后人总结孙子事迹和言论的作品。其中《吴问》记载了吴王阖闾与孙武的一次对话。此文短小精练，通篇不超过 300 字，但记录了孙子运用“度量数称胜”的方法分析六卿分晋的趋势。

《吴问》的内容大体如下。

吴王阖闾问孙武：晋国被分成了 6 个小诸侯国，谁会先灭亡？谁会最后成功？孙武回答说：他们灭亡的先后顺序，依次是范氏、中行氏、智氏、韩、魏，如果赵氏不改变他们原有的田制，晋国最后将是他们的。

接下来，阖闾就问他得出这一结论的原因。

孙武说，范氏和中行氏实行以 80 步为畹、160 步为畛的田制。这里的“畹”和“畛”都是指田地大小的计量单位。一说 30 亩为一畹，一说 12 亩为一畹。畛的面积比畹大一倍。智氏实行以 90 步为畹、180 步为畛的田制；韩氏和魏氏实行以 100 步为畹、200 步为畛的田制。虽然田制单位面积大小不一，但他们每个田制单位所抽的税是一样的，即“伍税之”。也就是按收成的 20% 征税。按照这个税率来算，田制单位面积越小，赋税越重。所以，赋税最重的是范氏和中行氏，然后是智氏、韩氏和魏氏。这种田赋制度必然带来至少三个方面的不良反应。首先，百姓赋税重，必然越来越穷困，诸侯收税多则必然越来越富有；其次，诸侯有钱了，必然供养大量的非生产人员、服务人员，以致“主骄臣奢”、贪污腐化；再次，诸侯和武士为了获得更多的财富和功赏，就会对外扩张、穷兵黩武。这三种不良反应形成恶性循环，时间一长，实行这种田亩制度的范氏、中行氏、智氏，以及韩氏、魏氏都会相继灭亡。

相反，赵氏则实行以 120 步为畹、240 步为畛的田制。赵国的一“畹”地不仅比其他几国大得多，更重要的是诸侯不抽税。这种制度必然带来至少三个方面的积极变化：一是老百姓劳动所得全归自己，自然也就富裕起来；二是诸侯不收税，也就无钱供养过多的非生产人员、服务人员，因而朝廷上上下下不得不公正廉洁；三是由于不收税，周边各国民众都流向赵国，以致兵源增多。这三个方面的积极变化必然使赵国越来越强大，所以，晋国最终必然成为赵氏的天下。

阖闾听完这番分析，深表认同，赞叹地说：“善，王者之道，宜以厚爱其民者也。”

历史发展的进程与孙子的估计差不多，公元前 490 年，赵、韩、魏、智氏灭了范、中行二氏；公元前 453 年，赵、韩、魏三氏灭了智氏，分掌晋国的政权；50 年后，赵、韩、魏正式建立各自的诸侯国。孙子虽然没有料到最后会是三家分晋，但其对范氏、中行氏、智氏三氏灭亡顺序的判断，使人不得不佩服他的先见之明。

据文字记载，孙子的分析过程很简短，但实际上暗含了“度量数称胜”的5步计算方法。他从田亩大小、征税多少推测出物产多少、官民贫富，再由物产多少、官民贫富推测出政权状态、兵源多少，最终由政权状态、兵源多少推测出综合实力、战争胜负。而且，最后他借吴王之口道出了富国强兵的根本之道，道出了与《形篇》基本精神相一致的思想，即优势的军事实力以及“胜于易胜”“胜已败者”的有利态势，这些均来自平时的“修道而保法”。

孙子“度量数称胜”的5步计算方法及其实践告诉人们一个道理：干任何一件大事都不能单凭主观愿望，而要非常客观地分清自身与周边对手的实力强弱，争取优势、力避劣势。然而，优势力量和有利态势不会自然天成，需要从最根本的地方着手培养。用吴王的话来说，就是“王者之道，宜以厚爱其民者也”，即一位好的领导者从与人为善、厚待身边人、协调好一切关系做起。

041 以镒称铢，实力制胜 / 美军“非对称作战”理论的源头

【原文】

故胜兵若以镒称铢，败兵若以铢称镒。称胜者之战民也，若决积水于千仞之溪者，形也。

【精解】

军事力量优势最好是要优到什么程度、什么状态？孙子打了一个比方：“胜兵若以镒称铢，败兵若以铢称镒。称胜者之战民也，若决积水于千仞之溪者，形也。”

品味这段话，你会发现它有两层意思。

第一层意思，这段话是用比喻揭示了一条胜负的规律，并突出强调了军事力量优势应有的状态：胜兵若以镒称铢，败兵若以铢称镒。其中的“镒”和“铢”是古代计量单位。“镒”是比“两”大的单位，1 镒等于 24 两；“铢”是比“两”小的单位，1 两等于 24 铢。24 乘 24，1 镒就相当于 576 铢。以镒称铢，比喻兵力众寡之悬殊，好比巨人与侏儒交手，胜负毫无悬念。这两句话言简意赅，揭示了古往今来的一条胜负规律，那就是，通常取得胜利的军队，是因为具有如同以镒称铢那样的绝对优势；失败的军队则如同以铢称镒那样处于绝对劣势。

第二层意思，这段话进一步提醒人们注意，光有绝对优势力量还不够，还要善于正确地运用这些力量才能发挥出应有的能量。于是他说：“称胜者之战民也，若决积水于千仞之溪者，形也。”各种传世本中，这句话中均没有“称”字，但汉简本中有，所以据此增加“称”字，这样意思与上文也更为一致。上文在提到计算军事实力方法时说过“称生胜”，这里接着说“胜兵若以镒称铢，败兵若以铢称镒”，故应当是“称胜”，也就是说我们要通过衡量对比，在实力上居于绝对优势地位。“战民”的“战”意为指挥作战，即统帅三军将士与敌作战。这里还有一个字需要稍加解释，那就是“仞”。众人对这一古代的长度单位说法不一，有的说 8 尺，

有的说 7 尺。“千仞”，比喻极高。如果把这几个关键词连接起来看，那么整句话说的就是军事实力强大的一方指挥部队作战，就像在万丈悬崖决开山涧的积水一样，能量巨大、势不可挡。这就是军事实力的“形”。仔细分析，这种“形”实际上包含两大组成因素，一是犹如巨量的山涧积水那样拥有绝对优势的物质力量，二是犹如在 8 000 尺高处集中打开一个缺口让巨量积水冲泻而下，一静一动、两者结合产生巨大的能量。前者要求的是拥有绝对优势的军事实力，后者强调的是高效运用军事实力的方法：我们要集中压倒性优势力量，突然且快速地发起攻击。如果我们仅有优势实力，而不善于灵活地运用，优势反而成为劣势。

对于这句话还有一种理解，有人认为“决积水于千仞之溪者”不是在 8 000 尺高的山上打开一个口子让积聚的山水冲泻而下，而是在 8 000 尺深的地底下积聚巨量的山水，取之不尽、用之不竭。8 000 尺深的地底下固然可能积聚巨量水源，但是怎样才能将它们转化成巨大的能量呢？这令人费解。因而暂且把这种理解提出来供大家评判或者拓展一下思路吧。

前些年，西方军事理论界提出了一种新的作战理论，即“非对称作战”。其基本意思是说，以绝对优势的作战力量与处于绝对劣势的对手进行决战，以确保胜利。非对称战争的特征有多种，如作战时间的非对称、作战空间的非对称、作战力量的非对称、技术水平的非对称、作战手段的非对称、作战样式和战术战法的非对称等，其中最明显的是作战力量的非对称。美国近二十几年经历的海湾战争、科索沃战争、阿富汗战争、伊拉克战争、袭击利比亚，之所以都赢得了军事上的胜利，最为重要的原因就在于美国每次作战都会谋求绝对的军事优势。以科索沃战争为例：战争的一方是以美国为首的北约，另一方是力量弱小的南联盟。双方总体经济实力相差 700 倍，总体军事实力相差 400 倍，武器装备技术水平相差一二代，这种实力相差悬殊的战争被称为“毫无悬念的战争”。

很多人都认为“非对称作战”是一种崭新的理论，其实，它不过是 2 500 多年前孙子“以镒称铢”思想的翻版而已。

联系我们自身的生活，孙子这一谋略思想至少给人们做事、创业支了两招：一是要善于在平时积攒本事、增强功夫，谋求“以镒称铢”的优势；二是要善于在关键时刻巧用实力，不是零零散散地用，而是集中迅速地用，发挥高山决水般的巨大能量。两者有机结合，方能成就大业。

第五篇

《势篇》——营造竞争制胜的有利态势

［篇题解析］

《势篇》与《形篇》是姊妹篇。之所以说是姊妹篇，是因为它们分别阐述作战中两个密不可分又相辅相成的重要问题。《形篇》讲军事实力，《势篇》则讲运用实力的形势、态势、气势。比如，常人的拳头不至于夺人性命，少林寺武僧一拳则可置人于死地。同样是由皮毛血肉组成的拳头，为什么力量差距如此之大？关键就在于少林寺武僧多年练就了一身武功，挥拳之际，借势打力，发挥出巨大力量。可见，实力是静止的，其本身不能成倍地释放力量；态势是动态的，在运动之中推动实力倍增，从而使一分的实力发挥出十分的能量。人们常说的顺势而为、乘势而上，强调的都是"势"所蕴含的倍增效能。

本篇以一个"势"字为篇名，着重分析将帅如何在军事实力的物质基础上充分发挥主观能动性，在军队编成、指挥、战法和部署上形成一种"势险节短"之势，使有限的军事实力与险峻的作战态势结合起来，并在这种态势中集中且快速地投入战斗，犹如物理学中所说，质量乘以加速度，产生巨大的力量，从而使官兵激发出以一当十的冲击力量，一举战胜敌人。

【正文注释】

孙子曰：凡治①众如治寡，分数②是也；斗众③如斗寡，形名④是也；三军之众，可使毕受敌而无败者，奇正⑤是也；兵之所加，如以碫⑥投卵

---

① 治：治理，这里指管理军队。

② 分数：曹操注："部曲为分，什伍为数。"此言军队的编制和员额。

③ 斗众：指挥大部队战斗。

④ 形名：曹操注："旌旗曰形，金鼓曰名。"张预注云："用兵既众，相去必远，耳目之力所不闻见，故令士卒望旌旗之形而前却，听金鼓之号而行止。"意谓金鼓声响为信号联络与指挥军队。

⑤ 奇正：既指兵力，又指战法。主力部队为正，机动分队为奇。战术上先出为正，后出为奇；正面为正，侧击为奇；明战为正，暗袭为奇。总之，在人们意料之中为正，出乎人们的意料为奇。

⑥ 碫：磨刀石，此泛指坚硬石块。

者，虚实是也。

凡战者，以正合[①]，以奇胜[②]。故善出奇者，无穷如天地[③]，不竭如江河。终而复始，日月是也，死而复生，四时是也。声不过五[④]，五声之变，不可胜[⑤]听也；色不过五[⑥]，五色之变，不可胜观也；味不过五[⑦]，五味之变，不可胜尝也；战势不过奇正，奇正之变，不可胜穷[⑧]也；奇正相生，如环之无端，孰能穷之？

激水之疾，至于漂[⑨]石者，势也；鸷鸟[⑩]之击，至于毁折[⑪]者，节[⑫]也。是故善战者，其势险，其节短。势如彍弩[⑬]，节如发机[⑭]。

纷纷纭纭[⑮]，斗乱[⑯]而不可乱也；浑浑沌沌[⑰]，形圆而不可败[⑱]也。乱生

---

① 以正合：合，交战。曹操注："正者当敌"。即言以正兵与敌正面交战。

② 以奇胜：曹操注："奇兵从傍击不备也。"即言出奇制胜。

③ 善出奇者，无穷如天地：言出奇制胜之法如宇宙万物之变化无穷，而非言如天地之大。

④ 声不过五：古代的五个音阶——宫、商、角、徵、羽，合称五声。

⑤ 胜：在此训为"尽"。《孟子·梁惠王上》："谷不可胜食也""木材不可胜用也"，即言食之不尽，用之不尽。故"不可胜听"，言听之不尽。

⑥ 色不过五：古代五种原色，指青、黄、赤、白、黑。亦称五色。

⑦ 味不过五：古代味分酸、甜、苦、辣、咸五种，以此五味为原味。

⑧ 不可胜穷：此言无穷无尽之意。

⑨ 漂：浮，漂移。《尚书·武成》："血流漂杵。"杜牧、张预注"转"为运、行之意。义近。

⑩ 鸷鸟：《说文》："击杀鸟也。"盖鹰鹯之类。

⑪ 毁折：言擒杀鸟雀。

⑫ 节：节制，《孟子·离娄》："礼之实，节文斯二者是也。"审度长短。此句曹操注："发起击敌。"张预注云："鹰鹯之擒鸟雀，必节量远近，伺候审而后击。"义近。

⑬ 彍弩：彍，弩弓张满曰"彍"。《汉书·吾丘寿王传》："十贼彍弩。"颜师古注："引满曰彍"。即言张满待发的弩。

⑭ 节如发机：机，《说文》："主发之为机。"节如扣动之机关，一触即发。此两句言势为张满之弩，"节"即为击发之机件——弩牙，比喻发机迅疾。

⑮ 纷纷纭纭：徐锴《系传》云："即今'纷纭'字。"此句曹操注："旌旗乱也，示敌若乱，以金鼓齐之。"

⑯ 斗乱：言在纷乱状态中指挥战斗。

⑰ 浑浑沌沌：杜牧注："浑浑，车轮转行；沌沌，步骤奔驰。"此句统言混迷不清，非以"浑""沌"分别状写车驰与徒奔。

⑱ 形圆而不可败：形圆，行阵形制为圆形，即圆阵。圆阵首尾相接，四面外向，旋转应敌，是利于坚守、难以战败的军阵。

于治，怯生于勇，弱生于强[①]。治乱，数也；勇怯，势也；强弱，形也。故善动敌者，形之[②]，敌必从之[③]；予之[④]，敌必取之；以此动之，以卒待之。

故善战者，求之于势，不责于人[⑤]，故能择人而任势[⑥]。任势者，其战人也，如转木石。木石之性，安则静，危则动[⑦]，方则止，圆则行。故善战人之势，如转圆石于千仞之山者，势也。

【白话译文】

孙子说：管理大部队如同管理小部队一样井然有序，这是军队编制问题；指挥大部队如同指挥小部队作战一样灵活自如，这是属于指挥号令的问题；统率全军，一旦遭到敌人的进攻不致失败，这是“奇正”战术变化的问题；军队进攻敌人如同用石头打鸡蛋一样战而必胜，这是“避实击虚”的正确运用问题。

一般作战都是用“正兵”当敌，以“奇兵”取胜。所以，善于出奇制胜的人，其战法变化如同天地那样无穷无尽，像江河那样不会枯竭。终而复始，如同日月的运行；去而又回，像四季的更迭。乐音不过5个音符，但五音演奏的乐章变化无穷，听不胜听；颜色不过5种色素，却有5种颜色的变化，看不胜看；滋味不过5种，可5种滋味的变化，尝不胜尝；战术不过奇正，可是奇正的变化，无穷无尽。奇与正互相转化，就像圆环旋

---

① 乱生于治，怯生于勇，弱生于强：曹操注：“皆毁形匿情也。”梅尧臣注：“治，则能伪为乱；勇，则能伪为怯；强，则能伪为弱。”此句谓示敌混乱在于战之严整，示敌怯懦在于战之勇敢，示敌软弱在于战之坚强。

② 形之：曹操注：“见羸形也。”梅尧臣、张预、赵注本诸家同。杜牧则注云：“非止于羸弱也。言我强敌弱，则示以羸形，动之敌来；我弱敌强，则示以强形，动之使去。”杜说较是。此句言向敌人示以假象。

③ 从之：跟着采取相应的措施。此言既然战场表现反映部队的情况、素质，那么高明的指挥员就会故意在战争中示人以假象，使对方随着这个假象做出错误的举动。

④ 予之：给敌人以小利，引诱其上钩。

⑤ 不责于人：《说文》：“责，求也。”此句谓不苛求部下。

⑥ 择人而任势：挑选合适人才，充分利用形势。

⑦ 安则静，危则动：安，平。危，高，险。此句言石头放在安稳平坦的地方就静止，放在险陡倾斜的地方就滚动。

绕不绝、无始无终，谁能穷尽它呢？

湍急的流水飞快地奔泻，以至能使石头漂移，这便是流速飞快的“势”；雄鹰迅速地飞行、搏击，以至能捕杀雀鸟，这就是短促急迫的“节”。所以善于指挥作战的人，他所造成的态势是险峻的，发动攻击的节奏是短促的。险峻的态势就像拉满待发的弯弓，短促的节奏就像击发的弩机。

旗帜纷纷，人马纭纭，貌似混乱实则并不混乱；“浑浑沌沌”，迷迷蒙蒙，将队形摆成圆阵则不会失败。如果我们想要示敌混乱，必须以严格的训练为前提；想要示敌怯懦，必须有勇敢的素质为基础；想要示敌弱小，必须有强大的兵力为后盾。军队严整而能示敌混乱，这是组织编制有序；军队勇敢而能示敌怯懦，这是态势有利；军队强大而能示敌弱小，这是实力雄厚。因此，善于调动敌人的将帅用伪装的假象迷惑敌人，敌人就会听从调动；投其所好、引诱敌人，敌人就会上钩。总之，用小利去调动敌人，用重兵伺机攻击敌人。

善于作战的人，总是设法制造有利的态势，而不苛求部属，所以要选择善于“任势”的将帅。善于“任势”的将帅指挥军队作战时，就像滚动木头、石头一般。木头、石块的特性通常是在安稳平坦的地方就静止，在险陡倾斜的地方就滚动；方的容易静止，圆的滚动灵活。所以，善于指挥作战的将帅所造成的有利态势，就像转动圆石将它从 800 丈高山上滚下来那样。这就是“势”应具有的状态。

042　造势四诀，整体联动 /1979 年 2 月 16 日战前部署会

【原文】

孙子曰：凡治众如治寡，分数是也；斗众如斗寡，形名是也；三军之众，可使毕受敌而无败者，奇正是也；兵之所加，如以碫投卵者，虚实是也。

【精解】

在孙子的笔下，“势”是一个内涵非常丰富的概念。它既可从整体上指战略态势，又可从局部上指战役布势、战术位势、军心气势，等等。而且整体与局部之间是一种包含关系，即战略态势由各种各样的战役、战术之“势”综合而成。因此，孙子在《势篇》首先综合分析了作战整体态势的形成，以及 4 个关键要素：“凡治众如治寡，分数是也；斗众如斗寡，形名是也；三军之众，可使毕受敌而无败者，奇正是也；兵之所加，如以碫投卵者，虚实是也。”

首先是指挥体制要素。“治众如治寡，分数是也”，这里的“治”意为治理掌管。本句是说：管理大部队如同管理小部队一样井然有序，关键就在于“分数”得当。分，即分层分级；数，即人员数量。一支军队有上万之众，主要靠着分层设级，定编定员，然后各级配备指挥官，由上而下地分层分级管理，整个部队才有可能整齐划一、行动一致。还有一种说法，“分数”是春秋时期曾经采用过的军队最基层的编制单位，类似于现在的连、排。解放军这一轮军改，主要就是理顺指挥体制，使军队在现代化战争条件下能够更加灵活快速地投入作战并打赢战争。

其次是指挥号令要素。“斗众如斗寡，形名是也”，这里的“斗”意为指挥战斗。指挥大部队如同指挥小部队作战一样灵活流畅，关键在于“形名”。曹操解释说：“旌旗曰形，金鼓曰名。”《尉缭子》则具体记录了春秋战国时期“形名”的具体用途：“鼓之则进，重（再）鼓则击。金之则止，重金则退。”可见，形名主要是用来传达指挥号令的。分布在不同地区的

部队，闻鼓而动、听金而止、协调一致，形成合力作战之势。

再次是战术变化要素。“三军之众，可使毕受敌而无败者，奇正是也”，其中的“毕”，传世本皆作“必”，唯汉简本作“毕”，更合孙子本意。是否能够统率全军，在四面受敌的情况下不至于失败，关键取决于“奇正”。“奇正”有多重含义：从兵力上讲，主力部队为正，奇袭部队为奇；从作战位势上讲，正面强攻为正，侧翼迂回为奇；从战法运用上讲，常规战法为正，非常规战法为奇，等等。人们对“奇”字的读音也有分歧。有人认为应该读“机”。我查了一些资料，几种情况下“奇”读若“机”：一是指单数时，二是作命运不佳之意时，三是作为姓使用时。这三种情况与军事上的奇正之术无关。从军事上来说，只有当专指预备队或机动部队的时候，必须读若“机”。相传黄帝的大臣风后写了一本兵书叫《握奇经》，又名《握机经》。“握奇”“余奇”之兵乃是主帅控制的机动部队，这个时候读作“机”。从战略战术上来说，“奇”一般指出人意料的创新性战法及反常规战法。

第四是兵力运用要素。“兵之所加，如以碫投卵者，虚实是也”，其中的“碫”，是指磨刀石，比喻军队进攻敌人时要如同用磨刀石砸鸡蛋一样势不可挡，关键在于兵力虚实运用之妙。“虚实”也有多重含义：兵力强大为实，弱小为虚；防务周密为实，疏漏为虚；士气高昂为实，低落为虚；军心稳定为实，躁动为虚；明用战法为实，暗用为虚，等等。此处“以碫投卵”主要是指运用力量时的状态威猛无敌。

在孙子看来，营造有利的战场态势绝非仅限于鼓舞一下官兵斗志，或将部队置于死地，而是要全方位努力、系统化展开，至少要从分数、形名、奇正、虚实 4 个方面下功夫，从而使自己的部队指挥体制顺畅、指挥号令明确、战术变化灵活、力量运用精当，各个子系统都处于良好状态，从而共同形成整体合力的全局优势。

孙子不愧为打过仗的将军，《势篇》开头这段话既是其指挥打仗的经验之谈，也揭示了作战的一般规律和基本模式。即使是在现代战争中，作战预案必须明确作战企图、战斗编成、指挥程序、指挥号令、作战方法、协同方法、保障方法等，通过诸多方面努力，共同使部队形成虎狼之势。显然，孙子所说的4个方面无疑也是其中必不可少的基本内容。在当年的自卫还击作战中，我们大致也就是这么做的。

那是1979年2月16日的黄昏，对越自卫还击作战发起总攻的前夕。当时，部队即将进入进攻出发地带，隐蔽在中越边境茂密的树林之中。连长召集全连干部及各配属兵种负责人部署作战任务。我们十几个人在树林中围成一圈，席地而坐，个个神情凝重。当时我还不是穿四个兜衣服的干部，只是穿两个兜的“兵头将尾”，但是作为特殊兵种——喷火兵的班长，我也列席会议。现在回想起来，当时连长部署任务时所说的内容不外乎孙子关注的这几个方面。

1. 明确全连作战任务。
2. 区分各排主攻、助攻任务。
3. 规定通信、工兵、喷火兵、防化兵等配属分队任务。
4. 说明指挥关系，指定各级代理人，如果连长牺牲，由指导员接替指挥，指导员牺牲由副连长接替指挥，副连长牺牲，由一排长接替指挥。
5. 明确指挥号令、各单位联络方式。
6. 明确作战基本方法，主攻、助攻部队的进攻路线及配合方法。
7. 明确通信、工兵、喷火兵、防化兵等配属分队的使用时机和方法。
8. 规定后勤保障的方法。
9. 规定战场纪律，提出作战要求。

…………

那个时候的连长应当没有读过《孙子兵法》，但是他所做的这一切部署符合作战的客观要求，与孙子思想不谋而合，其目的在于造势，使全连官兵在发起总攻之际能够密切配合、协调一致、猛打猛冲，达到孙子所期望的“势如旷弩，节如发机”的程度。

第二天凌晨，总攻开始，刹那间万炮齐轰、炮声震耳欲聋，天空被打得通红通红，整个大地剧烈颤抖，这种情况下，人人都会紧张慌乱。多亏有战前的明确部署和严密组织，不然开战之际就会全乱套了。火力准备结束之后，我们连如猛虎下山一般英勇作战，迅速攻入敌人阵地。

现在打仗的基本模式是一体化联合作战，更需要整体筹划、统一协调、互相配合，孙子讲的分数、形名、奇正、虚实，虽然古朴，但仍是现代战争中营造有利作战态势时必须高度重视的问题。更重要的是，孙子的这种谋略思想值得我们灵活运用，提醒我们在新的战争条件下从更多方面谋求有利的作战态势。

043　正合奇胜，巧于变化 / 韩信背水列阵的玄机

【原文】

凡战者，以正合，以奇胜。故善出奇者，无穷如天地，不竭如江河。终而复始，日月是也，死而复生，四时是也。声不过五，五声之变，不可胜听也；色不过五，五色之变，不可胜观也；味不过五，五味之变，不可胜尝也。

【精解】

分数、形名、奇正、虚实，这 4 个重要因素合力营造出有利的作战态势。这 4 个因素中，最重要的是奇正。所以，接下来孙子着重研究奇正问题，并将其作为全篇的重点及营造有利作战态势的关键。

孙子用一句话揭示了古代作战的一般模式："凡战者，以正合，以奇胜。"一个"凡"字，意味着从战争规律上来说，自古打仗通常都是用这种模式打的。人们往往把它理解为主力部队从正面迎击敌军主力，突击分队从侧翼偷袭敌人要害。毫无疑问，这样理解是正确的，符合孙子本意。但是，中国古代兵法语言往往言简意丰，辞微旨远。需要人们仔细品味，方能领悟其中的真谛。如果仅仅将"以正合，以奇胜"理解为正面出击和侧翼偷袭，未免过于简单化。敌对双方都照此方法打仗，势必呈现正兵对正兵，奇兵对奇兵的状态，仅仅需要拼力气、拼胆量而已。《孙子兵法》的魅力恰恰就在于关键字眼含义的丰富性、多样性和深刻性。概括地讲，"奇正"的本质内涵正如毛泽东在对《后汉书》的一则批注中所说："正"是原则性，"奇"就是灵活性。用兵常法为正，变法为奇。

近两年有人以报道重大发现的口吻声称，《孙子兵法》从古至今被人们误读最多的就是"以正合，以奇胜"，认为将其解释为以主力从正面迎击敌人，以分队从侧翼偷袭制胜，是完全错误的。应当把"奇"读为"机"，并将其理解为预备队，全句则讲的是用主力部队正面交战，必要时再投入预备队，予敌致命一击。值得肯定的是，这种理解比较专业，把

“奇”念作“机”，看作主将掌握的机动分队。但是，如果按照这种理解，把“奇正”固化为一种作战方法，那么接下来这段话就不好理解了：“故善出奇者，无穷如天地，不竭如江河。终而复始，日月是也，死而复生，四时是也。声不过五,五声之变，不可胜听也；色不过五,五色之变，不可胜观也；味不过五,五味之变，不可胜尝也。”这段话中，孙子用一连串比喻说明奇正之变的问题。

先看第一句话：“故善出奇者，无穷如天地，不竭如江河。”说的是善于出奇制胜的人，总是注重奇正之变，变换的谋略思路像天地运转、江河流淌那样，生生不息、随时变化，这强调的是永恒变化；

再看第二句话：“终而复始，日月是也，死而复生，四时是也。”强调的是，奇正之变应当像日月转换、四季更替那样，彼此转化、相互依托，这强调的是奇正相互转化；

再看第三句话：“声不过五，五声之变，不可胜听也；色不过五，五色之变，不可胜观也；味不过五，五味之变，不可胜尝也。”强调的是，奇正之变应当像五声、五色、五味那样，既变化多端，又彼此综合，这强调的是互相渗透。

显然，在孙子的思想中，正与奇并不仅仅是指主力军和预备队，更多的是指作战的常法与变法。孙子之所以不厌其烦地用六七个比喻说明奇正之变的永恒性、相互性、多样性和综合性，就是为了形象地描述“奇”与“正”之间的变化问题，或者说常法与变法的转化问题。

孙子为什么如此看重奇正之变的问题？其实，他不仅看重奇正之间的变化，而且对于作战中一切矛盾关系的变化都非常看重。比如全与破之间需要变化，攻与守之间也需要变化，虚与实之间仍然需要变化。这些谋略手段的相互变化，至少可以带来三个方面的效果：一是我方把敌人变糊涂了，他们眼花缭乱，不知道我方怎样布阵，也不知道我方怎么个战法，束手无策。那不就非常被动了吗？二是我方把自己变安全了，敌人束手无策之时，当然也就不敢贸然来挑衅我、攻打我，我方当然也就相对安全了，赢得了进一步准备的时间。三是变出有利战机。孙子“诡道十二法”的核心是“攻其无备，出其不意”，我方一旦通过变化使敌人眼花缭乱，不知所措，无法防备，当然就比较容易攻打了。

楚汉战争时期，韩信在兵力非常悬殊的情况下就是因为采用了奇正之变的办法，因而创造了以 3 万之众大败 20 万赵军的战争神话。

公元前 205 年，项羽在彭城击败刘邦，使得原本投靠刘邦的诸侯纷纷选择中立，严重威胁汉军侧翼。为了摆脱这一不利局面，刘邦采纳了张良等人的建议，制定了正面坚守、侧翼发展、敌后袭扰的战略方针。这其实就是运用了孙子所说的“以正合，以奇胜”的谋略思想。

公元前 204 年 10 月，韩信统率 3 万汉军，越过太行山，向东挺进，对因背叛汉王而割据一方的赵国发起攻击。赵王歇、赵军主帅陈余闻讯后集结 20 万大军于井陉口防守。井陉口是太行山有名的八大隘口之一，就在今河北井陉县北井陉山上。在它以西，有一条长约几十公里的狭窄驿道，易守难攻，不利于大部队的行动。赵军先行一步，扼守住井陉口，安营扎寨，居高临下，以逸待劳，且因其兵力雄厚，总体处于优势和主动地位。

面对强敌，精通兵法的韩信想到了出奇制胜、一举破赵的良策。他指挥部队开进到距井陉口 30 里的地方扎下营寨。到半夜时分，他迅速实施作战部署：一面挑选 2 000 名轻骑，让他们每人手持一面汉军的红色战旗，由偏僻小路迂回到赵军大营侧翼的抱犊寨山潜伏下来，准备乘隙袭占赵军大营、断敌归路。此可谓是“奇兵”。一面他又派出 1 万人为前锋，乘着夜深人静、赵军没有察觉之际，渡过绵蔓水东岸，背靠河水布列阵势。此可谓是“正兵”。

赵军对身后潜伏的汉军毫无觉察，只望见前方汉军背水列阵，无路可退，都禁不住窃窃哂笑，认为韩信置兵于“死地”，根本不懂得用兵的常识，因而对汉军更加轻视。殊不知，韩信违背兵法常规背水列阵，其实是“正法奇用”。按兵法常规，韩信确实不应背水列阵，军无退路，很可能全军覆没。然而，韩信有意违背兵法常规的做法背后有着自己的独特想法：一是使官兵“置之死地而后生”，激发出他们以一当十的力量；二是迷惑赵军，使其脱离营寨。

天亮之后，韩信亲自率领一部分汉军，打着大将的旗帜，摆开大将的仪仗鼓号，向井陉口东边的赵军进逼过去。赵军见状，以为机会来了，马上出营接战。两军戈矛相交，厮杀了一阵子后，韩信就佯装战败，让部下胡乱扔掉旗鼓仪仗，向绵蔓水方向后撤，与事先在那里背水列阵的部队迅速会合。赵王歇和陈余误以为汉军不堪一击，于是挥军追杀，倾全力猛攻背水阵，企图一举全歼汉军。

汉军士兵看到前有强敌，后有水阻，无路可退，所以人人死战，个个拼命，挡住了赵军的凶猛攻势。这时，埋伏在赵军营垒翼侧的 2 000 名汉军轻骑则趁势杀入空营，干掉少量守军，迅速拔下赵军旗帜，插上汉军战旗，一时间战旗林立、迎风招展。一面战旗意味着一支部队，那 2 000 面战旗意味着多少支部队？

战争最为激烈的时刻，既是双方力量拼搏最为吃紧的时刻，又是双方意志较量最为关键的时刻。激战之中的赵军官兵猛然发现自己大营上插满了汉军战旗，顿时惊恐大乱，纷纷逃散。占据赵军大营的汉军轻骑见赵军溃乱，当即出击，从侧后切断了赵军的归路；而韩信指挥汉军主力发起全线反击。赵军仓皇向泜水方向败退，却被汉军追上，全部就歼。陈余被杀，赵王歇束手就擒。

无怪乎明朝兵书《草庐经略·奇兵》感言：“兵无奇不胜，故将非奇不战。”我们可以将这句兵家之言稍稍改动一下，改为：事无奇不彰，故人非奇不动。对倾向于追求平平安安的人来说，这句话可以置之不理。但是，对倾向于想轰轰烈烈干一番大事的人来说，这句话也许值得参考。在守正的基础上出奇，在出奇的同时守正。两手并用、互相配合，我们才有可能既行得稳，又出得彩。

044 奇正相生，联动造势 / 韩信木罂渡河出敌不意

【原文】

战势不过奇正，奇正之变，不可胜穷也；奇正相生，如环之无端，孰能穷之？

【精解】

孙子用天地运转、江河流淌、日月更替、四季轮回，以及五声、五色、五味的比喻，核心都是为了说明奇正之变。孙子紧接着说了一句话："战势不过奇正，奇正之变，不可胜穷也；奇正相生，如环之无端，孰能穷之？"

从这段话，我们至少可以读出孙子奇正论的三层意思。

首先，"战势不过奇正"强调的是，打仗的态势或战术不外乎"奇"与"正"两种，只不过表现形式不同罢了。从兵力上讲，主力部队为正，奇袭部队为奇；从作战位势上讲，正面强攻为正，侧翼迂回为奇；从战法运用上讲，常规战法为正，非常规战法为奇，等等。形式虽然千变万化，但万变不离其宗。

其次，"奇正之变，不可胜穷也"，强调的是奇正并非固定不变，而是可以和自然规律一样，无穷无尽地变化。一旦它固化下来，形成某种定势，比如"以正合，以奇胜"固化为双方主力对主力，奇兵对奇兵，直接硬碰硬，那结果就没有什么悬念了，只要看双方谁的力量大、勇气足，便可预知胜负。按照这种固化的模式，井陉之战中韩信就不可能以 3 万人马战胜 20 万大军了。战争中往往是变化产生机会，变化引领胜利。相反，战法一成不变、固化僵硬，则很容易成为靶标，任人研究，甚至任人摆布。法国人在法德边境花了 12 年工夫，耗资 50 亿法郎修筑延绵数百公里的马其诺防线。防线由钢筋混凝土建造而成，十分坚固。防线内部拥有各式大炮、壕沟、堡垒、厨房、发电站、医院、工厂等，通道四通八达，较大的工事中还有有轨电车通道，可谓固若金汤。法国人怎么也不会想到，

1940 年 5 月德军绕过马其诺防线，从法国与比利时的边境一带阿登高地突破，闪击法国，使马其诺防线形同虚设，完全失去作用。显然，法军之败，就败在有正无奇、不知变化的这个关键点上。

再次，“奇正相生，如环之无端，孰能穷之？”这句话意在说明奇正变化的内在机理。它不是无规则的乱变，而是相互转化、合力创新。这句话的关键是“奇正相生”4 个字。记得有一次给外国军官讲《孙子兵法》时，一位学员曾对此提出疑义。他问道：四季、五声、五色、五味等自然现象都有四五个元素，可以按规律循环往复地变化，奇与正不过两个元素，如果按照排列组合的方法计算，充其量也只有 4 种不同的组合，怎样才能够“奇正相生，如环之无端”来回转个不停呢？这位学员确实动了脑筋，要不然提不出这种难题。

如果把“奇”与“正”固定地理解为预备队和主力军，确实不好回答这位学员的问题。殊不知，在孙子的观念中“奇”与“正”并不是固定不变的，它们彼此之间可以随时变化。我们不妨在头脑中想象一下先秦作战时所采用的五军阵。正兵通常围绕中军，分布在前、后、左、右 4 个位置上。如果有的方向上奇兵与正兵互换位置，正兵假装奇兵，奇兵假装正兵，有的方向则按常规布阵，每个方向正兵与奇兵布阵方法各不相同，也就是每个方向上都展开奇正之变，其整体状态可不就是“如环之无端”吗？不难想象，如果八卦阵的各个方向都布阵方法各异、作战战法多样，那不就是像一个圆圈来回转动，让对方看不清真正的阵势和战法了吗？

综合上面三层意思我们不难发现，“奇正”并非固定地代指一种作战方法或一种作战状态，而是一种军事哲学思想概念，其实质是强调打仗务必“正合奇胜”两手并用，但又不能僵化、固化。任何事物一旦被固化，就容易被人们把握变化规律和必然走向。

讲到奇正相生，我不得不再讲一讲韩信木罂渡军的故事。

公元前 205 年 8 月，楚汉之争中，刘邦命韩信为左丞相，统帅大军渡河打击魏王豹，开辟北方战场。魏王豹听说汉军前来进攻，就任命柏直为大将，统领全军，扼守黄河东岸的蒲坂，封锁黄河渡口临晋关，阻止汉军渡河。柏直还组织了一支特别行动队，沿着黄河巡逻；同时还把民用船只全部赶走，不许其在河内来往停泊。

韩信领兵来到前线，看到蒲坂地势险要，又有魏王豹安排的重兵把守，知道要从正面进攻很难取胜。于是，韩信分别派遣多名探卒沿着黄河上下流详细察看地形。不久之后，探卒纷纷回来报告情况。从探卒报告的情况中，韩信了解到魏王豹在黄河边上从蒲坂到北面的临晋一带布防严密、无懈可击。但是，沿着黄河北上，距临晋渡口百余里的地方——夏阳，魏军没有设防，而且这个地方岸低水缓，渡口 20 里平川，利于军队集结。特别是魏军的后方重镇安邑和首邑平阳兵力薄弱，且疏于戒备。了解到这些情况之后，韩信决定采用奇正之术。

他把汉军大营设置在蒲坂对岸，在军营附近插满了旌旗，并且把汉军方面所有的船只都集中到这里来。他白天叫士兵们擂鼓呐喊，夜间灯火通明，调兵遣将忙个不停，摆出主力部队随时准备从这里渡河的架势。其实，这只是韩信安排灌婴将军所率领的骑兵部队假装“正兵”。这一举措一方面是在掩护主力部队，另一方面，一旦魏军在蒲坂撤兵，灌婴便可挥军乘船渡河追击魏军。真正的主力部队却由韩信和曹参将军率领悄悄地北上百余里，进驻夏阳。由于两地相距大约 160 里，魏军对韩信的军事行动丝毫没有察觉。

汉军进驻夏阳以后，韩信命令士卒就地取材，临时砍伐大量树木，并从民间征集大量瓮罂（陶制容器），令大木居外，小木居内，用绳索捆紧，纵横缚成长方形的木排。每个木排内有数十个方格，将瓮罂安放格中扎牢，就成为木罂，即渡筏。这种渡筏既平稳，所受浮力又大。汉军乘着木罂，从夏阳偷偷渡过了黄河。与此同时，在临晋渡口，灌婴将军带领士兵上船，士兵们击鼓的击鼓，呐喊的呐喊，杀声震天，可就是“盘马弯弓惜不发”。对面的魏军听到喊杀声，迅速进入战位准备阻击渡河的汉军，可是等了老半天还是不见汉军过河，不知道汉军在搞什么名堂。魏军的主帅柏直哪里知道，就在这时，韩信、曹参已经率领汉军从夏阳渡过了黄河，攻下了魏军的后方重镇安邑。这时候，魏王豹慌忙领兵迎战，可他哪里是韩信的对手？几天交战下来，韩信指挥的汉军大败魏军，最后活捉了魏王豹。

此战之中，韩信深得孙子奇正之变、奇正相生观念的真谛，既采用奇正结合的方式，又注重以奇为正，以正为奇，搞得魏军晕头转向、摸不着北。其中的智慧妙不可言。老子曾说："以正理国，以奇用兵，以无事取天下。"（老子，《道德经》）意思是说，君王或将领要用规范的方式治理国家，用奇变莫测的办法带兵打仗，用无为的方法来治理天下。笼统地这么讲，倒也讲得过去，但经不起仔细推敲。其实，无论是治国还是治军，甚或管理企业，以及为人处世，都应当有正有奇，以正为主，以奇为辅，奇正相生。

045　势如劲弩，节如发机/神头岭战斗为何被誉为“一流的伏击战”

【原文】

激水之疾，至于漂石者，势也；鸷鸟之击，至于毁折者，节也。是故善战者，其势险，其节短。势如彍弩，节如发机。

【精解】

奇与正，可谓道与术的结合体。从道的层面上说，它是一种军事哲学思想，告诉人们如何按照战争矛盾运动的规律，把握力量、状态、方法等问题上的“奇”“正”辩证关系，从而营造正合奇胜的有利战略态势。从术的层面上讲，它不是抽象的概念，而是让人们能够直观感知的战场状态，或者能够实际运用的战术方法。所以，孙子讲完奇正相生的原理之后，紧接着就回到造势问题上来，具体分析如何运用种种奇正之变的方法营造“势险节短”的战场态势。

战场态势的具体形态各异，诸如兵多将广的威势、置之死地的险势、万事俱备的顺势、众志成城的气势、以众击寡的胜势等，没有固定的形态。然而，其基本要求是大体一致的。孙子没有分别论述各种态势的情形和特点，而是连用几个比喻引导人们意会其共性的要求。他说道：“激水之疾，至于漂石者，势也；鸷鸟之击，至于毁折者，节也。是故善战者，其势险，其节短。势如彍弩，节如发机。”

这段话有三层意思。

第一句话：“激水之疾，至于漂石者，势也；鸷鸟之击，至于毁折者，节也。”孙子连用两个比喻描绘有利态势应有的状态。

水乃至柔之物，本身并不具备漂起石头的力量。但是在陡峭的山间，湍急的水流可以使石头漂走。力量从何而来？按照物理学原理，质量乘以加速度会产生巨大的力量。陡峭的地势迫使水流集中且高速地流下，赋予柔弱的水足以漂石的力量。

鸷鸟，这里是指性情凶猛的大鸟，如山鹰、黑雕之类。这种类型的鸟一般体型比较大，不如小鸟灵活，为什么还能够捕捉到地面上灵巧的小兔子？孙子认为，关键就在于鸷鸟在捕食之际将“节”把握得很好。这类鸟的捕食方式并不单一，有时它候在悬崖或高树上，静等猎物出现，然后俯冲扑食；有时在高空盘旋搜寻猎物；有时掠地而过，在低空中捕食；有时快速且敏捷地煽动双翅，紧随猎物飞行追捕。无论哪一种方式都有一个共同点，那就是它们在捕捉猎物的那一瞬间往往会度量最短的距离发起冲击，以至野兔之类的灵巧动物都来不及反应。这就是孙子所说的“节”。张预注云：“鹰鹯之擒鸟雀，必节量远近，伺候审而后击。”

第二句话：“是故善战者，其势险，其节短。”点明两个比喻的军事含义所在，那就是将领要营造有利的作战态势，必须发挥激水漂石和鸷鸟搏击的巨大力量，所以要注意把部队部署在险峻的位置上，实施短促突击。

第三句话：“势如彍弩，节如发机。”进一步用比喻说明，这种状态之下的部队犹如拉满的弯弓，将士精神饱满、斗志高昂。攻击的瞬间犹如扳机发箭，整个部队飞速向前、势不可挡。

身经百战的刘伯承元帅对此深有同感。他认为《势篇》就是说明兵力的分布，正兵与奇兵的战斗行动（正兵就是指主要集团，奇兵就是指辅助集团）；布势必须险恶，战斗经过要短促干脆。因为战争是一种斗智斗勇的特殊活动，四平八稳的环境及心平气和的状态很难激发军人的斗志，相反，危险的环境往往使军人直面死亡，求生欲望陡增。尤其是在兵力相对弱小的情况下，“投之于险”并实施集中且短促地突击，才能够断绝官兵所有的侥幸、依赖、等待念头，从而激发出他们的全部潜能，使其个个以一当十、勇往直前，形成一种“以碫击卵”的锐利作战之势。在长期战争实践中，刘伯承始终把握“势险节短”这一作战指导思想，在敌强我弱的军事对抗中达到了运用自如的效果。他认为“势”不是固定不变的，因而要求指挥员要善于根据战场上的变化，凭借自己良好的军事素养、指挥艺术和战斗经验，适时造成有利于我、不利于敌的“兵势”。他如此要求各级指挥员：战役布势、战斗部署要力求险，作战行动要快速勇猛，战役战斗过程要短促，使敌人的处境就像“驼子走下坡路，趋势很陡”，使敌人想要挡住我军的进攻时就像“抓沙子搪水，徒劳无功”。

1938 年 3 月 16 日的神头岭战斗，堪称刘伯承追求“势险节短”的典型战例之一。在这次战斗中，他以一个营的兵力作钳制部队，奇袭日军重要补给线——邯（郸）长（治）兵站集结地黎城，吸引其南面的潞城之敌翻越神头岭前往救援。与此同时，他以三个团的兵力作为主攻部队，在黎城、潞城之间的神头岭三面设伏，对援敌形成较大数量优势。其中一个营埋伏在国民党军队废弃的工事内，隐蔽时士兵被特别要求不能动旧工事上的陈土，踩倒的草一定要顺着风向扶起来，严格进行隐蔽伪装。此处距敌人的必经之道只有 25 米，攻击距离之短远远超出常规，几乎咫尺之间。上午 9 时 30 分，当日军完全进入设伏地区时，伏击部队突然开火，顿时将日军车队截为数段。由于隐蔽点距离公路不过几十米，所以八路军的手榴弹可以密集地投到日军头上爆炸，接着，机枪、步枪一起开火，猛烈的火力几乎覆盖了整个日军车队。日军根本没想到会在神头岭遭到八路军的伏击，被打了个措手不及、阵脚大乱，人员死伤惨重。这场战斗持续了两个小时，共毙伤俘敌 1 500 多人，缴获长短枪 500 多支、子弹万余发。战后，参加过这次作战的日本随军记者本多德治胆战心惊地回忆道，在几公里地段的山梁上，露出一两千张愤怒的脸，连被憎恶的心燃烧着的充满着敌忾心的目光也可以清楚地看到。八路军“势险节短”的锐利作战之势由此可见一斑。日军不得不承认，这次战斗是八路军“一流的伏击战”。

刘伯承清楚地意识到营造险峻的战场态势不能“玩空手道”，还需要一定的物质基础——实力。他用我们都熟知的武松打虎的故事说明险峻的态势与物质基础的关系。他说，武松打虎是在武松胆量和武功的基础上，再加上喝了十碗老酒、吃了几斤牛肉的综合条件所共同构成的力量，是这些造成了有利于武松的态势。所以，武松最终能置猛虎于死地。

贝多芬的《命运交响曲》时而高亢激越，时而轻松舒缓，非常生动形象地表现了人生命运的曲线。人的一生中，大多数时光平淡无奇、波澜不惊，但总会有需要冲刺的时刻。毫无疑问，如果冲刺之时迈着大方步、叼着小烟斗，是不可能激发出洪荒之力的。但凡成大事者，在这种时刻往往能给自己施加巨大的压力，断绝一切退路和依靠，集中全部精力和能力，抓住关键节点奋力一搏，从而战胜困难或对手，开辟人生新境界。这种“拼命”状态，显然与孙子推崇的“势险节短”别无二致。

046 斗乱不乱，形圆不败 / 谢安大战之前气定神闲走棋盘

【原文】

纷纷纭纭，斗乱而不可乱也；浑浑沌沌，形圆而不可败也。

【精解】

将领必须善于营造势险节短的有利作战态势。但是，在实际的战场上，即使军队拥有有利的作战态势，一旦开战也会出现混乱。所以，一个将领不仅要善于在战前平静的环境中筹划战争计划，更要善于在开战后的混乱环境中指挥作战。这就是孙子所说的："纷纷纭纭，斗乱而不可乱也；浑浑沌沌，形圆而不可败也。"

上文中，我曾回忆了 1979 年对越自卫还击作战开战时的情景。虽然多亏连长前一天黄昏召开了战前部署会，开战之际不至于全面混乱，但是，说实在那只是相对而言而已，其实万炮齐轰之时还是难免出现混乱。30 多年后一次老战友聚会时，其中一位战友坦率地承认，当时吓得尿湿了裤子。在当年的战争中，炮击 30 分钟之后，随着连长一声命令："前进！"我们立即向前发起冲击。冲了不多远我们就遭到越军阻击，不少战友中弹倒下，死的死、伤的伤，没死没伤的继续往前冲，但是在密集的枪林弹雨面前大家不得不更加注意利用地形地物隐蔽身体，没有多久，队伍就乱了。那时候的军装不像现在有姓名牌、军衔肩章、部队符号等标志，军装之间仅有的一点区别就是干部四个兜、战士两个兜，但腰带一扎，子弹袋、手榴弹袋、干粮袋等各种装具一背也就看不出来了，大家都是草绿色的衣裤、铁灰色的面庞，紧张之中完全分不清谁是干部、谁是战士，哪是一排、哪是二排，甚至一营和二营也混在一起了。尤其是像我们这种临战前两天才被安排到步兵连的所谓"配属单位"的干部战士，更是一下子分不清谁是连长、谁是排长。当时的情况真的是一片混乱。好在我们人多势众，大家都冲着一个目标前进，最终还是消灭了当面之敌。正是因为有过这种经历，我对孙子"纷纷纭纭，斗乱而不可乱也；浑浑沌沌，形圆而

不可败也”这两句话深有同感。应当说，这两句话至少有两层含义。

一是战场上旗帜纷纷、人马纭纭、混乱不堪，战车奔驰、尘土飞扬、混沌迷蒙，通常情况下官兵都很容易因为极度惊恐而胡乱奔跑，整个部队则乱作一团，难以合力作战。避免出现这种状况的有效办法便是营造“势险节短”的作战态势，使整个部队像拉满的强弓，每个官兵像弦上的利箭，以强大的压力激发他们的勇敢斗志，在高速冲击中释放他们的全部力量。如此，才能使部队即使是在混乱的环境中战斗也能够保持严整且有序的状态；即使在战车冲撞的混战中也能够保持完整且坚固的阵形。

二是对将领在混战中指挥作战的要求。在面对战场时会出现紧张恐慌的问题上，将领与普通官兵并无两样，他们也会紧张，也会恐慌，而且他们的精神状态往往影响的不仅仅是自身，而是整个部队。所以，孙子要求将领在“斗乱”之际——在混乱的环境中指挥部队作战时——也要保证自己思想不乱、沉着指挥，从而保持整个部队扰而不乱。在“浑浑沌沌”的战车拼杀中，对部队而言最重要的是保持圆阵阵形完整（亦泛指各种阵形严整），各战车联成一个整体，抵抗对方猛烈冲击而不至于失败。

不难设想，如果既没有营造“势险节短”的有利态势，将领又惊慌失措，势必导致全军大乱。著名的淝水之战用事实为上述观点做了很好的诠释。

东晋太元八年（公元383年），前秦苻坚在统一北方后强征各族人民，亲率60万步卒和27万骑兵，以其弟苻融为先锋，挥师南下，企图一举灭晋。前秦许多大臣都表示反对，但一心希望尽早统一中国的苻坚信心满满地说：“区区长江天险算什么？我拥有百万大军，只要我一声令下，叫士兵们把皮鞭投入长江，足可断掉流水了！”[①] 面对前秦的强大攻势，东晋上上下下一片震惊恐慌。宰相谢安临危受命，负责领军迎敌。一天，他的侄子谢玄进房间问他计策，谢安神色平和、毫不慌张地回答说：“我心里

① 此为成语“投鞭断流”的来源，后比喻人马众多，兵力强大。

已经有谋划了。”接着就不出声了。谢玄不敢再问，就请吴兴太守晋宁侯张玄再去请教。谢安依然不谈战事，邀请张玄一起坐车外出去山间别墅，召集亲朋好友，以别墅为赌注和张玄下围棋。谢安平时棋艺不如张玄，这天张玄心中害怕，就和谢安棋逢敌手，还不能取胜，最终输给了谢安。得胜之后，谢安回头对他的外甥羊昙说：“我就把这座别墅交给你了。”然后，他又出门游玩，直到夜里才回来。回来之后，他立即召集将领，部署作战方案，以谢石为前线大都督，谢玄为先锋，率谢琰、桓伊等将领，领8万兵马，分三路迎击前秦军。显然，大敌当前之际谢安却安于下棋，目的在于稳定诸将的情绪，遏制惊慌失措的心理，达到孙子所说的“斗乱而不可乱”的目的。

苻坚自认为百万大军必定胜券在握，于是先礼后兵，派不久前在襄阳之战俘虏的东晋中军司马朱序前去劝降谢石。朱序却私下提示谢石宜先发制人，击溃前秦的先锋部队，其理由是：“前秦虽有百万之众，但还在进军中，如果兵力集中起来，晋军将难以抵御。应趁秦军尚未全部抵达的时机，迅速发动进攻，只要能击败其前锋，挫其锐气，就能击破秦军百万大军。”（司马光，《资治通鉴·晋纪二十七》）谢石起初认为秦军强大，打算坚守不战，待敌疲惫再伺机反攻。他听了朱序的建议后认为这很有道理，便改变了作战方针，决定转守为攻、主动出击。

11月，谢玄遣部将刘牢之率精兵5 000夜渡洛涧，大破秦军前哨，斩梁成等秦将10名，歼敌1.5万。晋以劣势兵力首战告捷，士气大振，于是水陆兼程，直逼淝水东岸。

苻坚得知洛涧兵败，晋兵正向寿阳而来，大惊失色，马上和苻融登上寿阳城头，亲自观察淝水对岸晋军的动静。他见晋军阵形严整，又望见八公山上的草木，以为皆是晋兵，心中不由得害怕起来。

初战告捷后，谢玄决心进一步主动出击。他针对秦军上下离心、各族士兵厌战的情况，及苻坚恃众轻敌又急于决战的心理，遣使要求秦军略向后撤，以便晋军渡河决战。苻坚不知是计，以为能够来个半渡而击，于是下令部队稍退。岂料，前军一退，后军就乱了阵脚。与此同时，朱序趁机在队伍中大喊“秦兵败了”，导致秦军大乱，各部队官兵亡命奔逃。晋军趁机抢渡淝水猛烈进攻，大败秦军。溃兵逃跑时听到风声和鹤叫声，都以为是追兵，因而昼夜奔跑、饥寒交迫，死掉的人十之七八。谢玄乘胜收复洛阳、彭城等地。苻坚身中流矢，单骑而逃。

谢玄在前线打败苻坚后，通过驿站向谢安传送战报。战报送达之时，谢安正在和客人下围棋，看完信，就随手放在床上，毫无欣喜之色，像刚才一样继续下棋。客人问他前方战事如何，他缓缓地回答说：“小子们打败了敌人。”客人听了欣喜若狂，再也无心下棋，急于把这个好消息告诉别人，便告辞走了。谢安送走客人，回到内宅后，再也按捺不住喜悦的心情，高兴得手舞足蹈，过门槛的时候踉踉跄跄地把木屐齿碰折了都不知道。

东晋以 8 万人马大败前秦百万大军，简直令人难以置信。然而，这就是历史。尽管说苻坚有百万大军多少有些夸张，但毕竟东晋是以少胜多、以弱胜强。显然，前秦并不是输在军事力量上，而是输在部队的气势和主帅的定力上。谢安也不是赢在军事力量上，而是赢在部队的气势和主帅的定力上。

在 2016 年的第 31 届奥林匹克运动会上，中国女排之所以能够夺得世界冠军，毫无疑问，也是赢在女排姑娘们的气势和主教练的定力上。开赛第一周，中国女排先后输给荷兰、塞尔维亚、美国，勉强进入 8 强。当时，批评、谴责、讥讽之声不绝于耳。不少人哀叹：女排精神不再！ 8 月 17 日女排 1/4 决赛，中国队和实力相当的东道主巴西队展开争夺。这是一场生死搏杀，胜者进入半决赛，败者将无缘前四名。当时场上气氛一边倒，巴西女排在本土作战，满场本国观众雷鸣般的欢呼声使其气势如虹，中国女排则频频受到嘘声干扰，场上形势对中国女排极为不利。在这种情况下，女排姑娘们以置之死地而后生的气概奋力拼搏，主教练郎平临危不惧、沉着指挥，安抚和鼓励队员们“稳着打”，硬是当着巴西全国观众的面以 3 比 2 战胜巴西女排。接着，中国女排又接连打败一周前曾经战胜过自己的荷兰队和塞尔维亚队，反败为胜，最终夺得冠军。

人生处处是赛场，事业成败靠拼搏。牢牢记住并努力实践孙子“纷纷纭纭，斗乱而不可乱也；浑浑沌沌，形圆而不可败也”的经典名言，我们将受益无穷。

047　示形动敌，以卒待之 / 赵括饱读兵书为何首战即败

【原文】

乱生于治，怯生于勇，弱生于强。治乱，数也；勇怯，势也；强弱，形也。故善动敌者，形之，敌必从之；予之，敌必取之；以此动之，以卒待之。

【精解】

将领在混乱的环境中指挥作战，一定要想办法保持自己的部队不乱、阵形不乱。毫无疑问，每个将领都希望具备这种本事。但是，要具备这种本事并不是一件容易的事情，需要用计、用谋。孙子接着说出了这种谋略：“乱生于治，怯生于勇，弱生于强。治乱，数也；勇怯，势也；强弱，形也。故善动敌者，形之，敌必从之；予之，敌必取之；以此动之，以卒待之。”

这段话包含着什么样的谋略思路？恐怕得特别花点儿时间琢磨才能弄明白。

首先看第一句话：“乱生于治，怯生于勇，弱生于强。”这句话的一个关键字是“生”，可以理解为“产生于”“缘自”。“乱生于治”，即对敌方显示出混乱的假象，必须以能够严格管理自己的部队为前提，放得开、收得拢；“怯生于勇”，即对敌方显示出怯懦的假象，必须以自己的官兵有勇敢斗志为基础；“弱生于强”，即对敌方显示出弱小的假象，必须以自己拥有强大的兵力为后盾。试想，如果平时不能很好地掌控部队，在混乱的战场上主动制造部队的混乱，势必乱上加乱；如果官兵没有勇敢的斗志，在险恶的战场上主动显示胆怯，势必加剧官兵的恐惧；如果没有优势的实力，在以力量为基础的战场上主动摆出虚弱的样子，势必使官兵丧失取胜的信心。整段话说的就是运用谋略和制造假象都必须以实力为基础，在有把握的基础之上再玩谋略。

再看第二句话：“治乱，数也；勇怯，势也；强弱，形也。”这句话

进一步指出，制造这一系列假象不仅要有雄厚的基础，而且重中之重是要把握好三个关键问题。一是“治乱，数也”。简单四个字，强调的是部队实际上严整有序却能够示敌以混乱的假象，关键在于“数”。上文提到过“分数”就是组织编制问题。部队有灵活的组织编制，各部队密切协同，才能够得心应手地示敌以混乱的假象。二是“勇怯，势也”，强调的是官兵实际上勇敢顽强却能够示敌以怯懦的假象，关键在于作战态势有利，斗志昂扬；三是“强弱，形也”，强调的是部队兵力实际上占有优势却能够示敌以弱小的假象，关键是实力雄厚、势不可挡。可见，部队灵活的编制、有利的态势、强大的实力，是虚中之“实”，柔中之“刚”。

仔细品味孙子这几句话，不难发现其核心思想与“诡道十二法”中的“能而示之不能”如出一辙，与老子强调的“大道无形”“大智若愚”神韵相通。套用时髦的说法，就是要会“装”，装得越像，效果越好。

再看第三句话：“故善动敌者，形之，敌必从之；予之，敌必取之。”其意在说明制造种种假象的目的所在。战争是聪明人的游戏，一方聪明，一方愚蠢，双方便不可能站到同一个战场上。因此，战场上的对手往往不会轻易地受骗上当。然而，再聪明的人也摆脱不了“逐利”的天性。对手的混乱、胆怯、虚弱，往往带给我们可乘之机、可图之利。孙子正是抓住这种逐利的天性，要求将领成为“善动敌者”，其中的“动”就是调动，即想方设法调动敌人，使之出错、出乱。那么，向敌方显示出混乱、胆怯、虚弱等假象，敌方很可能以为有利可图因而贸然行动。这就是孙子所说的“形之，敌必从之；予之，敌必取之”。

接下来再看第四句话：“以此动之，以卒待之。”其中的“以此动之”，在宋代十一家注本中作“以利动之”，西汉竹简本则写作“以此动之”。我认为当以竹简本为准。“此”指上句“形之”“予之”等手段而言。“以卒待之”中的“卒”不是指某一个士卒，而是指处于“势险节短”状态的精兵劲卒。这句话指出这种谋略的两个关键点，一是用种种假象示敌以可图之利，二是一旦敌方贸然行动，我方便精兵劲卒予以打击。

综合起来看，所谓“示形动敌”应当包含三层意思。

首先我方要有“真家伙”，即优势的军事实力和势险节短的有利态势。其次要会假装，主动显示出混乱、胆怯、虚弱等不堪一击的状态。再次要把握关键，即以灵活的编制、有利的态势、强大的实力为坚强后盾。三者有机结合，才能够“假戏真唱”，使敌人信以为真、为利所动，一头撞到我方的重锤之下。

战国时期秦军主将白起之所以能够让饱读兵书的赵括命丧长平，关键就在于他活用了示形动敌之计。

周赧王五十五年（前260年）农历四月，秦昭王命令左庶长王龁率领军队向长平的赵国军队发动进攻，赵孝成王命令廉颇迎战。赵军和秦军的侦察兵相遇，秦兵斩杀了赵军的副将。秦军趁机攻杀赵军，并夺下几座城池。赵军数战不利，主将廉颇针对秦军远道而来、急于决战的特点，决定采取以逸待劳、消耗敌人的战术与秦军打持久战。于是，他选择有利地形，命令士兵筑营固守，任凭秦军挑战，坚壁不出。赵孝成王不知就里，以为廉颇的行为是胆怯的表现，几次派人责备。

秦国丞相范雎深知廉颇很难对付，必须首先除掉。于是他派人携带千金到赵国施行反间计，并散布流言说：“秦国军队最害怕赵奢的儿子赵括带兵抗击。廉颇倒是容易对付，而且他就要投降了。”赵王本来就对廉颇数次战败、坚壁不出心怀不满，现在又听到秦国的反间言论，便不顾臣相蔺相如和赵括母亲的谏阻，派赵括接替廉颇的主将位置。

赵括乃赵国名将赵奢的儿子，年轻时学兵法，谈起兵事来父亲也难不倒他，因此他自诩精通兵法。秦王听说赵括成为赵国主将后暗中大喜，秘密地任命武安君白起为上将军，王龁为都尉副将，出兵进攻赵国，并下令：军中不准泄露白起为秦军将领的消息，否则杀无赦。

赵括走马上任后，马上更换部队将领，改变军中制度，又一改廉颇的作战方针，主动出兵进攻秦军。白起针对赵括年轻气盛、自命不凡的特点，采取诱敌深入之计，命令秦军假装败逃。赵括不知是计，挥师追击，一直追到秦军壁垒之下，却屡攻不下。这时，白起兵分两路，令一路25 000人的部队突袭到赵军的后方，切断赵军的粮道，另一路5 000人的骑兵部队插入赵军营垒之间，将赵军主力分割成两只孤立的部队。接着，白起又派出轻装精兵向赵军发动多次攻击，赵军数战不利，被迫就地建造壁垒，转为防御，以待救援。

秦昭王得知赵军主力的粮道被截断，就亲自到了河内郡（今河南沁阳及附近地区），加封当地百姓爵位一级，并征调全国 15 岁以上的青壮年到长平战场，拦截赵国的援军和粮运。赵军被围，士兵 46 天没有饭吃，不得不相互残杀为食。赵括将剩余的人马组织成 4 支突围部队，轮番冲击了四五次仍不能杀出重围。绝望之下，赵括只好亲率精锐部队强行突围，结果被秦军乱箭射死。赵括一死，部队大乱，剩下的 25 万官兵全部投降。白起向秦王建议："赵国士兵反复无常，如果不全部杀掉他们，恐怕再生事端。"秦王点头认可，于是白起将赵国降卒骗到大坑全部活埋，只留下年纪尚小的 240 名士兵放回赵国。我们穿越历史，想象一下当时的情景，那可真是惨绝人寰的巨大悲剧！

此战之后，赵国元气大伤，再也无力单独和秦国全方位对抗。

外行看热闹，内行看门道。综合起来看，白起的胜利得益于其战法符合孙子"示形动敌"的谋略思想——以小利引诱敌人，用重兵伏击敌人。赵括失败的原因则在于被白起的假象迷惑，轻敌冒进。

白起坑卒固然罪不可赦，赵括不擅兵法更为可悲。兵法本无罪，它只是一种思路、方法，其效果好坏取决于人们的内心想法和目的。我们完全可以出于善意，和平运用孙子的谋略思想。激烈的竞争之中既需要造势，更需要灵活运用"乱生于治，怯生于勇，弱生于强"等"示形动敌"的方法迷惑和调动对手，最大限度地发挥自身有利态势的效能。

048 求之于势，不责于人 / 汉武帝打天下的人才方阵

【原文】

故善战者，求之于势，不责于人，故能择人而任势。任势者，其战人也，如转木石。木石之性，安则静，危则动，方则止，圆则行。

【精解】

这段话中，孙子提出了一个很重要的谋略概念：“任势”。他说：“故善战者，求之于势，不责于人，故能择人而任势。”我有必要先解释三个字。一个是“责”，意为苛求、责备。一个是“择”，此处既可理解为“选择”，亦可理解为“释放”，因为在古代汉语里，“择”可通“释”，即释放将领的手脚。再一个字就是“任”，此处意为发展和利用。这句话强调的是，善于作战的人，总是想方设法追求和营造有利的态势，而不去苛求部属拼命死战，所以他往往注重选择有才能的将领造势和用势。这其中有三个要点值得人们重视。

第一个要点是干大事要高度重视营造有利态势，而不要过分依赖个别人才，因为人才能力高低、忠诚与否，不由我们掌握。第二个要点是，虽然不能过分依赖个别人才，但干大事需要人才群体，所以要广泛选择人才。第三个要点是，一旦将领组建了人才群体，要放手使用他们，释放他们的能量，合力发展和利用有利的态势。态势良好，自然就有更多人才了。

唐代著名宰相陆贽曾在奏章中说：“克敌之要，在乎将得其人；驭将之方，在乎操得其柄。将非其人者，兵虽众不足恃；操失其柄者，将虽材不为用。”（唐陆贽，《陆宣公奏议》卷一）此言着重阐明战胜敌人的关键在于选到合适的将领；驾驭将领的方法在于把握住驾驭的艺术。如果将领选的是不适合的人才，兵力虽多也不足依仗；驾驭将领的方法没掌握好，将领虽有才能也难以发挥作用。我估计陆贽这个思想来自孙子，是受孙子思想启发形成的，而孙子比他说得更形象。孙子说，一旦选择和放手使用

了合适的将领，不只能够使将领的才能充分发挥出来，即使木头、石头也能够面貌一新，能量倍增。即所谓“任势者，其战人也，如转木石。木石之性，安则静，危则动，方则止，圆则行”。木头和石头，如果静止地放置在地上，很难移动，而放在陡峭的危险之地，则容易滚动；如果其形状方方正正，就很难移动，而削成圆形它就会轻易滚动。同一木石，位置险易、形状方圆的不同会导致其活动能量差别巨大，因此关键就在于人们的选择和打造。同样道理，部队在平稳的状态下也难以灵活机动，在危险的情况下则雷厉风行；按通常战法来打很可能有劲儿使不出，用“环之无端”那样随机变化的战法，则可能力量倍增、势不可挡。其中的关键，就在于将领怎样造势和如何任势。孙子的话形象地说明善于发挥和利用有利态势的将领一旦指挥部队官兵作战，就如同转动木头和石头，使其力量倍增。

汉武帝之所以能够一改西汉初期的弱势状态，使汉王朝走向强盛，使它成为中国封建王朝第一个发展高峰，关键在于他非常善于“择人而任势”。

武帝还是太子时，曾请教老师卫绾如何才能解决民生问题和匈奴外患。卫绾回答说：“得人！”武帝听了这句话后，广延各方人才，为自己聚集了一大批有才之士。班固的《汉书·公孙弘卜式传》说，汉之得人，于兹为盛，儒雅（学问渊博）则公孙弘、董仲舒，笃行（品行纯厚）则石建、石庆，质直（正直敢言）则汲黯、卜式，推贤（推荐贤人）则韩安国、郑当时，定令（制定法令）则赵禹、张汤，文章（文采出众）则司马迁、司马相如……这简直就是一个庞大的人才方阵。

汉武帝之所以能够延揽如此众多的人才，关键在于他在用人问题上，“不拘一格降人才”。比如，两位彪炳史册的将军——卫青和霍去病——最初地位都很卑微。卫青是个私生子，母亲生下他以后生活很困难，并且还饱受社会冷眼，于是，母亲就把卫青送回到他父亲那里。在父亲那里，卫青也是抬不起头来，天天夹着尾巴做人，最后实在混不下去了，又回到母亲身边，做了平阳公主的骑奴。对于卫青这样的出身，汉武帝也敢大胆重用，这在等级森严的封建社会绝对算是奇迹。

再说霍去病，他是卫青的外甥。卫青的姐姐卫少儿在平阳公主府当女奴，卫少儿与平阳县小吏霍仲孺私通，便有了霍去病。但这位小吏不敢承认自己跟公主的女奴私通，于是霍去病只能以私生子的身份降世。从军抗击匈奴之前霍去病是宫里的勤务员，与其母亲一样，也是专门伺候人的奴才。但是，霍去病17岁那年被汉武帝直接任命为嫖姚校尉，随卫青打击匈奴。

同时，汉武帝还注重引进外族人才。金日磾本是休屠王太子，一个地道的“胡儿”。汉武帝发现他有才能，多次提拔他，后来武帝临死之前，金日磾与霍光、上官桀被选为托孤重臣。匈奴小王赵信战败，降于汉朝，被封为翕侯，他在多场战斗中立过战功，并给汉朝骑军带来了先进的骑兵战术。这些情况说明汉武帝选拔人才是不受阶级出身与民族差别限制的。

而且，汉武帝选拔人才不搞暗箱操作，而是公开在全国范围招纳贤才。他曾于元光元年及元封五年两次颁布求贤诏，诏告全国：“盖有非常之功，必待非常之人。”（班固，《汉书·武帝本纪》）因此，汉武帝认为，有的千里马奔腾跳跃而能日行千里，有些有本事的人在讥讽之下依然能建立功名。难于驾驭的骏马和放纵不羁的人才能否发挥作用，只不过在于人们如何驾驭、如何使用他们罢了。他命令州郡长官考察并向上推荐当地官民中具有超等杰出的才能、可以作为将相以及能出使极远国家的人才。其中，“人才各有能力和弱点，关键在于君王怎么运用”的观点，与孙子转动木石的观点完全一致。一旦君王选准了人，用活了将领，军事力量之“形”和战场作战之“势”都随之倍增，势必可凭十万之兵敌百万之众。

汉武帝正是因为善于“择人而任势”，聚焦了一大批杰出人才，而且用其所长、放手使用，众人齐心协力，帮助汉武帝东并朝鲜、南吞百越、西征大宛、北破匈奴，奠定了西汉疆土的基本范围，开创了汉武盛世的局面。

实际上，任何个人或组织都处于某种态势之中，诸如顺势、逆势、红火之势、窘困之势、和睦之势、混乱之势、欣欣向荣之势、日薄西山之势，等等。虽然我们并不能完全自主决定自己身处何种态势，但还是可以积极作为。我们不妨活用孙子“择人而任势”、灵活转动木石的谋略，提前谋势和布势，积极造势和任势，从而不断改善和优化自身所处态势。

049 转圆石于千仞之山者，势也 / 孙膑退兵减灶诱杀庞涓

【原文】

故善战人之势，如转圆石于千仞之山者，势也。

【精解】

这句话既是对全篇的总结，也是对战场态势应有状态的整体描述。其中的“战人”，即指挥军人作战。善于指挥军人作战的将领所造成的有利态势，就像转动圆石从800丈高山上滚下来那样。这就是“势”应具有的状态。不难想象，高山滚石，用力甚小，而势能巨大。部队在这种状态之下作战，势必以山呼海啸之势，勇往直前、所向披靡。毫无疑问，这是古往今来将领都孜孜以求的最佳状态。近十年来，我们解放军全方位展开反“台独”军事斗争准备，目的就在于一旦“台独”势力胆敢铤而走险，公然分裂祖国，我们将以“如转圆石于千仞之山”的威猛之势，迅速以武止独。

然而，战争不是自拉自唱的独角戏，而是双方斗智斗勇的对手戏。因此，营造高山滚石的作战态势并不是一件容易的事情，其中有几个重要因素不可或缺：一要将得其人，选择优秀的将领谋形造势；二要善择地势，选准险要位置排兵布阵；三要巧妙任势，使部队像圆石那样灵活机动，使敌人变得像木鸡一样呆板。三者结合，方能赢得“如转圆石于千仞之山”的有利态势。战国时期著名军事家孙武的后世子孙——孙膑，可谓深得其旨，在马陵之战中运用自如。

公元前353年，孙膑用“围魏救赵”之计大败魏军，魏国虽元气大伤，但经过几年的休整后，魏国逐渐恢复对外进攻。公元前341年，魏国再次发兵进攻韩国，韩国向齐国求援。齐威王采用孙膑“深结韩之亲而晚承魏之弊”（司马迁，《史记·田敬仲完世家》）的主张，与韩交好却不急于发兵。待韩军五战五败，魏军也实力大损时，齐威王才于次年以田忌为主将，孙膑为军师，发兵8万救韩。孙膑仍以“围魏救赵”的战法，直奔

魏都大梁。

魏王眼见胜利在望之际，又是齐国从中插一杠子，新仇旧恨涌上心头。于是魏王决定暂缓攻打韩国，转将兵锋指向齐军，命太子申为上将军，庞涓为将，率 10 万雄师，气势汹汹地扑向齐军，企图同齐军一决胜负。

齐军进入魏国境内纵深地带后，魏军尾随而来，一场生死大决战即将开始。孙膑分析，在兵力上，魏强齐弱，他认为不可强攻硬取，只能想办法削弱魏军，营造有利战场态势，然后才能战而胜之。于是，在认真研究了战场地形条件之后，他定下减灶诱敌、设伏聚歼的作战方针。这一方针，实际上就是孙子“乱生于治，怯生于勇，弱生于强”谋略思想的具体运用。齐军虽然兵力不如魏军，但也差不了多少。可是为了将魏军引诱到便于伏击的地区，孙膑命令部队与魏军刚一接触就后撤，装出胆怯害怕的样子。而且，齐军在后撤的过程中采取“减灶”之计。第一天在部队宿营的地方挖了 10 万人煮饭的灶，第二天减少为 5 万，第三天又减少为 3 万，造成齐军士卒在魏军追击下大批逃亡的假象。庞涓紧追不舍、步步紧跟，见齐军不断退却又天天减灶，武断地认定齐军溃不成军，士卒逃亡过半。于是他命令部队丢下步卒和辎重，只带着一部分轻装精锐骑兵，昼夜兼程追赶齐军。

孙膑根据常规行进速度预测魏军将于日落后进入马陵地区。马陵一带山高路窄，树木茂盛，是打伏击战的绝佳之地。于是，孙膑就利用这一有利地形，将其作为伏击地区，选择齐军中 1 万名善射的弓箭手埋伏于道路两侧的山坡上，规定天黑之际以火光为号，见火放箭。他还让手下人把伏击地带尽头路旁一棵大树的皮剥掉，在上面写了一行字。

如孙膑所料，黄昏之际庞涓的骑兵进至马陵道。先锋官见剥皮的树干上写着字，但看不清楚，便派人向庞涓禀报。庞涓亲自前往察看，走近树前叫人点起火把照明，但见“庞涓死于此树之下”几个大字，大惊失色。就在这时，两侧山坡上埋伏的齐军万弩齐发，箭如雨下，给魏军以迅雷不及掩耳的打击。魏军顿时惊恐失措，阵脚大乱。庞涓猝不及防、身中数箭，眼见败局已定，不得不拔剑自杀。齐军乘胜追击，又连续大破魏军，全歼魏军 10 万多人，并俘虏了魏军主帅太子申。

不难看出，齐军之胜完全吻合孙子所说“如转圆石于千仞之山”的思想。首先是孙膑通过“减灶诱敌”造势，在诱敌深入过程中疲敌、误敌；其次他是借势，借助狭窄的马陵道之地势埋伏强兵硬弩；再次他又任势，趁敌陷入不利之地并且毫无防备之时突发猛攻。几个因素综合作用，助齐军赢得大胜。

无论是个人还是集体，无论其身处市场、职场还是赛场，其本身的能量犹如木石，平常都处于“原生态”，在没有创造有利态势或借助强大外力的情况下，原本几斤几两就只有几斤几两。通常有平凡之力只能做平凡之事，有非凡之力才能成就非凡之业。由平凡到非凡并无捷径可走，更不能等天赐良机。我们只有在平时隐蔽蓄势、巧妙造势，关键时刻积极借势、灵敏任势，才有可能使平凡的木石“危则动”“圆则行”，迸发出非凡的力量，从而“如转圆石于千仞之山”，用力甚小而能量巨大，不露声色成就非凡之业。

—第六篇—

《虚实篇》——争取竞争主动权的巧妙方法

［**篇题解析**］

有一次教学过程中我与学员互动时，一位企业领导提出一个问题：我们搞企业讲究老老实实做人，踏踏实实做事，孙子却提出要虚虚实实，搞些“假动作”，做点虚假行为，这不是与做人、做事的基本原则相违背吗？不知你对这个问题怎么看？对于这个问题，我想还是有必要先解释一下孙子《虚实篇》的真正含义，再做回答为好。

我们已经学习了《形篇》和《势篇》。《形篇》讲的是根据军事实力强弱确定攻守之法，《势篇》讲的是运用军事实力、奇正之术营造有利的态势。在实际作战过程中，力量与态势两者必须紧密结合起来，就像拳头与武功结合才能发挥巨大的力量，箭头只有放在紧绷的弓弦上才能飞出去射穿敌人胸膛一样。那么，军事实力也只有与有利的作战态势结合起来，才能形成坚实的力量，打击虚弱的敌人。显然，实力与态势结合的目的就是以实击虚。诚如张预分析：“《形篇》言攻守，《势篇》说奇正。善用兵者，先知攻守两齐之法，然后知奇正；先知奇正相变之术，然后知虚实。盖奇正自攻守而用，虚实由奇正而见。故次《势》。”

虚实，是一对外延非常广泛的概念。一般而言，无者为虚，有者为实；空者为虚，坚者为实；弱者为虚，强者为实。其表现在战场上，可以呈现出多种多样的状态。大凡胆怯、柔弱、混乱、饥饿、疲劳、寡少、无备之类为虚，勇敢、刚强、严整、饱食、安逸、众多、有备之类为实。虽然表现形态各异，但有一点是相同的，即无论是军事力量，还是作战部署、军心士气、战场态势、天时地利，以及部队管理等方面，实者往往处于主动地位，虚者往往处于被动地位。本篇主要论述将领需把握“虚实”的辩证关系，通过种种方法争取战争中的主动地位。围绕这一核心，既强调将领活用“避实而击虚”的原则，正确选择作战方向；又要求其巧妙制造各种假象，造成我之势常实，敌之势常虚的有利作战态势。《草庐经略·虚实》中说：“虚实之势，兵家不免。善兵者，必使我常实而不虚，然后以我之实，击彼之虚，如破竹压卵，无不摧矣。”可谓深得其旨。

【正文注释】

孙子曰：凡先处战地而待敌者佚①，后处战地而趋战者劳②。故善战者，致人而不致于人③。

能使敌人自至者，利之也；能使敌人不得至者，害之也。故敌佚能劳之④，饱能饥之⑤，安能动之⑥，出其所必趋⑦也。行千里而不劳者，行于无人之地也。攻而必取者，攻其所不守⑧也；守而必固者，守其所不攻也。

故善攻者，敌不知其所守；善守者，敌不知其所攻⑨。微乎微乎，至于无形⑩；神乎神乎，至于无声⑪，故能为敌之司命⑫。进而不可御者，冲其虚⑬

---

① 先处战地而待敌者佚：处，占据；佚，安逸、从容。贾林注："先处形胜之地以待敌者，则有备豫，士马闲逸。"此句言在作战中，若能率先占据战地，就能使自己处于以逸待劳的主动地位。

② 后处战地而趋战者劳：趋，奔赶，此处为"促"，仓促。张预注："便利之地，彼已据之，我方趋彼以战，则士马劳倦而力不足。"此句言在作战中，若军队后占据战地仓促应战，则疲劳被动。

③ 致人而不致于人：致，招致、引来。《周札·秋官·小司寇》："掌外朝之政，以致万民而询焉。"致人，调动敌人。此句意为宜调动敌人而不为敌人所调动。

④ 佚能劳之：言敌若休整良好，就使其劳顿疲敝。

⑤ 饱能饥之：曹操注："绝粮道以饥之。"王皙注："谓敌人足食，我能使之饥乏耳。"此句言敌若给养充足，我方则使之饥困。

⑥ 安能动之：曹操注："攻其所必爱，出其所必趋，则使敌人不得不相救也。"此言敌若安固守御，我方就使之移动。

⑦ 出其所必趋：出，出击。谓进攻敌人必然奔赴援救之地。

⑧ 攻而必取者，攻其所不守：李筌注："无虞易取。"此说甚是。言我方出击必能取胜的原因，是由于攻击敌戒备虚懈之处。

⑨ 故善攻者，敌不知其所守；善守者，敌不知其所攻：不知，王皙注云："不知者，攻守之计，不知所出耳。"梅尧臣注云："善攻者，机密不泄；善守者，周备不隙。"此句谓善于进攻的军队，敌人不知防守何处；善于防守的军队，敌人不知进攻何处。

⑩ 微乎微乎，至于无形：微，微妙。《荀子·议兵》："诸侯有能微妙之以节。"谓虚实运用变幻莫测，微妙到了极致，则开形可睹。

⑪ 神乎神乎，至于无声：神，神奇，神妙。《易·系辞》："阴阳不测之谓神。"言虚实运用难以捉摸，就似神奇到了极致，则无声息可闻。

⑫ 故能为敌之司命：司命，主宰命运者。《管子·国蓄》："五谷食米，民之司命也。"张预注："攻守之术，微妙神秘，至于无形之可睹，无声之可闻。故敌人死生之命，皆主于我也。"此句言虚实运用出神入化，则可使己立于不败之地，成为敌人命运之主宰者。

⑬ 冲其虚：虚，虚懈之处。此言我方进攻之处正是敌人虚懈之处。

也；退而不可追者，速而不可及也。故我欲战，敌虽高垒深沟，不得不与我战者，攻其所必救也；我不欲战，画地而守[①]之，敌不得与我战者，乖其所之[②]也。

故形人而我无形[③]，则我专而敌分[④]；我专为一，敌分为十，是以十攻其一也。则我众而敌寡；能以众击寡者，则吾之所与战者，约矣[⑤]。吾所与战之地不可知[⑥]，不可知，则敌所备者多；敌所备者多，则吾所与战者，寡矣[⑦]。故备前则后寡，备后则前寡，备左则右寡，备右则左寡，无所不备，则无所不寡[⑧]。寡者，备人者也[⑨]；众者，使人备己者也[⑩]。

故知战之地，知战之日，则可千里而会战[⑪]。不知战地，不知战日，则左不能救右，右不能救左，前不能救后，后不能救前，而况远者数十里，

---

① 画地而守：画，界限，指画出界限。孟氏注云："以物画地而守，喻其易也。"

② 乖其所之：乖，违、相反，此处引申为改变、调动之意。全句言调动敌人，将其引向别处。

③ 形人而我无形：形人，使敌现形；形，显露之意。梅尧臣注："他人有形，我形不见。故敌分兵以备我。"义近。

④ 我专而敌分：专，专一、集中。分，分散。言我方能集中兵力而敌人兵力不得不分散。

⑤ 吾之所与战者，约矣：约，少、寡。杜牧注："约，犹少也。"此句言能以十击一，可造成我众敌寡之态势。

⑥ 吾所与战之地不可知：所与战之地，即所准备与敌交战的地点。此句言我方准备与敌开战之战场敌不能知。

⑦ 则吾所与战者，寡矣：张预注："不能测吾车果何出，骑果何来，徒果何从，故分离其众，所在辄为备，遂致众散而弱，势分而衰。是吾所与接战之处，以大众临孤军也。"此句言我方欲战之地敌不能知，敌则不得不多方设防，多方备我，兵力势必分散。敌军兵力分散，则我方所局部交战的敌人即寡弱，因此容易战胜敌人。

⑧ 无所不备，则无所不寡：此句言若处处设防，必所备皆寡，陷于被动境地。

⑨ 寡者，备人者也：我军兵力之所以相对薄弱，是因为分兵备敌。孟氏注："备人则我散。"又张预注："所以寡者，为兵分而广备于人也。"

⑩ 众者，使人备己者也：言我兵力之所以占有相对优势，是因为迫使敌人分兵备我。曹操注："上所谓形藏敌疑，则分离其众以备我也。"孟氏注："备我，则彼分。"

⑪ 故知战之地，知战之日，则可千里而会战：孟氏注曰："先知战地之形，又审必战之日，则可千里期会，先往以待之。"此言若预先了解掌握战场之地形条件与交战时间，则可以奔赴千里与敌人交战。

近者数里乎？以吾度之，越人之兵虽多，亦奚益于胜哉[1]？故曰：胜可为也。敌虽众，可使无斗[2]。

故策之而知得失之计[3]，作之而知动静之理[4]，形之而知死生之地[5]，角之而知有余不足之处[6]。故形兵之极，至于无形[7]；无形，则深间不能窥，智者不能谋。因形而措胜于众[8]，众不能知；人皆知我所胜之形[9]，而莫知吾所以制胜之形。故其战胜不复[10]，而应形于无穷[11]。

夫兵形象水[12]，水之行，避高而趋下；兵之形，避实而击虚。水因地而制流，兵因敌而制胜。故兵无常势，水无常形；能因敌变化而取胜者，谓之神[13]。

---

① 亦奚益于胜哉：奚，何；益，补益、帮助。此句谓越国军队人数虽众，然不能知众寡分合的运用，则无济于取胜。

② 敌虽众，可使无斗：敌虽人多，然因我方拥有主动权，使其无法与我方较量。张预注：“分散其势，不得齐力同进，则焉能与我争。”其说甚是。

③ 策之而知得失之计：策，策度、筹算。此句谓我方当仔细筹算，以了解判断敌人作战计划之优劣。

④ 作之而知动静之理：作，兴起，此指挑动。杜牧注：“言激作敌人，使其应我，然后观其动静理乱之形也。”此言我方通过挑衅敌人来了解敌人的活动规律。

⑤ 形之而知死生之地：形之，伪形示敌。此句谓以佯动示形，了解敌方的情势。

⑥ 角之而知有余不足之处：角，较量。指与敌人进行试探性接触，以观虚实。

⑦ 故形兵之极，至于无形：将凭假象迷惑敌人的用兵方法运用到妙不可言的程度，可以达到使人无形可窥的程度。

⑧ 因形而措胜于众：因，由，依据。 措，放置。曹操注：“因敌形而立胜。”此言由于示形取得的胜利置于众人面前，众人不知其因。

⑨ 人皆知我所胜之形：形，形态、形状，此处指作战的方式、方法。言人们只见我方胜敌的方法，而不知我方究竟怎样运用这种方法取胜。

⑩ 战胜不复：用以战胜的谋略方法不重复出现。

⑪ 应形于无穷：李筌注：“不复前谋以取胜，随宜制变也。”杜牧注：“敌每有形，我则始能随而应之以取胜。”此句言不断适应客观实际情况，变化无穷无尽。

⑫ 兵形象水：孟氏注：“兵之形势如水流，迟速之势无常也。”此言用兵的规律如水的运动规律一样。

⑬ 神：高明。

故五行无常胜[①]，四时无常位[②]，日有短长，月有死生[③]。

【白话译文】

孙子说：凡先占据战场等待敌人的军队就安逸，后到达战地仓促应战的就疲劳被动。所以善于指挥作战的人，总是设法调动敌人而不被敌人调动。

能使敌人自动进入我方预定区域的，是我方用小利引诱的结果；能使敌人不能到达预定区域的，是制造困难阻止的结果。敌人休息得好，就使其疲劳；敌人粮食充足，就使其饥饿；敌人驻扎得安稳，就使其移动。这些都是由向敌人必须援救之地进军带来的结果。我方行军千里而不疲劳，因为走的是没有敌人阻碍的地区；进攻必然能得手，因为进攻的是敌人不防守的地点；防御必然能稳固，因为扼守的正是敌人无法进攻的地方。

所以对于善于进攻的人，敌人不知道如何防守；对于善于防守的人，敌人不知道怎么进攻。微妙呀，微妙到看不到形迹；神奇呀，神奇到听不见声息。所以这些人能成为敌人命运的主宰。我方前进使敌人无法抵御的，是因为袭击敌人空虚的地方；我方撤退使敌人无法追击的，是因为行动迅速得使敌人追赶不上。所以，我方要打，敌人即使处于高垒深沟也不得不脱离阵地作战，是因为我方在进攻敌人必然救援的地方；我方不想打，虽然画地防守，敌人也无法来同我方作战，这是因为我方设法调动敌人，使其背离了所要进攻的方向。

因此，要设法使敌人暴露形迹却不让敌人探察我军的情况，这样我军的兵力就可以集中而敌人的兵力就不得不分散。我军兵力集中在一处，敌人兵力分散在10处，我军就能用10倍于敌的兵力去攻击敌人，这样就会造成敌寡我众的有利态势。能做到以众击寡，那么同我军当面作战的敌人

---

① 五行无常胜：五行，金、木、水、火、土。此句言五行相生相克，变化无定数，如用兵策略奇妙莫测。

② 四时无常位：此言四季推移代谢，永无休止。

③ 月有死生：泛指月有朔望圆亏的变化。

就有限了。我军所要进攻的地方敌人无从知晓，那么对方所要防备的地方就多了。对方防备的地方越多，那么我军所要进攻的敌人就越少。所以如果防备了前面，后面的兵力就薄弱；防备了后面，前面的兵力就薄弱；防备了左边，右边的兵力就薄弱；防备了右边，左边的兵力就薄弱；处处防备，必然处处兵力薄弱。可见，兵力薄弱是因为处处设防，兵力充足是因为迫使敌人处处布兵。

所以，能预知交战的地点，预知交战的时间，那么即使我们与敌人相距千里也可以同其交战。如果我们不能预知在什么地方打，不能预知在什么时间打，那左翼就不能救右翼，右翼也不能救左翼，前面的不能救后面的，后面的也不能救前面的，何况军队远者相隔几十里，近者相隔几里呢？依我分析，越国的军队虽多，对争取战争的胜利又有什么补益呢？所以说，胜利是可能出现的。敌军虽多，我们却可以使其无法同我军较量。

所以，要通过筹算来分析敌人作战计划的优劣，通过挑衅来了解敌人的活动规律，通过佯动示形来掌握敌人地形、道路情况，通过小分队战斗侦察来探测敌人兵力部署的强弱。如果我军的伪装佯动做到最好，敌人就看不出形迹。看不出形迹，即便有高明的间谍也窥察不到我军底细，聪明的敌人也想不出对付我军的办法。我方根据敌情变化灵活地运用战术，即使把胜利的结果摆在众人面前，众人还是看不出其中的奥妙。人们只知道我方用来战胜敌人的方法，但是不知道我方是怎样运用这些方法出奇制胜的。这是因为每次的胜利我方都不重复使用老一套的办法，而是根据不同的情况，变化无穷。

用兵的规律好像水的流动，水流动时总是避开高处，流向低处，作战的规律也是要避开敌人坚实的地方，攻击敌人虚弱的地方。水因地形的高低而制约其流向，作战则应根据不同的敌情采取不同的打法。所以，用兵作战没有固定刻板的模式，没有一成不变的作战方法。能够根据敌情变化而采取灵活的战法取胜的人，就叫作用兵如神。五行相生相克，没有哪一个固定常胜，四时相接相代，没有哪一个固定不移，白天有短有长，月亮有圆有缺。总之，世间一切都在变化之中。

050 善战者，致人而不致于人 / 赵奢欲取先舍奔阏与

【原文】

孙子曰：凡先处战地而待敌者佚，后处战地而趋战者劳。故善战者，致人而不致于人。

【精解】

注意，孙子这句话一开头就用了一个“凡”字，意味着这句话说的是但凡打仗都必须遵循的规律就是抢占有利战场。但凡先进入战场摆好阵势的一方往往处于以逸待劳的状态，而后进入战场的一方不得不仓促应战，势必处于疲劳应战的状态。显然，前者是坚实且主动的，后者是虚弱且被动的。这句话虽然只是讲到争夺战场，其实意在揭示一条规律：在激烈的军事较量中，一切都是创造、争取来的，不仅要抢先夺取战场，道路、战机、粮草、人心等也都要先下手为强，先得手便可掌握主动权。毛泽东说，主动权是军队在战争中行动的自由权，行动自由是军队的命脉，失掉了这种自由，部队运转不灵，谋略运行不畅，整个军队就有被打败或被消灭的危险。

在一般人心目中，要想抢先就得快跑，使出浑身力气跑在前面才能“先处战地”。然而，战场上的情形并不总是令人称心如意。一旦对方先行一步，另一方无论如何拼命奔跑也难以超越。显然，在这种情形下拼体力、抢速度是无济于事的。孙子历来不主张简单地拼体力，而是主张巧妙地拼智力。体力斗不过的时候，就斗智力。孙子提出了一个妙招：“故善战者，致人而不致于人。”“致人”，即调动敌人，“致于人”，即被敌人调动。如果敌人已经跑在了前面，难以追及，可以用“利而诱之”的办法，引诱他们跑到其他方向，或者用“出其所必趋”的办法，迫使其放弃已有阵地、转身奔向不得不救援的地方。如此，敌人则让出大道，任我独行，我们抢先占领有利位置，从而夺得战争主动权。

唐太宗李世民和他的大将李靖十分推崇孙子的“虚实论”。李世民

曾经感叹道：“朕观诸兵书无出孙武，孙武十三篇无出虚实。夫用兵，识虚实之势，则无不胜焉。”李靖则立即回应说，兵法“千章万句，不出乎‘致人而不致于人’而已，臣当以此教诸将”。（李靖，《李卫公问对》）二人对《孙子兵法》推崇备至。

《孙子兵法》哪一篇写得最好、哪一句是核心，是个“仁者见仁，智者见智”的问题。有的人认为《谋攻篇》最好，“不战而屈人之兵”是核心；有的人认为《势篇》最佳，“奇正之变”道出了兵法的要义。李世民和李靖的观点虽与众不同，但不无道理，甚至可以说深得孙子之意。按照孙子的思维逻辑，用兵打仗先要有优势的军事力量，然后要营造有利的作战态势，力量与态势的结合则表现为“以碫击卵”，以我之实，击敌之虚。所以，怎样“使敌势常虚，我势常实”是战争指挥者必须始终考虑的核心问题。解决这一核心问题的关键就在于，能否做到“致人而不致于人”。秦赵阏与之战中，赵奢的战法可谓暗合了孙子这一思想。

周赧王四十六年秦昭襄王以赵国不履行交换城邑的协议为由，派秦国著名客卿胡阳为将，率军攻打赵国的要地阏与。同时，为了防止赵军出兵救援，他发兵一支向东直插武安。武安在阏与东南面大约百十来里的地方，紧挨赵国首都邯郸，若占据此地，则既可与阏与成犄角之势，又可阻止赵军救援行动。赵惠文王紧急召见名将廉颇、乐乘等，询问是否可救。两人均认为阏与距邯郸甚远，且道路崎岖险阻，难以救援。唯赵奢认为，两军相逢勇者胜。于是，赵惠文王命赵奢率军救援阏与。但赵奢并不急于直奔阏与，从邯郸出发，刚走 30 里就下令安营扎寨，命令军中加固营垒，在营区周围修筑了许多屏障，故意显示毫无进取的姿态。并且命令部队说：“有以军事谏者死。”（司马迁，《史记·廉颇蔺相如列传》）军中有一人建议火速去救武安，赵奢立即把他杀掉了。这样，一直过了 28 天，赵奢再次增筑营垒。秦军派遣间谍进入赵军驻地侦察，赵奢以好饭招待后把他放走。间谍把赵军的情况报告给秦军将领，秦将非常高兴，认为赵军“夫去国 30 里而军不行，乃增垒，阏与非赵地也。”（司马迁，《史记·廉颇蔺相如列传》）秦国随之放松了警惕。在送走秦军间谍以后，赵奢突然做出决定，集合部队，卷甲而趋，向西急进。仅两天一夜即抵达距离阏与 50 里的地方。被抛在武安的秦军听说赵奢已抢先逼近阏与，如梦初醒，慌忙调集兵力奔向阏与。秦军攻阏与不克，突闻赵援兵到来，仓促分兵迎击。赵奢采纳军士许历的建议，发兵万人抢占阏与北山高地。秦军后到，攻山不下。赵军利用有利地势，居高临下，俯击秦军，阏与守军也出城配合。秦军支撑不住，死伤逃散过半，大败而归，阏与之围随之解除。

阏与之战的过程看上去并不复杂，其中却蕴含着一条“致人而不致于人”的谋略。赵奢将军本来是要解阏与之围，却在仅离开邯郸 30 里之处驻军 28 日，并修筑工事，做出畏惧秦军、仅求保住都城的消极姿态，这就导致原本严密防范赵军的秦将思想放松、士气疲惫、心理上由实变虚。赵奢在利用敌方间谍迷惑敌军的同时，又以迅雷不及掩耳的行动迅速抵近阏与 50 里之处驻扎下来，随即又抢先占据居高临下的有利地形。本来秦军可以以逸待劳，但当赵军突然出现在面前时就顿时乱了手脚，在力量上由实变虚。

值得注意的是，孙子讲的虚实虽然包含战术欺骗，但那只是具体手段，其核心思想与老老实实做人、做事并不矛盾。在生活的各个领域，要想使自己处于有利状态和主动地位，必须首先扎扎实实地谋求优势力量、多方面营造有利态势，这样才能使自身力量充实。自己一旦处于有利状态和主动地位，也不能随心所欲地胡乱作为，应当找竞争对方的薄弱环节下手，或者向市场洼地进军。这叫避实击虚。同时，自身的真实状态也不宜完全公开，让对方看个底儿透，毫无遮掩之时也就很容易受到攻击了，因此需要虚实相间。尤其是在由于种种原因，自身已经处于弱势状态、被动地位的时候，怨天尤人是无济于事的，正确的应对办法应当是活用孙子“致人而不致于人”的谋略，积极地想办法化解矛盾、转移对抗、消除障碍。

051 不趋必趋，孰是孰非 / 毛泽东“蘑菇战术”的神奇效果

【原文】

能使敌人自至者，利之也；能使敌人不得至者，害之也。故敌佚能劳之，饱能饥之，安能动之，出其所必趋也。

【精解】

曾经有位教授在某高等军事院校的课堂上振振有词地说：“以劣胜优是伪命题！战争从来都是以优胜劣。”此论一出，立刻引起了学员的激烈争论。不少年轻军官学员觉得耳目一新，认为此论颠覆了传统的说法，颇有创新之意，为之拍手叫好。更多的学员则认为这种说法不对，认为其误解了以劣胜优的真正含义。

究竟孰是孰非？

我们不妨先看看孙子是如何说的：“能使敌人自至者，利之也；能使敌人不得至者，害之也。故敌佚能劳之，饱能饥之，安能动之，出其所必趋也。”

这段话有两层意思。先看第一句话：“能使敌人自至者，利之也；能使敌人不得至者，害之也。”意思是说，用敌人贪图的利益诱惑敌人，使其紧追不舍，从而自动进到我方预定区域；用敌人畏惧的困难阻碍敌人，使其畏缩不前，不能到达预定区域。这里的“利之”“害之”，就是主动制造敌人的混乱和困境。第二句话紧接着说明了其目的：“故敌佚能劳之，饱能饥之，安能动之，出其所必趋也。”

“佚能劳之”，是指敌人休息得好，而我能想办法使他变得疲劳不堪；

“饱能饥之”，是指敌人粮食充足，而我能想办法使他变得饥饿难耐；

“安能动之”，是指敌人驻扎安稳，而我能想办法使他变得奔波不定。

这些办法综合运用，势必使敌人由强变弱，由优变劣。同时，我方则由弱变强，由劣变优。

问题是敌人也不傻，怎样才能劳敌、饥敌、动敌？

孙子用简单几个字点出了绝招："出其所必趋也。"

这句话在传世本与汉简本中的表述有所不同。十一家注本、武经七书本中皆作"出其所不趋"，且下文还有"趋其所不意"五字。而汉简本的文句是"出其所必趋也"。"不趋"与"必趋"仅一字之差，意思却大相径庭。如果按传世本所说，我方向敌人不去救援的地方出兵，则不足以威胁敌人，也就不可能调动敌人。只有向敌人必然前往救援的地方出兵，才能引起其恐慌，从而调动敌人。曹操注《孙子兵法》的时候依据的版本很可能与汉简本一致，所以他在此句下注释说："使敌不得不相往而救之也"，"攻其所必爱，出其所必趋，则使敌不得不相救也"。此外，北宋李昉等人编纂的《太平御览》两次引用这句话时均作"必趋"。可见，后人把"必趋"易为"不趋"，这显然是哪位未经战争的书生随意篡改的结果。

"必趋"，即敌人必须前往救援的地方，一般当指命脉、要害、利益关切点。我方一旦找准这些地方予以打击，便可调动敌人不得不按照我方的指挥棒奔跑，或者牵制敌人，使其不能按照自己的意志行动，从而使其由强变弱，由优变劣，由实变虚。

1947 年毛泽东和彭德怀在保卫延安战役中采用的"蘑菇战术"与孙子这一思想颇为相似。

那年 3 月，胡宗南率 15 个旅，共计 23 万人马向延安进犯，当时陕北地区只有彭德怀的西北野战军及军委直属队，共计 2 万多人，仅为胡宗南集团的 1/10。面对敌强我弱的态势，毛泽东决定撤出延安、诱敌深入，以便各个击破。当时，许多人对毛泽东放弃延安的决定大惑不解，很不情愿。毛泽东耐心说明撤走的必要性。他反复说明，作战不在于一城一地的得失，而主要在于消灭敌人的有生力量。

毛泽东具体分析说："敌人有 23 万人，我们才 2 万多。2 万多人要消灭 23 万人，是有困难的。要战胜敌人，得有正确的作战方针。现在，就靠你们'磨心'，牵敌人，磨敌人，让敌人围着团团转。这种办法就叫'蘑菇'战术，陕北山高路隘，你们牵上敌人去爬吧。等它爬够了，疲劳了，饿饭了，就寻找机会歼灭它。"

胡宗南集团占领延安一座空城后，蒋介石十分得意，飞到延安视察，嘉奖其进入延安的部队，并召集中外记者组织“参观团”，大肆宣扬所谓的重大胜利，借此引导舆论。同时，为迅速实现其在军事上首先解决西北问题，割断我党右臂，并将我党中央和人民解放军总部逐出西北，然后调兵进攻华北，各个击破我军的目的，蒋介石急忙调整部署，以 5 个旅守备延安及其以南占领区，以整编第 1 军、第 29 军共 10 个旅，积极寻找我军主力决战。

针对胡宗南急于寻找陕北解放军主力决战的心理，西北野战兵团采取变幻莫测的运动战法，以一小部分兵力佯装主力边战边退，把敌军主力诱向延安西北安塞方向，将主力隐蔽集结在延安东北的青化砭以南设伏。3 月 25 日，胡宗南部队担任侧翼掩护的第 31 旅旅部及一个团 2 900 多人进入伏击圈内，仅经过一个多小时的战斗，即被全部歼灭。

4 月 17 日，毛泽东亲自发出《关于西北战场的作战方针》。他指出：“敌现已相当疲劳，尚未十分疲劳；敌粮已相当困难，尚未极端困难”，“如不使敌十分疲劳和完全饿饭，是不能最后获胜的。这种办法叫‘蘑菇’战术，将敌磨得精疲力竭，然后消灭之”。

正是由于采取了这种战法，胡宗南大军不得不在广阔的陕北地区“武装大游行”，士兵东奔西跑，肥的拖瘦、瘦的拖垮。更重要的是他们晕头转向，完全被毛泽东和彭德怀耍得团团转。此后，西北野战军又接连赢得羊马河、蟠龙战役的胜利。经 50 天作战，共歼敌 1.4 万人，野战军将胡军在陕甘宁边区的重点进攻完全打败。不过一年的时间，延安又被毛泽东收复，胡宗南集团在损兵折将 10 万人之后，不得不撤出延安。

结合这个战例，我们不妨回到前面提出的问题，即如何看待以劣胜优。毫无疑问，两军面对面交战的时候，一般都是强胜弱败、优胜劣败，这是军事斗争的普遍规律。正如毛泽东所说，“几个大汉打一个大汉之容易打胜，这是常识中包含的真理”（毛泽东，《毛泽东选集》）。然而有意思的是，毛泽东自身的战争实践恰恰违背了这一常识性的“真理”，他率领中国工农武装这一位“大汉”，打败了日本侵略者、美国帝国主义、国民党八百万大军三个“彪形大汉”，是典型的以弱胜强、以劣胜优的例子。显然，那位教授的创新性见解无法解释这一铁的事实。

毛泽东为什么能够以劣胜优？还是毛泽东自己道出了其中的奥秘。他曾说：“战争的胜负，固然决定于双方军事、政治、经济、地理、战争性质、国际援助诸条件，然而不仅仅决定于这些；仅有这些，还只是有了胜负的可能性，它本身没有分胜负。要分胜负，还须加上主观的努力，这就是指导战争和实行战争，这就是战争中的自觉能动性。”（毛泽东，《毛泽东选集》）所谓“自觉能动性”，在战争中主要体现为灵活的战略战术。灵活的战略战术，可以改变力量对比，化劣势为优势，化被动为主动，进而赢得战争的胜利。孙子所说的“出其所必趋”，既强调要选择敌军必须救援的痛点，又要求主动出击，实为充分发挥指挥员自觉能动性的绝佳谋略。

兵法是客观的、中性的。我方可以用，敌方亦可以用。我方在“出其所必趋”的同时，也要注意防范敌方“出我所必趋”。近年来，一些国家总在制造矛盾。其实，醉翁之意不在酒，其目的在于阻碍中国以经济建设为中心的发展道路，用主权之争牵制中国的精力，用种种摩擦对抗驱使中国消耗国力，从而遏制中国发展。尽管刀刀扎在我们的心坎上，但我们还是要保持清醒的头脑，既敢于斗争，又善于斗争，不上当，不妄为。

052 攻其所不守，守其所不攻 / 邓艾阴平险道出奇兵

【原文】

行千里而不劳者，行于无人之地也。攻而必取者，攻其所不守也；守而必固者，守其所不攻也。

【精解】

有学员曾经提出一个问题：“关于美军对伊拉克的左勾拳战术，那么大规模的陆军部队在边境，不是从天而降而是需要布局，最起码是需要行军的，对方能真不知道吗？”这个问题提得很好，本篇所要研究的谋略思想正好可以解答这一问题。我们不妨先看看孙子是怎么说的，再琢磨美军的左勾拳战术为什么能够成功。

孙子说：“行千里而不劳者，行于无人之地也。攻而必取者，攻其所不守也；守而必固者，守其所不攻也。”这段话假设了三种情况。

一是部队行军千里而不疲劳，是因为他们走的是没有敌人阻碍的地区，用不着与敌人交战，当然也就不会有损耗和疲劳。

二是部队发起进攻后必然能得手，是因为他们进攻的是敌人不防守的，或者防守薄弱的地点，当然容易取胜。

三是部队的防御必然能稳固，是因为他们扼守的正是敌人无法进攻的，或者进攻力量不足的地方，当然有能力守住。

从表面上看，孙子假设的这三种情况似乎有点“小儿科”。敌人不拦截、不防守、不进攻的地方当然一帆风顺，这是众人皆知的常理。如果我们仅仅理解到这个层面，那就太肤浅了。联系上文“善用兵者，致人而不致于人”，你就会意识到，敌人之所以不拦截、不防守、不进攻，那是因为我用计、用谋将敌人调离了我们要行进的地区，使其放松了对我们进攻目标的防备，或者畏惧了我们严防死守的地方，如此我们方能走而必顺、攻而必取、守而必固。

这里有一个关键词颇有争议。传世本中皆作“守而必固者，守其所不

攻也”，汉简本作“守其所必（下缺）”，《御览》卷三一七引此作“守其所必攻”。《孙子兵法校释》的作者校正此句时分析：守其所不攻，固可守而必固，何益于战胜攻取？故传世本有疑。如作“必攻”。连接上句，其意即为：防御之所以牢不可破者，乃因防御力量配置于敌人必攻之地也。换言之，唯其料敌之所必攻，故能加强守备使之牢固也。所以，应依据汉简本、《御览》作“必攻”。

汉简本《孙子兵法》是西汉时期的流行版本，比宋朝以后的版本更接近孙子这 13 篇的本来面貌，所以专家学者通常以汉简本作为依据校订传世本的错误。但是，即使汉简本也与孙子生活的年代相差二三百年，更何况秦始皇焚书坑儒之后，刘邦让韩信、张良等人组织人马重新搜集整理校订的版本，因此未必与原本完全一致。此处如果改作“必攻”，从现代军事理论上完全说得通，但有两个问题难以解释。其一，本篇中心思想是强调通过调动敌人，使我势常实，敌势常虚，然后避其实，击其虚。“守其所必攻”，必然是实对实，硬碰硬，似乎与文意不符。其二，即使守住了敌人必攻之处，就一定守而必固吗？在我强敌弱的情况下，守而必固当然不成问题，反之，敌强我弱，恐怕未必守得住了。相比之下，显然还是“守其所不攻也”更符合孙子的思想原意。按照我的理解，孙子喜欢用夸张的手法强调一个重要的谋略思想。比如，“不战而屈人之兵”中的“不战”两字并非完全不战，而是尽量小战、巧战。同样道理，这段话中的“不守”“不攻”也有夸张之意，并非我们完全不守和不攻，而是说防守比较薄弱，进攻力量不足。

然而，这种防守薄弱之处或者进攻乏力的状态并非天然形成，而是我方主动用计、用谋麻痹或调动敌人造成的。

三国时期的邓艾巧渡阴平之战就是如此。

公元 263 年，魏相司马昭派兵 18 万，分三路大举伐蜀。安西将军邓艾率兵 3 万多，自狄道向沓中行进；雍州刺史诸葛绪率 3 万多人马，自祁山向武都、阴平桥头行进；镇西将军钟会率主力 10 多万人，分别从斜谷、骆谷、子午谷，进军汉中。战事展开之后，钟会领导的东路魏军主力虽然占据了汉中一带，但被大将军姜维所率蜀汉军阻拦在险要之地剑阁，无法前进。剑阁是汉中通往巴蜀的咽喉要道，号为天险，“一夫当关，万夫莫开”，易守难攻。钟会在此久攻不下，进退两难，粮草殆尽，运粮困难，便萌生撤军的想法。一旦退兵，此次战役将半途而废，前功尽弃。可是要说进兵，面前雄关也是其难以逾越的。这时西路统帅邓艾已攻占沓中，得知钟会撤军的想法后，立即向司马昭提出：“蜀军已受重挫，正是乘势进兵的大好时机。现在我军虽然在剑阁受阻，却可以由阴平小道进兵，出其不意直插成都。”司马昭立即命令邓艾自阴平进军。（陈寿，《三国志》）

应该说，邓艾这个计划有很大的冒险成分。其一，阴平与剑阁相隔百余里，是氐羌民族居住区，崇山峻岭，很难行走，“七百余里无人之地，山高谷深，粮运艰难”。部队行此险地，一旦敌人有所察觉，那将是全军覆没的结果。其二，既然是“偷渡”，就不可能大部队全部行动，最多几千精锐行动而已。这几千人将面对涪城、绵竹等处守军和成都蜀汉的中央部队，如果蜀军沉着应战，固守待援，那么邓艾这几千人既无援军，又无粮草，很可能全军覆没。

邓艾明知走阴平如此危险，为什么还要斗胆冒险？因为，他判断越是危险的地方越安全。蜀军大将军姜维所率蜀汉军被钟会吸引在剑阁一带，阴平此等难行之道不会有什么防守，阴平如同孙子所说的“无人之地”“不守之地”，走这种地方可以取得“攻其无备，出其不意”的效果。

战事进程果然如邓艾所料。

10 月中旬，邓艾率精兵自阴平出发，沿着阴平小道翻越摩天岭，行无人之地 700 多里，凿山通道，架桥建阁，至无路之处，甚至“以毡自裹，推转而下。将士皆攀木缘崖，鱼贯而进”。经过艰苦行军，邓艾军神不知鬼不觉地进至江油，直扑涪城。虽然兵力较少，但如神兵天降，立刻引起蜀国上下极度恐慌。涪城守将马邈面对从天而降的魏军，不战而降，蜀军陷于大乱之中。老百姓听说邓艾大军已进入平原地区，惊慌失措，纷纷向山泽逃窜，不可禁制。魏军从此一路顺利，接连攻下涪城、绵竹等城，逼近成都，迫使“扶不起的阿斗”——蜀后主刘禅自缚出降。延续

43 年的蜀汉政权就此灭亡。

邓艾虽然比孙子晚了几百年，但他偷渡阴平之举无疑是对孙子“行千里而不劳者，行于无人之地也。攻而必取者，攻其所不守也”的最好诠释。由邓艾的故事我们也可以联想到美军的左勾拳战术，其第 7 装甲军和第 18 空降军由科威特向沙特方向快速机动，规模确实很大，难以隐蔽。伊方不是没发现，而是搞不清其意图。因为美军率联军在科威特与伊拉克接壤的边境地区摆兵布阵，并频繁进行联合登陆演习，已经使萨达姆形成了定势思维，他认定了美军的地面攻势将从科威特方向发起，因而对沙特方向基本上不加以防守。所以尽管伊方发现了美军大部队机动，也视而不见，一心想着在伊科边境与美军决战。于是，美军得以“行千里而不劳者，行于无人之地也。攻而必取者，攻其所不守也”。

由孙子的这条谋略思路，我们想到了一则人生道理：事业是否顺利，并不在于道路是否平坦，而在于人们是否善于想办法消除不利因素，不利因素一旦被消除了，崎岖山道也如同平坦大道一般。竞争是否成功，并不在于对手是否厉害，而在于人们是否善于用计、用谋调动对手，一旦成功调动对手转移视线，即使身处绝境也可以一马平川。

053　变化莫测，为敌司命 / 诺曼底登陆前英美合谋的“连环计”

【原文】

故善攻者，敌不知其所守；善守者，敌不知其所攻。微乎微乎，至于无形；神乎神乎，至于无声，故能为敌之司命。

【精解】

1944 年英吉利海峡曾经展开了一场波澜壮阔的登陆作战，这也是到目前为止世界上最大的一次海上登陆战役，使第二次世界大战的战略态势发生了根本性的转变。这就是著名的诺曼底登陆。令人感到不可思议的是，将近 300 万盟军官兵渡过英吉利海峡前往法国诺曼底，以严谨精细著称的德国人居然判断失误，严防死守加莱方向，放松了对诺曼底方向的戒备。尤其是盟军 6 月 6 日在诺曼底登陆之际，素有“沙漠之狐”称号的德军海岸防务总司令埃尔温·隆美尔元帅竟然不在前线，而是回德国家乡给夫人露西亚过生日去了！这一切都源于英国人和美国人的虚实之计。一系列扑朔迷离的计中计、谜中谜，迷惑了德国人，确实做到了孙子所说的“善攻者，敌不知其所守”。

孙子认为，敌人对某些地方不拦截、不防守、不进攻，并非是他们不想拦截、不想防守、不想进攻，而是被我方虚虚实实的谋略弄得晕头转向，不仅不敢作为、不知如何作为，甚至我方进攻时，敌人不知道如何防守，不知道应该在什么地方防守；我方防守时，敌人也不知道怎么进攻，不知道应该进攻什么方向。在我方虚实变幻的谋略面前，敌人几乎如盲如聋，分不清东南西北，辨不明虚实强弱，方寸大乱，手足无措。英美联军之所以能够把德国人搞晕，主要是因为其在兵力部署、登陆方向、攻击时间等问题上下足了虚实变化的功夫。

登陆作战的关键在于选准登陆地点。盟军要想成功登陆，最佳的登陆地点应当具备以下三个条件：一是要在从英国机场起飞的战斗机半径之内；二是航渡距离要尽可能短；三是登陆场附近要有大港口。从荷兰弗利辛恩到法国瑟堡长达480公里的海岸线上，符合这三条的有三个地段：康坦丁半岛、加莱和诺曼底。

康坦丁半岛地形狭窄，不便于展开大部队，最先被否决。加莱和诺曼底各有利弊，加莱的优点是距英国最近，仅33公里，而且靠近德国本土；缺点是德军在此防御力量最强，守军是精锐部队，工事完备坚固，并且附近无大港口，也缺乏内陆交通线，不利于登陆后向纵深发展。诺曼底虽然距离英国较远，但优点有三：一是德军防御较弱；二是地形开阔，可同时展开30个师；三是距法国北部最大港口瑟堡仅80公里。几经权衡，盟军司令部选择了诺曼底。但是，接下来又有一个问题，那就是如何隐蔽登陆方向和地点。一旦德军搞准了盟军的登陆方向和地点，增兵防守，恐怕登陆作战也是很难成功的。于是，如何进行战略欺骗，使德军放松对诺曼底区域的戒备，就成了整个战役重中之重的问题。为此，盟军展开了一系列战略欺骗。

从1944年3月开始，在加莱对面的英国多佛港，巴顿将军集结大军，安营扎寨，摆出从加莱进攻的架势。当年在多佛港内，有成百上千辆的M4A1、M5A1、M3A3坦克列成方阵，密密麻麻望不到头，这可都是美军的主战坦克啊！隆美尔是个开了半辈子坦克的德军元帅，看到侦察机拍回的照片，一语断定：这是美国第一集团军群！可是，他没料到那些坦克都是“模型”！不仅坦克是假的，军车是假的，舰船是假的，整个美国第一集团军群，全是假的！这都源于一个代号为“水银行动”的军事欺骗计划。其目的，是无中生有地制造出一支大军，佯攻加莱地区，牵扯敌军防卫主力。巴顿将军作为大军统帅则时不时地在假前线附近出现，给对方以他在此领导备战的错觉。隆美尔随即抽调出了23个师，组成第15集团军，全部压在了加莱这片狭小的区域，准备在此迎战美军。

另一个颇具戏剧性的欺骗动作则是一个代号为“铜头”的战略欺骗计划。1944年2月，蒙哥马利元帅受命指挥即将举行的盟军反攻欧洲大陆行动。英国情报部门深知，从那一刻起，他的一举一动都处于德国间谍的监控之下。为了掩护精心准备了两年的诺曼底登陆战役、转移德军的注意力，盟军策划了一个代号为“铜头”的战略欺骗计划——打造一个假蒙哥马利，让他出现在北非的战场上，使德国人相信，蒙哥马利远离英国，从而放松对法国诺曼底地区的重兵把守。经过英方的慎重考虑，英国海外领地直布罗陀被认定为实施“铜头”计划的理想地点，因为这里是德国间谍活动最活跃的地方之一。于是，英军找到一位名叫梅伊里克·克利夫顿·詹姆斯的澳洲人冒充蒙哥马利。让人称奇的是，无论是五官长相、体格姿态，还是行为举止，詹姆斯与蒙哥马利如同一个模子里倒出来的，二人简直如同“克隆人”。经过一番训练和装扮之后，假蒙哥马利于 1944 年 5 月 26 日凌晨乘专机抵达直布罗陀，在人们的欢迎中走下飞机。随后，一个浩浩荡荡的车队将他送到总督官邸，总督亲自出迎，并于当晚举行了欢迎宴会。接着，他奔赴阿尔及尔，与英军在地中海区域的指挥官一起视察军队。再之后，他又飞到了开罗。这一切活动都有德国间谍跟踪，他们将其一举一动用电报发回德军总部。隆美尔据此判断蒙哥马利身在北非，盟军不可能在 1944 年 6 月的第一周实施登陆。于是 1944 年 6 月 6 日这一天，隆美尔放心大胆地回到德国家乡，给夫人过生日去了。让他做梦也没想到的是，此时真正的蒙哥马利一直在英国秘密地筹划诺曼底战役，并且于 6 月 6 日亲自率领英军在剑滩和金滩登陆了！

常言道：棋逢对手，将遇良才。战场上交战双方通常都是谋略高手，正如孙子所言：“兵者，诡道也。”自古以来，但凡打仗，没有不绞尽脑汁用计、用谋的将领。那么，为什么素有“沙漠之狐”美誉的隆美尔本来能征善战、富有谋略，却被盟军蒙住了？

重要的原因恐怕就在于英美联军不是简单地用虚实之计，而是特别注重计中用计，谋中用谋，办法变幻莫测。就像孙子所说：“微乎微乎，至于无形；神乎神乎，至于无声。”前半句用“微乎微乎”描述谋略运用变化莫测，微妙到了极致，简直不露痕迹。后半句则用“神乎神乎”感叹谋略运用难以捉摸，神奇到了极致，简直无声无息。不言而喻，一旦谋略运用达到如此出神入化的程度，再狡猾的对手也无法应对。于是乎，“故能为敌之司命”。

“司命”一词已经在《作战篇》中出现过：“知兵之将，生民之司命，国家安危之主也”，“司命”在句中喻指民众生死的主宰者。此处“能为敌之司命”，即指敌方生死的主宰者。这种主宰者不是上帝决定的，也不是国君任命的，而是将领活用虚实变幻谋略赢来的。

在现实生活的竞争中，不少人希望自己既是掌管自身事业成败的“司命”，又是掌管竞争对手生存发展的“司命”。这是很自然的想法，但是实现这一愿望并非易事，人们不仅要知道谋略的含义，更要善于吃透谋略的精髓并注重灵活运用，“知道”并不等于“善用”。我们不妨仔细琢磨孙子“能为敌之司命”的谋略思想以及诺曼底登陆作战中的奇谋妙计，从中寻求一些有益的启示。

054　攻其必救，乖其所之 / 毛泽东佯攻贵阳迫使滇军救驾

【原文】

进而不可御者，冲其虚也；退而不可追者，速而不可及也。故我欲战，敌虽高垒深沟，不得不与我战者，攻其所必救也；我不欲战，画地而守之，敌不得与我战者，乖其所之也。

【精解】

很多人都希望无论是在生活中，还是在工作中，自己最好处于进退自如、不受制约的状态。在这种状态下，自己就能够按照自己的想法办事，也没有什么阻力和障碍，干什么事都可以得心应手。但是，在复杂的现实生活和激烈的日常竞争之中，哪有这样好的事情？不过，如果我们善于巧用孙子的谋略，或许能够主动营造这种状态。那就是要想办法成为掌握自身和对手的“司命”，掌握行动的自由权和主动权。至于其方法，孙子层层递进式地说了 4 个排比句：“进而不可御者，冲其虚也；退而不可追者，速而不可及也。故我欲战，敌虽高垒深沟，不得不与我战者，攻其所必救也；我不欲战，画地而守之，敌不得与我战者，乖其所之也。”这 4 句话既蕴含了战场上与敌周旋的智慧，也揭示了竞争场上与各种矛盾的搏弈技巧。

“进而不可御者，冲其虚也”，强调的是我军发起进攻时敌人之所以无法抵御，是因为我们袭击了他空虚的地方。这里的关键词是“冲其虚”，冲，即攻击、袭击。曹操注：“卒往进攻其虚懈。”梅尧臣注：“进乘其虚，则莫我御。”其中这个“虚”字可以表现为多种状态，如兵力虚弱、防务虚懈、士气低落等，这样的军队一旦遭到攻击，势必无法抵挡。

“退而不可追者，速而不可及也”，强调的是我军撤退时敌人之所以无法追击，是因为我们行动迅速得使敌人追赶不上。其中关键在于一个“速”字。张预注：“兵之情主速，风来电往，敌不能制。”汉简本此处作“退而不可追者，远而不可及也”，《御览》三一七卷引用这句话时亦作

“远”。如果我军撤退时，不仅跑得快，而且跑得远，敌人自然追不上。所以，“远而不可及也”也不失为一种理解，一种方法。

“我欲战，敌虽高垒深沟，不得不与我战者，攻其所必救也”，设想我军要展开进攻，敌人即使身处高垒深沟也不得不脱离阵地跑到平原上与我交战，是因为我们攻击了敌人必然救援的地方。其中“攻其所必救”最为紧要。必救之处，往往是利害攸关之处。曹操举例说：“绝其粮道，守其归路，攻其君主”，都是攻其所必救的具体办法。

“我不欲战，画地而守之，敌不得与我战者，乖其所之也”，此处设想的是我军不想交战，虽然画地防守，敌人也无法来同我作战，这是因为我们设法调动他，使他背离了所要进攻的方向。“乖”，意为违背、相反。“之”，此处为动词，表“往”“到”之意。这句话不由得让人想起《西游记》第50回中孙悟空用金箍棒在地上画保护圈的情景：孙悟空外出化缘，为防备妖怪袭击，他用金箍棒在地上画了一个圆圈，请唐僧坐在中间，八戒、沙和尚侍立左右，把马和行李都放在近身，再三嘱咐他们不要走出圈子。虽然表面上看不到任何防备设施，但妖怪来袭时都会被耀眼金光吓退。只可惜，三人耐不住寂寞，自己主动走出圈子，陷入妖怪洞府之中。孙悟空的“画地而守”之所以没有保护好师傅和师弟，原因在于他采取的是消极防御。相比之下，孙子的“画地而守”则是积极防御，他用计、用谋将直奔而来的敌人枪口一拨，将其引向了相反的方向。让敌人与别的敌军交战，等到他们战个你死我活、精疲力竭的时候，他再乘虚而入，享渔人之利。

总之，这4句话精辟地说明了战场上进退攻守的要诀。进则找薄弱环节，“冲其虚”；退则行动迅速，“速而不可及”；攻则打其要害，“攻其所必救”；守则误导敌人，“乖其所之”。其中“乖其所之”更具智慧，也更不容易。总之，不要将自己置于与敌人硬碰硬的位置，而要想办法避实击虚，或者诱敌为虚。

毛泽东当年佯攻贵阳、威逼昆明的“神来之笔”可谓很好地运用了孙子的这些谋略。

1935年3月红军四渡赤水，渡过乌江，跳出蒋介石精心设置的“绝境”之后，下一步应该往哪里走？全军上下都非常迷茫。3月31日这天，毛泽东在行军的路旁摊开地图，在图上画了一道从贵州省向东南、向西、向西南，入云南，经昆明附近至元谋、金沙江畔的一条大迂回的红杠杠。这条迂回路线，实际上是为红军由滇北渡过金沙江后，北上川西，与红四方面军会合，再创建新的苏区而准备的。但是，要渡过金沙江，实现北上川西的战略意图，关键是要把固守滇北的滇军调出来。

红军强渡乌江后，坐镇重庆的蒋介石慌了手脚，连忙从重庆飞到贵阳“督师”。当时，他错误地估计红军会回师黔东南，与红二、红六军团会合，所以，他把主力放在黔北和黔东南，贵阳只有两个团的守军。毛泽东抓住这一战机，做出了攻打贵阳的决策。为什么明明要走昆明，却背道而驰去攻打贵阳？一些人不理解。毛泽东解释说，只要能将滇军调出来，就是胜利。因为调出了滇军，滇北就空虚了，为红军下一步抢渡金沙江扫除了障碍。但是，滇军是云南军阀的部队，其主要任务是保护云南统治集团的利益和地盘，是不愿意远离云南境内的，也是不容易被调出来的。所以，调离滇军的办法必须是“攻其所必救”。现在，蒋介石的行辕设在贵阳，而贵阳兵力薄弱，滇军又是离贵阳最近的一支部队，所以，红军只要做出全力攻打贵阳的态势，滇军就不得不前来救援。

毛泽东将红军分为三路：一路从贵阳北面的扎佐直攻贵阳，在所到之处贴满“拿下贵阳城，活捉蒋介石”的标语，造成非拿下省城不可的声势；一路以最快速度东进，造成直取贵阳东面的瓮安、贵定，向湖南方向发展的态势；一路在遵义北部的桐梓一带牵制南下之敌，摆出与敌决战姿态。蒋介石既不知红军真实意图，也不知红军兵力虚实，不时听到红军已到贵阳近郊的报告，着实让他心慌意乱。他一方面匆忙调滇军孙渡的部队火速增援贵阳，一方面命令守城部队赶修城防工事和死守飞机场，并备好轿子、马匹和向导，随时准备逃跑。同时，他急令部队往贵阳东南面的清水江一带集中，以阻止红军东进南出。

正当蒋介石指挥他的部队纷纷向贵阳以东集结时，云南境内兵力已经非常空虚。这时候，毛泽东等人趁机率领中央红军主力由清水江地区突然急转南下，由贵阳、龙里之间突破敌军防线，向云南方向急进。当敌人发现时，已经为时太晚。

中央红军进入云南后，立即兵分三路，向金沙江畔快速推进。5月3日，中央红军一部在军委总参谋长刘伯承的率领下，成功抢渡金沙江皎平渡。随即中央红军主力在当地船工的大力支持下，2万多人于5月9日全部顺利地渡过金沙江，到达会理地区。至此，中央红军终于摆脱了约40万敌军的围追堵截，彻底打破了蒋介石企图围歼红军于川黔滇地区的狂妄计划。

毛泽东曾经说，平生最得意之笔就是四渡赤水。他确实应当得意，这也确实是神来之笔：兵锋直指贵阳，既避实击虚，又攻其必救；既调动敌人，又“乖其所之”，将其引到错误方向；既开辟了一条生路，又退而不可追，速而不可及。

毛泽东在那么困难、那么危险的情况下都能够巧用谋略，从而掌握行动的自由权和主动权，使红军摆脱敌军重重包围的困境。我们今天的情况再难也难不过毛泽东四渡赤水的那个时候，如果我们也能像毛泽东那样活用谋略，应当也能使自己在复杂的现实生活和激烈的日常竞争中处于有利状态。

055　形人而我无形，则我专而敌分 / 陈、粟何以百万军中取上将首级

【原文】

故形人而我无形，则我专而敌分；我专为一，敌分为十，是以十攻其一也。则我众而敌寡；能以众击寡者，则吾之所与战者，约矣。

【精解】

在一般人看来，虚弱的敌人之处往往兵力弱小、防备松懈、士气低落。毫无疑问，具备这些表象的部队确是“避实击虚”的首选目标。然而，这些表象并非自然天成，也不是弱者专属。在孙子的智慧中，“避实击虚”，并非单纯是找弱者打。也许朋友要问：难不成是找强者打吗？正是！对强者我们也可以避实击虚。

孙子说：“故形人而我无形，则我专而敌分；我专为一，敌分为十，是以十攻其一也。”这段话说的就是转化敌人强弱的办法，其中的关键是“形人而我无形”。

“形人”，这里的“形”作使动词，意为使显露。形人，即使隐蔽状态的敌人暴露原形。第二个“形”作名词，意为真形。“形人而我无形”意为我的真实状态被假象掩盖起来，不露任何痕迹。这种办法如果运用得巧妙，产生的效果是“我专而敌分”。

“专”，即专一、集中。“分”，分散、分裂。“我专为一，敌分为十，是以十攻其一也”意为一旦我方的部队在种种假象的掩盖之下悄悄地集中，变成一个拳头，敌方的部队在我方的种种假象诱骗之下分散开去，变成十个手指头，真正交战之时，双方的兵力对比便是以拳头砸指头。

一旦形成 10 ∶ 1 的兵力对比，那么就会“我众而敌寡”，即我方的兵力众多，敌方的兵力寡少。孙子继续说：“能以众击寡者，则吾之所与战者，约矣。”约，即少、寡。此句意为我方以 10 倍于敌的兵力交战，当面之敌自然就极少了，原本强大的敌人就这样转为虚弱、沦为被动了。

值得注意的是，汉简本此处作“我寡而敌众，能以寡击□……”,“击”

下□处字迹脱落，当为“众”字。如此一来，汉简本与传世本文意相符。根据孙子高度注重辩证思维的特点判断，汉简上的这句话很可能是继他阐明以强击弱的方法之后，又辩证分析以弱击强方法的一段文字。似为：虽自总体而言，我寡敌众，但若能灵活运用“形人而我无形”的方法，同样可以造成“以十攻其一”的态势，从而以寡击众。如果此句与传世本的这段话构成前后文关系，则更为辩证、更为透彻。无论军队处于强势还是弱势，都可以想办法转化敌人，使其由强变弱、由实变虚。只可惜，汉简上的这些文字在流传过程中散失，所以未能收入传世本。

概括起来说，运用这一谋略需要把握三个关键点：一是“形人”，即我们要巧妙运用各种假象、伪装、欺骗措施，诱使敌人暴露，并调动敌人东奔西跑；二是“我无形”，即采用种种手段隐蔽自己的企图、状态和行动，使敌人不知不觉，不得不分兵应对；三是“以十攻其一”，即分散敌人之后，准确选择其中至关重要的一路或最为虚弱的一路，集中兵力予以打击，便可起到断其一指伤其其余的效果。

著名的孟良崮战役中，陈毅、粟裕的战法可谓综合了这三个要点。

1947 年 3 月底，蒋介石展开对山东的重点进攻。国民党军集中 24 个整编师 60 个旅，将大约 45 万人的兵力编成 3 个兵团，由陆军总司令顾祝同指挥。指挥者采取密集靠拢、稳扎稳打的战法，于 4 月上旬从正西、西南、正南三个方向成弧形，拉网式向鲁中山区推进，企图与华东野战军主力决战于鲁中或迫使其北渡黄河。

当时，华东野战军共 13 个纵队，共 27 万人。面对强敌，陈毅、粟裕毫不畏惧，指挥部队在鲁南、鲁中地区主动出击，实行高度机动的回旋，力求调动敌人，捕捉战机。但是一个多月下来效果不佳，除了 4 月下旬在泰安歼灭敌第 72 师主力外，其余大量歼敌的计划均未实现。其原因是敌人“接受了屡次被歼的教训，改变了战法，不轻易为我调动”。他们加强兵力密度，成纵深梯次部署，作弧形一线式推进，使华东野战军无法分割和各个击破。针对这一情况，中央军委和毛泽东在给陈、粟的电报中指出：“敌军密集不好打，忍耐待机，处置甚妥，只要有耐心，总有歼敌机会。”指示华东野战军进一步向东北方向后退，诱敌深入，相机歼敌。根据中央军委指示，华东野战军主力实施迷惑敌人战术，有意在退却的道路扔下一些被服或枪支。这些假象果然使蒋介石和他的参谋总长陈诚产生了错误判断，他们误认为华东野战军“攻势疲惫”，可能继续向东北方向撤退。于是命令各部兼程前进，跟踪追剿，以实现在鲁中山区与华东野战军主力决战之目的。这样一来，华东野战军既削弱了敌人的戒备心理，又促使敌军分兵冒进。尤其是南线的第一兵团司令官汤恩伯贸然改变稳扎稳打的战法，不待第二、第三兵团统一行动，即以整编 74 师为主，整编第 25 师、第 83 师在左右两翼配合，以沂蒙公路上的坦埠为主要目标，于 11 日自蒙阴东南的垛庄东西地区北犯。

整编 74 师原为国民党 74 军。该师全系美械装备，为甲种装备师，号称国民党军“五大主力”之一，是蒋介石指定的典范部队。师长张灵甫毕业于黄埔军校第 4 期，在陆军大学甲级将官班受过培训，抗日战争时期曾被誉为模范军人，在湘西会战中，又因战功卓著而荣获自由勋章，因此深受蒋介石青睐。他仗着蒋介石的器重，骄横异常，出发前口吐狂言：“把陈毅赶进东海里喂鱼去！”

华东野战军原拟首先集中兵力，打击孤立、暴露的国民党军右翼第 7 军及整 48 师。11 日晚，他们获悉处于中间战线的整 74 师冒进，便于就近集中主力加以割歼，便当即改变策略，决定首先歼灭该师。粟裕分析：敌军的一字长蛇阵虽摆了 8 个整编师（军），多数与整 74 师相距仅一二日的行程，敌军兵力虽占优势，但是 74 师冒进至我主力集结位置正面，我军部署不需做大的调整，即可在局部对 74 师时形成 5 ∶ 1 的绝对优势。只要我军将敌阵撕开一个口子，将 74 师从其左右两翼部队的结合部分割开，就能虎口拔牙、一举歼灭之。

粟裕速请陈毅拍板，陈毅一锤定音：“我们就要有百万军中取上将首级的气概。”

自 5 月 12 日起，华野担任主攻的 5 个纵队迅速展开行动：9 纵和 4 纵全力正面抗击 74 师的进攻；1 纵从敌 25 师和 74 师的结合部向纵深猛插，撕开长蛇阵，并抢占制高点；8纵以同样战术从83师和74师的结合部插入；6纵作为一支奇兵从百里之外飞兵直插垛庄，并于15日拂晓拿下垛庄，封堵了74师的后门。

74师被合围，蒋介石开始并不惊慌，他认为该师战斗力强，又处于易守难攻之地，附近又有强大的增援兵团，此时正是与华东野战军决战之机。于是他严令张灵甫坚守，左右两翼25师和83师向74师靠拢，并急令其他各部队向心攻击前进，对华东野战军来个反包围。然而，各路敌军均被华东野战军阻击，难以前进。83师师长李天霞挥师向前，被我华东野战军8纵阻拦，与74师相距仅5公里，企图以猛烈的炮火杀出一条血路，但无济于事，只能眼睁睁看着华东野战军围攻孟良崮，歼灭74师。

此战，华东野战军一举歼灭全副美式装备的第74师，沉重打击了国民党军队，粉碎了国民党军对山东的重点进攻计划，创造了解放军在敌重兵集团密集并进的态势下诱敌分兵冒进、从战线中央分割围歼其进攻主力的范例。也可以说，很好地诠释了孙子“形人而我无形，故我专而敌分”的谋略思想。

孟良崮战役中，敌我力量那么悬殊，我们居然能够使敌军由强变弱，然后避实击虚，一举歼灭74师。现实生活中，也许我们与竞争对手实力相差较大，但也比不过孟良崮战役时双方实力的差距。如果我们善于活用孙子“形人而我无形”的谋略，也是可以将对手由强变弱，由集中变为分散，然后便可“冲其虚也”。

056 敌军虽众，可使无斗 / 刘邦为什么说“吾宁斗智，不能斗力”

【原文】

故知战之地，知战之日，则可千里而会战。不知战地，不知战日，则左不能救右，右不能救左，前不能救后，后不能救前，而况远者数十里，近者数里乎？以吾度之，越人之兵虽多，亦奚益于胜哉？故曰：胜可为也。敌虽众，可使无斗。

【精解】

《孙子兵法》中有不少观点与常人的想法不太一样，甚至相反。比如，在一般人看来，人多必然势众，兵强必然获胜。拿破仑就曾经说过一句名言：多兵之旅必获胜。孙子则不然，他认为“敌虽众，可使无斗”。也就是说，敌军的人马再多，我也可以想办法让他无法与我相斗。

这是一条与传统思维相悖的谋略思路，也是超出传统竞争方式的一则高招。

自古作战，一般是强者攻、弱者守，众者胜、寡者败。双方正面拼杀，兵来将挡，水来土掩。《孙子兵法》中当然少不了这些常规战法。但是，孙子在揭示“常法”的同时，很注重研究“变法”。“敌虽众，可使无斗”就是一种不同凡响的变法。

那么孙子有什么高招让兵多将广的敌人无法战斗呢？其实，奥妙早就说出来了。那就是要通过“形人而我无形”之类的办法，使敌人变成聋人、盲人，四处乱撞。这里只不过是再次重申和补充说明这一办法的效果。

一般来说，人们如果清楚地掌握了作战的时间、地点，即使远离战场千里，也可以准时集中各部队合力作战。这就是孙子所说的：“知战之地，知战之日，则可千里而会战。”这种对手无疑是很难对付的。因此，聪明的将领往往要想方设法使对方不知、不识。他们采用诸如迷惑、欺骗、隐蔽、引诱之类的方法，使对手方寸大乱，晕头转向，不知道作战的时间和地点，接下来的结果必然是“左不能救右，右不能救左，前不能救后，后不能救前”，纵然部队总体规模庞大，但各支部队彼此分离、自顾不暇，且不要说相隔几十里远的部队无法相互照应，即使近在咫尺的两军也难以互相救援。

孙子结合吴越之争给吴王打气，说：“以吾度之，越人之兵虽多，亦奚益于胜哉？”其中的“度”，读作“夺”，表推测、推断之意。虽然孙子心里非常清楚，战争胜负并不完全取决于兵力多少，但是他作为一个山中隐士求见吴王去解说兵法十三篇，自然要含蓄一点、谦卑一点。所以，他用推测式的语气说，根据我的分析判断，越国军队人数虽然众多，但对争取战争的胜利又有什么益处呢？

有的人对于这句话有不同理解。他们认为孙子此处不是讲兵法，而是为了证明自己兵法中的军事指挥艺术如何有效。因为吴国一直比越国强大，越国根本不是吴国的对手。所以，孙子此言有违史实。那么，这种推测是否成立呢？

首先可以肯定的是，孙子为吴王论兵，自然以越国为预想的作战对象。此处的“越人”当指越国。

其次，越国并非一直比吴国弱小。它在整个东周时期一直比较强大，春秋时期曾威胁到了齐国的安全。齐桓公称霸之前曾征伐孤竹国、离枝国，这两国虽然都很小，但紧邻越国，他担心越国出兵救援会危及齐国安全。于是桓公问计于宰相管仲：“天下之国，莫强于越。今寡人欲北举事孤竹、离枝，恐越人之至，为此有道乎？”（《管子·轻重甲》）管仲针对越国的情况建议齐国建沼池，造大船，鼓励齐民学游水，重金奖励能游者，做水上迎敌的准备。由于事先有准备，所以当越军来袭时，被齐军打得大败而逃。当时吴国也时常与齐国为敌，齐桓公不担心吴国，却害怕越国。足见，越国在孙子见吴王之前也一度强大。

再次，孙子此言是以推测、假设的语气说的，只是为了烘托即将亮明的观点，并不是实际分析吴越强弱。孙子此言也可以理解为，即使越人之兵众多尚且可以战而胜之，如果兵力不多更不在话下。

接着，孙子得出一个结论："故曰：胜可为也。"这里的"为"，指的是主动作为、积极争取，强调只要我们充分发挥主观能动性，巧妙调动敌人、分化敌人，就能够赢得胜利。这就是事物的辩证法，也是战争的制胜法。因此，"敌虽众，可使无斗"，即敌人虽然人马众多，我也有办法让他无法与我拼斗。此真乃充满自信、饱含智慧的大谋略！

写到这里，我不由得想起楚汉战争时期刘邦与项羽在广武战场上的那段对话。

公元前204年11月，项羽屯兵广武与刘邦形成对峙。广武，即今河南荥阳之北，有三皇山，上有东西二城，各在一山头，相距200多步，中隔山涧，两边喊话可闻。对峙了几个月后，项羽因为粮草不继，后方不稳，有些撑不住了。为了逼迫刘邦投降，他以活煮刘邦的父亲刘太公相要挟。刘邦料定他不敢做出如此非人道的事情，幽默地回答说：别忘了分我一杯羹尝尝。见刘邦软硬不吃，项羽沉不住气了，便隔着山涧请求似的冲着刘邦喊："天下匈匈数岁者，徒以吾两耳，愿与汉王挑战决雌雄，毋徒苦天下之民父子为也。"（司马迁，《史记·项羽本纪》）意思是说，如今天下混乱了好几年，都是因为你和我二人争斗，为了不让天下百姓白白受苦，我想跟汉王你单挑，以此决定胜负。半年前彭城之战中，刘邦刚刚败给项羽，元气尚未恢复。于是，他嘲讽式地回答："吾宁斗智，不能斗力。"项羽一听不由得怒上心头，命令暗藏的射手放箭，刘邦被一箭射中胸口，险些摔下马来。刘邦真乃奇才，这种时刻都能够"装"。他顺势弯下腰来，不捂胸部伤口而去摸脚，大声说："臭小子，射中了我的脚趾！"说完便倒在地上。其实，刘邦伤得很重。回营后，他裹好伤口，乘上马车，强忍着伤痛前往各营巡视。除了安定军心外，主要还是为了不让项羽知道自己伤重，乘机进攻。双方对峙10个月后，项羽粮草用尽，将士疲乏，最后与刘邦约定，以鸿沟为界，分割天下，西边属汉，东边归楚。项羽还送还了刘邦的父亲和夫人。鸿沟之约后，双方偃旗息鼓，项羽率兵东去，刘邦也想西还。但谋士张良和陈平建议，刘邦可趁楚军士气低落、粮草不足，回头追击项羽。刘邦采纳了这一建议，调集各路人马全面追击，项羽猝不及防、节节败退，退到垓下，被诸侯联军团团包围。项羽被迫自杀，刘邦开创了西汉王朝。

刘邦的故事告诉人们，“敌虽众，可使无斗”并不是一件容易的事情，需要高超的智慧、灵活的策略，甚至极大的耐心和坚强的意志。

谋略是一体两面的思维工具，既可用来打击对方，又可用来防范对方。在现实竞争中，自身处于强势地位时，应当提防竞争对手的迷惑、误导，以免分散人力、物力、财力，丧失竞争优势。自身处于劣势时，则要主动想办法迷惑、误导竞争对手，使之分兵出击，无法集中力量对我方进行攻击。

值得注意的是，运用这些谋略的关键是我们要把对方的情况摸准、搞实，而在真假难辨的战场、商场上，想要做到这一点不是一件容易的事情。

057　四知之法，诱敌暴露 / 日军神秘代号“AF”不打自招

【原文】

故策之而知得失之计，作之而知动静之理，形之而知死生之地，角之而知有余不足之处。

【精解】

战场情况往往不像和尚头上的虱子那么一目了然，双方都非常注重隐蔽和伪装，甚至随时变化。1979年对越自卫还击作战中，我军之所以伤亡情况严重，不是因为我们的官兵蠢笨——临战前我们白天黑夜连轴转苦练了两个多月，战术技术还是比较过硬的——问题是越南崇山峻岭、森林茂密的地理环境确实便于越军隐蔽和伪装，很难搞清楚他们的阵地在哪里，他们的小分队躲在哪个山洞、哪片树林之中，稍不留神就与敌人撞上，冷不防地就飞来一串子弹。可惜当时战事紧迫，在我印象中，战前没有人组织我们学习《孙子兵法》。血的教训告诉我们，战场上的知与不知、知多与知少，在很大程度上决定着胜与败、生与死。对此问题我们万万不可小觑。所以，孙子既从宏观上强调要知彼知己、知天知地，又从微观上提出策、作、形、角的“四知之法”，即“故策之而知得失之计，作之而知动静之理，形之而知死生之地，角之而知有余不足之处。”

策，即策算、筹划。“策之而知得失之计”，是指综合分析侦察获得的种种情报，仔细策算，以了解判断敌人作战计划的优劣。

作，即佯动、挑动。“作之而知动静之理”，是指主动调动部队运动，诱使敌人采取相应行动，由此观察敌人活动的规律。

形，即示敌以假象。“形之而知死生之地”，是指以突然调整布防之类的办法，引诱敌人做出反应，一旦敌人也调整布防，我们便可观察其优势所在和薄弱的致命环节。

角，即打斗、较量。“角之而知有余不足之处”，是指要与敌进行小规模试探性接触较量，直接了解敌人的决心是否坚定，力量是否充足，斗志

是否高昂。

这4句话讲的是动态了解敌人虚实的办法，或者说动态促使隐蔽之敌自我暴露的办法，在实际战场上我们往往要综合起来运用。通过策、作、形、角4种动作，我们可以全面侦察了解敌人的作战计划、活动规律、兵力部署、作战能力，然后才能准确判断敌人虚实，正确地避实击虚。

尽管如今战争形态变化，军事技术进步，孙子的“四知之法”仍然富有生命力，人们可以在更高的技术平台上灵活运用。第二次世界大战期间，美国太平洋战争中的某些做法就与孙子的“四知之法”十分相近。

1941年12月7日，日本成功偷袭珍珠港，这一行为彻底激怒了美国。1942年4月18日，美国空军16架B25式轰炸机飞临东京上空，投下炸弹和燃烧弹后顺风直飞中国。这次空袭震动了日本朝野，也促使日军确定进攻中途岛的计划。

4月28日，日本海军联合舰队司令长官山本五十六在其旗舰“大和号”巨型战列舰上召开海军高级将领会议，确定了进攻中途岛的具体作战计划：先派遣一支舰队进攻北太平洋方向的阿留申群岛，并在该群岛的阿图岛、基斯卡岛登陆，以此为诱饵，将美军舰队的注意力引到北面去，然后以主力舰队趁机夺占太平洋中部的中途岛。作战日期初步定在6月初。

5月上旬，美国海军情报局解读日本海军主要通信系统JN–25的部分密码，发现在日军的一系列电报中，最引人注目的是“AF”两个字母。这一代号显然表示某一大型军事行动。由约瑟夫·罗彻福特少校领导的夏威夷情报站认为“AF”是中途岛，但华盛顿海军情报处坚持认为是阿留申群岛。“AF”究竟是中途岛还是阿留申群岛的问题事关重大，决定着美军如何决策、如何部署的问题。

美军高层在伤脑筋的同时，罗彻福特与他的情报小组成员翻查着以前堆积如山的电文。记忆力过人的罗彻福特从浩如烟海的电文中找到1942年初的一份日军电报，电报是要求水上飞机从马绍尔群岛起飞，飞往珍珠港，电文还提到要注意避开来自AF的空中侦察。从地图上分析，AF只能是中途岛。为了进一步核实，夏威夷情报站的分析员贾斯柏·赫尔姆斯想到了一个能够确认“AF”是不是中途岛的妙计。他要求中途岛海军基地的司令官用浅显的英语向珍珠港拍了一份作为诱饵的无线电报，说中途岛上的海水淡化设备出现了问题，导致整个中途岛面临缺水的危机。结果罗彻福特和他的小组成员截获并破译了日本海军联合舰队司令长官山本大将从海上发往日本大本营海军部的一份密电：“据报‘AF’缺乏淡水，攻击部队带足淡水。”这样“AF”便被证实为中途岛，也就是日本海军的下一个攻击目标。

知战之日、知战之地以后，太平洋舰队司令尼米兹上将决定对阿留申群岛不采取任何行动，把舰队埋伏在中途岛附近，准备给日军迎头痛击。尼米兹将当时美军在太平洋上所有的三艘航空母舰全部调集到中途岛附近，同时还增加了中途岛上的守军，并在岛上加强修筑工事。1942 年 6 月 3 日，日军如期对中途岛发动攻击，双方鏖战一整天，最后以日军的惨败告终。

美军大获全胜，情报部门无疑是头等功臣。其分析日军企图、破译日军密码、确定作战地点的一系列做法，显然与孙子的“策之而知得失之计”“作之而知动静之理”有异曲同工之处。

美国人不愧为情报高手，当年用孙子的“四知之法”对付日本人，现在则用这些方法来对付我们。2016 年 12 月 15 日，中国海军在南海国际水域捕获一艘美国的无人水下潜航器。该航行器属于美国海军，但当时正由平民操作。报道称，事发时正值南海问题持续紧张之际。该航行器虽然打着海洋科考的名义在南海活动，其实是在收集中国秘密军事情报、勘察南海海底地形和潜艇通道。我海军不顾美军抗议，果断将其没收，意在给美军敲响警钟：我们有能力管控南海，虽然我们不主动惹事但也不怕事，美军舰艇胆敢来南海惹是生非，定会像这个水下无人侦察器一样有来无回！由此可知，美国人对我们进行“策作形角”式的侦察了解一刻也没有停止。因此，我们必须提高防范意识和能力。

按照我的理解，用好“四知之法”有必要把握好三个要点。一是主动，我们要积极主动地制造各种假象和诱骗动作，诱使敌人自己跳出来。二是巧妙，“假作真时真亦假”，我们使真真假假交织在一起，让敌人难以分辨，被动接招。三是综合，4种动作往往不是只用一种，而是综合运用，使敌应接不暇。经营企业的朋友恐怕很快就能联想到，想要了解竞争对手、分析市场状态，恐怕也离不开这些办法。

058　战胜不复，而应形于无穷 / 刘伯承为何同一地点两次设伏

【原文】

故形兵之极，至于无形；无形，则深间不能窥，智者不能谋。因形而措胜于众，众不能知；人皆知我所胜之形，而莫知吾所以制胜之形。故其战胜不复，而应形于无穷。

【精解】

人们往往有一个习惯：胜利了就总结经验，失败了就吸取教训。但大多数人喜欢对经验津津乐道，对教训讳莫如深。如此一来，按经验办事就成了人们较为普遍的习惯。很多人上次打胜了，下次照原样再来。孙子则不然，他提出："战胜不复，而应形于无穷。"即提醒人们，每次作战都不要重复前一次取胜的战法，而应当根据战场实际情况灵活变化。这一观点无疑有悖于人们的习惯思维，而且似乎有点不可思议，好不容易获得的宝贵经验、有效战法，为什么放弃不用呢？

孙子的高明之处就在于，他冷静地看到人们容易忽略的两个问题。

其一是战术伪装和欺骗问题。一般来说，小部队实行伪装行动和欺骗并不太困难，但是大部队在移动和大范围布局时进行伪装和欺骗就是一件很难的事情了。现在卫星定位技术很先进，我们各部队、各基地的位置平时就被对方锁定了，一旦行动，要想不让对方知道是不可能的。比如，敌人站在普陀山上就可以清楚地看清山下我们海军的一个潜水艇基地。如果我们的潜艇毫不遮掩地出行，很容易被人掌握行踪。犹如我们在牌桌上打牌，我都知道你手中是什么牌了，这牌还能打下去吗？针对这种情况，孙子提出了一个很独特的概念——"形兵"，即伪装部队部署，用假象迷惑敌人。孙子认为，形兵做到极致，就是无形——自己部队的部署和行动全都被假象所掩盖，不露任何痕迹。其效果是"深间不能窥，智者不能谋"。深深隐藏在我军内部的间谍也很难从真真假假的表象中摸清我军的底细，再聪明的敌军将领也很难凭借真假难辨的情报谋划对付我军的办法。这就

好比间谍躲在普陀山上，虽然能够清楚地看到我军有几艘潜艇，但不知道我军的活动规律，也不知道我军的活动方式，仅仅只知道外部情形而已，照样无法应对。

其二是反向思维问题。人们不想在同一个地方跌倒两次，失败者必定总结教训，其教训往往直接针对胜利者的经验。如果胜利者照搬上次作战的经验，那么下次作战就会正好撞到曾经的手下败将精确瞄准的枪口上。因此，孙子强调不仅要善于隐蔽和伪装，还要善于变化。他说了一句有点绕口的话："因形而措胜于众，众不能知；人皆知我所胜之形，而莫知吾所以制胜之形。"其中的"措"，意为放置，即把东西放置在什么地方。文中用了三个"形"字，第一个"形"指战场形势，第二个"形"指胜利的状态，第三个"形"指谋略运用。整句话说的是，我根据战场情况变化而灵活运用战术，即使把胜利的事实摆在众人的面前，众人还是看不出取胜的奥妙。人们只看到了我取得胜利的整个过程和最终结果，甚至谋略方法，但谁也不知道我究竟是如何运用这些谋略方法出奇制胜的。

众人看不明白的奥妙究竟是什么？

答案其实很简单，就是"其战胜不复，而应形于无穷"。即我们每次作战都不应重复老一套的战法，而是根据不同情况，灵活创新、变化无穷。

变化，可以出敌意料，掩敌耳目；变化，可以改善环境，创造战机。

被毛泽东誉为"用兵新孙吴"的刘伯承元帅亲自指挥的"七亘村伏击战"，可以说很好地诠释了孙子这一思想。

1937 年 10 月，刘伯承率领 129 师 386 旅进抵山西平定地区，当时日军正猛攻娘子关。日军为了切实控制正太路（河北正定—山西太原）南的平行大道，必然加紧从井陉至平定的小路运兵运粮。刘伯承计划在七亘村打一仗，钳制日军的迂回进攻，掩护娘子关的友军作战。七亘村是理想的伏击战场，它是井（陉）平（定）小道的必经之地，从七亘村往东到石门是峡谷，谷深数十米，底宽不足 3 米，地势十分险峻。刘伯承经过实地侦察，选中了这个伏击阵地，随即命令第 772 团在七亘村附近待机。10 月

26日拂晓，测鱼镇日军的辎重部队在300多步兵的掩护下向西开进。9时，日军进入伏击区。第772团第3营放过敌人的前卫部队，向它的本队突然发起猛攻。我方地形选得实在太便利了，八路军从陡坡顶上用机枪、步枪向谷底的日军倾泻着子弹，一捆捆手榴弹垂直往下投。日军顿时像炸了窝的马蜂似的乱碰乱撞，死的死，伤的伤。一阵短促猛烈的火力袭击后，八路军战士随着一片喊杀声，奋勇跳入敌群，跟日军展开了白刃战。2个多小时后，枪声、喊杀声渐渐沉寂下来。日军除少数逃回测鱼镇外，其余全部被歼。此次作战共歼灭20师团辎重队300多人，缴获骡马300多匹和一批军用物资。

按道理，日本人在七亘村遭受伏击，应该不敢再走此道。孰料，两天之后，也就是28日，日军运输大队再次原道而行。那么日军是犯傻还是不怕死？其实，日本人并不傻，不少日本军官学过《孙子兵法》，知道“战胜不复，而应形于无穷”的用兵原则。他们猜想，既然刘伯承精通《孙子兵法》，那么绝不会违背这一原则，也就不可能在同一地点再次采用同一种战法。所以，重走七亘村反而更安全。

战争是斗智斗勇的活动，是双方智谋的较量。刘伯承很清楚日军的意图是急于打通正太路，从背后威胁太原。据此，他判断七亘村仍然会是日军进军的必由之路，因为舍此别无其他通道。再从日军目前的作战特点来分析，他们屡胜之后骄横得很，通常凭着一股牛劲儿，就向预定的目标执拗地突进，毫不理会一些小的损失。于是刘伯承决定再次在七亘村西改道庙公路南侧山地设伏。

28日晨，敌人的辎重部队果然循原路过来了，前后有100多骑兵、300多步兵作掩护。当然，他们毕竟吃过亏，一路加强了搜索警戒，遇有可疑处便发炮轰击。到七亘村附近，他们更加小心翼翼，朝村里村外进行了反复的炮击。第772团第3营的指战员隐蔽在灌木、草丛和石洞里，他们沉着镇定，不发一枪。11时许，日军进入了伏击地域。第3营的机枪、步枪一齐响了起来，给敌人以猛烈打击。战至黄昏，我军击毙日军百余名，缴获骡马几十匹。剩余日军趁夜色朦胧，突围而出，小部向西逃往平定，大部向东退回测鱼镇。

刘伯承在同一个地点先后两次设伏，都大获全胜。这主要得益于刘伯承的指挥艺术：他敢于突破常规，根据战场实际情况灵活创新战法。这个例子也同时说明，孙子“战胜不复，而应形于无穷”的思想反映了战争的客观要求，不失为古今制胜的法宝。

现在许多领域同质化竞争的现象比较严重。电视节目中，湖南卫视搞个《超级女声》，其他各台纷纷效仿。节目看来看去都差不多，观众心生厌烦，干脆调台。市场竞争中，某种产品受欢迎，各个商家就争相效仿，压价销售，降低成本，使原本有希望做得更好的产品质量下降、信誉扫地，最终无人问津。在同质化竞争的领域，从业者必然是前有堵、后有追，互相掣肘，生存不易、做大更难。春秋末期享有“商神”美誉的范蠡就为我们破解这一难题提供了思路。他的经商诀窍是：“夏则资皮，冬则资絺，旱则资舟，水则资车，以待乏也。”（左丘明，《国语·越语上》）即夏季购入皮货，冬季购入丝绸，旱时购买舟船，涝时购买大车，等待市场缺乏某种货物的时候再卖出。其核心是反季节操作、差异化经营。现在有些人借用范蠡这一思想，提出“人无我有，人有我新，人新我变，人变我精”，也有人说“人无我有，人有我优，人优我廉，人廉我转”。尽管措辞不一，但贯穿其中的主线是一致的，那就是我们要善于变换思路。用孙子的话来说，就是要善于“战胜不复，而应形于无穷”。

059　兵无常势，水无常形 / 能否掌控未来智能化战争

【原文】

夫兵形象水，水之行，避高而趋下；兵之形，避实而击虚。水因地而制流，兵因敌而制胜。故兵无常势，水无常形；能因敌变化而取胜者，谓之神。故五行无常胜，四时无常位，日有短长，月有死生。

【精解】

《孙子兵法》中有一个很有趣的现象，虽然全文主要讲的是铁与血的战争，但孙子多次用柔软的水来比喻。一刚一柔，似乎风马牛不相及。但是，仔细一琢磨，孙子以水喻兵又是那么贴切，既生动形象，又给人以智慧的启迪。其实，这种表达方式并不是孙子个人的发明，而是中国传统智慧的反映。

中国传统的智慧富有水的性质，是水性智慧。这一特质渗透在中国军事智慧、政治智慧、处世智慧及文化艺术智慧等各个方面。

比如，老子说“上善若水，水善利万物而不争”（老子，《道德经》）。在老子看来，水集“无为而治”“顺势而为”“以柔克刚”的特性于一身，是道的象征和载体；孔子说“智者乐水，仁者乐山”(《论语》)。一个“智”字，反映了先哲对水所蕴藏的变通、悠然、淡泊等丰富智慧的认识。唐太宗李世民认识到：“水能载舟，亦能覆舟。”（魏征，《谏太宗十思疏》）即视百姓为水，视统治者为舟。水表面上柔弱，但蓄势而发则洪水滔天，势不可挡。所以水与舟之间应宽严有度，轻重适宜，这也是统治者与被统治者之间应有的关系。这是从“水”中得出的政治智慧，却是多么高明的智慧。古人为人处世的哲学中有“君之交淡如水”之说，强调顺其自然的交友原则，还有“滴水之恩，当涌泉相报”的说法，道出中国人知恩感恩的恒久美德。文人墨客更是钟情于山水，以水言志，借水抒情。中国人就这样从一滴水中看到一个世界，悟出一段人生，获得一种智慧。

孙子受中国传统智慧的熏陶，也从水的特性中看到了智慧的光芒，发

现了兵法与水的天然共性。水无形，兵也无形；水多变，兵也多变；水走低，兵也讲究避实击虚；水积势，兵也注重谋形造势；水柔韧，兵也要求持重坚守。孙子正是因为看到了“兵形”和“水形”的相似性，便多次以水喻兵。如《形篇》中说：“称胜者之战民也，若积水于千仞之溪者，形也。”这里形象地描述优势军事实力应当具备的状态：像高山积水那样，一旦突然掘开任其冲泻而下，能量巨大。《势篇》中说：“故善出奇者，无穷如天地，不竭如江河。”这是生动地比喻出奇制胜的谋略应当像水流那样灵活多变，变化无穷。《虚实篇》再次以水喻兵，而且措辞贴切且优美：“夫兵形象水，水之行，避高而趋下；兵之形，避实而击虚。水因地而制流，兵因敌而制胜。故兵无常势，水无常形；能因敌变化而取胜者，谓之神。”这段话犹如一幅写意画，气势磅礴，神形灵动，把水的柔软性、灵活性与兵法运用过程中的多样性、应变性有机地融为一体。前面孙子提出了一个重要观点：“战胜不复，而应形于无穷。”至于如何做到“战胜不复”，办法多种多样，其中最为重要的是向水学习。一要学习水的柔性，二要学习水的活性。水总是由高处流向低处，用兵打仗也应当避实击虚，出乎敌人的意料。水总是依据地形确定流向，用兵打仗也应当根据敌情灵活变化制胜的方法，使敌人不知如何应对。

总之，用兵打仗没有固定不变的战场态势，就如同水没有固定不变的形态一样，只有那些能够根据敌情变化而随时调整战法的人才称得上用兵之神。

抽象的谋略思维就这样生动形象地被表述了出来，灵活用兵的战争智慧就这样随着潺潺流水注入人们的脑海。孙子意犹未尽，最后还要强调一句：“故五行无常胜，四时无常位，日有短长，月有死生。”五行相生相克，循环更替，没有哪一个固定常胜；春夏秋冬四季相接相代，周而复始，也没有哪一个固定不移；白天有短有长，月亮有缺有圆。这是4种自然规律，其共性都是一个“变”字。孙子的意思非常明显，世间一切事物都在变化，唯一不变的就是一切都在变。关乎生死存亡大事的战争，其战略战术更要讲究变化。

2016 年 3 月，深度思维公司研发的阿尔法围棋（AlphaGo）与韩国棋手李世石的人机围棋大战吸引了全世界眼球。经过 5 局激战，阿尔法围棋以 4 ∶ 1 战胜李世石。围棋是多变、复杂的棋类游戏，阿尔法围棋的胜出有力地证明：具有自主学习能力的智能机器能够在智力上超越人类。既然智能机器能够在棋盘上战胜人类，我们也就有理由相信它们将在战场上把人类淘汰出局。有人预言，人工智能武器将会是继火药出现和核武器出现后“战争领域的第三次革命”。

对于信息时代的战争，交战双方的核心竞争发生在认知领域，谁能够更快地处理信息、理解行动环境、实施决策并执行打击，谁就能赢得主动权。与人脑相比，人工智能的最大优势是反应速度更快、容量更大且不受时空或体力限制。

可以预见，智能化战争正在向我们走来。一些专家害怕了，认为在智能机器人面前，传统的军人只能束手就擒，或者像李世石一样，被智能战士打败。

战场永远是人类最新技术的试验场。我们确实应当正视智能化战争，发展智能化武器装备和操作系统。但我们也不必谈虎色变，更不能说在智能化战争中，谋略全然无用。智能化武器装备更多地起战术性作用，但很难全局、整体、动态地筹划纷繁复杂的战争全局。据分析，李世石在第 4 局之所以能出奇制胜，就是因为阿尔法围棋缺乏人类所特有的直觉、顿悟、灵感等能力。因此，孙子“战胜不复，而应形于无穷”的谋略思想完全可以被运用于智能化战争，或者被用于对付敌人的智能化部队，或者借助我方的智能化系统发挥更加神奇的作用。

—— 第七篇 ——

《军争篇》——夺取有利战机的迂直之道

［篇题解析］

《军争篇》之“争”，即争夺、争抢之意。军争，则专指军事上争利、争胜。曹操注：“两军争胜。”唐代李筌注：“争者，趋利也。”宋代王皙注：“争者，争利。得利则胜。”诸家解诂，均合孙子之意。可见，本篇主题是论述军队出国征战过程中敌我双方争相制造取胜的有利条件，争夺有利的态势和战机，以掌握战争的主动权。战争是一个复杂的系统活动，决策、指挥、攻守、造势、变化等，都是将领必须考虑的重要事情。此篇则重点分析国君的决策定下来之后，将领受命出征，向战场开进的一路上要注意的若干问题，诸如如何争夺道路、争夺战机、争夺态势等，重点强调“以迂为直，以患为利”的军事辩证法思想。

【正文注释】

孙子曰：凡用兵之法，将受命于君，合军聚众①，交和而舍②，莫难于军争③。军争之难者，以迂为直，以患为利④。故迂其途，而诱之以利⑤，后人发，先人至⑥，此知迂直之计者也。

---

① 合军聚众：合，郑玄笺曰：“合，聚也。”曹操注曰：“聚国人，结行伍，选部曲，起营为军阵。”梅尧臣曰：“聚国之众，合以为军。”全句的意思是聚集民众，组编军队。

② 交和而舍：交，接、接触；和，军门。曹操注：“军门为和门，左右门为旗门，以车为营曰辕门，以人为营曰人门，两军相对为交和。”舍，止、止宿。《左传·庄公三年》：“师一宿为舍。”此句意为在战地，敌我对垒而处。

③ 莫难于军争：没有比两军相对，争夺制胜条件更难的了。曹操注：“从始受命，至于交和，军争难也。”张预注：“与人相对而争利，天下之至难也。”

④ 以迂为直，以患为利：梅尧臣注：“能变迂为近，转患为利。”张预注：“变迂曲为近直，转患害为便利。”此句意思是将迂回道路变为直达的道路，将患害变为有利。

⑤ 故迂其途，而诱之以利：贾林注曰：“敌途本近，我能迂之者，或以羸兵，或以小利，于他道诱之，使不得以军争赴也。”此句言以迂回绕道和小利引诱敌人、摆脱敌人，先于敌人到达战地。

⑥ 后人发，先人至：言比敌人后出动，而先到达要争夺的要地。

故军争为利，军争为危[①]。举军而争利则不及[②]；委军而争利则辎重捐。是故卷甲而趋[③]，日夜不处，倍道兼行[④]，百里而争利，则擒三将军[⑤]；劲者先，罢者后，其法十一而至[⑥]。五十里而争利，则蹶[⑦]上将军，其法半至；三十里而争利，则三分之二至。是故军无辎重则亡，无粮食则亡，无委积则亡[⑧]。

故不知诸侯之谋者，不能豫交[⑨]；不知山林、险阻、沮泽[⑩]之形者，不能行军；不用乡导[⑪]者，不能得地利。故兵以诈立，以利动，以分合为变[⑫]者也。故其疾如风[⑬]，其徐如林[⑭]；侵掠如火，不动如山；难知如阴[⑮]，动如

---

① 军争为利，军争为危：为，有也。《孟子·滕文公上》："夫滕，壤地褊小，将为君子焉，将为野人焉。"赵歧注："为，有也。"此句曹操注："善者则以利，不善者则以危。"全句为军争之事既有有利的一面，亦有不利的一面。

② 举军而争利则不及：举，全、皆。梅尧臣注："举军中所有而行，则迟缓。"此句为携带全部装备辎重的军队前去争取先机之利，则不能按时到达。

③ 卷甲而趋：卷，收、藏也。此句意为卷起铠甲，轻装快跑。

④ 日夜不处，倍道兼行：处，止也。此处指不得休息。倍道，行程加倍之意。此句言夜以继日不停地赶路。

⑤ 擒三将军：杜佑注："欲从速疾，卷甲束仗，潜军夜行，若敌知其情，邀而击之，则三军之将为敌所擒也。"此句言三军之将被敌所擒。

⑥ 其法十一而至：按其规律，只有十分之一的人能到达。

⑦ 蹶：损折。表示被动，被挫败。

⑧ 无委积则亡：委积，指物资储备。《周礼·地官·遗人》："掌邦之委积，以待施惠。"郑玄注："少曰委，多曰积。"此句言军队没有物资补充即不能生存。

⑨ 不能豫交：预交，即结交诸侯。豫，通"与"。

⑩ 沮泽：《礼记·王制》："居民山川沮泽。"孔颖达疏引何胤云："沮泽，下湿地也。"指水草丛生之沼泽地带。

⑪ 乡导：向导。乡、向古通。指熟悉该地区情况的带路人。

⑫ 以分合为变：分，指分散兵力；合，指集中兵力。言用兵作战当灵活处置兵力分散与集中。曹操注："兵一分一合，以敌为变也。"

⑬ 其疾如风：曹操注："击空虚也。"张预注："其来疾暴，所向皆靡。"全句意为行动迅速，有如飘风之迅疾。

⑭ 其徐如林：指部队行列整肃，舒缓如林木般有序。

⑮ 难知如阴：难以窥知实情，有如阴云蔽日。

雷震[①]。掠乡分众[②]，廓地分利，悬权而动[③]。先知迂直之计者胜，此军争之法也。

《军政》[④]曰：言不相闻，故为金鼓[⑤]；视不相见，故为旌旗。故夜战多金鼓，昼战多旌旗。夫金鼓旌旗者，所以一民之耳目也[⑥]。民既专一，则勇者不得独进，怯者不得独退。此用众之法也。

故三军可夺气[⑦]，将军可夺心[⑧]。是故朝气锐，昼气惰，暮气归[⑨]。故善用兵者，避其锐气，击其惰归[⑩]，此治气者也。以治待乱，以静待哗[⑪]，此治心[⑫]者也。以近待远，以佚待劳，以饱待饥，此治力者也。无邀正正之旗[⑬]，勿击堂堂之陈[⑭]，此治变者也[⑮]。

---

① 动如雷震：杜牧注："如空中击下，不知所避也。"贾林注："疾雷不及掩耳。"此句言行动迅速，使人猝不及防。

② 掠乡分众：陈皞注："夫乡邑村落，因非一处，察其无备，分兵掠之。"全句意谓分兵数路掳掠敌国乡邑。

③ 悬权而动：权，秤锤，用以称物轻重。此句指权衡利害得失，而后决定行动。

④ 《军政》：古兵书，已佚。梅尧臣曰："军之旧典。"

⑤ 故为金鼓：为，设置也。金，杜佑注："钲铎也。"金鼓，古代用以指挥军队进退的号器具，擂鼓进军，鸣金收兵。

⑥ 所以一民之耳目也：民，士卒、军队。一，统一、齐一。用金鼓来统一士卒的视听，使士兵的行动一致。

⑦ 三军可夺气：夺，失也。《荀子·富国》："罕兴力役，无夺农时。"气，指刚劲勇锐之士气。全句意谓三军之刚锐旺盛之气可以挫伤而使之衰竭。

⑧ 将军可夺心：张预注："心者，将之所主也。夫治乱勇怯，皆主于心。故善制敌者，挠之而使乱，激之而使惑，迫之而使惧，故彼之心谋可以夺也。"全句言可动摇将帅的决心。

⑨ 朝气锐，昼气惰，暮气归：归，止息。梅尧臣注："朝，言其始也；昼，言其中也；暮，言其终也。"又张预注："朝喻始，昼喻中，暮喻末。"

⑩ 避其锐气，击其惰归：此言避开敌初来时的锐气，等待敌人士气衰懈再进行打击。

⑪ 以治待乱，以静待哗：乱，陈皞注："政令不一，赏罚不明，谓之乱。"哗，指骚动不安。全句意谓以严整对付混乱之敌，以镇静对付轻躁之敌。

⑫ 治心：张预注曰："善治己之心以夺人之心。"即从心理上制伏、战胜敌人。

⑬ 无邀正正之旗：邀，遮留、阻击、截击。正正，曹操注："正正，齐也。"此句谓不要发兵截击旗帜齐整、队伍整治之敌。

⑭ 堂堂之陈：陈，阵。堂堂，张预注："行阵广大。"言不要攻击阵营强大、实力雄厚之敌。

⑮ 此治变者也：言此乃掌握机动应变的方法。

故用兵之法：高陵勿向[①]，背丘勿逆[②]，佯北勿从[③]，锐卒勿攻[④]，饵兵勿食[⑤]，归师勿遏[⑥]，围师必阙[⑦]，穷寇勿迫[⑧]，此用兵之法也。

【白话译文】

孙子说：大凡用兵的法则，统帅接受国君的命令，从征集民众，组编军队，到同敌人对垒，在这过程中没有比争取先机之利更困难的。我们争取先机之利最为困难的地方，是要把迂回的弯路变成直道，要把不利条件变为有利条件。所以我们要用迂回的途径，并用小利引诱敌人，这样就能在比敌人后出动的情况下先到达要争夺的要地，这便是懂得以迂为直的方法了。

所以军争有有利的一面，同时也有危险的一面。如果全军带着所有装备去争利，就不能按时到达预定地域；如果放下装备辎重去争利，装备辎重就会损失。因此，如果我们卷起盔甲轻装急进，昼夜不停，连续加速强行军，走上 100 里去争利，三军的将领都可能被俘，强壮的战士先到，疲弱的士卒掉队，其结果会是只有 1/10 的兵力赶到；走 50 里去争利，上军的将领会受挫折，只有半数兵力赶到；走 30 里去争利，只有 2/3 的兵力赶到。因此，军队没有辎重就不能生存，没有粮食就不能生存，没有物资就不能生存。

---

① 高陵勿向：向，指仰攻。杜牧注："向者，仰也。"梅尧臣注："敌处其高，不可仰击。"此说甚是。

② 背丘勿逆：背，杜牧注："背者，倚也。"即倚托之意。逆，迎击。意为敌背倚丘陵险阻，我当不要正面攻击。

③ 佯北勿从：佯，假装、伪装。张预注："敌人奔北，必审真伪。"此言敌若假装败退，我当不要追击。

④ 锐卒勿攻：言敌精锐，不要去攻击。

⑤ 饵兵勿食：饵，诱饵、以小利相诱。言敌人若以小利作诱饵，不要理睬。

⑥ 归师勿遏：遏，阻、截击。言敌师退还其国途中不可正面阻截。

⑦ 围师必阙：张预注："围其三面，开其一角，示以生路，使不坚战。"此言包围敌人，当留缺口。

⑧ 穷寇勿迫：穷，困厄。言对陷入绝境之敌不宜逼迫。

在我们不了解列国诸侯战略企图的情况下，不能与其结交；在不熟悉山岭、森林、险要、阻塞、水网、湖沼等地形的情况下，不能率军行进；在不重用向导的情况下，就不能得到地利。所以用兵打仗要依靠诡诈才能成功，根据是否有利决定自己的行动，以分散兵力与集中兵力作为战术变化手段。所以，军队行动迅速时犹如疾风，行动舒缓时犹如森林，攻击时犹如烈火，防御时像山岳，荫蔽时犹如阴天，冲锋时犹如雷霆。军队掳掠乡邑，分配俘虏来的民众；扩张领土，分配掠夺来的物资；衡量利害得失，然后相机行动。如果我们事先懂得以迂为直这一方法就能胜利，这是争取先制之利的原则。

《军政》中说："作战中用语言指挥士兵听不到，所以设置金鼓；用动作指挥士兵看不见，所以设置旌旗。"所以夜战多用金鼓，昼战多用旌旗。金鼓、旌旗是用来统一全军行动的。全军的行动既然一致，那么勇猛的士卒不会单独前进，怯懦的士卒也不会单独后退，这就是指挥大部队作战的方法。

对于敌人的军队，可以打击其士气；对于敌人的将领，可以搅乱其决心。军队初战时士气饱满，过一段时间后就开始逐渐懈怠，最终就会疲乏衰竭了。所以善于用兵的人，要避开敌人初来时的锐气，等待敌人士气衰竭时再去打他，这是掌握军队士气的方法。用自己的严整对付敌人的混乱，用自己的镇静对付敌人的轻浮，这是掌握军队心理的办法。用接近战场态势的部队对付远道而来的敌人，用安逸休整后的部队对付疲劳奔走的敌人，用饱食状态的部队对付饥饿的敌人，这是掌握军队战斗力的办法。不要去拦击旗帜整齐、部署周密的敌人，不要去攻击阵容堂皇、实力强大的敌人，这是掌握机动变化的办法。

所以，将领用兵的原则是：敌军占领山地时不要仰攻，敌军背靠高地时不要正面强攻，敌军假装败退时不要追击，遇到敌军精锐时不要攻打，面对敌人的诱兵不要理睬，敌军退回本国时不要去阻击，包围敌人时不要四面堵死，敌军已陷入绝境时不要过急逼迫。这些都是用兵的法则。

060　以迂为直，以患为利 / 曹操望梅止渴的谋略底蕴

【原文】

凡用兵之法，将受命于君，合军聚众，交和而舍，莫难于军争。军争之难者，以迂为直，以患为利。故迂其途，而诱之以利，后人发，先人至，此知迂直之计者也。

【精解】

本篇第一句话就描述了古代将领带兵打仗的一般程序和全过程："凡用兵之法，将受命于君，合军聚众，交和而舍，莫难于军争。"

这句话告诉我们，古时候打仗，一般分三步。第一步是国君决策，将领接受命令；第二步是将领招集人马，领军出征；第三步是部队到达战场，与敌军面对面筑垒扎营。孙子把这三个步骤称为"将受命于君，合军聚众，交和而舍"。交，不是指外交，而是相交、接触，即敌对双方互相打照面了；舍，意为停止、驻扎，安营扎寨。曹操注释说，战场上双方营垒的正门称为"和门"，左右门为"旗门"，两军营门对营门就叫"交和"。从走出国门到进入战场，这一路走来，最为困难的是与敌军争夺道路、战机、有利态势等问题，孙子称之为"军争"。

孙子进一步分析说，军争中更为困难的则是"以迂为直，以患为利"。即把迂远的道路变为直达的道路，把患害的事情变为有利的事情。迂和直是对立的，患和利也是对立的，孙子注意到这些对立的关系并非固定不变，而是可以通过主观努力使之变化，并且在变化之中创造机会、谋取利益，充分体现出军事辩证法的思想。

一般来说，两点之间的最短距离是直线，走直线肯定最为快捷，但战场上哪有这样的好事？敌军通常都会在直达的道路设置埋伏。记得当年自卫还击作战的过程中，我们放着大道不走，专找一些小道走，一路上不仅要用砍刀披荆斩棘、开辟通路，还要提防敌人沿路布设的雷区或者伏击，甚至路边水井的水都不敢喝，担心敌人放毒。可谓一路障碍，一路惊心。

尽管辛苦一些，但最终我们能够按规定时间进入作战地区。如果直接走大道，遭到敌人埋伏，一旦打起来，既有伤亡，又延误时间，还可能暴露意图。所以，相比较而言，走迂远的小道比走直达的大道更有利于隐蔽地到达目的地、突发制人。这恐怕就是孙子所谓“以迂为直”的内涵所在。

敌军的埋伏和拦截、官兵的疲劳和饥饿、地形的崎岖和险阻，都是影响部队行动的患和害，而且不可避免。这就要求将领善于把坏事变为好事，把不利变为有利。东汉末年，曹操带兵攻打宛城时，部队行军长途跋涉，走得很辛苦。时值盛夏，太阳火辣辣地挂在空中，散发着巨大的热量，大地都快被烤焦了。这一路上又都是荒山秃岭，方圆数十里找不到取水的地方。士兵都很口渴，不断有人中暑倒下。曹操看在眼里，急在心头，心想这样下去可不行，不但会贻误战机，还会有不少的人马要损失在这里。着急之际，他忽然灵机一动，脑子里蹦出个主意。他抽出令旗指着前面的一个小山包说：“前面不远的地方就有一大片梅林，结满了许多梅子，又酸又甜，大家再坚持一下，走到那里吃到梅子就可以解渴了！”士兵们听了曹操的话后，嘴里都流出口水，精神也振作起来，鼓足力气加紧前行，终于到达了前方有水源的地方。(刘义庆,《世说新语》)曹操利用人们对梅子酸味的条件反射，成功地克服了干渴所导致的危机，堪称典型的“以患为利”。

通常情况下，一听说要走远路、弯路、小路、险路，队伍中难免就会有人发出牢骚怨言，以致行动不一，影响进军速度。针对这种情况，孙子想出了一个办法——“迂其途，而诱之以利”，即一旦选择了一条表面曲折、其实最合理的路线，就要让官兵看到诱人的目标和利益。如曹操诱之以梅子，或者诱之以战功，让士兵鼓足干劲、乐于奔命。这样就可以做到“后人发，先人至”。虽然我军比敌人后出发，但有可能比敌人先到达。这种情况下，“诱之以利”的对象是自己的部队。其实，利诱的对象也可以是敌人。唐代贾林注曰：敌人的道路本来很近，但是我要想办法让他绕远道，以小股残弱之兵或者小的利益诱使其跑到别的道路上去，敌人便不能按时进入预定战场了。

战争的残酷性告诉我们，任何时候都要保持清醒的头脑，既要善于在困难的情况下对自己的部队“诱之以利”，激励官兵继续前行，又要善于有意识地运用这办法对敌人“诱之以利”，使其陷入不利境地，当然还要防范敌人对我们“诱之以利”，诱使我们进入不利境地。孙子认为，这样才算得上“知迂直之计者也”。

“迂直之计”充满了辩证法色彩，也可以说是一种生活智慧、竞争智慧。直路近，弯径远；近途快，远路慢；平道易，险地难，这是一般的规律。通常情况下，欲速则不达。但是如果充分发挥主观能动性，灵活运用谋略，根据环境的虚实、实际情况的优劣，把实现长远目标和近期目标综合起来考虑，就有可能变迂为直、变患为利。所以，在有些情况下，近，反而是真正的远；远，很可能变为实际的近。比如，面对与同事的矛盾，我们直接从正面入手反而容易激化矛盾，从侧面迂回解决则很可能化解矛盾。至于在对抗和竞争之中，我们更需要以迂为直，以患为利。竞争双方都会干扰对方的计划，迟滞对方的行动，拖延对方的时间，降低对方的效率。因此，竞争中不要幻想走径直快捷的路，而要善于先退一步，然后前进两步。该迂就迂，该直就直，迂直结合。

也许有的朋友心中会产生一个问题：竞争毕竟要争，是不是要专门选迂回的、间接的道路走呢？当然不是。孙子只是提出了一种思维方式。在实际的竞争道路上，该与对方面对面争夺的时候，我们当然还得直接竞争。

061 军争为利，军争为危 / 我们不是“石达开第二”

【原文】

故军争为利，军争为危。举军而争利则不及；委军而争利则辎重捐。是故卷甲而趋，日夜不处，倍道兼行，百里而争利，则擒三将军；劲者先，罢者后，其法十一而至。五十里而争利，则蹶上将军，其法半至；三十里而争利，则三分之二至。是故军无辎重则亡，无粮食则亡，无委积则亡。

【精解】

“以迂为直，以患为利”，强调的是要善于选择被人们忽略的路径，也要善于将坏事变好事。这讲的是一条基本原则，或者思维方法。但是，我们与对方竞争过程中不可能总是绕着道走，总会遇到在同一道路上同时赛跑的情况。于是，孙子接着提出了直接竞争的办法。

他说：“军争为利，军争为危。举军而争利则不及；委军而争利则辎重捐。”凡事都有利有弊。军事竞争也是如此。“军争为利，军争为危”就是提醒将领要注意，在军争问题上，有利就会有弊。与敌人争夺道路、战场、战机，一旦抢先一步争夺到手，当然是利。然而，争夺的过程之中随时会面临种种危险。这里所说的危险主要不是指敌人给我们造成的危险，而是万一将领不能把握好辎重与速度的关系时带来的危险。孙子说，“举军而争利则不及，委军而争利则辎重捐”。举军，意为带着全部装备粮草，重装进行。委军，则意为丢下装备粮草，轻装前进。如果军队把辎重全都带上，当然有利于作战，这是“利”，但速度肯定提上不来，不能按时到达战场，这又是“患”。如果为了军队跑得快一点，破釜沉舟，把坛坛罐罐都扔掉，速度当然提上来了，这是“利”，但战士没吃、没喝、没武器，到达战场也无法作战，这又是“患”。

孙子进一步假设了三种情况。

第一种情况，“是故卷甲而趋，日夜不处，倍道兼行，百里而争利，则擒三将军；劲者先，罢者后，其法十一而至”。卷甲而趋，就是把铠甲卷起来，轻装快跑，昼夜不停地跑，这样能够日行百里。用现在的军事术语来说，这是强行军。但是跑得快的冲在前面，跑得慢的落在后面，只有1/10的人能够按时赶到战场，9/10的人都掉队了。古代诸侯，一般都有三军。纵队是上、中、下三军，横队是左、中、右三军。三军之帅，都叫“将军”。这种强行军的行军方式使部队稀稀拉拉，无力战斗，三军的将领都有可能被敌人擒获。有的专家根据历史上的个别注释认为，当俘虏的不是“三将军”，而是“三军将”，即统率三军的主将。从战场实际情况分析，还是“三将军”符合逻辑。如果统率三军的主将都当了俘虏，各军将领还能安然无事？这显然说不过去。

第二种情况是“五十里而争利，则蹶上将军，其法半至”。蹶，就是折损。此句意为：这是日行五十里的行军情况，1/2的人能够按时到达战场，1/2的人掉队。虽然到达的人马多了一些，作战力量仍然不足，先头部队的将领有可能战死。

第三种情况是“三十里而争利，则三分之二至”。用现代军事术语来说，这是常行军。日行三十里，有2/3的人按时到达战场，1/3的人掉队，但三军将领安然无恙，能够继续指挥作战。

这三种情况各有利弊，没有对错，就看战场实际情况和作战任务需要哪一种。“百里而争利”，适用于需要人们不惜一切代价争夺生死攸关的时间和地点的情形，只要能够先敌一步，哪怕剩下一个人也在所不惜；“五十里而争利”，适用于需要人们争夺十分重要的目标和战机的情形，既要加快速度，又要保持一定的战斗力；“三十里而争利”则适用于平常行军的情形。并非整个行军过程从头至尾都是一个模式，人们根据利弊，有可能轮换着采用不同的模式。无论是古代战争，还是现代战争，都是如此。当年红军长征，既有百里而争利，又有五十里而争利，也有三十里而争利，其中我军在抢夺安顺场和飞夺泸定桥的争夺战中就轮番采用了急行军和强行军的办法。

中央红军长征途中历经大小战斗无数，最具传奇色彩的当属大渡河畔抢夺安顺场与飞夺泸定桥的战斗。

1935 年 5 月 22 日，刘伯承和彝族小叶丹举行了结拜兄弟的仪式后，红军顺利通过彝族区，向大渡河畔的安顺场兼程急进，准备渡过大渡河。安顺场位于大渡河南岸的河谷地带，面对奔腾汹涌的大渡河，背枕巍峨挺拔的营盘山，两侧四五十里是高山，兵力无法展开，遇强敌伏击极易被消灭。营盘山的名称，就是人们为了纪念太平天国的名将石达开而取的。1863 年 5 月太平天国的翼王石达开就是因在此抢渡失败，才在清军和土司武装夹击下全军覆没的。据说在全军覆没之前，石达开为了不让自己的妻子儿女被俘受辱，他将 5 个妻妾、两个幼子沉于大渡河的水流中，并写下了“大江横我前，临流曷能渡”的诗句，发出了无可奈何的悲叹。中央红军在同一季节接近大渡河时，蒋介石一面严令川军加紧布防，一面调集中央军赶往追堵，同时叫嚷：“要朱毛做第二个石达开。”

5 月 24 日，担任先遣队的红一军团的第 1 师第 1 团在团长杨得志的率领下，急行军几十公里，首先赶到安顺场岸边。此时船只已大部被敌掠往对岸，红军只夺到一条小船，他们马上以 17 名勇士组成了渡河奋勇队，在迫击炮和重机枪掩护下冲向对岸，奇迹般地战胜有一营之众的守军、控制了渡口，被敌人视为插翅难飞的天险大渡河终于被打开了一个缺口！

红军虽然夺取了安顺场渡口，却因水流太急无法架桥。刘伯承计算，如仅靠缴到的 4 只渡船昼夜摆渡，全军 2 万多人过河需要一个多月。这时敌中央军薛岳部正向大渡河急进，只有几天的路程，川军主力也陆续赶来，面临着巨大危险的红军必须另找出路。

中央军委得知安顺场的情况，一面要红一师及干部团继续在安顺场渡河，然后沿大渡河东岸北进；同时又紧急决定以红二师第 4 团为先锋，夺取安顺场北面的泸定桥，然后主力沿大渡河西岸北上争取通过此桥。此时，敌军两个旅已前往增援泸定城，双方都在抢时间。

红四团团长是王开湘，政委是杨成武。5 月 27 日晨，红四团从安顺场出发，沿大渡河西岸崎岖不平、悬崖峭壁的羊肠小道急进，沿途打掉了敌人一个营的拦阻，一直走到半夜，足足走了40公里。按现在的行军速度，这已经是急行军了。可是，第二天拂晓，红四团刚上路，就接到红一军团转发军委的电报，因敌情变化，军委命令他们提前一天，即于29日晨赶在增援川军前面到达泸定桥。他们打开地图一量距离，还有120公里，于是决定强行军。行军途中，红军发现对岸敌军两个旅正同自己隔江并行奔向泸定桥，紧急关头，杨成武、王开湘认为必须再加快速度。但是到了傍晚，突然下起了大雨，队伍摸黑行进在泥泞的路上，根本走不快。这时杨成武看到对岸的敌人点着火把，忽然有了主意，他让红军也打起火把，并告诉各连队：假使对岸敌人问我们是哪部分的，就用白天被打败的敌人的番号，说是今天被“共匪”打败的某师某团某营的。就这样，红军欺骗着敌人，敌人也没有怀疑，两路的人，两路的火，各怀着不同的目的，并行前进。走了几十公里，对岸的敌人停下休息了。红军抓住时机，加速前进。杨成武在回忆录中说：河边的羊肠小道，本来很难走，此刻路面淌着雨水，滑倒的更多了，拐杖也不灵了，一不留神，能来个倒栽葱，真说得上三步一摔，九步一跌，队伍简直是在滚爬中前进的。就是在这样的条件下，有人还不断打瞌睡，有的人走着走着就站住了，后面的人推他：“走呀，前面走远了。”他才猛然惊醒，又加快步伐跟了上去。是的，我们的战士实在太疲劳、太困倦了。为了防止跌到河里，最后，我们不得不吩咐每人解下自己的绑带，一条一条接起来，拉着前进。

就这样，红四团一天一夜急行军120公里，终于在29日晨6时赶到泸定桥边。接着与敌军展开了惊心动魄、气壮山河的铁索桥争夺战。经两个小时的激战，我军拿下了泸定桥。随后，中央红军主力全部由泸定桥渡过了大渡河。

通过泸定桥后，毛泽东对指战员说，我们的行动已经证明，中国共产党领导的红军不是太平军，我和朱德也不是“石达开第二”，蒋介石欲借助大渡河天险消灭红军的如意算盘又打错了。

孙子不仅要求根据战场情况和作战任务灵活采用相应的行军方式，

而且连用三个“亡”字提醒人们，无论采取哪种方式，都不能扔掉武器和必要的粮食。他说：“军无辎重则亡，无粮食则亡，无委积则亡。”委积，泛指财物、货物。这就告诉人们，战争，乃至任何领域的竞争，都必须建立在实力的基础之上，没有实力做支撑，欲速则不达，干什么都干不成。

062 兵以诈立，分合为变 / 自卫还击作战中的惨痛教训

【原文】

故不知诸侯之谋者，不能豫交；不知山林、险阻、沮泽之形者，不能行军；不用乡导者，不能得地利。故兵以诈立，以利动，以分合为变者也。

【精解】

《孙子兵法》有不少经典名句流传很广，几乎是家喻户晓，诸如“不战而屈人之兵”“知彼知己，百战不殆”等。其中，“兵以诈立”也是被人们津津乐道的一句名言，有一位教授直接以这句话作为书名出了一本书。还有一位教授抓住另一句话编了一套书——《孙子兵法教你诈》。更有不少人因为这句话就认为《孙子兵法》是专讲欺诈的兵书。甚至有些人据此认为，孙子是中国古代诡诈第一人，是破坏中国讲诚信传统的罪魁祸首。这种批判对不对？孙子所说的“兵以诈立”究竟是不是恶意欺诈？我们不妨回到原文，看看孙子是在什么情况下说出这句话的，品味其原意，然后再下结论。

孙子讲完了百里争利、五十里争利、三十里争利的三种方法之后，紧接着提醒将领在军争过程中一定要注意避免误入歧途，或者避免陷入敌人的埋伏圈，甚至还要想办法迷惑敌人，使其无法阻拦。为此，孙子提出了6点建议：“故不知诸侯之谋者，不能豫交；不知山林、险阻、沮泽之形者，不能行军；不用乡导者，不能得地利。故兵以诈立，以利动，以分合为变者也。”

这6点建议可以简要地概括为“三不三要”。

“三不”，是指我们要搞清楚行军途中的客观情况，不要蒙头乱跑。

第一个“不”，是“不知诸侯之谋者，不能豫交”。诸侯，指行军沿路可能经过的国家。如果我们不了解他们的想法，就无法提前做好外交疏通工作。一旦未经疏通就撞入某个国家，麻烦就大了。孙子当年在楚

国东面轮番用三支部队袭扰、调动楚军来回奔跑的时候，其实就是为了掩护吴军从楚国西北面偷袭的企图。但是，从北面迂回偷袭，必须经过唐、蔡等国，这几个小国一直是楚国的附庸。一直到公元前506年，机会终于到来了。这年秋天，楚国围攻蔡国，蔡昭侯求救于吴。唐成公听说蔡昭侯欲搬吴军攻楚，也遣使入吴，表示愿与蔡、吴联合，一起进攻楚国。于是，孙子奏请吴王发兵攻打楚国。3万吴军才得以借道唐蔡两国地界，长驱直入杀到柏举，偷袭楚国后院。

第二个"不"，是"不知山林、险阻、沮泽之形者，不能行军"。山林，是山地和森林，不好走。险阻，是悬崖峭壁，或道路不通的地形，也不好走。沮泽，是沼泽草地，或低洼难行之地，更不便行军。军队必须事先侦察了解清楚，才能进入这些地区。孙子偷袭楚国，先是乘舟溯淮水而上，然后舍舟而行，会合蔡、唐两国之兵，先后通过河南湖北交界地区的大隧、直辕、冥阨三个要隘，直趋汉水。如果不是事先侦察了解清楚地形和路况，他们不可能顺利迂回千里。

第三个"不"，是"不用乡导者，不能得地利"。乡导，即让熟悉地形的当地老百姓带路，这样可以少走弯路。当然，前提是部队要找到诚实可信的老百姓，像我们当年自卫还击作战中用的带偏我们的越南乡导就不行。

简单地说，就是我们在没有搞清敌情、地形和路况时，就不要贸然行军。

"三要"，讲的是我们要在行军途中发挥主观能动性，用多种谋略手段迷惑和调动敌人，或者组织部队边走边打。

第一个"要"，是要"兵以诈立"。诈立，即以诡诈多变迷惑敌人，使其不知我方实情，然后才能取胜。孙子在《计篇》中说过："兵者，诡道也。"可见，这不仅仅是军争之法，而且是战争基本法则。诡诈欺骗是赢得战争胜利的重要手段之一，虚虚实实，真真假假，互相诱骗，施计用谋乃是军事斗争的一条普遍规律。

第二个"要"，是要"以利动"。就是我们要根据利弊采取行动。具体地说，我们究竟采取何种行军类型要根据战斗任务、作战企图和地形利弊来决定，要注意在高山、平原、湖泊、沼泽各种地区中趋利避害。

第三个“要”，是要“以分合为变”。分，即兵力分散；合，即兵力集中。分合为变，是说有些地点要分散，有些地点要集中，有些地区要分进合击。我军兵力要变化不定，让敌人无法阻拦。

概括起来说，行军不是单纯走路，要像足球运动员带球运动那样，一定带些欺骗、分合之类的战术动作，让对方不知如何拦截。

孙子所说的这“三不三要”，表面上看起来似乎都是些寻常道理，甚至是众所周知的常识。可是在纷繁复杂的战场上，这些常识往往容易被忽略，甚至在种种利益驱动下，这种常识往往被不自觉地违背。可是，一旦我们忽略或违背了这些常识，小则流血牺牲，大则全军覆没。1979 年自卫还击作战中我们就曾经有过这方面的惨痛教训。

那年 3 月 2 日，我军攻克了越南北部重镇谅山，打开了拱卫首都河内的门户。我们如果继续南进，红河三角洲将无险可守。小平同志认为，兵锋直指河内，已经“达到了惩罚的目的”，于是命令各部队从即日起逐步撤军。从重庆开到广西的第 50 军 150 师，本来一直奉命在边境地区按兵不动，担任战略预备队。但是该师官兵看到出境作战的部队陆续回撤，边境各地纷纷搭起凯旋门，欢迎歼敌英雄归来，他们心里痒痒的，迫切希望也到战场上走一走、打几炮、放几枪。于是，50 军首长一再向广西前线指挥部请示，坚决要求让 150 师走出国门，到实战环境锻炼。前线指挥部觉得战事既已接近尾声，估计再无硬仗可打，于是同意 150 师出境，任务是掩护友军撤退。

可是 150 师过于乐观，想得过于简单了，以为无非是掩护友军撤退，没什么复杂情况。所以，对战场地形、行军道路、敌军情况等因素都没有仔细地侦察了解，孙子所说的“三不三要”，全都没顾得上，就一头冲进战场。

3 月 11 日中午，在越南高平市以南 40 多公里一个名为班英的地区，150 师 448 团突然遭遇从河内赶来追击的越军精锐部队，448 团随即展开作战部署，主动向敌军发动攻击。公允地说，作战一开始，448 团的官兵是非常英勇的，也攻克了敌军几个阵地。但是由于他们事先没有侦察了解作战地区的地形，仓促应战，于是越打越乱。相反，越军熟悉地形，富有山地丛林作战经验，躲在暗处开枪开炮，我军只听到枪炮响，就是见不到人。战至12日下午，448团团部及2营的退路已被切断，四周要点大多被越军抢占。

危急关头，448团请求全团收拢后边打边撤，师部同意撤下来，但50军驻该师指挥组部署失误，只派团副参谋长带1营1连和3营8连走小路增援2营。副参谋长战后受审时回忆说："当时敌情、地形、我情均不清楚，既无战斗组织准备的时间，更无战斗保障，在整个夜间行动中不准我们做任何的行动标志，且与我军中断联络，当我带1、8连迂回到敌后，8连被打散，1连不知去向，与我完全失去联系，8连失散人员后被重围。在断水断粮的情况下，激战了7昼夜，人已疲惫不堪，连野草树皮都吞不下，解不出小便，完全失去了应有的力气。3月19日上午敌向我方实施了毁灭性打击，在敌直接炮火的打击下很多人负伤，所剩数人被打散，不知何时这些人员分别落入敌手。在力不从心的情况下，我和3营通讯员分别于4时左右落入敌手，在万般无奈的情况下当了俘虏。"

与副参谋长一样成为战俘的还有2营教导员以及10多名连排长，共计200多人。最可耻的是，8连甚至是集体放下武器，由连长出面与越军接洽投降事宜。

1985年军委扩大会议，军区上报的裁撤名单中第一个就是第50军，当时没有一个人吱声，谁也不敢为第50军陈情保留。第50军就这样被裁撤了，唯一保留建制的第149师被划归第13军。

这些教训说起来令人非常沉痛，也应当引起当代军人的高度重视。孙子所说的"三不三要"虽然很简单、很平常，但不可违背。

相信听完这个故事就不会再有人对孙子提出的"兵以诈立"持否定态度了。不可否认，战争中的"诈"，当然包含诡诈之意，但是主要用于对敌作战。而且"诈"的含义很广，灵活多变、示假隐真、虚实相兼等，都是其具体方法和表现，所以，不能把它仅仅理解为损人利己的欺诈。应当说，它与诚信并不矛盾。我们在职场、商场讲究诚信的同时，也都需要善意的变化。

063 风林火山，统军之道 / 李广的骑兵队伍来去如飞

【原文】

故其疾如风，其徐如林；侵掠如火，不动如山；难知如阴，动如雷震。

【精解】

说起“风林火山”几个字，很多年轻人都以为这是日本的东西。到日本旅游的人可能会注意到，“风林火山”几个字确实随处可见。比如，曾任日中文化交流协会会长的井上靖的畅销小说《风林火山》、50 集电视连续剧《风林火山》、网络游戏《风林火山》、游戏王陷阱卡《风林火山》，等等。甚至还有风林火山餐馆，风林火山菜谱，写有“风林火山”字样的灯笼、汗衫等旅游纪念品。这些东西传入中国，很多中国的年轻人以为它是日本文化的代表。其实，这几个字完全源自中国，是《孙子兵法》中的一句经典名言。问题是，日本人为什么这么钟情于这几个字？

这就得从 16 世纪说起。当时是日本的战国时期，有一位名叫武田信玄的将军能征善战，他的用兵方略和为政之道在日本战国史上留下了极具影响力的一笔。之所以把他的名字与“风林火山”几个字紧紧地联系起来，是因为他曾经让突击队高举一面战旗，旗上绣着“风林火山”几个大字，以激励官兵英勇作战。这面军旗便成为武田军的一种象征。这面旗帜一直保存在日本山梨县盐山市云峰寺之中。据说，武田信玄于 1551 年在此出家为僧。

武田信玄为什么要在突击旗上绣这几个大字？这 4 个字又表达了什么意思？

据史书记载，《孙子兵法》在公元 735 年传入日本，即唐开元二十三年。当时，在中国留学的日本学生吉备真备将《孙子兵法》等中国兵书带回日本。与中国的情况类似，《孙子兵法》传入日本后作为秘密的珍藏书并未得到迅速传播，只有国君、高级武将等小圈子里的人才能接触。武田

信玄作为“战国第一名将”，当然能够接触到这本兵法秘籍，并且非常喜好此书。武田信玄的一生中，自 16 岁上战场后，比较大的战斗大约打了 80 场。他在作战中比较注重运用《孙子兵法》的谋略，最典型的例子是他所制作的“风林火山”军旗。这 4 个字直接取自《孙子兵法·军争》中的 4 句话——“其疾如风，其徐如林，侵掠如火，不动如山”。取每句话的最后一个字，便是“风林火山”。

孙子这几句话是紧接上文而说的。前面主要针对将领，强调军争过程中要善于“以迂为直，以患为利”，要善于趋利避害，还要善于战术变化，等等。接下来，孙子针对部队提出要求，认为将领谋略水平再高，部队行动不给力也难以在军争中获利。所以紧接着对部队提出一系列要求，孙子的要求如下。

- 其疾如风：指部队动作神速，有如狂风之迅疾。
- 其徐如林：指部队行列整肃，舒缓如林木森然有序。
- 侵掠如火：侵，意为越境进犯；掠，意为掠夺物资。侵掠，此处意为攻击。“侵掠如火”意为部队攻击时如烈火之猛，不可遏止。
- 不动如山：指部队防守时似山岳之固，不可动摇。

前两句是对部队行进时的要求——快如风，缓如林；后两句是对部队作战时的要求——攻如火，守如山。

其实，孙子还说了两句话：“难知如阴，动如雷震。”显然，这是对部队待机状态的要求。

- 难知如阴：指部队隐蔽待机时深藏不露，如阴霾迷漫，深不可测。
- 动如雷震：指部队抓住战机突然行动时，犹如迅雷不及掩耳，无法抵御。

概括起来看，孙子这6句话的潜台词意在说明，部队要具备这些特点，才能在行军作战中落实将领的谋略。西汉名将李广与匈奴打了大小70多仗，赢得“飞将军”美誉，其中有很多可圈可点的精彩故事。

有一次，匈奴大举入侵上郡，汉景帝派亲近的宦官跟随李广整训士兵，抗击匈奴。这位宦官喜欢游玩，有一天带了几十名骑兵，纵马驰骋，遇到三个匈奴人，与他们交战。那三个人转身射箭，伤了宦官，那几十名骑兵也被射杀将尽。宦官跑回大营向李广哭诉历险经过，李广肯定地说：“这一定是射雕的人。”所谓射雕手，就是匈奴人中射箭最好的大力士，因为雕飞得很高，射得准、拉得动强弓的人才可以射到雕，这些人一般是射箭技术精湛的人。于是，他带上100名骑兵，急追这三个人。三个射雕人没有马，徒步行走，走了几十里。李广命令骑兵散开，从左右两面包抄，并亲自射击那三人，结果射死两人，活捉一人，发现其果然是匈奴射雕的人。待捆绑好俘虏上马，李广望见匈奴有数千骑兵。他们看见李广，以为是诱敌的骑兵，都吃了一惊，上山布阵。李广的骑兵也非常恐慌，有的想转身回跑。

面对数十倍的匈奴骑兵，李广知道逃跑或者硬拼都不是办法，只有智取。于是他心生一计，镇静地对大家说：“我们离大军几十里，现在以100名骑兵这样逃跑，匈奴一追赶射箭，马上就全完了。若我们现在留下，匈奴一定以为我们是为大军来诱敌，必然不敢来袭击我们。”李广出人意料地命令骑兵：“前进！”进到离匈奴阵地大约两里地的位置他停了下来，又下令说：“都下马解鞍！”骑兵中有人说：“敌人多而且离得近，如果有紧急情况，怎么办？”李广说：“那些敌人以为我们会走，现在都解鞍就表示不走，可以使敌人更加坚信我们是来诱敌的。”果然不出李广所料，匈奴骑兵真就没敢袭击。相持了一会儿，有个骑白马的匈奴将军跑出主阵营，四处巡视他的部队，李广上马与十几名骑兵奔驰上前射杀了这个白马将军，然后又返回他的骑兵中间，解下马鞍，命令士兵把马放开，随便躺卧。这时刚好天黑，匈奴的将领看到李广这样架势，真的有点摸不着头脑，只好远远地观察汉军动静，不敢贸然进攻。天黑下来，他们认定汉军一定有埋伏，怕汉军半夜袭击他们，便连夜全部逃了回去。到了天亮，李广一瞧，山上已没了匈奴骑兵，这才带着骑兵安然回到大营。

这一则故事颇有传奇色彩，也很符合孙子这6句话的要求。李广及他所率领的100名骑兵，追击匈奴的时候确实“其疾如风”，解鞍下马休息的时候确实“其徐如林”“难知如阴”，突袭白马将军的时候确实“侵掠如火”“动如雷震”。正因为整个部队能够行动一致，把动与静、攻与守、进与退有机统一起来，才能够虎口拔牙、化险为夷。

对于现代战争，孙子这6句话也有很强的现实意义。现代信息化战争至少有三大特点：一是实时化，二是透明化，三是一体化。实时化，就是短、平、快，命令下达后立即行动；透明化，就是各种侦察监视系统平时就锁定目标，使对手难以隐藏；一体化，就是陆、海、空、火箭、航天等各军兵种部队联合作战。显然，在这种新型战争之中，如果部队反应迟钝，行动不一，不善于变化，则很可能难以生存。1979年自卫还击作战中，出征命令下达后，有的师一两天都没有拉出营门，家属孩子“牵衣顿足拦道哭，哭声直上干云霄”（杜甫，《兵车行》）。现在的部队不少靠近大中型城市，随着整个社会生活水平的提高，军人的家庭生活水平也比以往好多了，如何快速拉动部队，做到“其疾如风”，是一个值得我们高度重视的问题。此外，国门开放导致各色人等纷纷涌入，其中不乏别有用心的情报人员，他们很可能在我们部队的驻地、基地装上了各种侦察监视器材，躲在镜头之后把我们的动静看得一清二楚。如何才能做到“难知如阴，动如雷震”，是不可掉以轻心的致命问题，同时也是各级政府甚至广大民众应当共同关注的问题。

很多事情，说起来容易做起来难。孙子这6句话读起来朗朗上口、颇有韵味。但是，仔细想一想，成千上万的官兵组合在一起，让大家都在同一个时间、同一个步骤做到“其疾如风，其徐如林；侵掠如火，不动如山；难知如阴，动如雷震”可不是一件容易的事情。在2015年9月3日纪念抗战胜利70周年的大阅兵时，大家看到各军兵种方队整齐的步伐、精准的动作，无不为之震撼、对其赞不绝口，要知道，这是集中训练大半年的成果。这大半年里，部队官兵把别的事情都放一边，一心一意练正步、齐步，就为了这一天走出军威、走出国威。不言而喻，达到风林火山的标准没有别的办法，唯有一个字——练，两个字——苦练，三个字——再苦练。推而广之，在各个领域带队伍时皆如此。

064 掠乡分众，悬权而动 / 毛泽东通道转兵的建议扭转危局

【原文】

掠乡分众，廓地分利，悬权而动。先知迂直之计者胜，此军争之法也。

【精解】

自古以来，孙子不仅被有些儒生斥为诡诈的始作俑者，而且还被批评为开烧杀抢掠之先河的人、掠夺狂。这是因为他毫不遮掩地提出军争的目的就在于争利。所以，讲完了军争的方法和谋略原则，以及对部队行动的要求之后，孙子直言不讳地说："掠乡分众，廓地分利，悬权而动。先知迂直之计者胜，此军争之法也。"

掠乡分众，说白了就是抢。至于抢什么，众人解释不一。有的人解释为"分兵数路，掳掠敌国乡邑"，这显然是把"众"理解为众卒、兵力。有的人则解释为"抄掠敌国的农村，瓜分敌国的人力"，他们显然是把"众"理解为从事农业生产的劳动力、普通民众。这两种解释都可以说得通，但是，我们不妨增加第三种解释。孙子在《计篇》曾经说"兵众孰强"，意在强调将领要比较敌对双方兵器和物质保障谁的更强。由此可知，"众"，也有众物的意思，泛指一切财物。所以，"掠乡分众"不妨理解为掠夺敌国的乡邑和瓜分敌国的财物。"廓地分利"，其中的"廓"，通"扩"，开拓。此句意为我军要开疆拓土，分兵占领扼守有利之地形。这两句话，合起来都是在强调抢和掠。加上这一处，《孙子兵法》中一共用了4次"掠"字。如本篇前面提到过的"侵掠如火"，《九地篇》中则说"重地则掠""掠于饶野，三军足食"。宋代儒生抓住这一点，认为孙子倡导抢掠，简直是虎狼之兵，和烧杀抢掠的秦人没什么两样。批评者似乎非常仁慈敦厚，殊不知，战争自始就是一种暴力活动。既然是暴力活动，其当然就不同于日常生活，平常生活中的掠夺是不道德的行为，战争中的掠夺与被掠夺却是与生俱来的属性。古代战争讲究掠夺，现代战争仍然重在掠

夺，只不过掠夺的方式和内容不同罢了。过去掠夺的是土地和财物，现在则是掠夺心理和制权：打垮敌人的意志，迫使其俯首称臣；夺取制空权、制海权、制信息权等，让战场或者地区，甚至世界按我的规则运行。这其实与孙子所说的“掠乡分众，廓地分利”并没有什么本质差别。

需要指出的是，孙子这些话都是站在进攻者的角度上说的，强调以积极主动的行动去争夺利益。反之，作为防御一方，当然就要想办法阻止进攻者“掠乡分众，廓地分利”，保护好自己的疆土和各种利益。

其实，在这一问题上没必要过多纠结，我们更应重视的还是“悬权而动”这 4 个字。“权”是秤砣，秤砣悬挂在秤杆上，用来称轻重。战国时期，人们经常用“权”和“轻重”指权术和兵术的运用，特别是指斟酌利害。孙子这 4 个字意在提醒人们，战场上并不是什么利益都可得，有的看上去好像有利，其实害大于利。所以，不要见到利益就眼红，遇到机会就冲动，夺什么地盘、争什么利益、用什么方法，都要根据具体情况，权衡利害得失后再决定行动。曹操注释说：“量敌而动”，道出了孙子此言的深刻含义。1934 年 12 月，红军通道转兵，可谓“悬权而动”的经典案例。

1934 年 10 月中旬，第五次反“围剿”失败之后，中央红军进行战略转移、离开江西时，原计划是进入湘西与红二、红六军团会合，然后以此为依托转入反攻。但是，由于“左”倾路线的错误引导，湘江之战，红军再次受到围攻，损失数万兵力，几乎陷入绝境。1934 年 12 月 9 日起，中央红军兵分三路进军通道。通道县的地名因其地形而得，这里的确是一条“通道”：向北可进入湘西腹地，向南则通广西北部，向西可进贵州，位于湘桂黔三省交界之处。在中央红军向通道进军的时候，蒋介石已判明红军将去湘西的意图，把防堵中央红军北上与红二、红六军团会合作为兵力布置的重点。他在湘桂边这个方向上，摆放了 10 多万兵力，企图把中央红军消灭在去湘西的路上。可是，负责中央红军军事行动指挥的博古、李德无视敌情，仍然坚持由通道北出湘西，准备率领红军继续往蒋介石布置好的包围圈里钻。如果不改变原定的前进方向，中央红军就有全军覆灭的危险。

在红军生死存亡的关键时刻，1934 年 12 月 12 日，红军占领通道后，在毛泽东的极力主张下，中共中央负责人召开紧急会议，讨论战略行动方针问题。参加会议的有博古、周恩来、张闻天、毛泽东、王稼祥和李德等人。毛泽东根据敌我双方的军事态势，建议中央红军放弃北上同红二、红六军团会合的原定计划，立即转兵西进，到敌军兵力比较薄弱的贵州开辟新的根据地、挽救危局。参加会议的多数同志赞成毛泽东提出的方针。李德因为自己的意见被否定而提早退出会场。会议根据大多数人的意见，通过了西进贵州的主张。12 月 13 日，中央红军在通道境内突然改变行军路线，分两路转兵西进贵州。12 月 18 日，红军进入贵州省东南部的黎平时，中央政治局在此举行会议，正式通过决议，放弃向湘西前进的计划，改向黔北挺进。可以说，此次转兵是红军长征中一次具有战略意义的伟大转折，是红军从失败走向胜利的起点。

用孙子的谋略分析，毛泽东通道转兵的建议便是“悬权而动”的杰作。他根据敌情变化、道路远近和地区利弊，及时调整了前进方向。博古和李德则是不善于“量敌而动”，完全根据主观意志行事。

我估计，对于“悬权而动”的思想，不会有什么人反对，大家都希望根据实际情况的利弊灵活应变。问题是怎样“悬权而动”，关键要领是什么？

孙子紧接着给出了答案。他说：“先知迂直之计者胜，此军争之法也。”分析这句话之前，有必要先介绍一个存在学术争议的问题。明代兵学家赵本学在《赵注孙子》中认为，这句话“与上文不相蒙，当在‘无邀正正之旗，无击堂堂之陈，此治变者也’之下，为一篇之结语”。但是汉简本于“悬权而动”下即接此句，意味着此句不在篇末。乍一看，赵本学的分析好像很有道理。的确，《军争篇》接下来的几段话都还是讲军争过程的谋略，还没讲完，把“军争之法也”放到最后做结束语似乎很符合逻辑，与《形篇》《势篇》的风格也非常相似。但是，仔细分析上下文，我觉得孙子把这句话放在“悬权而动”后面也很有道理。

《军争篇》一开始就提出了“以迂为直，以患为利”的观点，告诉人们要善于在不利中看到有利，在祸患中看到机会，而不要见利就上、见患就躲。这就是辩证法，也就是智慧的眼光。那么，“悬权而动”的关键就是要具备这种慧眼，我们才能正确地“争利”，在“掠乡分众，廓地分利”的过程中赢得胜利，而不至于误入歧途或陷阱。孙子认为，这才是正确的军争之法。

不言而喻，“悬权而动”既是一种兵法，也是一种哲学思维方法，具有广泛的普适性。人们为人处事，不可避免地存在着“争利”的问题。我们既不可为了贪图一点小利而丢了大利，也不可因为畏惧困难而放弃争利。一定要准确甄别利之大小、利中之患，或者患中之利，然后“悬权而动”。当争则争，当让则让。

065 一民耳目，用众之法 / 如何驾驭信息化战争

【原文】

《军政》曰：言不相闻，故为金鼓；视不相见，故为旌旗。故夜战多金鼓，昼战多旌旗。夫金鼓旌旗者，所以一民之耳目也。民既专一，则勇者不得独进，怯者不得独退。此用众之法也。

【精解】

有的人读书不太细致，只是看个大概。比如，有人说《孙子兵法》是中国最古老的兵书，有人说《孙子兵法》是世界上第一部军事著作。显然，这些说法都是因其读书不细致造成的错误说法。严谨的学术著作一定写的是"《孙子兵法》是现存最古老的一本兵书"。"现存"是指流传到今天仍然能够见得到的。还有很多没有流传下来的书都见不着了，其中有不少比《孙子兵法》还要古老的。比如今天所要学的这段话中，孙子就引用了西周时期一部兵书中的话。他说，《军政》曰：言不相闻，故为金鼓；视不相见，故为旌旗。故夜战多金鼓，昼战多旌旗。夫金鼓旌旗者，所以一民之耳目也。民既专一，则勇者不得独进，怯者不得独退。此用众之法也。孙子引用《军政》的名言，说明这本兵书不可能晚于孙子生活的年代。至于此书产生于什么年代，很难考证，因为早就失传了，人们只能从《左传》等史籍中找到关于它的只言片语。学者推测《军政》应当是西周时期的兵书，而且是侧重于讲军事法规制度的兵书。从这一引文至少可以看出两点：其一，《孙子兵法》并不是中国古代最早的兵书，只是流传至今仍然能够见得着的最古老的兵书；其二，《孙子兵法》并非完全是孙子个人的思想，它吸收了前人的思想，博采《军政》之类古老兵书的精华，是集大成之作。

孙子之所以要引用这段话，是因为上文讲到"掠乡分众，廓地分利"，即部队撒开了分头行动，如果没有统一的指挥号令，各行其是，势必自乱阵脚，不仅不能争利，反而很可能被敌人各个击破。所以，即使在分头

行动的情况下，也必须使整个部队协调一致、共同行动。为此，孙子借用《军政》的话，引进了古代战场指挥系统："言不相闻，故为金鼓；视不相见，故为旌旗。故夜战多金鼓，昼战多旌旗。"战场广阔，几支部队相距比较远，喊话听不到，便用金鼓传令。部队之间距离再远一点，鸣金击鼓都听不到了，就用旌（古代用羽毛装饰的旗子）旗（上有龙纹、熊虎图案的旗帜）。一般夜间作战，部队不能散得太开，而且声音传得比较远，所以多用金鼓。白天作战部队散得开一些，而且视线好，所以多用旌旗。

孙子说："夫金鼓旌旗者，所以一民之耳目也。"即金鼓是用来听的，旌旗是用来看的。前者凭耳朵，后者凭眼睛。所以说，这些东西是用来"一民之耳目"的。我们需要特别注重这个"一"，它不是指数字"一"，而是统一的意思。"民"是指部队官兵。"耳目"，在此比喻各部队官兵的思想和行动。也就是说，将领要用这些工具传达指挥号令，指挥协调各部队，统一官兵的思想和行动。有的版本写成"所以变民之耳目"，但是，这个"变"字难于被理解。变民之耳目让人眼花缭乱，更容易引起部队混乱。所以，还是"一民之耳目"思想明确，方法得当。

为什么要统一思想和行动？孙子一语道出其目的："民既专一，则勇者不得独进，怯者不得独退。此用众之法也。"一旦官兵在主将的指挥号令下统一思想和行动，形成一个有机的整体，那么能力强的、胆子大的人不至于逞强，单独争夺头功，他们不得不与整体统一行动，那些能力弱、胆子小的人也不至于临阵退却，在整体合力的鼓舞下勇敢战斗。孙子指出，这就是指挥人数众多的大部队作战的方法。

值得注意的是，孙子讲的传达指挥号令的方式虽然相当原始，但是"一民之耳目"的思想相当时兴。十几年前，我的博士论文题目是《驾驭信息化战争》。撰写过程中，我深感战争形态已经发生了巨大的变化，当代信息化战争的基本作战形式是一体化联合作战。陆、海、空、火箭军各军兵种部队，以信息为纽带、以网络为中心联合作战。这种联合，不是传统意义上的手拉手、肩并肩式的联合，而是形散神聚式的联合。作战部队分散在陆海空天电，乃至于太空、多维空间，彼此间距离可能很远，显然各自为战是难以形成聚合力量的，必须一体化，将其联合起来，就像孙子那个时代必须把分散在各处的部队统一协调起来一样。怎样使距离遥远、天各一方的作战部队融为一体？当然，鸣金击鼓的方式已然不灵了。现在的办法是，在联合作战指挥机构的统一指挥控制下，使用 C^4KISR 系统，统一协调和指挥各个部队行动。

C^4KISR 是几个英文单词的缩写。C^4 是指挥（command）、控制（control）、通信（communications）、计算机（computer），K 是杀伤（kill），I 是情报（intelligence），S 是监视（surveillance），R 是侦察（reconnaissance）。其作用相当于古代的鸣金击鼓。它能将所有信息数据库和数据汇集起来，达到信息共享、共用、共调，从而确保各军兵种与指挥部之间交换信息和数据，大大提高指挥的时效性和准确性，增强部队行动的适时性和协调性。

吸引全世界目光的美军击毙本·拉登的“海王星之矛”行动，可谓是信息化战争的一个经典之作。在这次行动中，虽然参与作战的编制表上只有 28 个美国海军陆战队员的名字，其中还包括 1 名翻译和 1 只军犬，但有总统坐镇五角大楼指挥决策，30 多颗侦察卫星和“全球鹰”无人机全时段定位引导，10 多架“支奴干”运输机和 F–15 战斗机全程空中支援，“卡尔文森号”航母在海上支援策应。可以说，海军陆战队队员只是“前台的演员”，其依托的是空地海天电融为一体的“信息化舞台”，五角大楼在数千公里之外进行全方位的“总导演”。

我们未来面临的很可能就是这种战争。虽然我军信息化作战能力已经有了很大的提高，但是高效地“一民之耳目”，真正做到诸军兵种一体化联合作战的技术水平还有待提高。但愿学习和研究尖端信息技术的年轻朋友能够致力于国防，为发展我军信息化指挥控制系统积极献计献策。

“一灯能破千年暗，一智能灭万年愚”。这句话强调了智慧照亮人心灵、启迪人思想的巨大作用。我想把后一句稍微改动一下：“一智能启万径门。”宋代学者郑厚在《艺圃折衷》中评价说“孙子十三篇，不惟武人之根本，文士亦当尽心焉”。的确，《孙子兵法》许多谋略思想反映了人类竞争活动的共同规律，具有普适性。“一民之耳目”，不仅适用于打仗，恐怕也适用于企业管理，以及各领域的团队管理。企业或团队管理固然要注重宽松、自由、和谐的氛围，但是放任各部门、各单位自行其是，恐怕它们立刻就成了散沙一团，互相扯皮、相互掣肘。因而，我们应当想办法通过各种方法明确指挥号令，统一全员的思想和行动，方能形成合力，共同携手干出一番大业。

066 三军可夺气，将军可夺心 / 手雷落地瞬间我与死神相遇

【原文】

故三军可夺气，将军可夺心。是故朝气锐，昼气惰，暮气归。故善用兵者，避其锐气，击其惰归，此治气者也。以治待乱，以静待哗，此治心者也。以近待远，以佚待劳，以饱待饥，此治力者也。无邀正正之旗，勿击堂堂之陈，此治变者也。

【精解】

经常有朋友问我一个不太好回答的问题："薛教授，你们当年打仗怕不怕？"我知道这是明知故问。打仗哪有不怕的呢？可是，如果我坦白地说"怕"，问话者恐怕会有些失望。战斗功臣怎么还会怕呢？如果回答"不怕！"那又是骗人的鬼话。二十来岁的小伙子，从未上过战场，更未目睹死伤，猛然一下与死神为伍，顷刻之间就可能成为烈士，能不怕吗？

其实，这是人的本能生理反应，与思想境界无关，与人品好坏也没有关系。人都会有这种反应，而且自古如此。只不过有的人能够迅速适应，由怕到不太怕，有的人可能难以适应，一直适应不过来，时时刻刻都害怕。孙子早就注意到这种现象，告诫将领无论是行军还是打仗，不妨在军心士气上巧妙地实施攻与守。他说："故三军可夺气，将军可夺心。""三军"泛指全军。"夺"，当作使动词，表使丧失、使消除之意。他强调的是面对强大的敌军，不要在其士气旺盛的时候发起进攻，而要首先想办法挫伤其士气，使其衰竭，然后再攻打；面对睿智的敌军将领，不要在其头脑清醒的时候发起攻击，而要首先想办法搞乱其心理，使之乱了方寸，然后再行攻击。用现代的观念来看，这是典型的心理战战法。2003年伊拉克战争中，美军所采用的"震慑"战略就活用了孙子这一思想。美军通过两次斩首行动、全面精确打击、快速夺取首都、利诱伊军将领等办法，使伊拉克政府、军队和民众预感到必然失败的结局，很快丧失信心、放弃抵抗。事实一再证明，无论古今，战场上斗智斗勇，斗的是心气。正如《尉

缭子》所说："夫将之所以战者，民也；民之所以战者，气也。气实则斗，气夺则走。"这是一条客观规律，敌我双方均是如此。不仅敌方的军心士气有可能被我方动摇或削弱，我方的军心士气也有可能被敌方动摇或削弱。因此，聪明的将领一定要想办法让敌人气虚，而让我军气实。

对此，孙子提出了"四治之法"："是故朝气锐，昼气惰，暮气归。故善用兵者，避其锐气，击其惰归，此治气者也。以治待乱，以静待哗，此治心者也。以近待远，以佚待劳，以饱待饥，此治力者也。无邀正正之旗，勿击堂堂之陈，此治变者也。"

其中的关键词是"治"，即掌握、控制。

"治气"，即掌控军队士气。孙子发现军队士气的虚实有点像太阳起落：朝气锐，昼气惰，暮气归。正因为军队士气有这种变化，所以优秀的将领要注意从两方面掌握和控制双方的士气。对于敌方，当其士气正旺、求战心切的时候，不与其交战，使其被鼓舞起来的士气自动懈怠。对于我方，要在回避与敌军交战的同时鼓舞士气，一旦敌军士气低落，就一鼓作气，以高昂的士气发起攻击。公元前684年，齐国进攻鲁国，双方战于长勺。鲁军一鼓作气，打败齐军。当鲁庄公问起敌军第一次击鼓时曹刿不同意出兵迎战的原因，曹刿解释说："夫战，勇气也。一鼓作气，再而衰，三而竭。彼竭我盈，故克之。"（左丘明，《左传·庄公十年》）

"治心"，即掌控军队心理。军人在战场上的心理状态永远不可能像在训练场般平静，更不可能像电影、电视剧中那样沉着。人们常常在银幕上看到这类情景：激战之中，我军官兵勇敢地将敌人扔过来的正在燃烧的手榴弹捡起来扔回敌群爆炸。坦率地说，当年在战场上我可没有这么沉着勇敢。一次进攻作战中，我们攻入了敌军设置在山坡上的阵地。山上到处是堑壕，我跳入堑壕寻找敌人。忽然，不知从什么方向飞来一颗圆圆的手雷，它落在堑壕里，就在我前方两米左右的位置。手雷一落地就"呲呲呲"地冒青烟，随时可能爆炸。顿时，我大脑一片空白，不知道如何是好，压根儿想不到将其捡起来扔回去，或者踢得远远的。只感觉头顶冒光，马上要升天了。万幸的是，当我本能地沿着堑壕壁往后退的时候，忽然觉得背后是空的，随即往后一靠，结果靠入一个跪姿射击位置。就在这一瞬间，手雷“轰”的一声爆炸了。泥土劈头盖脸地落在我的身上，但是弹片没有伤着我。我在庆幸的同时，立刻跳出跪姿射击位置，沿着堑壕追寻甩手雷的敌人。遗憾的是，追了十来米也没追着。可以说，战场上的军人时时刻刻都面临着这样的危险，很难保持平静的心情。可是，心不静则乱，乱则不能斗。所以，孙子提出：“以治待乱，以静待哗。”我认为这句话主要是针对指挥官讲的。在官兵普遍高度紧张、惊慌的时候，指挥官要想办法控制部队的情绪，同时，用计、用谋，制造敌人的混乱。而且指挥官自身要保持沉着冷静，才能稳住官兵的情绪，同时，还要主动出招引起敌军的骚动不安。

“治力”，即掌控官兵体力的艺术。长途行军和持续作战后，官兵的体力必然逐渐下降。如何保持自己部队的体力，又削弱敌军的体力？孙子提出了三个办法，即“以近待远，以佚待劳，以饱待饥”。对这三句话，我们有必要从两方面理解。一方面，我方要尽可能选择近道奔赴战场，尽可能先敌一步摆好阵势，尽可能保障充足的粮食弹药，如此方能保持或增强作战力量。另一方面，“待”，并不是消极等待，其潜台词是用谋略削弱敌人。想办法诱使其走远道，让敌人疲劳不堪，让敌人饥肠辘辘，从而作战力量下降。

“治变”，即掌控机动应变之方。按计划行军途中或者进入战地时，很可能出乎意料地遇到强大的敌军，在这种情况下，孙子主张“无邀正正之旗，勿击堂堂之陈”。邀，就是半道拦截。“正正之旗”，是指旗帜整齐、队形严整的大军。“堂堂之阵”，则是指阵营庞大、实力雄厚的强敌。对于这种敌军，我们一般应当迅速回避，而不要主动攻击。实在要攻击，也得运用谋略分散敌军、搞乱敌阵，然后才可攻击。

归结起来看，“四治”之法，核心在于夺敌军之气、乱敌将之心，同时养我军之气、定我将之心。

孙子的“四治”之法，虽然是针对古代行军作战提出的谋略办法，但是也同样适用于现代战争或者社会竞争。我相信不少人可以从中获得些许启发。2003 年伊拉克战争告诉人们，当今的战争主要是打击精神和意志的战争：不需要占领敌国领土，只需要打垮敌国意志；不追求消灭敌国军队，只追求摧毁敌国军队的斗志。所以，未来战争中，政府、军队、民众承受战争打击的能力，在很大程度上决定着战争的胜负。这就需要我们的各级政府领导、各级军队指挥官掌握孙子的“四治”之法，培养处变不惊、临危不惧、遇事不乱的心理素质和危机处置能力，在战争或者灾难来临之时沉着应对，以自身的定力影响军队和民众。同时，不妨以“四治”之法巧妙引发敌方的混乱和衰弱。

067 用兵八戒，慎守勿违 / 远望国门呼喊："祖国，我们回来啦！"

【原文】

故用兵之法：高陵勿向，背丘勿逆，佯北勿从，锐卒勿攻，饵兵勿食，归师勿遏，围师必阙，穷寇勿迫，此用兵之法也。

【精解】

这是《军争篇》的最后一段话，专家将之概括为"用兵八戒"，即带兵打仗的 8 种禁忌。韩国著名作家郑飞石在称赞了《孙子兵法》的军事、政治价值之后，感叹地说："它也是一本处世学的教科书，可谓万古不灭的名著。"这应当不是溢美虚言。事实确实如此。"用兵八戒"，讲的是带兵打仗的 8 种禁忌，其实，我们换个角度思考一下，为人处世、商场竞争无疑也需要遵循"八戒"所蕴含的谋略思路。

"高陵勿向，背丘勿逆"，是说地形和位置方面的禁忌。地形有阴阳、向背、顺逆。从上攻下是顺势，从下攻上是逆势。这是一般的常识。所以，当敌人占据制高点、处于居高临下的位置时，我方不可由下往上仰攻，这叫"高陵勿向"。"背丘勿逆"仍然是讲山地作战的禁忌，但与"高陵勿向"角度不同。"背"，是背靠、依托的意思。"逆"与"迎"相通。它强调的是，敌军背靠丘陵险阻，我方不要正面攻击。一旦攻击，敌军退到高处，处于居高临下的有利地位，我方则处于要由下往上仰攻的不利地位。正确的做法应当是放弃攻打，或者用谋略将敌军引到开阔的平地后再战。

接下来的 6 种禁忌是针对敌人不同状态应当采取的对策。

"佯北勿从""锐卒勿攻""饵兵勿食""归师勿遏"是面对强敌的 4 种办法。

"佯北"，是假装逃跑的敌人。"从"，是跟随、追赶。敌军故意先行败退，骗我方追赶，随后便会返身一刀，所以对这种敌军不要追赶。"锐卒"，指敌军精锐部队，我们跟其交手必然是硬碰硬，很可能得不偿失，所以不能攻。“饵兵”，是指敌人派出的小股部队，他们犹如鱼饵，企图吸引我方进入伏击地带，这种饵兵不可吞食，避免上钩。

“归师勿遏”中的“归”字，不能理解为“逃”，“归师”是主动回撤的军队。这种敌军至少有两大特点。一是他们是有计划、有步骤、有防护的回撤，完全有能力打击追踪、埋伏的对手。二是他们是长期在外作战的军人，一旦踏上回归的道路，内心是何等急切，一旦遇到拦截，必定拼死一战。言及此，当年从战场上回归国门的一幕涌上我的心头。作战任务完成之后，我们接到撤军命令。那天，我和战友坐着大卡车回撤。当我们接近广西边境的友谊关时，远远望见关口城门顶上高高飘扬的五星红旗，顿时跳了起来，一股热流通遍全身，热泪夺眶而出。我们放声大喊：“祖国，我们回来啦！”“妈妈，我回来了！”38 年过去了，我今天想起来仍然那么激动，久久不能平静。试想，如果这个时候我们遇到敌军拦截，那不玩命死战吗？这种心情，古今皆然。所以，孙子提醒将领注意，不要半道拦截主动回归的敌军。

对付这 4 种敌军，基本的办法是不搭理他们，你玩你的，我自岿然不动。

后两种情况主要指的是弱敌。

“围师”，是指被包围的敌军。如果围得太紧，反而促使其做困兽之斗，即孙子所谓“死地则战”，这种敌军斗志昂扬，很难对付。注意，孙子在这里用的是“必”，其他 7 句话都是“勿”，唯独此处是个“必”，足见其强调之意。孙子认为包围敌军时必须留一个缺口，这至少有两个效果。一是动摇敌军，让其将领在面对受到包围又有一条生路的情况下举棋不定，部队意见不一，从而出现混乱，甚至斗志下降。另一个效果则是引诱敌军跑出来，再次进入伏击地带，几经折腾，便很容易战而胜之了。

“穷寇”，是指陷入绝境的敌军。人在走投无路的情况下，一切希望、等待、依靠、侥幸都没了，心中只留下一个念头：与其战败而死不如拼死一搏。这个时候迸发出来的精神力量是无法估量的。孙子说“置之死地而后生”，指的就是这种状态。所以，不要往死里逼迫陷入绝境的敌军，这叫“穷寇勿迫”。

对付这两种敌军，基本办法是我玩我的，主动用计、用谋削弱敌人，然后战而胜之。

综合起来看，“用兵八戒”讲的都是战术问题，其核心思想还是“避实击虚，灵活用兵”。

战术是最鲜活的东西，也最富于变化。我们根据不同敌情要用不同的战术，甚至同一敌情也可以用不同的战术。所以，千万不要把“用兵八戒”变成固定模式，而重在吸收其中的思想和灵活用兵的思维艺术。

比如，孙子说“穷寇勿迫”，毛泽东却反其道而行之，道出了“宜将剩勇追穷寇，不可沽名学霸王”的经典名言。

1948 年秋天，人民解放军连续发起辽沈、淮海、平津三大战役，给国民党军队以致命的打击。为了获得喘息的机会，以便卷土重来，1949 年 1 月 21 日蒋介石宣布下野，由李宗仁代总统，支撑残局，并大搞和平谈判的阴谋。在这历史的紧要关头，毛主席在 1948 年 12 月 31 日为新华社写了一篇新年献词《将革命进行到底》，指出人民解放战争的胜利已经确实无疑了，国民党反动派看到中国人民解放军在全国范围的胜利，已不能用单纯的军事斗争的方法加以阻止，就大搞“和平阴谋”。我们不能让敌人有喘息的机会，卷土重来，必须将革命进行到底。1949 年 4 月 15 日，国共双方谈判，我方提出 8 条 21 款，限蒋介石 20 日前表态。20 日，南京国民党政府拒绝在和平协议上签字，谈判破裂。4 月 21 日，毛主席发布了《向全国进军的命令》，命令人民解放军“奋勇前进，坚决、彻底、干净、全部地歼灭中国境内一切敢于抵抗的国民党反动派，解放全中国人民，保卫中国人民领土主权的独立完整”。21 日清晨，人民解放军即执行最高统帅的进军令，在西起九江的湖口，东至江阴的战线上，发动了渡江战役，国民党反动派惨淡经营了三个半月的长江防线，一触即溃。23 日晚人民解放军解放南京，宣告国民党政权的覆灭。解放南京的第二天下午，毛泽东便写下了著名的诗篇——《七律 · 人民解放军占领南京》。

钟山风雨起苍黄，
百万雄师过大江。
虎踞龙盘今胜昔，
天翻地覆慨而慷。
宜将剩勇追穷寇，
不可沽名学霸王。
天若有情天亦老，
人间正道是沧桑。

第八篇

《九变篇》——一切竞争计划都赶不上变化

[**篇题解析**]

按照人们一般的工作套路来说，但凡打仗都必定要先根据战争决策制订计划和方案，然后各级将领带着部队按计划和方案作战。但是，孙子提出了一个反常规的思想，他要求将领在实际作战过程中不一定按事先的计划和方案作战，甚至不一定听从国君的命令。他的原话是："君命有所不受"，即国君的命令也可以不接受。他好大的胆子，完全违背了封建等级制度！孙子为什么要提出这么一种反叛的观点？它对我们现代作战或竞争有没有意义？《九变篇》将给予我们明确的回答。

这是13篇中文字最少的一篇，仅有200多字。"九"在传统文化中常常用来虚指，表示"多"的意思，"九变"，即多变。战争中情况瞬息万变，有利的战机稍纵即逝，因此若想夺得战场主动权，将领必须懂得因地制宜、机断行事，切不可刻舟求剑、墨守成规。本篇主要是告诫将帅在指挥作战中应根据实际情况，采取灵活机动的战略战术，在各种战场地形条件下通晓利害转化，以赢得战争的胜利。

【**正文注释**】

孙子曰：凡用兵之法，将受命于君，合军聚众，圮地无舍①，衢地合交②，绝地无留③，围地则谋，死地则战。途有所不由④，军有所不击，城有所不攻⑤，地有所不争，君命有所不受⑥。故将通于九变之地利者，知用兵

---

① 圮地无舍：圮，毁坏、倒塌。舍，止也，此处指宿营。

② 衢地合交：衢地，谓四通八达之地。《孙子兵法·九地》："诸侯之地三属，先至而得天下之众者，为衢地。"合交，指结交邻国以求多助。此句谓在四通八达的地区作战要注意结成巩固的联盟。

③ 绝地无留：绝地，李筌注："地无泉井、畜牧、采樵之处为绝地。"全句谓在道路不通又无粮食水草的地方切勿停留。

④ 途有所不由：途，道路。由，从、通过。此句意为有的道路不要通过。

⑤ 军有所不击，城有所不攻：张预注："纵之而无所损，克之而无所利，则不须击也；拔之而不能守，委之而不为患，则不须攻也。"全句言有的敌军不宜攻击，有的城池不必攻拔。

⑥ 君命有所不受：曹操注曰："苟便于事，不拘于君命。"贾林注："决必胜之机，不可推于君命，苟利社稷，专之可也。"全句谓君主命令有的可以不予接受。

矣。将不通于九变之利者，虽知地形，不能得地之利矣。治兵不知九变之术[①]，虽知五利[②]，不能得人之用矣。

是故智者之虑，必杂于利害[③]。杂于利，而务可信[④]也；杂于害，而患可解也[⑤]。

是故屈诸侯者以害[⑥]，役诸侯者以业[⑦]，趋诸侯者以利[⑧]。

故用兵之法，无恃其不来，恃吾有以待也[⑨]；无恃其不攻，恃吾有所不可攻也[⑩]。

故将有五危：必死，可杀也[⑪]；必生，可虏也[⑫]；忿速，可侮也[⑬]；廉

---

① 九变之术：术，方法、手段之意。《孟子·告子》："教亦多术矣。"此句指九变的具体方法、手段。

② 五利：指"途有所不由，军有所不击，城有所不攻，地有所不争，君命有所不受"的五条好处。

③ 杂于利害：杂，合、混合，辩证。曹操注："在利思害，在害思利，当难行权。"张预注："智者虑事，虽处利地，必思所以害；虽处害地，必思所以利，此亦通变之谓也。"全句言应充分兼顾利与害两个方面。

④ 杂于利，而务可信：务，任务。《易·系辞》："夫《易》开物成务。"此指"争胜于天下"之大事。信，伸也，伸张、发展。《易·系辞》："尺蠖之屈，以求信也。"意谓考虑到有利条件，则可完成作战任务。

⑤ 杂于害，而患可解也：考虑到不利的因素，则祸患即可消除。

⑥ 屈诸侯者以害：屈，屈服、屈从、制服。诸侯，此处指敌国。全句言以敌国所恶之事伤害之而使其屈服也。

⑦ 役诸侯者以业：役，使、驱使。《荀子·正名》："夫是之谓以己为物役矣。"业，曹操注："业，事也。"此句谓以危险之事烦劳敌国使之穷于应付。

⑧ 趋诸侯者以利：趋，奔走、奔赴。张预注："动之以小利，使之必趋。"全句言以小利引诱调动敌人，使之奔走无暇。

⑨ 无恃其不来，恃吾有以待也：恃，倚仗、依赖、寄希望。曹操注："安不忘危，常设备也。"张预注："言须思患而预防之。"本句意谓不要侥幸于敌之不来，而需倚仗已有充分之准备。

⑩ 无恃其不攻，恃吾有所不可攻也：言不可因敌人不进攻感到侥幸，而需要依赖自己具备的使敌人无从进攻的条件。

⑪ 必死，可杀也：必，坚持、固执之意。曹操注："勇而无虑，必欲死斗，不可曲挠，可以奇伏中之。"此句言一味地硬拼，则会被杀。

⑫ 必生，可虏也：曹操注："见利畏怯不进也。"此句意谓将帅贪生怕死，可能就会被俘虏。

⑬ 忿速，可侮也：忿，愤怒、生气。曹操注："疾急之人，可忿怒侮而致之。"全句言将帅急躁易怒，则易中敌人轻侮之计。

洁，可辱也①；爱民，可烦也②。凡此五者，将之过也，用兵之灾也。覆军杀将③，必以五危，不可不察也④。

【白话译文】

孙子说：大凡用兵的法则，主将接受国君的命令，组织军队，聚集军需，出征时不可在“圮地”宿营，在“衢地”应结交诸侯，不可在“绝地”停留，在“围地”要巧设计谋，在“死地”就要坚决奋战。有的道路不要走，有的敌军不要打，有的城邑不要攻，有的地盘不要争，有的国君命令不要接受。所以，将领能够通晓以上各种灵活机变的战术，就算得上懂得用兵了。将领不精通以上灵活机变战术的运用，即使了解地形，也不能得到地利。指挥军队不知道九变的方法，虽然知道“五利”，也不能充分发挥军队的战斗力。

因此，聪明的将帅考虑问题必须兼顾利与害两个方面。他们在不利的条件下要看到有利的一面，事情才可以顺利进行；在顺利的情况下要看到不利的因素，才能解除可能发生的祸患。

要使诸侯国屈服，就要用他最害怕的事情去伤害他；要使各国诸侯忙于应付，就要用他不得不做的事驱使他；要使各国诸侯疲于奔命，就要用小利引诱他。

用兵的法则是：不要指望敌人不来，而要依靠自己做好的充分准备；不要指望敌人不进攻，而要依靠自己拥有的使敌人无法进攻的力量。

将帅有 5 种致命的缺点，它们会导致不好的结果：只知死拼可能会被诱杀；贪生怕死可能会被俘虏；急躁易怒可能会中敌人轻侮的奸计；廉洁

---

① 廉洁，可辱也：曹操注：“廉洁之人，可污辱致之也。”此句谓将帅过于洁身清廉，则可能受辱。

② 爱民，可烦也：烦，烦劳、相烦。张预注曰：“民虽可爱，当审利害。若无微不救，无远不援，则出其所必趋，使烦而困也。”此言将帅爱护民众，如不审度利害，则被动烦劳。

③ 覆军杀将：覆，倾覆、覆灭。言军队覆灭，将帅被杀。

④ 必以五危，不可不察也：五危，即上言“必死”等。言“覆军杀将”都是由这 5 种危险引起的，不可不充分注意。

自爱可能落入敌人污辱的圈套；一味“爱民”可能导致烦劳。这 5 种危险都是将帅的过错，也是用兵的灾害。军队覆灭、将帅被杀，都是由这 5 种危险引起，是不可不充分注意的。

068 将在军，君命有所不受 / 孙子为何怒斩吴王爱姬

【原文】

孙子曰：凡用兵之法，将受命于君，合军聚众，圮地无舍，衢地合交，绝地无留，围地则谋，死地则战。途有所不由，军有所不击，城有所不攻，地有所不争，君命有所不受。故将通于九变之地利者，知用兵矣。将不通于九变之利者，虽知地形，不能得地之利矣。治兵不知九变之术，虽知五利，不能得人之用矣。

【精解】

"凡用兵之法，将受命于君，合军聚众"，这句与《军争篇》开头第一句话类似，说的就是一般流程。即大凡用兵的法则，就是主将接受国君的命令，组织军队，聚集军需，然后开赴至战场。

接下来几句讲的就是军队灵活变化的问题。军队行进过程中很可能遇到种种复杂地形和意料之外的情况。孙子先列举了在 5 种地形条件下可以采取或不能采取的行动，即"圮地无舍，衢地合交，绝地无留，围地则谋，死地则战"。

"圮地"为山林、险阻、沼泽、房屋倒塌等难行之道，在这样的地形条件下军队不要宿营扎寨；

"衢地"为几个诸侯国相互毗邻的四通八达之地，军队处于这样的地理位置时就要注意联盟结交；

"绝地"指的是离开本国越过边境，深入敌国的作战地域，军队在这样的地方不要久留，要快速通过；

"围地"指的是进退两难，敌人用少量兵力就可以围攻我方的地域，军队在这样的地方要仔细谋划，寻找突破口；

"死地"，顾名思义，为进退不得走投无路之地，那么军队就要殊死奋战，以求得置之死地而后生。

接下来，孙子又列举了 5 种"有所不"的情形："途有所不由，军有

所不击，城有所不攻，地有所不争，君命有所不受。”这句话的意思是：有的道路我们原计划要走，但到实地一看敌人有埋伏，就不要非走这条道了；有的敌军我们原计划要打，但当面一看这支敌军或者不堪一击，或者难以攻打，也就不必硬打；有的城邑我们原计划攻取，如果敌人已经放弃，或者加强戒备，就不宜强攻；有的地域我们原计划要争夺，如果到实地一看或者争来不利，或者可能过于费时费力，影响夺取更重要的目标，那也不要再争。推到极端来说，一般情况下国君的命令应当坚决执行，但是如果它与战场实际情况不符，也可以不执行。

孙子最后这一句话实际上是对前面所说的种种情况的总结和升华，意在强调战场上一切都要根据实际情况灵活变化。战场上，计划往往赶不上变化，交战之前我们不可能将开战后的一切情况精确计划，国君的命令与千里之外的战场实情不一定吻合，如果将领不知变化，死抱着计划或命令指挥作战，很可能打败仗。可见，孙子这句话虽然反叛，但反映了战争的客观要求，也是国君用好将领的关键所在。

令人敬佩的是，孙子不仅敢于提出这样的观点，而且敢于在实践中采取这样的行动。公元前 512 年的某一天，在伍子胥的举荐下，孙子得到觐见吴王阖闾的机会。孙子呈上兵法十三篇，吴王看了几篇便被其中的谋略思想深深地吸引，不知不觉“口之称善”，连声说：“好，好，真好！”赞叹之余，吴王突然产生一个念头：这些兵法讲得头头是道，是否真正适合实际战争呢？于是他对孙子说：“你的 13 篇，我都看过了，可以小试于训练士兵吗？”孙子自信地回答：“可以！”紧接着，阖闾又提出了一个让孙子毫无思想准备的问题：“可以试之于妇人吗？”孙子心里暗自一惊：打仗从来都是男人的事情，怎么能用女人演练兵法呢？虽然孙子明白这是一个很大的难题，但还是决心一试，便果断地回答说：“可以。”

更加出于孙子意料的是，阖闾所说的“妇人”并非吃苦耐劳的普通妇人，而是吴宫之中金枝玉叶的美女。180 名宫女在官吏的引导下来到吴宫后方供君主行猎的园林中，兴奋地等待着做战争游戏。

孙子将宫女分为左、右两队，各 90 人，每人配发一件长长的画戟，并指定吴王最宠爱的两个妃子分别担任左、右队的队长。一切安排就绪之后，孙子向宫女规定了前进、后退、左刺、右劈等一系列动作的方法和口令，可是当他下令操作时，一心做游戏的宫女哪管那么多规定，嘻嘻哈哈，乱作一团。待宫女止住笑后，孙子首先做自我批评。他说："刚才可能是我说得不够清楚，以致大家不熟悉动作要领和指挥号令，这是为将的罪过。"接着，他又重复了几遍动作和号令，并特意告诫两位队长，要求她们带头听从号令。尔后，孙子亲自操槌击鼓，命令宫女向左方前进，宫女更加放肆地捧腹大笑起来。孙子知道，再这样下去不行，必须用武整肃军纪，杀一儆百。于是，他厉声喝住左右两队，严肃地说："纪律约束交代不清楚，指挥号令没有再三申明，这是将领的罪过。但是，当将领三令五申地说明纪律和号令之后，属下仍不执行命令的，就是基层队长的罪过了。"说完，他问执法官："按照军法，不服从军令者当如何处置？""斩首！"执法官回答道。于是，孙子下令：斩左、右队长。这时，在检阅台上津津有味地观看美女演练的吴王阖闾，见孙子真要斩自己的二位爱姬，大为惊骇，急忙派人传令："刀下留人！"吴王解释说："寡人已知将军能用兵了。寡人非此二姬，食不甘味，但愿勿斩！"孙子斩钉截铁回答吴王："臣既已受命为将。将在军，君命有所不受。"（司马迁，《史记·孙子吴起列传》）随即斩二队长，并以首级巡行示众。众宫女个个吓得面如土色，噤若寒蝉。孙子又从左右队中各指定一个队长，再次击鼓。这时，宫女再也不敢把孙子的命令当作儿戏，闻鼓而动，鼓声令左，就一齐向左，鼓声令右，便一齐向右。至此，整个教场上只能听到威严的鼓声、整齐的步伐声，再也听不到嬉笑喧哗的声音，看不到左顾右盼的情景。原来娇柔百态的宫女，一下子俨然成了军中战士了。

孙子之所以敢冒杀头危险，斩杀吴王爱妃，那是因为吴王把战争当作儿戏、认为军纪可有可无，这是无法打赢战争、治理军队的。所以，他怒斩美女，其目的就在于让吴王正视战争，重视军规。表面上看，孙子这一动作是在严格执法，维护军规军法的权威性。然而，其实质与《九变篇》说的"君命有所不受"是一个意思，强调赋予将领按战争客观规律、战场实际情况指挥作战的决断权和应变权。

值得注意的是，孙子讲“君命有所不受”并不是鼓励人们任性、擅自作为，其核心讲的还是指挥艺术。他告诉人们一条层层递进的逻辑思路：只有赋予将领灵活指挥的权力，将领才有可能通晓“九变之利”，即在各种复杂情况下通过变化获得利益；只有通晓九变之利的将领，才是真正掌握用兵之道的将领。相反，如果将领不能通晓九变之利，虽然了解战场地形，也不知道怎样利用这种地形的优势；将领带兵打仗，如果不知道灵活变化的战术，虽然知道哪些道路好走、哪些城堡好夺、哪些地盘好争、哪些敌军好打，还是不能充分发挥军队的战斗力。孙子原话说的是：“故将通于九变之利者，知用兵矣；将不通于九变之利者，虽知地形，不能得地之利矣。治兵不知九变之术，虽知五利，不能得人之用矣。”其中这个“通”字尤其重要，即“通晓”“精通”的意思，将帅要精通九变之利和九变之术，才知道战前的计划和国君的命令是不是符合战场实际情况，也才知道应当如何灵活应变。显然，孙子的“君命有所不受”并不是鼓励将帅对抗或违背国君的命令，恰恰相反，不按错误的君命办事，正是为了更好地遵从君命，维护国家利益，达到“利合于主”的目的。

曾经听到有人宣传“精准执行”的观念。结合孙子的观点来看，这一说法恐怕不能简单搬用。在没有什么变化的情况下，或者在非常固定的操作流程中，我们确实需要“精准执行”，如此才能保持上下一致，整体一致。但是，如果是在激烈竞争的环境中，我们恐怕只有灵活执行、创新执行，才能更好地实现上级意图，更多地争得利益。如果我们在这种情况下仍然强调“精准执行”，其结果一是执行无法精准，二是执行机械，三是执行被动，反而难以实现上级意图，难以赢得更大利益。这是一种指挥艺术，更是一种领导艺术，社会各个竞争领域概莫能外。

069　智者之虑，杂于利害 / 危机和挑战并非坏事

【原文】

是故智者之虑，必杂于利害。杂于利，而务可信也；杂于害，而患可解也。

【精解】

近年来我们国人被黄岩岛问题、钓鱼岛问题弄得有些恼火，不少人愤怒无比，不少人深为担忧，以为周边国家联手找碴儿，跟中国过不去，似乎我们已然四面危机。我们究竟应当怎样看待这些危害，如何处理这些麻烦？我们不妨先学一学孙子“杂于利害”的思想，然后再借用这一思想观点分析这些问题。

孙子在《九变篇》中讲完“九变之利”和“九变之术”之后，进一步提醒将领注意，要想办法在变化过程中趋利避害。他说：“是故智者之虑，必杂于利害。杂于利，而务可信也；杂于害，而患可解也。”

我认为，这段话有层层递进的三层含义。

第一层含义，将帅要认识到事物总是具有两面性，既有有利的一面，又有不利的一面。“智者之虑”这几个字，强调了这是智慧型将领思考问题的方法，即必须同时兼顾利和害两个方面。将领在不利的情况下要考虑到有利的一面，任务才可能顺利完成；在有利的情况下要能看到不利的、有害的因素，祸患才可以解除。其中，“杂于利害”中的“杂”，原来的意思是指“混杂”“掺杂”，在这里引申为“兼顾”，“杂于利害”是指要充分兼顾利与害的两个方面。需要注意的是，这里面有个字，许多《孙子兵法》的朗诵版本都会读错，“杂于利，而务可信也”，这里的“信”不读“信任”的“信”，而读“伸”，是通假字，通“伸展”的“伸”，原义为“伸张、舒展”，“务可信”就是“作战任务能够完成”的意思。如果对这两句话稍加解释，我相信人们都会认同孙子这一思想。但是，在战场上，要想透过战争的重重迷雾看到“利中之害”或“害中之利”，是相当困难

的。要知道，在战场上想做到这点就如“雾里看花”“水中望月”，事物的真实面貌并非如我们看到的那样，如果没有强大且缜密的分析能力和清醒的头脑，是很难透过现象看到本质的。比如，一方处于强大的地位当然是有利的，但是可能使全军上下恃强自傲和麻痹大意，以致轻敌后失败；另一方虽然处于劣势地位，自然不能说是有利的，这种情况却可能激发全军上下的斗志和主动精神，充分发挥自身潜力，寻找机会战胜强敌。抗美援朝战争中，志愿军虽然“钢少”但“气多”，也就是说武器装备差，但战斗精神顽强，因此能够战胜以美军为首的“钢多气少”的“联合国军”。抗美援朝战争之前，很多人看不到这种辩证关系，认为我们不能出兵，打不赢。但毛泽东看清了这中间可能转化的辩证关系，毅然决定出兵朝鲜。

第二层含义，就是将帅要注意到战争中的“利”与“害”本身带有的虚假性和不确定性，再加上双方故意“示形”“利诱”，往往表面上“利”的背后实际上隐藏着巨大的“害”。例如，井陉之战中韩信背水列阵，就是为了迷惑调动赵军。看起来，韩信的军队无路可退，而且兵力处于劣势，是处于“死地”的不利境地，但是这种列阵激发出士兵拼死杀敌的勇气，再加上赵军不知韩信又派出2 000名骑兵偷袭赵军大营，被端了老巢。赵军统帅陈余只看到表面上韩信背水列阵，赵军有可图之利，却不知背后隐藏的不利的“害”在等着他。

第三层含义，是强调将帅要利用己方和敌方各自的“利”与“害”，并善于将己方的害转化为利，趋利避害。1945年9月9日，也就是毛泽东到达重庆的第12天，他与郭沫若谈到中国革命时，说到“前途是光明的，道路是曲折的”，这句话与孙子的“杂于利，而务可信也；杂于害，则患可解也”具有异曲同工之妙。可见，在智者的眼中，“利”与“害”既对立又统一，相互矛盾，但在一定条件下又能互相转化。因此，将帅可以积极利用敌人贪功求利的心理，以利诱之，从而巧妙调动敌人，达到化敌之利为敌之害，化我之害为我之利的目的。

综合以上三个层面的含义，即：作为统兵作战的将帅，关乎国家军队的生死存亡和百姓、士兵的身家性命，在考虑问题时必须要“杂于利害”，并在这两极之间保持必要的张力，这样才能时刻保持清晰的头脑，做出正确的决策。将帅不片面地、固化地看待利与害，就不会盲目尊大，或者妄自菲薄。可以说，孙子“杂于利害”的观点充满了辩证思想，要求我们看事物要全面，切不可偏颇，要正确把握“利”与“害”的内在关系与相互作用，从而达到趋利避害、因敌制胜的目的。

黄岩岛问题、钓鱼岛问题涉及我国的主权和领土完整，牵制了我们巨大的精力，确实是阻碍中国和平发展的一大危害和障碍。但这也并非全是坏事，至少给我们带来了三大有利影响。

一是给了我们着手解决这些岛屿主权问题的机会。为了营造相对和平的周边环境，集中精力搞国内的经济建设，长期以来，我们政府奉行“主权属我，搁置争议，共同开发”的原则，并不急于阻止菲律宾、日本侵占这些岛屿及其周边海域。现在它们自己跳出来找事了，正好给了我们着手解决这些岛屿主权问题的机会。

二是给了我们建立三沙市、整合海上力量的理由。在此之前，我们没有高度重视南海各岛的管理，这些岛屿长期由办事处管理，办事处行政级别低、协调能力弱，且有临时机构的味道。菲律宾一闹，促使我国政府于 2012 年 7 月 24 日正式建立市级三沙市，更加名正言顺地统一管理南沙群岛、中沙群岛、西沙群岛的各方面事务。在日本公然提出购岛之前，我们对海洋执法也不够重视，5 个海上执法部门分头管理，它们之间没有明晰的责任或权力分工。这 5 个部门是：隶属公安部的中国公安边防海警部队、交通部的中国海事局、农业部的渔政局、国土资源部的国家海洋局和海关总署。由于力量分散，这些执法力量难以和日本海上保安厅单独抗衡。日本购岛闹剧一上演，促使我们决定整合五家力量，组建中国海警局，集中了中国最精锐的海上执法力量，推进海上统一执法。

三是给了我们加强海上军事斗争准备的压力。几年来我们在东海、南海多次进行军事演习，完全做好了打赢海上信息化局部战争的准备。同时，从 2015 年开始的军改也重点加强了海军的建设。

此外，这也极大地激发了全国人民的爱国热情。举国关注，全民重视，必定有助于政府和军方解决这些看似是危机的问题。这就是害中见利，害中求利，变害为利。可见，孙子“杂于利害”的谋略思想很值得我们在现实斗争中借鉴和运用。

需要特别提醒一下的是，在孙子的思想体系中，“杂于利害”并不是一时之计，而是一种贯穿 13 篇的军事哲学思维方法，充满了辩证思想。我们稍微留意一下就不难发现,《孙子兵法》每一篇都有几对充满辩证关系的矛盾，比如全破、攻守、奇正、虚实、阴阳等，它们反映了战争中矛盾的多样性和多变性。因此，孙子要求将领不仅要杂于利害，而且还要杂于全破，杂于攻守，杂于奇正，杂于虚实，杂于阴阳，杂于速久，杂于迂直，等等。这就告诉我们，在生活和工作中，看事物要全面，切不可偏颇，要正确把握各种矛盾的内在关系与相互作用，从而达到趋利避害、因敌制胜的目的。

070 多方误敌，使其自乱 / 里根政府对付苏联的“三大策划”

【原文】

是故屈诸侯者以害，役诸侯者以业，趋诸侯者以利。

【精解】

美国第一任总统华盛顿年轻的时候有一个有趣的故事。一天，华盛顿父亲的一匹马被人偷走了。华盛顿同一位警察一起到偷马人的农场去讨要，但那人拒不归还，一口咬定说：“这是我的马。”华盛顿用双手遮住了马的双眼，对那个偷马人说：“要是这马真是你的，你一定知道马的哪只眼睛是瞎的？”“右眼。”偷马人犹豫地说。华盛顿放下蒙右眼的手，马的右眼并没有瞎。“我记错了，马的左眼才是瞎的。”偷马人急忙辩解道。华盛顿又放下蒙左眼的手，马的左眼也没有瞎。“我又说错了……”偷马人还想狡辩。这时，警官严厉地说：“不错，你是错了。这些充分说明马不是你的。你必须把马还给华盛顿先生。”这则故事体现了华盛顿过人的智慧，同时也告诉人们，与对手斗争，不一定要针尖对麦芒，将对手引入歧途也是一种很好的办法。因为，对手的错误就是你的胜利。相比之下，孙子在这方面的谋略智慧比华盛顿的要高明得多，他不是捂眼睛让对手看不见，而是用多种方法吸引对方的视线，牵着对方的鼻子走，使其出现错误，陷入不利境地。

孙子的谋略是：“是故屈诸侯者以害，役诸侯者以业，趋诸侯者以利。”他认为利用这三种谋略措施，可以使竞争对手形成战略误判，从而打乱对手的预先计划，达到“多方误敌，使其自乱”的目的。我们分别来看看这三种谋略。

“屈诸侯者以害”——若要使他国的诸侯屈服，就要用他所忌惮的事情威慑他。“害”的内容很丰富，包括从政治、经济、外交、军事等多方面施加压力使其清楚地看到自身面临或将要遭受的损害，从而使其屈从。

“役诸侯者以业”——若要让诸侯牵绊受制，那就得用各种他认为重要的事情骚扰他，使其疲于应付。

“趋诸侯者以利”——若要调动诸侯使其疲于奔命或追随自己，那就要用他关注的利益引诱他。

一句话归结起来：多方误敌，使其自乱。

我细细琢磨这几句话，不禁感叹：孙子的确是战略大师，他是从国家大战略的层面来考虑作战问题的！他想要误导和搞乱的对象，并不仅仅是领兵打仗的将领，甚至包括诸侯国最高决策者——国君。试想，如果一个国家的战略方向被误导了，方向错了，那岂不是越用力越跑偏吗？古往今来，对于一个国家的命运，有时短短那么几年就可能成为其兴衰的拐点，这里面的原因固然很多，但是也不乏由于竞争对手或者敌对国家进行误导，从而形成战略误判，丧失了战略定力的例子。所以说，从国家大战略的层面考虑，对于敌国，可以使用综合干扰的策略，以达到“多方误敌，使其自乱”的目的。苏联的崩溃，在很大程度上来说，就是被美国误导的结果。

1981 年美国总统里根上台后，立即着手策划如何结束美苏争霸的局面。里根政府采取了“三大策划”。

第一个策划，是任命金融专家威廉·凯西为中央情报局局长。凯西提出自己的“新思想”战略：“如果我们能使苏联耗费足够的经济资源，那么这个体制就可能产生裂痕。”经过精心策划，里根政府向全世界宣布实施“星球大战”计划，美国将用 20~30 年时间，在距地球表面 200~1 000 公里的太空建立防核武器和洲际导弹的三层立体防卫体系。苏联人最为担心的就是失去太空优势，一旦失去对太空的掌控权，苏联庞大的核武库将受制于人。因此，当美国“星球大战”计划投资 10 000 亿美元的消息传来后，苏联人为了保证平衡和军备竞赛不落伍，将数百亿美元投入军事高技术部门，这使得本来就结构失衡的苏联经济雪上加霜。不料，美国只是虚张声势，在“星球大战”计划中并没有投入如此巨资和精力，苏联人却为此搞得经济发展衰退，直至全面崩溃。

第二个策划，是跟沙特联手打“石油牌”。在 20 世纪 70 年代，当石油价格扶摇直上时，苏联从石油出口中获得收益增幅达 280%，出口量增幅为 122%，世界石油市场价格对苏联经济的生存能力起着决定性的作用。与其他石油生产国不同的是，苏联无法通过增加产量来增加收入，因为它的石油生产能力已经达到极限了。当时，沙特担忧苏联入侵阿富汗后威胁到自身的安全，因此与美达成协议：美国提供给沙特先进武器，并提供军事保护，而沙特扩大石油产量压低国际油价。1985 年，国际油价暴跌，苏联当年的石油收益下降近一半。而且由于天然气与石油价格挂钩，苏联当年的天然气收益也减少数十亿美元。

第三个策划，是以波兰为突破口制裁苏联。在“冷战”期间，波兰一直追随苏联。但是由于地缘关系，波兰处于当年华约与北约交界之处，随着经济发展，国民逐渐产生强烈的反苏心理，再加上西方国家的渗透，波兰成为东欧社会主义国家中最动荡的国家。1980 年，波兰出现了要脱离苏联集团的迹象。为吓阻波兰脱离华约，苏联于 1981 年 9 月在波兰举行了一次大规模的华约军事演习，向波兰民众显示威力。波兰政府为了维护社会安定，在 1981 年 12 月 12 日晚实行了军事管制。两周后，里根以苏联支持波兰政府军事管制为名，对苏联实施经济制裁，严重遏制了苏联的经济发展。

如果细细分析思考，这三大策划和孙子提出的“多方误敌，使其自乱”的谋略确实在很大程度上吻合：以波兰为突破口，这是因为波兰位于华约的前沿阵地，对苏联至关重要，这就相当于“屈诸侯者以害”；“星球大战”计划搞垮了苏联的经济，使得苏联为了军备竞赛而大量投入人力、物力、财力，这就相当于“役诸侯者以业”；大打“石油牌”，是因为苏联的收入很大部分依赖于能源出口，压低国际油价无疑将苏联的“钱袋子”的口给堵上了，苏联不得不向西方谋求关系缓和，这在某种程度上也是“趋诸侯者以利”。

俗话说，当事者迷，旁观者清。现在我们站在旁观者的角度看清了美国的伎俩。但是，当年苏联没有这么清醒，以至被美国的误导之策蒙蔽，越陷越深、不能自拔。我们从中不难看出两个问题：一个是害之、役之、利之的谋略必须巧妙，一定要让对方为之动心，才会放松戒备、紧咬不放。二是识别对方的误敌之策，一定要有战略定力，以国家核心利益为决策的根本依据，不惧小害，不图小业，不贪小利。

这种战略定力无论对国家、单位、企业还是个人来讲都非常重要。就国家来说，“咬定青山不放松，任尔东西南北风”，我们一旦通过审时度势、精心筹划设定战略目标或战略方向，就要有战略定力，不被中日、中美、中韩等矛盾牵制、不被种种“中国主导世界”之类的忽悠言论误导、不被美国国债之类的经济利益引诱，同时在具体策略上采取灵活机变的方式方法。对于对方，我们则可以采取政治、经济、军事、文化、外交等综合手段，虚虚实实，以达到“多方误敌，使其自乱”的目的。对个人来说，战略定力恐怕主要体现在要有主见，不被别人的意见左右，也不被小害小利控制，心无旁骛，瞄准既定的目标努力。

071　无恃其不来，恃吾有以待也 / 瑞士的“刺猬战略”

【原文】

故用兵之法，无恃其不来，恃吾有以待也；无恃其不攻，恃吾有所不可攻也。

【精解】

欧洲有一个国家，面积只有 4 万多平方公里，还不到江苏省一半大，人口不到 900 万，远不如北京市人口多。但是，就是这样一个国家，200 年来世界战火居然从未燃烧到这片土地。尤其是两次世界大战，欧洲几乎所有国家都卷入其中，这个国家虽然与德国接壤，却可以独善其身。为什么周边强国不敢碰这个弹丸小国？因为它长期奉行一种号称“刺猬战略”的国防战略。刺猬一般不去侵犯其他动物，但是一旦遭到侵犯，就会竖起浑身的刺。这个国家就是瑞士。

瑞士实行普遍义务民兵制。瑞士的宪法规定，凡 20 周岁至 42 周岁的男性公民，包括加入瑞士籍的外国男子，全部都要服兵役。对于逃避兵役者，每年都会被罚征很高的国防税；情节严重的，甚至会被判刑坐牢。年满 19 岁的瑞士男性公民到就近征兵处报名体检，20 周岁入伍，并开始建立档案，详细记录他们服兵役的时间、军训情况、所属编制等。第一年入伍，他们要在所属军兵种新兵学校接受为期 15 周的军事基础训练，相当于中国 3 个月的新兵连训练，此后每隔一年到部队参加一次为期 20 天左右的复训，直到 42 岁为止共 10 次复训，总受训时间为 300 天。瑞士全国在平时只保留 3 500 名职业军人，但是一旦开战，就能够在 48 小时内动员出多达 35 万以上的受过正规训练的陆、空军民兵。

瑞士不仅“全民皆兵”，而且国土上遍布防空洞。瑞士建有世界上最完善的地下防空系统。一旦战争爆发，瑞士能将 90% 的公民迅速隐藏到地下。有人把瑞士比作“满是洞孔的干酪”。也许公路旁看似有个平民小屋，实际却是军事基地的大门，可以从里面开出坦克和装有导弹发射架的军用卡车。在瑞士，无论大小村庄，至少都有礼拜堂、咖啡店和靶场。军事知识在瑞士公民中非常普及，大家都把学习新的军事知识看作关系民族和国家生死存亡的大事。第二次世界大战中，希特勒曾经三度准备入侵瑞士，最后还是放弃了。因为德国人经过精确计算后发现，入侵瑞士至少要付出 100 万伤亡人数的代价，后续还得占用兵力驻守，实在得不偿失。

由瑞士的“刺猬战略”，我们可以联想到孙子《九变篇》中的一句名言：“故用兵之法：无恃其不来，恃吾有以待也；无恃其不攻，恃吾有所不可攻也。”孙子在这里用了 4 个“恃”字，“恃”就是“依恃”“依仗”的意思。依仗什么？机会主义者或许会想碰运气，靠侥幸，指望着敌人不来进攻。但是在孙子看来，那就大错特错了，应该依仗的不是别的，而是自身充分的准备。这句话翻译成现代语言，就是“用兵的基本法则是：不要寄希望于敌人不会来侵犯，而要依靠自己具有的应对各种战争的充足准备；不要寄希望于敌人不会来进攻，而要依靠自己具备的使敌人无法进攻和取胜的强大实力”。简单地说，就是不要对敌人抱有幻想，要踏踏实实地提高自身的军事实力，加强战备，从而使敌人不敢侵犯和进攻。有备才能无患，能战方能止战。不言而喻，瑞士的“刺猬战略”之所以能够吓阻外敌入侵，奥秘就在这里。

值得注意的是，孙子这段话是在《九变篇》中说的，意在告诉人们，处于瞬息万变的战场上，敌变我变，灵活多变，但是不能玩空手道，一切的变化必须建立在一个前提条件上，那就是战备和实力。只有具备这个前提条件，方能做到以不变应万变。

毛泽东在这个问题上与孙子有着非常相似的观点。他曾提醒人们注意：“优势而无准备，不是真正的优势，也没有主动。懂得这一点，劣势有准备之军，常可对敌举行不意的攻势，把优势者打败。”（毛泽东，《毛泽东选集》）光有一时的优势还不行，还得长期备战，才能确保优势。

抗战胜利之后，蒋介石不顾当时举国呼唤和平的要求，企图在美国的支持下用战争的手段消灭中国共产党及其领导的人民军队。但是，当时国民党并不具备全面内战的条件，于是蒋介石两面下手：一方面假意邀请中共中央主席毛泽东去重庆谈判，一方面加速部署全面内战。为了尽力争取和平，制止内战的爆发，毛泽东、周恩来决定假戏真唱，亲赴重庆与国民党谈判，1945 年 10 月 10 日，双方签署了《双十协定》；1946 年 1 月 10 日，又达成停止军事冲突协议，并颁发停战令；同日召开由各党派代表和社会贤达参加的政治协商会议，通过了和平建国纲领等决议案。当时，人民军队中的不少人对这些协定和决议信以为真，以为国共合作了，不会打仗了，因而一些人不同程度地滋长了和平麻痹的思想。

为此，中共中央和各战略区多次发出指示，教育全军指战员认清形势，保持高度警惕，全军各部队进行了全面深入的形势和方针教育，使广大指战员进一步认清内战的危险性，克服和平麻痹的思想，增强了战备观念，奠定了预防国民党军进攻的思想基础。同时，为了应对国民党军突然袭击，人民军队加速实行由抗日游击战争到国内正规战争的战略转变，迅速编成 61 万野战军、66 万地方军和 220 万的民兵，形成了应对国民党军发动内战的物质基础。与此同时，根据中共中央确定的“向北发展，向南防御”的战略方针，人民军队收缩了南方战线，并迅速从山东、华中等地调集八路军、新四军 10 万多人，加上 2 万干部，海陆并进开入东北，会同东北抗日联军开辟并逐渐巩固了东北根据地，为我军营造了有利的战略态势。正如中共中央和毛泽东所料，国民党统治集团在战争准备就绪后，公然撕毁停战协定，于 1946 年 6 月发动了全面内战。由于我军有了充分的思想和物质准备，先后粉碎了国民党军的全面进攻和重点进攻，并逐步转入战略反攻，历时近 4 年歼灭国民党军 800 多万，最终赢得了解放战争的胜利。这个胜利再次印证了孙子“无恃其不来，恃吾有所待也；无恃其不攻，恃吾有所不攻也”的谋略思想实乃制胜法宝，万万不可忽略。

孙子的这段话，精辟地阐述了“备战”与“止战”的辩证关系，指出了“备战”的重要地位和作用。“无恃其不来，恃吾有以待也”，其中所蕴含的“有备无患”“以备止战”的军事战备思想，在当今仍然具有非常重要的现实指导意义。因此，要想赢得和平，我们首先要具备阻止战争的实力。“有备方能无患，能战方能止战”。2017 年 4 月 18 日习近平总书记接见全军新调整组建的 84 个军级单位主官时发布训令说："要时刻准备打仗，忠实履行党和人民赋予的神圣使命。"可想而知，在当今乱象环生、强敌逼人的形势下，这番话一定是有所指的。看到接受接见的军级单位主官行列中有不少是我曾经教过的学员，我甚感欣慰。同时，我也真诚地希望年青一代的将领能够切实遵循孙子所说的"无恃其不来，恃吾有以待也；无恃其不攻，恃吾有所不可攻也"，未雨绸缪，先为不可胜，以待敌之可胜。

孙子这一谋略思路，其实也蕴含着人生哲理。在变幻莫测的竞争领域，我们要想生存和发展，当然要有灵活的应变能力。但是，无论怎么变，没有平时的功夫、没有看家本事，三变两变就可能晕头转向了。"无恃其不来，恃吾有以待也；无恃其不攻，恃吾有所不可攻也"，这句经典名言放到日常生活中讲，也可以理解为，我们不要指望着危机和风险不来，只能指望着自己有充分的准备；不要指望着竞争对手不会找碴儿，只能指望和依靠自己有足以对付他们的能力。归结起来就是一句话：打铁先得自身硬。

072 将有五危，不可不察 / 诸葛亮最终是病死还是被气死的

【原文】

故将有五危：必死，可杀也；必生，可虏也；忿速，可侮也；廉洁，可辱也；爱民，可烦也。凡此五者，将之过也，用兵之灾也。覆军杀将，必以五危，不可不察也。

【精解】

《计篇》中，孙子论述了将帅应当具有“五德”，即“智、信、仁、勇、严”，这是孙子对于将领应该具备的素质提出的 5 个标准，或者说是 5 个方面的核心能力。但是，孙子的思想十分辩证，在《九变篇》中，又讲到将帅很容易出现的五危。“故将有五危：必死，可杀也；必生，可虏也；忿速，可侮也；廉洁，可辱也；爱民，可烦也。凡此五者，将之过也，用兵之灾也。覆军杀将，必以五危，不可不察也”。“危”，即危险、危害、弱点。我们先看一看这段话的后一句，孙子把“将之五危”看得很重，认为导致全军覆没“必以五危”，不是敌人如何强大，也不是战场如何不利，必定是将领在这 5 个方面的弱点所导致。

孙子用 5 个关键词来表述“五危”，即必死、必生、忿速、廉洁、爱民。乍一看，这些词与“为将五德”差不多，怎么又成了危害和弱点了？

《孙子兵法》往往微言大义，文约意丰。所以，我们不能像读小说那样一目十行地读，而要逐字逐句地琢磨着读，才能理解字面底下深层的内涵。我们不妨试一试。

不怕死，本来是为将“五德”中的一种优良品德，“五德”的第四个字就是“勇”，但是加了一个“必”字，意思就变了。如果一个将领抱着“必欲死战”的想法去作战，势必只顾着拼命，忽略用计、用谋，因而很容易被对方的计谋引诱，陷入不利境地，被敌人战胜乃至杀害。“必死，可杀也”，说的就是这个意思。

再看“必生”。将领应当谨慎，求生存，保实力。但是加个“必”字，

意味着他一心想着求生存、保实力，那么无论在机会还是危险面前，都很可能患得患失、犹犹豫豫、不敢决策、不敢行动。机会往往稍纵即逝，危险往往瞬间恶化，将领迟疑不决，势必丧失机会，或者被危险吞噬，从而成为对方的俘虏。所以，吴起也曾在《吴子兵法》中讲到，“用兵之害，犹豫最大；三军之灾，生于狐疑”。

速战速决，本来也是孙子的主张，《作战篇》就说过：“兵贵胜，不贵久。”可是加一个“忿”字，意思就变了。忿，即生气、愤恨的心情。“忿速”，则是指将领在愤恨的心情驱使之下急于求胜。此时将领往往容易头脑发热，轻举妄动。孙子提出对付这种将领的最好办法，是羞辱他、刺激他，使他更加狂妄。夷陵之战中刘备之所以被陆逊打败，关键原因就是急于为关羽报仇，他不顾东吴已有准备以及众人的反对，盲目冒进，结果上了陆逊诱敌深入的当。

很多人难以理解“廉洁，可辱也”这句话，以为其与反腐倡廉相悖。殊不知，孙子所言的“廉洁”并非指清白高洁、不贪污，而是特指爱惜自己的声誉，也就是现在所说的爱惜自己的羽毛。这种人所做的一切都是为了自己的名声，有利于名声的事就干，不利于名声的事就不干，甚至为了自己的名声不惜牺牲众人的利益。同时，由于他们太注重面子，一旦面临敌人羞辱性的欺骗措施，就会沉不住气。孙子说，“廉洁，可辱也”，即用侮辱其名声的办法使其为维护声誉而落入圈套。三国时期，诸葛亮第五次北伐时就曾经采用过这一谋略，但没有用成功。

当时诸葛亮在渭水南岸的五丈原被司马懿率领的魏军挡住了去路。司马懿知道诸葛亮前四次北伐都是因为运粮不济，半途而废，这次他想再次以持久战消耗蜀军粮食，令其自行撤退。于是他关闭城门，避而不战，双方相持百日有余。诸葛亮多次派人挑战，司马懿就是坚守不出。最后，诸葛亮想了一招，派人送给司马懿一套女人的衣服和一封战书。书中写道：“亮久慕仲达神勇，统领万军之众，不料君竟然萎缩首尾，苟全性命。藏于土窟之中，与女人何异？亮特此赠送巾帼艳服至，若不出战，请君拜受之。”堂堂七尺男儿，还是一军的主将，被人羞辱为女子，这事儿搁在谁身上，谁都会怒不可遏。可是，诸葛亮面对的是老谋深算的司马懿。司马懿接到这身女人的衣服，不仅不生气，还当着来使和自己手下的面穿上了女人衣服翩翩起舞，而且问使者："我穿这身衣服漂不漂亮？"这固然是演绎的版本，但是司马懿承受羞辱仍然按兵不动是事实。有意思的是，诸葛亮这一招非但没有气着司马懿，反倒是气着了自己。不久之后，诸葛亮就病死五丈原了。

"爱民，可烦也。"这句话也很不好理解。"为将五德"中强调将领要有仁爱之心，怎么又变成"五危"了？其实，此处的"爱"是指过分的关爱、事无巨细地泛爱。南宋兵学家张预曾说过："民虽可爱，当审利害，若无微不救，无远不援，则出其所必趋，使烦而困也。"即将领应当关爱老百姓，但要在利害关系上顾大局、识大体，不能捡芝麻、丢西瓜，因"小爱"而失"大爱"。这里的"烦"，是指烦劳、骚扰。一个将领如果过分关心局部利益，就可能忍受不了对方的烦劳和骚扰，被调动得四处奔跑、时刻乱动，从而忽略和丢弃全局利益。

孙子一方面要求将领具备"为将五德"，另一方面又告诫将领"将有五危"。他实则告诫将领要辩证地处理好二者的关系，才能成为优秀的将领。其中，最为重要的是把握好孙子军事辩证法的核心——度。智、信、仁、勇、严，无疑是将领必须具备的"五德"。拼命不怕死、谨慎惜命、做事求速、廉洁自爱、心慈爱民，这些做法在某些时候都是"五德"的表现，甚至算是优点。但是，对将帅来说，这些一旦做过了头，就容易为敌人所利用、中了敌人的圈套。常言道，过犹不及。将帅的失误，很可能招致"覆军杀将"之祸——不仅个人安危难以保证，整个军队也会有全军覆没的危险，甚至威胁到国家的存亡。所以，将领在具备"五德"的同时，要注意把握分寸，避免出现"五危"。为将如此，做人也如此。

第九篇

《行军篇》——活用竞争环境的客观条件

[**篇题解析**]

乍看这一篇的篇名，不仅初接触《孙子兵法》的朋友会把“行军”读成“xíng jūn”，就是现在市面上流行的不少解读《孙子兵法》的书籍以及讲解《孙子兵法》的音频、视频，都将其当作现代汉语中的“行军”，认为本篇讲的是军队的行进。很多英译本都将本篇篇名译为“Marching”或者“On the March”，也是军队行进的意思。这是一种望文生义的读法和译法。《行军篇》的“行”应该读“háng”，古意为纵横交叉的道路，后引申为行列、阵势；“军”本意为军队，引申为驻军、驻扎。“行军”两个字，此处为名词动用，为并列的两个动词，指的是“行军布阵、安营驻军”的双重含义。我国著名翻译家林戊孙英译的《孙子兵法》将这篇篇名翻译为“Deploy the Troop”，即“部署军队”，既包括布阵又包括驻扎，应该说他的理解和翻译是相对准确的。

《孙子兵法》是一个完整的认知体系，宏观和微观都讲到了。《九变篇》讲的是军争中灵活应变的谋略思路，《行军篇》讲的是军争中对敌情的判断和处置，也可以说是落实灵活应变谋略思路的具体原则。张预说，“知九地之变，然后可以择利而行军，故次《九变》”。本篇之中，孙子把自然界的一山一水、一情一景，以及敌军官兵的一举一动，都和军事行动联系起来，可谓是“见微知著”，于细微之处见军机。

【**正文注释**】

孙子曰：凡处军①、相敌②：绝山依谷③，视生处高④，战隆无登⑤，此处山

---

① 处军：处置、安顿。指在各种地形条件下，军队行军、战斗、驻扎的处置方法。

② 相敌：相，觇视、观察。意即观察、判断敌情。

③ 绝山依谷：绝，越度、通过。依，傍、近。张预注曰：“凡行军越过山险，必依附溪谷而居，一则利水草，一则负险固。”全句谓通过山地，需傍依溪谷行进。

④ 视生处高：曹操注曰：“生者，阳也。”李筌注：“向阳曰生，在山曰高。”此言军队驻扎，要居高向阳。

⑤ 战隆无登：隆，高地。登，攀登。全句谓在高地与敌作战，不宜自下而上仰攻。曹操注：“无迎高也。”

之军也。绝水必远水[①]，客绝水而来，勿迎之于水内[②]，令半济而击之[③]，利；欲战者，无附于水而迎客[④]；视生处高，无迎水流[⑤]，此处水上之军也。绝斥泽[⑥]，惟亟去无留[⑦]；若交军于斥泽之中，必依水草而背众树[⑧]，此处斥泽之军也。平陆处易[⑨]，而右背高，前死后生[⑩]，此处平陆之军也。凡此四军之利[⑪]，黄帝之所以胜四帝[⑫]也。

凡军好高而恶下[⑬]，贵阳而贱阴[⑭]，养生而处实[⑮]。军无百疾，是谓必胜。丘陵堤防，必处其阳，而右背之。此兵之利，地之助也。上雨，水沫至，欲涉者，待其定也[⑯]。凡地有绝涧、天井、天牢、天罗、天陷、天隙[⑰]，必亟

---

① 绝水必远水：想要渡过江河，一定要在离河流稍远的地方驻扎。张预注："凡行军过水，欲舍止者，必去水稍远，一则引敌使渡，一则进退无碍。"

② 客绝水而来，勿迎之于水内：客，指进攻之敌。《礼记·月令》注："为客不利。"疏引正义曰："起兵伐人者谓之客。"梅尧臣曰："敌之方来，迎于水滨，则不渡。"

③ 令半济而击之：半济，正在渡水。此言趁敌人尚未全部渡过河时进攻他们。

④ 无附于水而迎客：曹操曰："附，近也。"张预注："我欲必战，勿近水迎敌，恐其不得渡；我不欲战，则阻水拒之，使不能济。"此句言不要在近江河处与进攻之敌交战。

⑤ 无迎水流：曹操注："恐溉我也。"此句谓勿居下游之地。

⑥ 斥泽：《尚书·禹贡》："海滨广斥。"郑注云："斥谓地咸卤。"斥泽为盐碱沼泽地区。

⑦ 亟去无留：亟，急、疾。即迅速离开，不得滞留。

⑧ 必依水草而背众树：言扎营必须傍水草，背倚林木。

⑨ 平陆处易：平陆，开阔之地。易，平地。遇开阔地，亦需择平坦之处安营。

⑩ 前死后生：《淮南子·地形训》："高者为生，下者为死。"此言背靠山险，面向平易。曹操注："战便也。"

⑪ 四军之利：上述处山、处水、处斥泽、处平陆等 4 种处军原则的好处。

⑫ 四帝：泛指上古时期炎帝、蚩尤等四方氏族部落首领。

⑬ 凡军好高而恶下：张预注："居高则便于观望，利于驰逐；处下则难以为固，易以生疾。"此言驻军喜好高处，厌恶低处。

⑭ 贵阳而贱阴：《谷梁传·僖公二十八年》："山南为阳，水北为阳。"张预注："贵阳者，以其光明气舒，疾病难于滋蔓也；贱阴者，晦逆非养生之道也。"此句谓重视向阳的地方，卑湿的地方。

⑮ 养生而处实：养生，指人马得以休养生息。处实，指择运输便利且物资供应丰实之地。

⑯ 上雨，水沫至，欲涉者，待其定也：曹操注曰："恐半涉而水遽涨也。"

⑰ 绝涧、天井、天牢、天罗、天陷、天隙：前后险峻，水横其中为绝涧；四方高，中间下为天井；三面环绝，易入难出为天牢；草木蒙密，锋镝莫施处为天罗；阪地泥泞，渐车凝骑处为天陷；道路迫狭，地多坑坎为天隙。

去之，勿近也。吾远之，敌近之；吾迎之，敌背之。军旁有险阻、潢井、葭苇、山林、翳荟[①]者，必谨复索之[②]，此伏奸之所处也。

敌近而静看，恃其险也；远而挑战者，欲人之进也；其所居易者，利也。众树动者，来也[③]；众草多障者，疑也[④]；鸟起者，伏[⑤]也；兽骇者，覆[⑥]也；尘高而锐者，车来也；卑而广者，徒来也[⑦]；散而条达[⑧]者，樵采也；少而往来者，营军[⑨]也。辞卑而益备[⑩]者，进也；辞强而进驱[⑪]者，退也；轻车先出居其侧者，陈也[⑫]；无约而请和者，谋也[⑬]；奔走而陈兵者，期也；半进半退者，诱也。杖而立[⑭]者，饥也；汲役先饮[⑮]者，渴也；见利而不进者，劳也；鸟集者，虚也[⑯]；夜呼者，恐也；军扰者，将不重也[⑰]；旌旗

---

① 险阻、潢井、葭苇、山林、翳荟：险阻，曹操注："险者，一高一下之地；阻者，多水也。"潢井，指积水池。葭苇，芦苇，泛言水草丛聚。翳荟，草木繁茂。

② 必谨复索之：必须小心谨慎地搜索。

③ 众树动者，来也：曹操注："斩伐树木，除道进来，故动。"其言甚是。

④ 众草多障者，疑也：曹操注："结草为障，欲使我疑也。"

⑤ 伏：指伏兵。曹操注："鸟起其上，下有伏兵。"

⑥ 覆：在此为覆没、覆灭之意。曹操注"敌广阵张翼，来覆我也"，近之。

⑦ 卑而广者，徒来也：扬起的尘埃低且面积广的，那是敌人步卒开来。

⑧ 散而条达：条达，纵横断绝之貌。此句意谓烟尘疏散且呈条缕状。

⑨ 营军：察看地形，准备立营的敌军。梅尧臣注曰："轻兵定营，往来尘少。"

⑩ 辞卑而益备：益，增、加强。措辞谦卑，加强防备。

⑪ 辞强而进驱：措辞强硬，示以驰驱进逼之形。

⑫ 轻车先出居其侧者，陈也：陈，同"阵"、布阵。《论语·卫灵公》："卫灵公陈于孔子。"即问阵于孔子。杜牧曰："出轻车，先定战陈疆界也。"此句言战车先出其营之侧面，是列阵欲战。

⑬ 无约而请和者，谋也：此谓未至屈困之境而请和，必有奸谋。

⑭ 杖而立：倚仗兵器而站立。梅尧臣曰："倚兵而立者，足见饥弊之色。"

⑮ 汲役先饮：汲役，负责取水的士兵。张预注曰："汲者未及归营而先饮水，是三军渴也。"此言颇是。

⑯ 鸟集者，虚也：张预曰："凡敌潜退，必存营幕，禽鸟见空，鸣集其上。"此言群鸟集中其上，则其下营垒已空。

⑰ 军扰者，将不重也：敌军多惊扰，是将领无威容，不持重。李筌注曰："将无威重，则军扰。"

动者，乱也；吏怒者，倦也[①]；粟马肉食，军无悬缻不返其舍者[②]，穷寇也；谆谆翕翕[③]，徐与人言者，失众也；数赏者，窘也[④]；数罚者，困也；先暴而后畏其众者，不精之至也；来委谢[⑤]者，欲休息也。兵怒而相迎，久而不合，又不相去，必谨察之。

兵非益多[⑥]，惟无武进[⑦]，足以并力、料敌、取人[⑧]而已。夫惟无虑而易敌[⑨]者，必擒于人。

卒未亲附而罚之[⑩]，则不服；不服则难用也。卒已亲附而罚不行，则不可用也。故合之以文[⑪]，齐之以武[⑫]，是谓必取[⑬]。令素行[⑭]以教其民，则民服[⑮]；令不素行以教其民，则民不服。令素行者，与众相得[⑯]也。

【白话译文】

孙子说：将领在各种不同地形上处置军队和观察、判断敌情时，应该注意：穿越山岭，应临近谷地行进，驻扎居高向阳的地方，敌人已占领高

---

① 吏怒者，倦也：梅尧臣曰："吏士倦烦，怒不畏避也。"此言军士愤怒，是士众倦烦了。

② 粟马肉食，军无悬缻不返其舍者：粟，古以粟为粮谷之总称。缻，盛水之瓦器。此句意为以粮食喂马，杀牲口吃肉，营中不见用绳子悬挂水缸，士卒准备拼命突围。

③ 谆谆翕翕：曹操注："谆谆，语貌；翕翕，失志貌。"此句言士卒私下小声地议论。

④ 数赏者，窘也：梅尧臣注："势穷忧叛离，屡赏以悦众。"其说甚是。

⑤ 委谢：委质来谢，带贵重礼品来言好。张预注："以所亲爱委质来谢，是势力穷极，欲休兵息战也。"

⑥ 兵非益多：王皙注："不以多为益。"即兵不在多之意。

⑦ 惟无武进：武进，刚武轻进。此言不要恃武轻进。

⑧ 取人：争取人心。

⑨ 易敌：轻视敌人。

⑩ 卒未亲附而罚之：此句杜牧注曰："恩信未洽，不可以刑罚齐之。"亲附，亲近、归附。

⑪ 合之以文：合，齐也，与下句之"齐"互文。文，宽厚。此句言对待士卒要宽厚笼络。

⑫ 齐之以武：武，刑威，军纪刑罚。故此言用严明军纪刑罚来整肃部众之行为。

⑬ 必取：言必能取得部下的敬畏和拥戴。

⑭ 令素行：令，立法行令。素，平时。言平时认真贯彻法令。

⑮ 以教其民，则民服：言威令素信，所以民听之不惑。梅尧臣注："威令旧立，教乃听服。"其说甚是。

⑯ 与众相得：得，亲和。相得，关系融洽。此言与士卒相处得融洽。

地时不要仰攻。这是在山地上处置军队的办法。横渡江河，军队应该在离水流稍远的地方驻扎，敌人渡水来战时不要在江河中迎击，等敌人渡过一半时再攻击，这样做较为有利；如果与敌人决战，不要紧靠水边列阵；在江河地带扎营，也要居高向阳，不要面迎水流。这是在江河地带对军队的处置方法。军队通过盐碱沼泽地带时一定要迅速离开，切勿停留；如果在盐碱沼泽之地遭遇敌人，一定要依傍水草，背靠树木。这是在盐碱沼泽地带处军的原则。在平原旷野，军队要驻扎在开阔地域，主要翼侧要依托高地、前低后高。这是在平原地区处置军队的原则，以上 4 种处军原则的好处，就是黄帝能战胜其他四帝的原因。

大凡驻军总是喜欢干燥的高地，避开潮湿的洼地；重视向阳之处，避开阴暗之处；军队要驻扎在靠近水草的地方，将士百病不生，这样就有了胜利的把握。在丘陵堤防行军，必须占领它向阳的一面，并使主要翼侧背靠着它。这些对于用兵有利的条件，是地形给予的辅助。上游下雨，洪水突至，若想过河，一定等到水流稍平稳以后。凡遇到“绝涧”“天井”“天牢”“天罗”“天陷”“天隙”这些地形，军队必须迅速离开，不要接近。我们应远离这种地形，让敌人去靠近它；我们应面向这种地形，让敌人去背靠着它。行军途中遇到有悬崖绝壁的隘路、湖泊、水网、芦苇、山林和草木茂盛的地方，必须谨慎地反复搜索，这些都是敌人可能设下埋伏或隐伏侦察的地方。

敌人逼近却很安静，是依仗它占领险要地形；敌人离我很远而来挑战，是想诱我前进，因为其占领的地形有利于同我决战。前方许多树木枝叶摇动，那是敌人隐蔽前来；草丛中有许多遮障物，那是敌人布下的疑阵；群鸟惊飞，下面必有伏兵；野兽惊骇，是敌人大举突袭而致。尘土飞扬而高冲云间，是敌人的战车驰来；尘土飞扬、低且宽广，是敌人步兵开来；尘土疏散飞扬，是敌人正曳柴而走；尘土少且时起时落，是敌人正在扎营。敌人使者措辞卑谦却又在加紧备战的，是企图向我进攻；敌人使者言辞强硬而军队又做出前进姿态的，是准备撤退；敌人轻车先出动并部署在两翼的，是在布列阵势；敌人尚未受挫而来讲和的，是另有阴谋；敌人兵卒奔走、摆开阵势的，是企图约期同我决战；敌人半进半退的，是企图引诱我军；敌兵倚着兵器站立的，是饥饿的表现；供水兵打水自己先饮的，是干渴的表现；敌人见利而不进兵争夺的，是疲劳的表现；群鸟聚集在敌营上空，营地必已空虚；敌人夜间惊叫的，是恐慌的表现；敌营惊扰纷乱的，是敌将没有威严；敌人旌旗摇动不整齐的，是敌军队伍已经混乱；敌人军官易怒的，是全军疲倦的表现；敌人用粮食喂马，杀牲口吃肉，收拾起汲水器具，部队不返营舍的，是陷入绝境的表现；低声下气同部下讲话的，是敌将失去了人心；不断犒赏士卒的，是敌军没有办法；不断惩处部属的，是敌人处境困难；敌将先对士卒暴虐，后又畏惧士卒叛离的，那是最不聪明的将领；派来使者送信言好，是敌人想休兵息战；敌人盛怒而来，却久不交锋又不撤退的，我们遇到这种情况必须仔细观察，摸清敌人的企图。

打仗不在于兵多就好，只要不轻敌冒进，并集中兵力、判明敌情，必能取胜。只有那种不经过深思熟虑又轻敌的人，才会被敌人俘获。

士卒还没有真心依附就处罚他们，他们会不服，不服就很难使用；士卒依附之后，如果纪律仍不执行，那么这样的士卒也不能用来作战。所以将领要以怀柔宽仁的手段使他们思想统一，这样必然能获得部下的敬畏和拥戴。将领平时严格贯彻命令，管教士卒，士卒就会听服；平时不严格贯彻命令，管教士卒，士卒就会养成不服从的习惯。士卒能贯彻执行平时的命令，这表明将帅与士卒之间相处融洽。

073 四军之利，黄帝之法 / 马谡为何丢失街亭

【原文】

孙子曰：凡处军、相敌：绝山依谷，视生处高，战隆无登，此处山之军也。绝水必远水；客绝水而来，勿迎之于水内，令半济而击之，利；欲战者，无附于水而迎客；视生处高，无迎水流，此处水上之军也。绝斥泽，惟亟去无留；若交军于斥泽之中，必依水草而背众树，此处斥泽之军也。平陆处易，而右背高，前死后生，此处平陆之军也。凡此四军之利，黄帝之所以胜四帝也。

【精解】

“凡处军，相敌”，这句话提纲挈领，说明接下来要说的是“处军”“相敌”问题。“处军”就是处置军队、安置部队；“相敌”即面对面观察敌情。孙子认为这两个方面的问题必须要根据地形、地貌进行决策。

紧接着，孙子首先分析“处军”过程中如何把握“四军之利”的问题，即在 4 种地区、地形条件下布阵安营的原则和方法。“凡处军、相敌：绝山依谷，视生处高，战隆无登，此处山之军也。绝水必远水；客绝水而来，勿迎之于水内，令半济而击之，利；欲战者，无附于水而迎客；视生处高，无迎水流，此处水上之军也。绝斥泽，惟亟去无留；若交军于斥泽之中，必依水草而背众树，此处斥泽之军也。平陆处易，而右背高，前死后生，此处平陆之军也。凡此四军之利，黄帝之所以胜四帝也。”

第一种情况是讲面对山地要注意三条原则。一是“绝山依谷”。这里的“绝”是通过的意思。本句强调军队通过山地，要贴近山谷边走，如果遇到伏击，至少可以依靠一面山坡抵抗。二是“视生处高”。曹操注释说：“生者，阳也。”可见，孙子此言是说，山地安营应当驻扎在居高向阳的地方，通风透气、居高临下。三是“战隆无登”。这里的“隆”与“降”是通假字，所以有的版本写成“战降无登”，以致一些专家将其解释为“下降”。他们认为意思是我军在山下作战，即便敌军引诱我军上山也不要登

山而战。这种理解恐怕还是有点问题。“隆”，应当是指高处，指敌人占领高地，不可仰攻。这是在山川丘陵之地处置军队的三条原则。

第二种情况是讲面对河流要注意4条原则。一是“绝水必远水”，即军队通过河流之地时，要远离水流驻扎，而不要在岸边停留。二是“客绝水而来，勿迎之于水内，令半济而击之，利”。这里的“客”，是指进攻之敌。在古代，“起兵伐人者谓之客，敌来御捍者谓之主”。现在体育比赛有主场、客场之分，也是这个意思。孙子的意思是说，敌人渡水来进攻，不要在水中迎击，要趁敌军部队渡过一半的时候打击，这样比较有利。三是“欲战者，无附于水而迎客”，即如果军队要同敌人决战，不要紧靠水边列阵，贴水边太近就容易在交战中陷入水中。四是“视生处高，无迎水流”，即军队在江河地带驻营，要居高向阳，不要面迎水流、处于下游。这是在江河水网之地处置军队的基本原则。

第三种情况是讲面对沼泽要注意两条原则。一是“绝斥泽，惟亟去无留”。“斥泽”就是盐碱沼泽之地。军队通过这种地区时要迅速离开，不要逗留。二是“若交军于斥泽之中，必依水草而背众树”，即如果军队与敌人交战于此，要靠近水草、背靠树林。这么做的原因一是有水源，二是不容易陷入泥沼。这是在沼泽之地处置军队的基本原则。

第四种情况是讲面对平原要注意三条原则。一是“平陆处易”。“易”，指平地。即在开阔的平原地带，要选择地势平坦处安营。二是“而右背高”。“右背”为“主要侧翼部队”，因为大多数人都是用右手使用兵器，所以当主要侧翼部队从右侧居高临下冲杀，使用兵器会非常顺手。（还有一种说法，在春秋战国时期，喜庆之事以左为尊，兵事或凶丧之事以右为尊。）这样的部队要依托高地进行部署。三是“前死后生”。这里面的“生”与“死”指的是地形，“死”为“低处”，“生”为“高处”，《淮南子·地形训》中说：“高者为生，下者为死。”在平原地带，军队要占领开阔之地，主要侧翼要依托高地，前低后高，这样视野开阔，容易发起冲锋。这是在平原地带处置军队的三条原则。

最后，孙子总结道：“凡此四军之利，黄帝之所以胜四帝也。”强调这4个方面的原则是传统的战法，中华民族的老祖先轩辕黄帝之所以能够战胜炎帝、蚩尤等周围四方各族部落首领，原因就在于此。在银雀山汉墓出土的大量残简中，还有《黄帝伐赤帝》佚文，其中就记录了黄帝战胜赤帝、青帝、黑帝、白帝这四帝，一统天下之事。孙子这里是用黄帝胜四帝的例子来说明得四军之利的重要性和必要性。

这些原则说起来似乎很琐碎、很啰唆，但是，将领指挥作战来不得大而化之，必须具体精确。所以这些都是古代将领必备的常识、必练的功夫。尽管方法各异，但其中的核心是一致的，那就是将领一定要根据客观情况和条件决定排兵布阵、安营扎寨的问题，而且还要注意在利用客观情况和条件的过程中趋利避害、用其所长。将领用好了这些外在条件的长处，便可增加军队的能量。比如，在山地“居高向阳”，既便于部队俯冲，使其力量倍增，又便于通风透气，使部队保持旺盛的战斗力。

然而，一般说来，越抽象的东西越有生命力，越具体的东西局限性越多。抽象的东西往往由众多事物提炼而来，既蕴含众多事物的共性，又不受某一具体事物变化的影响，所以具有“以不变应万变”的特点。相对而言，具体的东西往往由众多实实在在的细节组成，一旦某一细节变化了，其原貌也必定变化，甚至失去原有的合理性。《孙子兵法》也具有这种特点。前7篇主要讲战争的一般规律、决策原则、指挥艺术和变化要求，没有过多就某一具体战事就事论事。所以，古人称赞说“一句一理，字字珠玑”，认为其具有永恒的生命力。后6篇则是联系当时客观的天时地利分析行军作战、安营扎寨、排兵布阵、火攻用间等具体方法。冷兵器时代，人们利用天时地利等自然条件的能力很低，作战方式也局限于摆兵布阵、短兵相接。随着时代的变迁，军事技术进步，战争形态改变，一方面人们利用客观自然条件的能力和手段已空前进步，另一方面作战方式和战争形态也超越了孙子那个时代的想象。类似于“四军之利”之类的具体方法，虽为黄帝胜四帝之法，却不一定完全适应发展变化了的战争形态了。所以，我们只能从中寻求智慧的启迪，或者探索古代军事文化的遗留，千万别生搬硬套。当年马谡之所以失了街亭，原因就在于生搬硬套地使用兵法。诸葛亮指示他依山傍水部署兵力，他却骄傲轻敌，自认为精通兵法，自作主张地将大军部署在远离水源的街亭山上。认为这样可以居高临下、势如破竹、置之死地而后生。结果张郃切断水源、掐断粮道，将马谡部队围困于山上，然后纵火烧山。蜀军饥渴难忍、军心涣散，不战自乱，丢失了街亭。

074 此兵之利，地之助也／王近山顺手歼灭“皇军观战团”

【原文】

凡军好高而恶下，贵阳而贱阴，养生而处实。军无百疾，是谓必胜。丘陵堤防，必处其阳，而右背之。此兵之利，地之助也。上雨，水沫至，欲涉者，待其定也。凡地有绝涧、天井、天牢、天罗、天陷、天隙，必亟去之，勿近也。吾远之，敌近之；吾迎之，敌背之。军旁有险阻、潢井、葭苇、山林、翳荟者，必谨复索之，此伏奸之所处也。

【精解】

谈及1962年的中印战争，很多人不理解作为战胜方的中国为什么放弃富饶的藏南而选择贫瘠、高海拔的阿克塞钦，致使已经攻占的30万平方公里的藏南土地重新落入印度之手。有的人指责毛泽东等老一辈领导人表面上是打胜了，实际上是输了。这种爱国热情值得肯定，但是具体看一下中印边境地区的地图，尤其是深入了解当地的地形地势和自然条件后，你就会意识到，毛泽东的决策很好地运用了孙子“兵之利，地之助”的谋略思想。

东部的藏南和达旺虽然富饶，但它最大的缺陷是易攻难守。藏南和达旺紧邻印度的平原地区，印度很容易集结大量的军队对藏南和达旺进行攻击。而藏南和达旺与西藏的中心地区间的交通极其不发达，更不说远离中国的内地了。因此中国要及时调集大量军队到藏南和达旺是非常困难的，即使一时靠着中国军人的勇敢和牺牲守住了藏南和达旺，长期在藏南和达旺打拉锯战也会严重影响中国的国力。相反，阿克塞钦却是居高临下、易守难攻之地。我们看看地图就可以知道，它紧邻印度的首都和中心城市，地理优势和战略价值远胜于藏南和达旺。一旦发生任何情况，中国的重装部队从阿克塞钦冲下来，可以兵锋直指印度首都新德里。同时，阿克塞钦是中亚的制高点，巴基斯坦、克什米尔、印度等国尽收眼底，其战略价值可想而知。

显然，领导人放弃藏南和达旺是因为其地形地势实在不利于长期坚守，控制阿克塞钦则是因为其地形地势既有利于攻，又有利于守。用孙子兵法的观点来看，这确实是明智的战略选择。

《孙子兵法》有两大基石，一是军事实力，二是客观条件。孙子既强调量力而行，又看重视形而动，容不得随意和任性。这里的“形”，主要指地形、战场各种客观情况。上文提到的“四军之利”，就是在山川丘陵之地、江河水网之地、盐碱沼泽之地、平坦开阔之地安置军队的原则。孙子唯恐人们在这个问题上大而化之，进一步强调安营扎寨以及行军途中要遵循的具体细则：“凡军好高而恶下，贵阳而贱阴，养生而处实，军无百疾，是谓必胜。丘陵堤防，必处其阳，而右背之。此兵之利，地之助也。上雨，水沫至，欲涉者，待其定也。凡地有绝涧、天井、天牢、天罗、天陷、天隙，必亟去之，勿进也。吾远之，敌近之；吾迎之，敌背之。军旁有险阻、潢井、葭苇、山林、蘙荟者，必谨复索之，此伏奸之所处也。”

这段话有两层意思，一是处军之宜，二是处军之忌。

先看处军之宜，也就是军队安营扎寨的合适方法。一般说来，军队安营扎寨时要选择向阳的、干燥的高地，尽量避开阴暗的、潮湿的洼地。军队还要选择靠近水草的、粮草供应便利的地方，能够让将士不生病，这样就有了胜利的把握。在丘陵堤防之处，军队要占领它向阳的一面，主要侧翼的部署要背靠丘陵堤防。这样做才有利于用兵，也才有利于发挥地形的辅助作用。

再看看处军之忌，也就是安营扎寨要注意的问题。孙子强调了三点禁忌。一是当上游地区下雨，下游水流肯定变得湍急，如果军队想徒步涉水，一定要等待水流平稳后再通过。二是军队如果遇到 6 种不利地形，要迅速离开，千万不要接近。6 种不利地形分别是：绝涧，即前后险峻、水横穿其中的地形；天井，即四周高、中间低的地形；天牢为三面环山、易入难出的地形；天罗为草木茂密、难于施展兵器的地形；天陷，顾名思义，是地面泥泞、车马难行的地形；天隙，即道路狭窄、地面坑坎的地形。处于这样的地形，我方在尽快远离的同时，要尽力将敌人诱至靠近它的地方；我方要面向这样的地形，尽力让敌人背靠它，这样才能使其一步步退到不利境地。三是驻军周边如果有险峻的隘路、湖沼、水草丛生的地方，山林和草木茂盛的地方，军队要谨慎地反复搜索，因为这些都是敌人可能藏有伏兵或奸细的地方。

综合起来看，处军之宜也好，处军之忌也罢，总的要求就是“四个有利于”：有利于摆兵布阵，营造有利的作战态势；有利于部队粮草供应和人马的安全健康；有利于作战意图的实现和战斗力的发挥；有利于对敌情的观察和判断。

看过电视剧《亮剑》的人，或许会对剧中李云龙率领独立团全歼日军战地观战团的精彩战斗留下深刻印象。在剧中，日军特种部队想要袭击八路军总部，并安排日军观战团现场观摩，结果被李云龙抓住战机全歼。事实上，这个情节确有历史原型，但是，在真实的历史背景中，日军的企图比这可大得多。1943 年 10 月，为消灭晋冀鲁豫边区太岳根据地的抗日武装力量，日寇华北派遣军总司令冈村宁次调集 3 万兵力，对太岳地区进行残酷的“铁滚扫荡”。他将全部兵力分三线摆开，第一线兵力以日军为主，配属部分汉奸特工队，采取分路合击的战术，寻找我军主力决战；第二线兵力由日伪军混编而成，在根据地烧毁村庄，抢掠物资运往敌占区；第三线兵力还由日军为主，负责捕捉我方分散突围的小股部队和零散人员。冈村宁次为自己的杰作扬扬得意，将这一新战术取名为“铁滚式三层阵地新战法”，并亲自担任总指挥，叫嚣着将通过此次扫荡彻底摧毁我方太岳根据地。为指导其他地区的“扫荡”，给其提供经验，冈村宁次从各地抽调 100 多名少尉以上的军官组成“皇军观战团”到前线“观战”。

当时，129 师 386 旅旅长王近山受领任务，亲率该旅 16 团护送一批干部到延安组建新的守备旅。10 月 18 日，当部队行至山西洪洞县韩略村的时候，王近山得到当地乡亲的情报，说 23 日会有日军车队从村边土路经过。这个韩略村，是临汾至屯留公路上的一个村庄，距临汾十七八公里。村子不远处有一条山沟，两侧是两丈多高的悬崖峭壁，汽车就从山沟中间穿过。王近山对于地形有着天然的敏感性，他感觉这是个打伏击的好地方。如果我军把山沟两端“堵死”，居高俯冲，敌人将插翅难飞！于是他和16团政委常祥考、副团长袁学凯研究决定，队伍停止前进，就地埋伏、准备战斗。10月22日晚，王近山调动部队和民兵，埋伏在山沟两侧，布下了天罗地网。

第二天天亮后，日寇13辆汽车载着“皇军观战团”和警卫士兵趾高气扬地驶入山沟。日寇做梦也没有想到八路军的一个主力团会突破他们的防线跑到这里来。突然，爆豆似的枪声和手榴弹的爆炸声响震山谷，日寇的最前面几辆汽车和最后面几辆汽车被炸药和手榴弹炸毁，既不能前进、又无法后退，中间的汽车就被堵住无法动弹。日军军官只能凭借汽车拼死抵抗，而一辆辆的汽车又纷纷中弹焚毁，负责保卫“皇军观战团”的日寇军官见大势已去，首先切腹自杀，其余军官不是被击毙就是自杀，180多名日寇军官和众多的警卫士兵除三人侥幸逃生外，其余的全部被歼灭在山沟中。冈村宁次听说“皇军观战团”遭遇伏击，手下爱将遭到全歼，火速调集数千人在6架飞机的配合下向临汾“合围”而来，但王近山早已指挥16团跑得无影无踪了。

后来，毛泽东听说了此次伏击战，还在延安接见旅以上干部时说：太岳有个王近山，敢打没有命令的仗。王近山勇敢、果断、有胆略，能抓住战机打漂亮仗！主席讲的这个战机，在此次伏击战中，主要是指我军占据有利地形，利用地形优势对进犯的日军施以重击。

现代战争已经从陆地拓展到海上、空中、太空、电磁空间，甚至人的认识空间，现代战场已然空前广大。但是，孙子强调用兵打仗必须寻求“兵之利，地之助”的思想仍然值得我们参考和借鉴。

075 由表及里，相敌有术 / 美国人如何锁定本·拉登藏身之处

【原文】

敌近而静者，恃其险也；远而挑战者，欲人之进也；其所居易者，利也。众树动者，来也；众草多障者，疑也；鸟起者，伏也；兽骇者，覆也；尘高而锐者，车来也；卑而广者，徒来也；散而条达者，樵采也；少而往来者，营军也。辞卑而益备者，进也；辞强而进驱者，退也；轻车先出居其侧者，陈也；无约而请和者，谋也；奔走而陈兵者，期也；半进半退者，诱也。杖而立者，饥也；汲役先饮者，渴也；见利而不进者，劳也；鸟集者，虚也；夜呼者，恐也；军扰者，将不重也；旌旗动者，乱也；吏怒者，倦也；粟马肉食，军无悬缻不返其舍者，穷寇也；谆谆翕翕，徐与人言者，失众也；数赏者，窘也；数罚者，困也；先暴而后畏其众者，不精之至也；来委谢者，欲休息也。兵怒而相迎，久而不合，又不相去，必谨察之。

【精解】

在《孙子兵法》全文13篇的6 000多字中，孙子一共用了79处“知”。“知彼知己”是《孙子兵法》的一条主线，贯穿始终。战略、战役、战术各个层次上都强调这一观点。比如，战略上，《计篇》的先计后战，《谋攻篇》的“知彼知己”；战役上，《虚实篇》中的“知战之日，知战之地，千里而战”，《地形篇》中的“知彼知己”和“知天知地”。战术上更讲“知”，如《虚实篇》中策、作、形、角4种办法挑动敌人自我暴露。在《九变篇》中孙子讲完“处军之道”后，紧接着就提出了“相敌三十二法”。

“相敌”的“相”和“相面”的“相”意思相近，“相敌”的目的就是我方可以对敌方情况准确、及时地观察、判断，从而得出新的结论，不断修正已拟订的作战计划，使其更符合客观实际。孙子认为，只有透过战场上各种纷乱迷离的现象，加以由表及里、去伪存真的认真分析，才可获得敌情的真相。

“相敌三十二法”不是简单地堆积、罗列战场现象，而是大致从6个角度透过现象看本质。

首先，“敌近而静者，恃其险也；远而挑战者，欲人之进也。其所居易者，利也”。这是孙子对敌军所处位置及其行动的判断。敌人逼近却安静的，是依仗他占领了险要地形；敌人距离我方遥远却前来挑战的，是要引诱我前进。第三句话有点费解，“其所居易者，利也”。敌人不居险要之处而驻扎于平坦之地，目的何在？有的说，那是因为占据了其他有利条件。还有的说，是为便于发起进攻。这两种解释都有一定道理。根据上下文一贯的谋略思路来看，“利”还是理解为“利诱”为好。本句意为平易之地便于攻击，诱使对方贸然进攻。

第二个角度，说的是“众树动者，来也；众草多障者，疑也。鸟起者，伏也；兽骇者，覆也。尘高而锐者，车来也；卑而广者，徒来也；散而条达者，樵采也；少而往来者，营军也”。这是孙子通过相关动静判断敌情的方法。树动不止，是敌隐蔽前来的迹象；草丛中设置许多障碍，是敌布下的疑兵；群鸟惊飞，是下有伏兵的迹象；野兽奔跑，是敌大举来袭的迹象；尘土高扬，意味着战车飞驰而来；尘土低且分布广，意味着敌步兵开赴而来；尘土疏散飞扬，是敌拖着树枝行走的迹象；尘土减少且反复往来，是敌人驻扎的迹象。

接下来是第三个角度：“辞卑而益备者，进也；辞强而进驱者，退也；轻车先出居其侧者，陈也；无约而请和者，谋也；奔走而陈兵者，期也；半进半退者，诱也。”这是孙子在通过敌方动作判断敌军意图。敌军外交言辞怯懦却加紧备战，是进攻的先兆；敌军外交言辞强硬，且做出进攻态势，实际是退却的先兆；敌军轻车先出动，部署在两翼，是要布列阵势；敌军事先没有约定而要求和解，其中隐藏着更大的阴谋；敌军不断调动兵车并摆列阵势，则是企图约我方决战；敌半进半退，则是诱兵之计。

第四个角度：“杖而立者，饥也；汲役先饮者，渴也；见利而不进者，劳也。鸟集者，虚也；夜呼者，恐也；军扰者，将不重也；旌旗动者，乱也；吏怒者，倦也。粟马肉食，军无悬缻不返其舍者，穷寇也。”这是孙子通过敌军表面现象，对敌军战斗力的判断。对于依杖而立、抢先饮水、见利不进的部队，说明其或者饥饿、干渴，或者已到了极度疲惫的程度。鸟雀聚集在营寨上，说明下面是空营；敌人夜间惊叫的，说明部队恐慌；敌营惊扰纷乱的，说明敌将不够威严；敌方旌旗乱动的，说明部队混乱；敌军指挥员怒气冲天，说明敌军已到厌战、军心动摇的程度；敌人用粮食喂马，杀马吃肉，营中已看不见悬挂的炊具，部队不返回营房的，说明对方已成穷寇之敌，准备拼命突围。“缻”是古代一种大肚子小口炊具。

第五个角度：“谆谆翕翕，徐与人言者，失众也；数赏者，窘也；数罚者，困也；先暴而后畏其众者，不精之至也。”这是孙子通过观察敌军将领的管理方法，对敌军整体状态的判断。“谆谆翕翕”，这个叠声词原义是“嘴巴一开一合的样子”，这里是指“讲话慢声细语，低声下气的样子”。这样的将领，说明其已失去众人支持；频繁赏赐的将领，表明他处境困窘；动辄处罚的将领，表明他一筹莫展；对部下先粗暴后又惧怕，是敌军将领不精明的表现。

最后一个角度是：“来委谢者，欲休息也。兵怒而相迎，久而不合，又不相去，必谨察之。”这是孙子通过观察敌军行动，对其未来趋势的判断。敌军前来酬谢，是想休兵；敌军各部气势汹汹出兵对阵，但迟迟不交锋，又不退兵，遇到这种情况我们就必须要谨慎侦察和研究其动向了。

有的朋友会说，孙子讲的这些方法在现代战争中都过时了，现在打的都是高技术战争、非接触作战，哪里还用得着通过鸟兽尘土之类的现象来观察敌情。我们要理解孙子的时代局限性，他提出的这些战场侦察方法的确都比较原始，是凭经验进行的分析。但是，这相敌之术中体现出的通过各种信息感知手段观察敌情和透过各种表象、假象判断敌情的思想具有重要的价值。孙子的 32 种判断敌情的方法，体现了一系列重要的哲理：比如“见微以知萌，见端以知末”，即通过微小的变化知其未来的发展趋势，通过事物发展的开端预知其结局。再比如，由表及里，由此及彼，等等。这样，我们才能透过战场迷雾，搞准敌情，并视情况定下正确的决策。信息时代，战场感知手段和推理判断方法相比孙子的时代有了不可同日而语的进步，人们借助先进的科学技术使视觉器官、听觉器官等感知手段得到巨大的延伸，思维能力和计算能力也空前强大，但是敌情侦察的基本原理与孙子的相敌思想仍然具有相通之处。

说起来，美国人之所以能够最终锁定本·拉登的藏身之处，也是由种种现象分析出来的。

在 2007 年之前，美国中央情报局获知了拉登一位信使的部分信息，知道了这位信使的化名，也知道拉登非常信赖这位信使。经过两年追踪，在 2009 年的时候，他们确认了这名信使及其兄弟在巴基斯坦经常出没的一个地点。2010 年的 8 月，美国中央情报局确认了这名信使及兄弟在巴基斯坦北部山城阿伯塔巴德的确切住所。在接下来的日子里他们又通过蛛丝马迹分析并推断本·拉登就藏身于这幢住所之中。

之所以得出这样的结论，是因为至少有 5 个方面的现象证明这幢住所绝非一般民居。第一，这处宅院在阿伯塔巴德当地面积特别大，比周边的住宅面积大了 8 倍，而且房价高达 100 万美元，超出了这对信使兄弟的承受范围。第二，它的戒备非常森严，高高的院墙有 4~6 米，而且有两道安全门，里边还有一座三层的小楼。特别值得注意的是，在这座三层小楼的前面，还有多处内墙阻挡，显得非常神秘。第三点可疑之处是它的通信，这样的一座豪宅，既没有电话，也没有网络。第四，他们并不像普通居民那样倾倒生活垃圾，而是将垃圾全部焚烧。第五，这个住所坐落在中产阶级区，附近有一个医院。美军对本·拉登非常关注的一点，就是他的肾病。因为美军多次在本·拉登逃离后搜索他住过的地方，都发现他裤子上有尿液，也就是他尿裤子，这说明他的肾病已经到了比较严重的地步。之所以他们要烧垃圾，很可能是因为大量的药品和透析液须销毁掉。同时，附近还有一所医院，这样来往购买药品，就不容易引起外界怀疑，不然长期远途购买药品，特别是购买治疗肾病的药，很容易由这个药品被人发现踪迹。综合这一系列现象，美国中情局断定，这里就是本·拉登的藏身之处。接下来的事情全世界都看到了，5 月 1 日美军特种部队突击这幢住所，一举击毙本·拉登。

一些年轻人喜欢唱一首歌，其中一句歌词是："借我一双慧眼吧，让我把这纷扰看得清清楚楚明明白白真真切切。"其实，慧眼不是借来的，而是修来的。孙子"见微知著""由表及里"的相敌之法，就有助于我们练就一双能够透过现象看本质的慧眼，把生活和工作中的纷纷扰扰看得清清楚楚，明明白白，真真切切。

076　兵非多益，贵在善用 / 解放军为何每隔几年就要大裁军

【原文】

兵非多益，惟无武进，足以并力、料敌、取人而已。夫惟无虑而易敌者，必擒于人。

【精解】

2015 年 9 月 3 日，习近平在纪念中国人民抗日战争暨世界反法西斯战争胜利 70 周年的大阅兵时，向全世界宣布中国将裁军 30 万，从当时的 230 万裁到 200 万。我们再横向对比一下世界上主要军事强国的军队数量，美国 140 万，俄罗斯 124 万，印度 117 万，法国 36 万，英国 21 万，日本自卫队 28 万。当今世界，大国为什么纷纷走上精兵之路？早在 2 500 年前，孙子就给出了答案。

孙子指出："兵非多益，惟无武进，足以并力、料敌、取人而已。夫惟无虑而易敌者，必擒于人。"这段话的核心是讲兵不在多，在于精而善用。

"兵非多益"，即军队人马并不是多了就好。在传世本中，这句话写作"兵非益多也"，只有汉简本写成"兵非多益"。两个版本的意思基本一致，都是强调人马并非越多越好。据我的导师吴如嵩先生分析，一来，竹简本更接近《孙子兵法》原文，一般情况下取竹简本的说法；二来，"益"与下文的"力""敌""已"等字押韵。《孙子兵法》读起来朗朗上口，因为文本在语言上是有韵律的。所以，相比之下"兵非多益"更符合孙子的原意。用现代军事术语来说，这几个字强调的是精兵思想：兵不在多，而在于精。如历史上令敌人闻风丧胆的"杨家将""岳家军""戚家军"，这些军队曾经叱咤风云，无不是由于军队建设者抓住了"精兵"思想。

不同的时代、不同的战略形势，精兵的数量和规模肯定各不相同，没有一定之规。但是，精兵无论军队规模大小、人马多少，有一点是相同的，那就是要"善用"，用好，用活。孙子从正、反两方面提出了善用精

兵的原则和方法。

从正面来说："惟无武进，足以并力、料敌、取人而已。""惟无武进"，就是不要去盲目冒进，言外之意是我们要善于谋划。与军队的数量相比，一支精锐、善谋的军队更具有战斗力。战场上兵力的运用、形势的判断、目标的选择，都需要将领冷静、好谋的能力。孙子不赞赏匹夫之勇，也不赞赏孤胆英雄。无独有偶，与孙子生活在同一时代的"文圣"孔子也有相似的观点。有一次子路问老师孔子："您如果统帅三军的话，愿意找谁共事呢？"孔子说："暴虎冯河，死而无悔者，吾不与也。必也临事而惧，好谋而成者也。"(《论语·述而》)"暴虎冯河"是指人空手与老虎搏斗，徒步涉水过河，比喻一个人有勇无谋，鲁莽冒险。孔子认为，他们"敢"字当头、死而不悔，他不愿与这种人共事，而愿与遇事谨慎、善于通过巧妙谋划来取得成功的人共事。作为将帅和管理者，一定要养成善于谋划的工作作风，切不可遇事头脑冲动，简单应对。

毫无疑问，谁都希望自己理智用兵、谨慎行事。问题是不少人不得要领，不知如何下手。孙子说出了三个关键词：并力、料敌、取人。这相当于现在所说的：能够集中兵力、了解敌情、选用优秀的人才。满足这三个条件，就可以用好军队了。其中"取人"一词，在学术界有三种解释，一是说取得部下的拥护和支持，二是说取胜于敌，也就是战胜敌人，三是说择人而用。应当说，三者都说得通。但相对来说，因为孙子前面论述的是"精兵"问题，这里的"取人"还是解释成选择高素质人才，更符合孙子的本意。兵不贵多而贵精，枪不在量而在质。

从反面来说，"夫惟无虑而易敌者，必擒于人。""无虑"，即缺心眼、少谋略、马马虎虎。"易敌"，即轻视敌人、麻痹大意。具有这种特征的人领兵打仗，人马再多，也必定一战而败，非被人活捉不可。

孙子正、反两方面的分析只是略举数端，并未全部展开。十三篇中"善用兵者"这几个字比比皆是。所以用好、用活现有的人马，远不止并力、料敌、取人三个要点，不善用兵也绝不止无虑和易敌两个问题，还有诸多方面的问题。孙子仅以最基本的要点和最常见的问题，提醒人们注意在各种复杂情况下“善用”军队。

我认为，这段话中最具有新意的还是“兵非多益”四个字。其中所蕴含的精兵思想具有穿越时空、跨越领域的巨大生命力。

从古至今，军队建设中的数量和质量一直是一对矛盾关系，兵少不足守卫，兵多不胜供养。当今世界，武器装备越来越昂贵、军队建设越来越烧钱，军队规模越大，国家财力越不堪重负。同时，军队规模越大，越容易形成“恐龙”躯体——中间大两头小，机构臃肿，效率低下。所以，军队每隔几年就必须进行一番精简。

中华人民共和国成立后，我军已进行10多次规模较大的裁军，其出发点都与孙子所说的“兵非多益”基本一致。第一次裁军是在1950年4月，中央决定将全军总员额由550万减至400万。但是由于抗美援朝战争爆发，精简工作未能继续进行，军队反而扩编，至1951年底，解放军总人数达到历史上最高的627万。虽然当时抗美援朝战争还没有完全结束，但朝鲜战场局势转入阵地防御阶段，国内大规模剿匪作战也取得了决定性胜利后，中央军委就决定将全军员额由627万减到400万人，这是第二次大裁军。接下来的第三、第四次裁军发生在50年代后期：1955年底减至320万，1958年底减至240万。在20世纪六七十年代，军队数量再次大幅度攀升，至1975年曾一度高达610万。为解决比例失调和部队臃肿问题，1975—1982年曾经有过三次裁军，至1982年底再次减少到400万。接下来的第八次裁军可以说是非常著名的，1984年11月1日，中央军委委员被召到北京开会，邓小平在会上提出裁军100万的设想，针对每个军区的领导班子有十几名，甚至二十名之多的臃肿状况，他幽默地说“打麻将都凑好几桌”。1985年6月4日，邓小平在军委扩大会议上，慢慢伸出了右手的食指，这根指头震惊了世界——中国人民解放军裁减员额100万。紧接着邓小平论述了百万大裁军和走中国特色精兵之路这一战略性转变的意义，甚至连美国《时代周刊》都选择邓小平作为1985年的年度封面人物。与裁军同步，陆航部队、电子对抗部队等新兵种以及预备役部队相继成立，陆军中技术兵种比例首次超过了步兵，人民军队迈出了由摩托化向机械化转型的关键一步。1997—1999 年第九次裁军又减员 50 万，2005 年第十次裁军再裁员 20 万，我国军队总规模降至 230 万。

10 年后，2015 年 9 月 3 日，整个世界都看到了那一幕，在纪念中国人民抗日战争暨世界反法西斯战争胜利 70 周年的大阅兵时，习近平主席庄严宣布，中国人民解放军将裁军 30 万，军队总规模保持在 200 万人左右。与此同时，我军开始推进史无前例的军事改革，军队实施结构性重组，这可以称得上是脱胎换骨性的改革。这次部队精简不只是数量规模上的加减，是为了更好地“并力、料敌、取人”而进行的重新组合。将原来的七大军区整合为五大战区、原来的独立兵种二炮上升为新的军种火箭军，组建了适应信息作战的战略支援部队。在领导指挥体系的改革上，我们构建了军委管总、战区主战、军种主建的模式，这是符合世界军事变革潮流的战略性举措。这次改革的重点是聚焦打仗。所以，在部队编成、人员设置等问题上都按打仗的要求设计。与打仗没有太直接关系的单位和人员可能就要裁减，院校、科研、医院、报社、文体等单位的很多干部可能要恋恋不舍地脱下军装。所以说，这次军改在某种程度上来说，无论是对整个解放军还是对每个军队干部，都是一次革命。

之所以说“兵非多益”的思想具有跨越领域的生命力，原因就在于政府、企业，甚至团队、部门的建设也离不开这个道理。在政府和企业建设中，有许多与军队相似的现象。每隔几年其规模就会逐渐扩大，领导层次越来越多，管理干部越来越多，机构的效能、效率越来越低。更糟糕的是，有些领导以为，人马越多越好。这其实是非常错误的观点。所以说，孙子“兵非多益，惟无武进，足以并力，料敌，取人而已”的思想值得各行各业的领导者高度重视并灵活运用。

077　带兵之道，文武相济 / 李广治军的致命弱点

【原文】

卒未亲附而罚之，则不服；不服则难用也。卒已亲附而罚不行，则不可用也。故令之以文，齐之以武，是谓必取。

【精解】

生活中，无论是大领导还是小领导，都希望自己带的队伍听招呼，叫干什么就干什么，不叫干什么就立刻不干什么。确实，这种令行禁止、团结一致的队伍很好带，带起来舒服、轻松。可是，这种状况绝非天然形成。一位做企业的朋友对我诉苦说，现在经营企业，事难做、人难管、队难带。估计这是普遍问题。我们不妨从孙子的治军带兵之道中借鉴一点智慧。孙子说："卒未亲附而罚之，则不服；不服则难用也。卒已亲附而罚不行，则不可用也。故令之以文，齐之以武，是谓必取。"

长期以来，人们对于西汉时期飞将军李广的结局看法不一。有人为李广打抱不平，有人说李广时运不济，也有人说李广的确性格方面有缺陷才导致他不受赏识，还从不同角度举出一些证据说明为什么"冯唐易老，李广难封"。李广成为悲剧英雄有多方面原因，其中很重要的一个原因恐怕与眼下学习的这条谋略有一定的关系。

孙子这段话有两层意思。首先，他揭示了带兵的一般规律："卒未亲附而罚之，则不服；不服则难用也。卒已亲附而罚不行，则不可用也。""亲附"，顾名思义，就是"亲近归附"。"用"就是士兵能够为将所用，即能够接受指挥。士卒还没有亲近归附时就惩罚他们，他们就很难与将领建立起感情，也就不会从心理上服从管理，不服就难以指挥。反之，如果士卒已经亲近归附，但是军纪得不到执行，那么将领也是无法指挥他们的。

其次，他针对这种规律提出带兵管理的基本办法："故令之以文，齐之以武，是谓必取。"这里的"文"指的是教化手段，包括爱护士卒、优

厚奖赏、培养教育等，相当于现在讲的关怀、激励和引导；“武”指的是法规军纪、严格管理、严刑重罚等，相当于现在讲的法规约束和惩处。孙子认为，在治军问题上，文、武二者不可偏废。“令之以文”是通过教化手段达到军令畅通的目的；“齐之以武”则是说通过法规约束的手段，使部队达到整齐划一的程度。只有平时这样治军管理，才能培养出官兵良好的习惯和作风，从而在战场上取得胜利。在汉简本中，“令之以文”的“令”字写成了“合之以交”，有人认为“合”与“齐”形成了对仗的关系，但是，“武经七书本”和“十一家注孙子本”都是“令之以文”。相比之下还是传世本的说法更符合治军的规律，也更符合孙子的本意，所以我们还是依照传世本作“令之以文”。

运用孙子这一带兵管理方法需要注意两个要点。一是带兵管理要以“文”为首。所谓“卒未亲附而罚之，则不服；不服则难用也”，也就是说要先用“文”的教化手段强化凝聚力、向心力，使士卒亲附。待士卒与将领一条心之后，再强化严格的军纪，尽量不要在士卒还没有亲附的时候就实施惩罚。二是带兵管理要文武兼施。孙子认识到“文”与“武”的辩证关系，“令之以文，齐之以武”，二者相辅相成、缺一不可。孙子在强调“文”的同时又指出，将领要管理好部队，必须做到恩威并重。在军队，“武”就是严格的纪律。将领只有把爱护战士与严格管理相结合，军队才能出战斗力。

飞将军李广无法封侯，是因为他跟随大将军卫青出征却由于迷路而没有完成作战任务，最后只好自杀。人们对这一悲剧性的结局深感同情和惋惜。其实，深究起来，李广治军不力也是导致他悲剧的重要原因。宋代司马光在《资治通鉴》中说：“治众而不用法，无不凶也。李广之将，使人人自便，以广之材如此焉，可也，然不可以为法。”“效李广，鲜不覆亡哉。”也就是说，李广治军不用法纪，这样是非常危险的，李广作为将军，手下的士兵都是随随便便的，目无法纪。李广治军是靠着艺高人胆大，但是这种作风并不值得效仿，否则就容易导致全军覆没。“人人自便”，是李广治军的致命弱点。如果在小的作战行动中还不能显现其会导致严重后果的话，那么在大的军事行动中，这种弱点就暴露无遗了。明代末年的进士、抗清战将黄淳耀对这一点的分析更为深刻：“以百骑御匈奴数千骑，射杀其将，解鞍纵卧，此固裨将之器也。若夫堂堂固阵，正正之旗，进如风雨，退如山岳，广岂足以乎此哉？”李广的个人武功和箭法是他人无法比拟的，凭着机勇过人或猛打猛冲打遭遇战或小规模战斗是可以的，但若打堂堂之阵的大战役，其部队的整体协调性，包括远程奔袭的能力，对平时就不注重严格纪律的部队来说，是难以达到的。导致李广的悲剧的原因尽管有很多，但他在治军上“人人自便”的做法，不能不说是一个重大失误。

李广不仅对士兵放任，对幕府文书的要求也极为简单。这样虽然方便了官兵个人，却使军队整体变得散漫。从考古出土文书中我们知道了西汉幕府文书的内容，其中军营日志记载得非常详细，要求记载每个士卒的姓名及相貌特征，每天有哪些人生病、生了什么病、用了什么药，哪个时间段谁替换了谁的岗位等一系列内容。文书可以说面面俱到，近乎一部监控录像。这样，无论出了什么事情都能具体到时间和个人。但是李广嫌这些文书麻烦，而不做记录，这样就直接导致了将领无法及时了解一些情况。我估计，他这位在草原上与匈奴打了一辈子仗的老将军之所以最后一仗竟然“失道”、迷失了方向，恐怕与部队的散漫、处事大大咧咧不无关系。

在中国的历史上，曾产生过令敌人闻风丧胆的“杨家将”“岳家军”“戚家军”。这些军队之所以在历史上曾经所向披靡、荣耀一时，无不是与其“令文齐武”的治军方式有关。南宋名将岳飞的治军实践就充分体现了孙子的这一思想。俗话说得好：“撼山易，撼岳家军难！”难在哪里？就是难在撼不动“岳家军”严明的军纪上。岳家军有着严格的训练体系与战斗纪律，对百姓秋毫无犯，对敌人则如虎狼一样凶猛。“冻死不拆屋，饿死不掳掠”，严明的军纪，是岳家军保持强大战斗力和维持良好军民关系的保证。

说起岳飞严于治军，还有一个看似不近人情的故事。

岳飞的亲生儿子岳云，小时候与祖母在沦陷区生活，直至 12 岁才被岳飞接回并编入自己部下张宪的部队中，当了一名普通的士兵。他平素吃、住、训练都与“岳家军”普通士兵在一起，从不因为是主帅之子就得到什么特殊待遇。岳云14岁时，身着重重的铠甲进行战前骑马训练，在一段短坡上进行爬山练习的时候，不小心从马上摔了下来，不仅自己摔伤，战马也受了点伤。如果是一般的父亲，看到自己的孩子从马上摔下来，那不知会紧张成什么样子，肯定会担心地询问孩子的状况，但是岳飞大为恼火，大声责问道：“前驱大敌，亦是如此吗?！你平日里是怎么练习的，怠惰如此，何以为军人！”他一怒之下，竟然大声喊道：“来人，把他拉下去，斩首！”宋代所遵循的军规《武经总要》中规定：临阵失马者，斩。众位将士赶紧为岳云求情：“元帅息怒，少官人平日训练严谨刻苦，并不曾有丝毫怠慢。今日，雨后泥泞未干，战马失足，并非是平时训练不精所致。请元帅开恩，收回成命！”岳飞见众将士纷纷求情，也觉得这次的惩罚有些过了火，但依然狠了狠心，“既然众将说情，免岳云一死。杖责一百，以示训诫”。这一百军棍下来，岳云被军士抬回了营房。岳飞治军之严可见一斑。

可以说，古往今来带兵管理的艺术性与科学性很重要的一点就体现在文武兼用上，这样治理出来的军队对内和睦、关系融洽，对外则勇猛杀敌、令行禁止。所以，吴起在《吴子兵法》的《治军篇》中说，带兵必须“总文武”“兼刚柔”。孙膑也在《孙膑兵法》中强调：“夫赏者所以喜众，令士忘死也。罚者所以正乱，令民畏上也。”显然，这些方法抓住了人性的特点，符合治军的规律，即使在现代条件下也仍然管用。不仅治理军队如此，治国安邦、管理团队也应如此，“令之以文，齐之以武”，领导者赏罚分明、恩威并施才能有法可依、有章可循，使得接受管理的人心服口服、令行禁止。

078 制度管理，令必素行 / 军人企业家成功的奥秘

【原文】

令素行以教其民，则民服；令素不行以教其民，则民不服。令素行者，与众相得也。

【精解】

近些年，人们注意到一个现象，那就是军人企业家创业成功率相对比较高，比如联想的柳传志、华为的任正非、万科的王石、万达的王健林，等等。不仅中国如此，美国也有这种现象。据美国商业年鉴统计："二战"以来，在世界 500 强企业中，西点军校出身的董事长有 1 000 多名，副董事长 2 000 多名，总裁和副总裁多达 5 000 多名。这些数据的准确性值得怀疑，但是一些商业巨头的军人经历是有据可查的。宝洁的前 CEO（首席执行官）罗伯特·麦克唐纳、可口可乐总裁罗伯特·伍德鲁夫、美国东方航空公司总裁法兰克·波曼等都出自西点军校。西点军校是培养初级军官的一所军事院校，与经营企业和商场竞争不沾一点儿边，为什么培养出这么多商界巨子，甚至被人们誉为"最好的商学院"？几年前，我和北大的几位教授专门研究过这个问题。他们成功的因素固然很多，但最为重要的一点是他们身上都有一种共同的特质。这种特质就是他们年轻的时候在军队长期教育训练中培养出来的三大特点：精准的执行力、严格的规范意识和超强的团队精神。这些特质，在他们的人生观、世界观、价值观形成阶段深深地扎下了根，形成了自觉意识，从而伴随、影响他们一生。无论走到哪里、无论干什么工作，这些特质都会支配着他们的思想和行动。"商场如战场""治产如治兵"。企业经营和商场竞争同样需要领导者具备这些特质，他们自觉或不自觉地把这些特质运用到企业经营和管理之中，当然也就有助于企业发展和竞争制胜。

请注意，这些特质并不是穿上军装马上就会拥有，而是在长期的教育训练过程中点点滴滴地积累起来的。孙子早就明确点出了这一关键要害。

孙子说："令素行以教其民，则民服；令素不行以教其民，则民不服。令素行者，与众相得也。"这段话中最为关键的，也最有新意是"素行"二字。一般人们喜欢说"有令必行""军令如山倒"之类强调坚决执行的话。这话没错。但是，孙子意识到坚决执行的意识、能力和习惯并非与生俱来，而是长期培养出来的。所以他在"行"字之前加了一个"素"。"素"就是向来、平时的意思。"令必素行"告诉人们一种非常有效的管理方法：将领只有既注重立规矩，平时又坚持按规矩办事，长期严格贯彻命令，管教士卒，士卒才会服从管理；相反，只知道立规矩，平时又不按规矩办事，不严格贯彻命令，放任士卒，士卒不服从管理，这就等于无规矩可遵循，法令也就没有震慑人心的权威性。孙子认为，只有立了规矩又按规矩办事，下达命令又始终贯彻执行的人，才能真正赢得士卒的真心拥戴。如果用现在的话讲，"与众相得"就是官兵心心相印、团结如一。简而言之，治军必须教养一致。将领平时严格管理，部队才能养成良好的作风，官兵才能形成干大事的三种特质。否则，有章不行、有制不遵，朝令夕改、因人而异，在管理上很难见效。

汉文帝后元六年（前 158 年），匈奴大规模进犯边境。朝廷委派宗正官刘礼驻军于霸上；派祝兹侯徐厉驻军于棘门；而周亚夫奉命驻守细柳，担负防御匈奴的任务。

有一天，汉文帝亲自去慰劳军队，到了刘礼和徐厉驻守的霸上、棘门的军营，刘礼和徐厉远远地跑去迎接，还全程骑马陪同。汉文帝所到之处，如入无人之境，长驱直入，好不威风。紧接着，汉文帝又来到周亚夫的细柳军营视察，还没到军营大门，远远地就被拦了下来。皇帝车队的先行卫队长怒斥道："皇上即将驾到，还不快快迎接？"守卫的士兵说："将军有令，'军中只听从将军的命令，不听从天子的诏令。'"皇上只好派了使者，拿着天子的符节进入军营通告周亚夫："皇上要进营慰问军队。"周亚夫这才传令打开大门，汉文帝被迎入军营。汉文帝所乘御车车夫正想快马加鞭，守卫营门的士兵对跟从的武官大声说："将军规定，军营中不准纵马奔驰。"于是，汉文帝只好叫车夫放松了缰绳，让人牵着马的缰绳徐徐行进。到了大营，将军周亚夫手持着兵器行拱手礼，说："我是盔甲在身的将士，不能跪拜，请允许我以军礼参见。"汉文帝是何等聪明之人，他沿途看到周亚夫的细柳军营中，官兵都披戴盔甲，兵器锐利，训练的士兵士气高涨，喊声震天，现在见到周亚夫也是一副枕戈待旦，随时准备迎战的样子。他动容地俯身靠在车前横木上表示敬意，并派人致意说："皇帝敬重地慰劳将军。"

待出了细柳军营，随行的一些大臣纷纷表示不平，说："这周亚夫倚老卖老，太不把皇帝放在眼里了。"文帝却说："这才是真正的将军呀！刚才在霸上、棘门的军营，简直就像儿戏一样，那里的将军如果被敌人偷袭就会成为俘虏的。至于周亚夫，敌人岂敢侵犯？"周亚夫军细柳从此成为一段治军佳话，"细柳"一词也成为后人诗文中形容军纪森严、军备严整的典故。

故事之中一再出现门卫口口声声"将军有令"的说法。军令如此深入人心、精准执行，可想而知，这种将军令不是偶尔说说而已，而是"素行"的结果。

周亚夫已经作古 2 000 多年，然而，他那种有法必依、执法必严的精神却依然那么鲜活，特别是他在君王面前仍然坚持按法令法规办事的作风，更是值得我们学习。现实中，作风过硬的部队往往人才层出不穷。无论干部还是战士，一个好的战斗集体能够为他们的成功提供一个好的平台，而对管理不善的部队来说，这种平台是不存在的。因此，"令必素行"是一个有持续性的管理模式，它的成果必然在战场上体现出来。

回到前面说到的军人企业家的成功之道，其中很重要的一条也是他们在经营管理过程中坚持"令必素行"。

第十篇

《地形篇》——有什么地形打什么仗

[篇题解析]

孙子对于战争中地理信息的运用十分重视，在13篇中，与地理直接相关的有3篇：《行军篇》《地形篇》《九地篇》。《行军篇》讲的是军队在机动过程中，行军开进、安营扎寨时要注意几种特殊地形。《地形篇》则讲的是在军队力量展开阶段，即在战场布势阶段，在敌我双方对比角度，要注意的地理形势。《九地篇》则是从更高层面，即今天我们所说的战略地理的高度分析各种地理环境。因此，《地形篇》承《行军篇》所述行军地理思想，启《九地篇》所述战略地理思想，专论作战地理，并延伸至作战中出现的混乱情况和在日常训练管理中应注意的问题，起到一个承上启下的作用。从一般地形条件扩展到地缘政治，孙子对地形的军事价值进行了层层递进的挖掘。

本篇论述的思路是：作战首先要利用地形，确保胜利；虽然可以利用地形取胜，但胜败的关键还是官兵素质，尤其是将帅的思想境界高度和依据战争规律的灵活指挥，对于胜利更为重要；将帅治军管理要恩威并施，才能练就共赴患难、同生共死的军队；最后他得出结论，要知彼知己、知天知地，才能确保胜利。

【正文注释】

孙子曰：地形有通①者，有挂②者，有支③者，有隘④者，有险⑤者，有远⑥者。我可以往，彼可以来，曰通。通形者，先居高阳⑦，利粮道⑧，以战

① 通：通达，指四通八达的地区。《易·系辞》："往来无穷谓之通。"梅尧臣注："道路交达。"

② 挂：悬挂、牵碍。《仪礼·少牢·馈食礼》："挂于季指。"郑玄注："挂，悬也。"此指前平后险、易入难出的地形。

③ 支：支撑、支持。《左传·定公元年》："天之所坏，不可支也。"杜预注："支，持也。"指敌对双方皆可据险对峙，不易于发动进攻的地区。梅尧臣注"相持之地"，其说义近。

④ 隘：狭窄、险要之地。梅尧臣注："两山通谷之间。"此处谓两山峡谷之间的地带。

⑤ 险：险要、险恶。指山川险要、行动不便利的地带。

⑥ 远：《庄子·天道》："吾固不辞远道而来愿见。"这里指敌我双方距离较远。

⑦ 先居高阳：杜牧注云："通者，四战之地，须先据高阳之处，勿使敌人先得而我后至也。"此言应率先占据地高向阳的地形，取得主动权。

⑧ 利粮道：贾林注："通粮道，便易转运。"杜佑注："无使敌绝己粮道也。"此言保持粮道畅通。

则利。可以往，难以返，曰挂。挂形者，敌无备，出而胜之；敌有备，出而不胜，难以返，不利。我出而不利，彼出而不利[①]，曰支。支形者，敌虽利我[②]，我无出也，引而去之[③]，令敌半出而击之[④]，利。隘形者，我先居之，必盈之以待敌[⑤]；若敌先居之，盈而勿从，不盈而从之[⑥]。险形者，我先居之，必居高阳以待敌[⑦]；若敌先居之，引而去之，勿从也。远形者，势均[⑧]，难以挑战[⑨]，战而不利。凡此六者，地之道也[⑩]，将之至任[⑪]，不可不察也。

故兵有走[⑫]者，有弛[⑬]者，有陷[⑭]者，有崩[⑮]者，有乱[⑯]者，有北[⑰]者。凡此六者，非天之灾，将之过也。夫势均，以一击十，曰走。卒强吏弱，

---

① 彼出而不利：而，也、亦。意谓敌人出击也不利。

② 敌虽利我：利，利诱。杜牧注："佯背我去。"此言敌人以利诱我。

③ 引而去之：引，去，离开。此言引兵伪装退去。

④ 令敌半出而击之：令，使。张预注："敌若来追，伺其半出，行列未定，锐卒攻之，必获利焉。"其说甚是。

⑤ 必盈之以待敌：盈，满也，此乃充足之意。杜佑注："以兵阵满隘形，欲使敌不得进退也。"此句言一定要用足够的兵力堵塞隘口，以对付敌军来犯。

⑥ 盈而勿从，不盈而从之：从，顺随。张预注曰："敌若先居此地，盈塞隘口而陈者，不可从也。若虽守隘口，俱不齐满者，入而从之，与敌共此险阻之利。"全句意思是在隘口作战，敌若先占领，并用重兵堵塞隘口，我不可随顺敌意去攻；如敌尚未全部占领隘口，则应全力进攻，与敌争险阻之利。

⑦ 必居高阳以待敌：曹操注曰："地形险隘，尤不可致于人。"此句谓在险阻之地，我当抢先占据地高向阳之处，争取主动，以待敌军。

⑧ 势均：张预注谓"兵势"相均，杜佑谓"地势"相均，于义皆通。

⑨ 难以挑战：挑战，挑动敌人出战。曹操注："挑战者，延敌也。"全句谓因地远势均，不宜先求战。

⑩ 地之道也：道，原则、规律。指上述六者乃将帅指挥作战时利用地形之原则。

⑪ 将之至任：至，最、极也。指将帅应负的重大责任。

⑫ 走：小跑、奔。此指败逃。

⑬ 弛：松懈、涣散。曹操注："吏不能统，故弛坏。"这里指将帅懦弱无能，士卒军纪涣散。

⑭ 陷：曹操注："吏强欲进，卒弱辄陷，败也。"此言将吏虽强，然士卒战斗力弱，与敌作战则将吏孤身奋战，力不能支，故败。

⑮ 崩：溃败。此言主将不知其裨佐部将的能力，遇战则溃败。

⑯ 乱：混乱，没有秩序。

⑰ 北：败走。

曰弛。吏强卒弱，曰陷。大吏[①]怒而不服，遇敌怼而自战[②]，将不知其能，曰崩。将弱不严，教道不明，吏卒无常，陈兵纵横[③]，曰乱。将不能料敌[④]，以少合众，以弱击强，兵无选锋[⑤]，曰北。凡此六者，败之道也；将之至任，不可不察也。

夫地形者，兵之助也[⑥]。料敌制胜，计险易远近，上将之道也。知此而用战者必胜，不知此而用战者必败[⑦]。故战道[⑧]必胜，主曰无战，必战可也[⑨]；战道不胜，主曰必战，无战可也。故进不求名，退不避罪，唯人是保[⑩]，而利合于主[⑪]，国之宝也。

视卒如婴儿，故可与之赴深溪；视卒如爱子，故可与之俱死[⑫]。厚而不能使[⑬]，爱而不能令[⑭]，乱而不能治[⑮]，譬若骄子，不可用也。

知吾卒之可以击，而不知敌之不可击，胜之半也；知敌之可击，而不知吾卒之不可以击，胜之半也；知敌之可击，知吾卒之可以击，而不知地

---

① 大吏：曹操注："大吏，小将也。"

② 遇敌怼而自战：怼，怨恨。此句言军中将吏恚怒而不听主将之令，遇敌便战，致使军队溃败。

③ 陈兵纵横：杜牧注："引兵出陈，或纵或横，皆自乱之也。"此言布兵列阵杂乱无次。

④ 料敌：分析、观察敌情。

⑤ 选锋：精选出来的精锐的前锋分队。《尉缭子·战威》："武士不选，则众不强。"战国之时，齐之技击，魏之武卒，秦之锐士，皆其军之选锋也。

⑥ 兵之助也：此谓用兵作战的辅助条件。

⑦ 知此而用战者必胜，不知此而用战者必败：梅尧臣注云："将知地形，又知军政，则胜；不知，则败。"张预注："既知敌情，又知地利，以战则胜；俱不知之，以战即败。"其义颇精。

⑧ 战道：指战争的指导规律。战道必胜，意谓依据战争规律，就必然能取胜。

⑨ 必战可也：此言可径出兵战之，无须依从君命。

⑩ 唯人是保：意谓只求保全百姓。

⑪ 利合于主：符合君主的根本利益。

⑫ 视卒如婴儿，故可与之赴深溪；视卒如爱子，故可与之俱死：全句言爱护体恤士卒，以使之同生死，共患难。

⑬ 厚而不能使：厚，厚待、厚养。此句言只知厚待而不能使用。

⑭ 爱而不能令：令，使令、教育。梅尧臣注曰："爱宠而不教。"此句谓只知溺爱而不重教育。

⑮ 乱而不能治：治，治理、惩处。此处意谓士卒行为不守法令，不能严加管束。

形之不可以战，胜之半也。故知兵者，动而不迷[①]，举而不穷[②]。故曰：知彼知己，胜乃不殆；知天知地，胜乃可全[③]。

【白话译文】

孙子说：地形有“通形”“挂形”“支形”“隘形”“险形”“远形”6种。我军可以去、敌军可以来的地形叫作“通形”。在“通形”地域上作战，军队应先占领视界开阔的高地，保持粮道通畅，这样就十分有利。可以前进、难以返回的地域叫作“挂形”。在“挂形”地域上作战，如果敌人没有防备，就可以突然出击并战胜它；如果敌人有所防备，出击不能取胜，又难以返回，这就很不利了。我军出击不利，敌军出击也不利，这种地域叫“支形”。在“支形”地域上，敌人即使以小利诱我，也不要出击，而应首先率军假装败走，诱使敌人出来一半时再回兵攻击，这样就有利。在“隘形”地域上作战，我们应先敌一步占领并封锁隘口，伺机歼敌。如果敌人先占领隘口，并用重兵据守，我军就不要去打；如果敌人没有封锁隘口，则可以进攻。在“险形”地域上作战，如果我军先占据险地，必须控制视界开阔的高地，以等待敌人来犯；如果敌人先占据险地，我军就应引兵撤退，不要仰攻敌人。在“远形”地域上作战，双方地势均等时，我方不宜挑战，勉强求战，必然不利。以上6个方面，是利用地形的原则，掌握这些原则是将帅的重要责任所在，我们不能不认真地加以研究。

军事上有“走”“弛”“陷”“崩”“乱”“北”等6种必败情况，这6种情况，不是天时、地理的灾害所致，而是将帅的过错造成的。凡是地势均同而以一击十导致败逃的，叫作“走”。士卒强悍，军官懦弱，指挥必然松弛，叫作“弛”。军官强悍，士卒懦弱的，战斗力一定差，叫作“陷”。部将怨怒而不服从指挥，遇到敌人擅自率军交战，主将又不了解他们的能力因而加以抑制，必然如山崩散，叫作“崩”。将帅懦弱又无威严，

① 动而不迷：迷，迷惑。行动果断，毫不迷茫。

② 举而不穷：举，动也。穷，困窘、困厄。举措随机应变，是无穷无尽的。

③ 胜乃可全：全，全胜。言能取得完全的胜利。

治军没有章法，官兵关系紧张混乱，陈兵布阵杂乱无章，必然自己搞乱自己，叫作“乱”。将帅不能正确判断敌情，以少击众，以弱击强，又没有尖刀分队，叫作“北”。以上6种情况，都是导致失败的原因，将帅要负重大责任，我们不能不认真地加以研究。

地形是用兵的辅助条件。判断敌情，制订作战计划，考察地形远近、险易，这些是高明的将领必须掌握的方法。用这些道理去指挥作战的将领，必然胜利，不懂得这些道理还指挥作战的，必然失败。按照战争规律分析，必然会胜利的战争，即使国君说不打，将帅也可以坚持打；按照战争规律分析，没有胜利条件的战争，即使国君说一定要打，也可以不去打。作为将领，应该进不企求战胜的名声，退不逃避战败的罪责，只知道保护民众且有利于国君。这样的将帅才是国家的栋梁。

将领对待士卒像对待婴儿一样，士卒就可以跟随他共赴患难；对待士卒像对待爱子一样，士卒就可以跟随他同生共死。对士卒厚养而不使用，溺爱而不教育，违法而不惩治，那士卒就如同娇惯的儿子，是不能用来打仗的。

将领知道自己的部队能打，而不了解敌人不可以打，胜利的可能只有一半。将领了解敌人可以打，而不解自己的部队不能打，胜利的可能也只有一半。将领了解敌人可打，也了解自己的部队能打，但不知道地形不利于作战的，胜利的可能也只有一半。所以懂得用兵的人，他的军队行动决不盲目，他的对敌之策变化无穷。所以说，如果将领了解敌人，了解自己，争取胜利就不会有危险；掌握天时，掌握地利，胜利就会不可穷尽。

079 地有六形，趋利避害 / 岳飞攻打襄阳非对称作战

【原文】

孙子曰：地形有通者，有挂者，有支者，有隘者，有险者，有远者。我可以往，彼可以来，曰通。通形者，先居高阳，利粮道，以战则利。可以往，难以返，曰挂。挂形者，敌无备，出而胜之；敌若有备，出而不胜，难以返，不利。我出而不利，彼出而不利，曰支。支形者，敌虽利我，我无出也，引而去之，令敌半出而击之，利。隘形者，我先居之，必盈之以待敌；若敌先居之，盈而勿从，不盈而从之。险形者，我先居之，必居高阳以待敌；若敌先居之，引而去之，勿从也。远形者，势均，难以挑战，战而不利。凡此六者，地之道也。将之至任，不可不察也。

【精解】

大家知道开国大将粟裕是打仗高手，但他的爱好未必为众人所知，粟裕将军最大的爱好就是——看地图。战争期间，他的大部分时间是在地图前思考。每到一个宿营地，粟裕就会把当地的军用地图钉在墙上。他就在地图前边看边沉思，有时甚至连续看上几天几夜。粟裕不仅看地图，还背地图。凡是山川道路，村镇桥梁，针叶林、阔叶林、水稻田、高苗地等，他都熟记于心。每到一个宿营地，粟裕都要求部队绘制详细的地图上交，甚至细致到瓦屋草房、河沟池塘，还要求参谋处给各连文书讲授简易标图知识。他对于地图上每一个细微的偏差和实地变化都不放过。有人问粟裕，这地图有什么奥秘啊？粟裕回答："奥妙无穷啊！熟悉地图、熟悉地形，是军事指挥员的基本功。不谙地图，无以为宿将。"1946 年 6 月苏中战役中，粟裕之所以能够在敌人重兵集群合围之中七战七捷，恐怕与他熟悉地形不无关系。

孙子是中国古代的军事地理专家。《孙子兵法》中有多篇论及军事地形，有的指战略层面的地形，类似地缘政治，有的指战术层面的地形，类似军事地理。其中专门论述战术地形及其在战斗中的地位和作用的就是

《地形篇》。

在《地形篇》开篇，孙子列举了6种常见地形，“地形有通者，有挂者，有支者，有隘者，有险者，有远者”。然后，他又分析了这6种地形的具体特点及相应的战法。

第一种地形是“通形”，“我可以往，彼可以来，曰通”，也就是敌我双方都往来通达便利的地形。遇到这样谁也挡不住谁的通形，正确的办法是：“通形者，先居高阳，利粮道，以战则利。”也就是说谁先占据视野开阔的高地，占据阳面，保障粮道畅通，谁就在作战中获得优势。

第二种地形是“挂形”，是“可以往，难以返”的地形，遇到挂形，“敌无备，出而胜之；敌若有备，出而不胜，难以返，不利”。这就是说，如果我方在可以前进、难以返回的地形，要看敌人有没有防备，如果没有防备，出兵突然袭击就容易取得胜利；如果敌人已经有防备，我方攻击不能得手，又退不得，就非常不利了。

第三种地形是“支形”，顾名思义，就是敌我双方僵持于某地，支在那里了，先动者处于不利地位。遇到支形，“敌虽利我，我无出也，引而去之，令敌半出而击之，利”。这是什么意思呢，就是敌人虽然利诱我方，但我方不要出击。我方率军伪装退去，引诱敌人出击，并在敌人出击一半的时候出伏兵攻击，这样才有利。

第四种地形是“隘形”，就是“狭隘之处”，曹操讲“隘形者，两山之间通谷也”，也就是两边有陡峭高山的中间山谷之地。遇到这样的地形，“我先居之，必盈之以待敌；若敌先居之，盈而勿从，不盈而从之”。如果我先占领，必须要兵力部署完备，如果敌先占领，敌方兵力部署完备，我方就不要攻进去；敌方兵力部署不周，那就攻进去。这里面的“盈”是“充盈”的意思，就是兵力部署完备，尤其是以重兵把守隘口。像前面讲的“背水一战”中韩信通过的井陉口就是隘形，但是赵军没有派兵守住，这样就把韩信给放出去了。

第五种地形是“险形”，就是险要之地，易守难攻，敌与我谁先到谁得利，“我先居之，必居高阳以待敌；若敌先居之，引而去之，勿从也”。

也就是说，我方如先占领险地，就要占领高处阳面等敌人来，但是如果敌人先占领，我方就最好不要打了，应迅速撤离。

最后，孙子提到的第6种地形是“远形”，就是指敌我相距较远。如果距离远，兵力相当，也就是势均力敌，那么我方不宜主动挑战出击，否则敌方是以逸待劳，对我方不利。

通过对敌我双方在以上6种地形的分析，孙子总结道：“凡此六者，地之道也。将之至任，不可不察也。”“地之道”可以理解为“地利之道”，即利用地形的方法。孙子强调，将领指挥打仗最重要的责任就在于要掌握好“地之道”，认真考察战场地形特点，用好、用活各种地形。

值得注意的是，孙子在分析6种地形的同时，逐一提出不同的应对方法，而且从敌对双方假设情况的变化，强调根据变化了的情况灵活应对。虽然各种地形上的方法各不相同，但其中蕴含的思想是一致的。那就是准确考察地形特点和敌方的状态，根据不同特点和敌方状态，因地制宜、动态应变。

当年，岳飞攻襄阳之战就是因活用了这一思想而取胜的。

南宋的绍兴四年（公元1134年），岳飞受命率3万大军去收复被金人控制的傀儡政权伪齐。当时伪齐占据襄阳、邓州等六郡，襄阳是这六郡中的重中之重。因此，攻打襄阳意义非凡。然而襄阳的位置非常特殊，襄阳位于湖北西北部，汉江中游平原腹地，因地处襄水之阳而得名。它既有江河作为屏障，可以据险而守，又有平原，利于军队的大规模厮杀和灵活调动。这些是襄阳地形上对于守军的有利之处。因此，如果伪齐军队将大规模骑兵驻扎在平原上，将步兵防守在江边的话，那么岳家军就很难找到攻击的有效方法了。

然而，当时伪齐将领李成率10万守军驻守襄阳，他倚仗自己军队人数数倍于岳飞的，将骑兵部署在江边，令步兵驻守于平原旷野之上。如果到过襄水江边就会知道，江边道路崎岖、乱石林立，根本不利于骑兵的快速调动和机动出击。步兵驻扎在平原，也无法应付骑兵的快速出击。岳飞在观察敌阵后，找到了敌部署的破绽：步兵利险阻，骑兵利旷野，贼将不知地利而如此布阵，即使拥兵 10 万，亦难有作为。经过深思，岳飞想出了一个破城之计。他命部将王贵率领步兵，用长矛攻击敌骑兵，命部将牛皋用骑兵攻击敌步兵。

战斗进行得紧张且激烈。王贵率领的步兵冲入敌人的骑兵之中，用长枪直刺敌战马的腹部，江边地域狭窄，无处躲避，战马纷纷倒地。而且由于江边道路坎坷，不利于战马的奔跑，因此在前面的战马倒地后，后面的战马也乱作一团，纷纷跌倒，有的还被迫跳入江中。这样，李成的骑兵很快就被击溃了。与此同时，由牛皋率领的骑兵也以势不可挡的速度冲向敌步兵阵营。由于在平原作战，骑兵可以发挥自己的速度优势来克制步兵。骑兵在发起一次冲锋之后，能迅速移动再次组织起来发起新的冲击。这样，在一次次轮番冲击下，李成的步兵团土崩瓦解。岳飞取得襄阳一战的胜利，随即，又乘胜收复了邓州等 5 个郡，为以后反攻中原创造了有利条件。岳飞之所以取得胜利，关键在于他能够根据具体地形情况做出正确的军事部署，巧用地形，发挥己方优势，限制和克制敌军，做到以己之长，攻敌所短。伪齐将领李成，则因为不善于运用地形，反而将有利的形势转变为不利于己的形势。

现代战争的战场已经从陆地扩展到海洋、天空和太空，远远超越孙子所说的“六形”，但是地利之道、因地制宜思想中“活的灵魂”仍然富有参考价值。

甚至，这种“活的灵魂”在企业经营、商场竞争、为人处世等领域也都可以加以借鉴和灵活运用。任何人，做任何事情，必定在特定的客观环境中进行，不顾客观环境和条件，我行我素，恐怕难免遭遇种种阻碍和损害。我们要学会考察客观环境、适应客观环境和利用客观环境，因地制宜，而且还要“因人而宜”，也就是根据对手在同一客观环境中采取的办法而灵活应变。

080 兵有六败，将之六过 / 金门战役检讨

【原文】

故兵有走者，有弛者，有陷者，有崩者，有乱者，有北者。凡此六者，非天之灾，将之过也。夫势均，以一击十，曰走。卒强吏弱，曰弛。吏强卒弱，曰陷。大吏怒而不服，遇敌怼而自战，将不知其能，曰崩。将弱不严，教道不明，吏卒无常，陈兵纵横，曰乱。将不能料敌，以少合众，以弱击强，兵无选锋，曰北。凡此六者，败之道也；将之至任，不可不察也。

【精解】

有朋友曾经问我：既然《孙子兵法》后 6 篇大多是讲在各种地形上排兵布阵、行军作战的具体方法，思想价值没有前 7 篇那么大，孙子何不见好就收，写到第七八篇就收笔？

其实，其思想价值大还是小，不同时代有不同的衡量标准。我们今天已经处于信息时代，战争形态、作战方式与孙子所处的冷兵器时代的不可同日而语，当然不太适合搬用孙子所说的某些具体战法。但是，对于主要在陆地摆开阵形、挥舞长矛大刀作战的冷兵器战争时期，《孙子兵法》不仅有很高的思想价值，而且还有很强的应用价值。他讲的“九地之变”“地有六形”“地之道也”，完全就是韩信、曹操、岳飞等将帅的教科书和作战手册。

自古以来，战争都在一定的客观环境中展开，而不是在纸上进行。因此，高明的军事家绝不会纸上谈兵，必定是实地论兵。孙子不仅注重总结一般性的战争规律，探索常规性的谋略思路，而且非常注重实际战场的状况，根据高山、平原、湖泊、沼泽等各种自然条件，分析具体的战法。尤其可贵的是，孙子不只是简单研究战场各种客观条件，相比之下，他更加重视分析运用“三才”思想分析人的能动性，强调根据客观条件灵活用计、用谋。

“三才者，天地人”，这句话反映出来的是中国人独有的一种世界观。它是把整个世界或者说整个生存空间概括成了一个主要由天、地、人三个部分构成的、一个不断变化发展的活的系统。根据这个思想，孙子认为，战争就是由天、地、人组成的舞台，所以他始终重视立体地、动态地、综合地分析战争规律及战争法则。比如,《计篇》中强调要从“道天地将法”5个方面分析敌对双方的情况，这就是“三才”思想的体现。其中，道、将、法都讲的是人的因素，三者之中，人为大。《地形篇》更为典型，孙子不仅要求“知彼知己，胜乃不殆”，而且还强调要“知天知地，胜乃可全”。这些观点意在告诉人们，在敌对双方共享的天时地利的舞台上，成王还是败寇，演唱喜剧还是悲剧，很大程度上取决于人的能动性因素，也就是人运用天时地利能力的高低。所以,《地形篇》中分析了“地有六形”之后，孙子紧接着就提出“兵有六败”的问题。而这 6 种败象并非天灾因素，而是人的主观因素，具体来说就是将帅的种种失误导致的。所以，也可以称为“将之六过”。

孙子说：“故兵有走者，有弛者，有陷者，有崩者，有乱者，有北者。凡此六者，非天之灾，将之过也。”其中“走”“弛”“陷”“崩”“乱”“北”6个字，指的就是 6 种失败的表现。而这 6 种表现的背后隐藏着各种原因。孙子紧接着简明扼要地逐一分析。

第一个“走”，不是指一般的走路，而是小跑，甚至奔跑、一路逃跑。孙子分析说：“势均，以一击十，曰走。”值得注意的是“势均”两字，在这里主要指的是战场地理形势对敌我双方来讲差异不大，双方所拥有的天时地利是均等的，仍然以一击十，那我方就必然会一战而逃。显然，其原因在于将领不善于利用地形条件，平分兵力。

第二、第三种失败现象，则是将领带兵无方造成的。先看第二种失败现象：“卒强吏弱，曰弛。”即如果士兵强悍，但军官懦弱，指挥必然不得力。孙子用了一个很形象的名词——“弛”，说明军队就像弓箭没有拉满一样无法形成有效打击。再看第三种失败现象：“吏强卒弱，曰陷。”即如果军官强悍，士兵懦弱，战斗力必然不足。孙子也用了一个词——“陷”，说明军队就像猛虎陷入泥潭一样有劲儿使不出来。显然，这都属于带兵无方的表现。

第四、第五种失败现象则是管理不善造成的。第四种失败现象：“大吏怒而不服，遇敌怼而自战，将不知其能，曰崩。”“大吏”指的是谁呢？一般来说指的是偏裨将校，即中下级军官。“怼”是心生怨愤之意。如果中下级军官不服从主将指挥，遇到敌人擅自出战，主将又不了解他们的能力，这指挥链如多米诺骨牌一样会崩溃。第五种失败现象：“将弱不严，教道不明，吏卒无常，陈兵纵横，曰乱。”即将帅懦弱且管理不严，治军规章制度不清晰，官兵关系混乱，排兵布阵杂乱无章，必然自己搞乱自己。

最后一种失败现象最为严重：“将不能料敌，以少合众，以弱击强，兵无选锋，曰北。”这里的“选锋”指的是“突击分队”，是“尖刀分队”。“北”，根据字形就是两人相背。在打仗中，失败一方调转方向背对敌人逃跑，后就以“北”来表示“失败”“逃跑”的意思。如果将帅不能正确判断敌情，以寡击众、以弱击强，作战又没有突击力量，必然会造成失败。显然，失败原因就在于将领既不懂用兵之法，又不懂治军之道。

孙子归结了一句话：“凡此六者，非天之灾，将之过也。”这句话清楚地说明，导致这些失败现象的原因不是天灾，而全是将领的过错。综合观察古今中外战争史，你会发现孙子这句话真是一语中的，指出了作战失败的关键原因。

我军战史上，胜多败少，但是这支军队在成长、发展、壮大的过程中也曾经经历过多次败仗。其中，金门之战就是损失相当惨重的一次败仗。过去因为种种原因，一般人不敢触及这个伤疤。近几年来随着一些资料的公开，以及面临的战争威胁越来越大，军界非常重视研究其教训，以警示当代军人。国防大学近 10 年就一直开设金门之战案例研究课程。

金门之战于 1949 年 10 月 24 日晚打响，我军第一梯队由三个团组成，乘 200 多艘木船于午夜出发，下半夜在金门岛登陆。由于我军登陆时海水已经开始退潮，渡海船只很快全部搁浅因此无法返航，它们被敌军炮火全部炸毁，致使我军后续部队无法增援。我方登岛部队在金门岛上与7倍于我之敌作战，力量对比悬殊，加之地形不利，孤立无援，浴血奋战至28日下午，三个团近9 000人全军覆没，大部分壮烈牺牲，少量被俘。

对于此战，时任第三野战军第十兵团司令员叶飞审定的兵团战史中对战役经过和失败原因进行了分析和总结，而且又广泛征求过当时参战指挥员的意见，因而其总结是深刻全面的。第十兵团战史中指出，金门之战失利是由于领导者在战役和战术指挥上犯了急躁轻敌的错误。

首先，在领导思想上，对敌人不惜以重大代价固守金门地区、掩护台湾地区设防的战略企图认识不足，同时对敌我力量对比做了片面和错误的估计，以致并不掌握胡琏第十二兵团增援金门的信息，以数量上十分劣势的兵力，在缺乏后援保障的情况下，攻击7倍于我的敌人。

其次，急躁轻敌也表现在我方没有充分的准备上，特别是船只准备不足就冒险发起攻击的做法十分草率。厦门战斗结束后，兵团曾三令五申要各军将作战运输船只全部移交28军，以备攻打金门之用，但大部分都没有坚决执行。事后调查，如果船只全部集中，可以运载5个团的兵力，当时却只集中了运载3个团的船只，实际作战时各团还分别留有一两个连队没有装载。准备增援的二梯队则完全依赖于返回船只登陆，登陆船只受潮汐影响搁浅后全部被炸毁，二梯队则根本无船可乘。

第三，急躁轻敌还表现在我方对渡海登岛作战的特点和困难认识不足，尤其是对敌情、海情和岛屿地形缺乏周密细致的调查和研究，忽视了地形、地质、水文、气象等因素，在各种信息不明的情况下，贸然出击。

由于兵力不足、地形不利，我方登岛部队苦战三天，金门岛既无回旋纵深，又无藏身之处，致使我方登岛部队的大部分战士在弹尽粮绝后壮烈牺牲。

金门之战的失败，应该说就是“将之过也”，教训十分深刻，当代中国军人应当深以为鉴。

值得注意的是，孙子所说的“兵有六败”和“将之六过”，并非个别现象，也并非军队独有，生活中各个领域都有类似的现象和类似的过错。怎么当好领导？怎样管好团队？不妨用“兵之六败”分析一下自己的团队，看有没有这些现象。“没有不会打仗的兵，只有不会领兵的将领。”如果有类似的不良现象，那就得从自身找原因，看自己是否存在“将之六过”之类的毛病。

081 遵循战道，机断指挥 / 朱可夫为何怒怼斯大林

【原文】

夫地形者，兵之助也。料敌制胜，计险易远近，上将之道也。知此而用战者必胜，不知此而用战者必败。故战道必胜，主曰无战，必战可也；战道不胜，主曰必战，无战可也。

【精解】

孙子在分析“兵有六败”和“将之六过”之后，从总体上提出了一种避免“将之六过”的办法。他说：“夫地形者，兵之助也。料敌制胜，计险易远近，上将之道也。”他首先以肯定的语气指出，地形等自然条件是战争制胜的重要辅助条件。孙子强调，在战争中，正确的做法有两个要点：一是“料敌制胜”，也就是正确判断敌情，定下制胜的计策；二是“计险易远近”，即考察地形险易、计算道路远近。《十一家注孙子》等版本为“计险阨、远近”，但是《计篇》中讲道：“地者，高下、远近、险易、广狭、死生也。”本篇讲的也是“地”的问题，应该与前面的表述一致，这里应该还是“险易”更合适。

综合观察古今中外的战场搏杀，胜者往往都遵循了这两个要点。因为，只有将领准确了解敌情，才能正确决策和指挥，只有清楚地计算战场地形的险易和道路的远近，才知道怎样更好地利用地形，更周密地完善作战计划，或者更精确地根据地形条件灵活指挥。孙子将这一办法推崇至极，认为是“上将之道”。注意，这不是一般的将道，而是上将之道。这里的“上将”不是指职务等级的上将，而是指能力水平上的上等将领、优秀将领。

唯恐人们重视不够，孙子补充强调一句：“知此而用战者必胜，不知此而用战者必败。”“此”即“上将之道”。特别值得注意的是，孙子连用两个“必”字。也就是说，将领知道“料敌制胜，计险易远近”的方法，并用于作战，必然能够避免“兵之六败”，从而赢得作战的胜利；反之，

不知道这种“上将之道”而盲目指挥作战，必然导致“兵之六败”。

大道至简，知易行难。所谓“上将之道”原来不过是知敌和知地，似乎并不复杂。然而在生活中，往往越是简单的道理越容易被忽略，越是容易的事情越难于做好。而做到“上将之道”难上加难。因为这不仅是将领知不知道的问题，更重要的是能不能做到。再优秀的将领除了受自身心理认知和战场客观条件的制约之外，还必须听命于国君。纵然心中对敌情地形了如指掌，能不能根据客观情况灵活指挥却不能完全取决于自己，还必须取决于国君的意志。对于《九变篇》中“君命有所不受”的观点，有的人把它当作不听领导招呼的挡箭牌、擅自行动的依据，以为上级命令和指示可以想听就听，不想听就不听。其实，这是曲解了孙子的意思。孙子这句话的核心是强调要给予将领在战场上灵活应变的权力。但是，这并不意味着将领可以随心所欲，想做什么就做什么。在这个问题上有一条底线，那就是孙子在本篇说的：“故战道必胜，主曰无战，必战可也；战道不胜，主曰必战，无战可也。”

注意，孙子在这里提出了一个新名词——“战道”。我们通常讲用兵之道、将道等，很少讲“战道”。孙子讲的“战道”，就是作战规律，是战场上你死我活拼杀时应该遵循的指导规律。整句话说的是，如果依照作战规律分析，我方必然取得胜利，即使国君说不打，将领也可以坚持打；如果依照作战规律分析，我方没有取胜的把握，即使国君说一定要打，将领也不能打。可见，这条底线就是作战规律。将领了解了敌情和地形之后，依照国君命令打仗。如果国君的命令符合战场上的敌情地形，将领就必须坚决执行。反之，如果国君的命令与战场上敌情地形相差太多，违背了作战规律，将领就不必执行。如此方能真正用好“上将之道”。这就把作战指挥的灵活性与原则性有机结合了起来，闪耀着唯物论和辩证法的思想光辉。

苏联享有“军神”美誉的朱可夫元帅曾经很好地做到了这一点。

1941 年 6 月 22 日，纳粹德国突然进攻苏联，打得苏军措手不及、损失惨重。为了抵御侵略，6 月 23 日，苏联成立最高统帅部大本营。朱可夫成为7名成员之一。当时苏联从北到南，所有的方向都面临着严重的危机，朱可夫根据战场的态势，认为对付德军快速军团行进间突破的最好方法，是反突击行动。通过积极的防御稳固战线，消耗和杀伤敌人。这个想法与斯大林“寸土必争坚守现存阵地”反攻战略相悖。7月29日朱可夫到斯大林办公室汇报工作，并建议斯大林放弃基辅，全力保卫莫斯科。斯大林厉声说：“把基辅交给敌人，亏你想得出！简直是胡说八道！”当时斯大林具有绝对的权威，一大批意见不合的高官都已被斯大林清洗了。朱可夫为了国家的生死存亡，不顾个人安危，毅然反驳说：“斯大林同志，如果您认为我这个总参谋长只会胡说八道的话，您把我的职务撤销好了，把我派到前线去，或许在那里我会对祖国有点用处。”

在场的人都愣了，朱可夫居然敢当面顶撞握有生杀大权的斯大林！房间里静得吓人，好半天，斯大林才说了一句话：“朱可夫同志，冷静些。请你先出去。我一会儿叫你再进来。”朱可夫推门而出。

半个小时之后。斯大林把朱可夫叫到办公室来，说：“朱可夫同志，我们方才商量了一下，决定解除你的职务。我想让你到前线去。”朱可夫说：“到哪个部队？”斯大林说：“你愿意到哪儿？”朱可夫回答：“我可以做任何工作。指挥一个师，一个军，一个集团军，一个方面军——只要祖国需要。”

斯大林一听这话，知道朱可夫还是坚持己见，立刻拍板说：“从现在开始，我任命你为预备队方面军司令员。你准备什么时候去？”朱可夫说：“1个小时之后，我就离开莫斯科。”

不久之后的事实证明斯大林“寸土必争坚守现存阵地”的战略是错误的，他很快就看到了基辅战役中66万苏军被围歼的悲剧。相反，1941年9月6日，朱可夫率领预备队方面军成功地实施了卫国战争中的首次进攻战，也让德军攻入苏联之后第一次遭遇战役失败，粉碎了德军先头部队的进攻，令军心大振。胜利当天，朱可夫打电话给斯大林，汇报战果，可斯大林说了一句“知道了”就挂了。

9月8日，列宁格勒（现圣彼得堡）陷入德军的三面包围之中。9月

9 日，朱可夫接到赶赴莫斯科开会的命令。斯大林有个习惯，他开会不允许部下迟到，哪怕是 1 分钟。可当朱可夫赶到斯大林办公室时已是晚上 9 点 5 分了。他推门进去，当时苏共中央政治局的委员几乎全部在场。朱可夫道歉说："对不起！我迟到了 1 小时。"斯大林说："不对，你迟到了 1 小时零 5 分钟。"但紧接着他面带微笑地说："坐下吧，听听汇报。饿吗？如果饿，边吃边谈。"

作为苏军的统帅，斯大林没有责备迟到的朱可夫，他实际上是用这种方式承认了自己先前的错误。接着，斯大林命令朱可夫到局势危急的列宁格勒去。他说："如果德军占领了列宁格勒，就会进攻莫斯科。那里所有的部队都归你指挥，你需要带谁去就带谁去，你可以在全军挑选你最需要的人。"斯大林的这番话意味着他对朱可夫的极大信任。从这次开始，朱可夫就成为斯大林的"救火队员"了。哪里危急，他就被派到哪里去。从列宁格勒到莫斯科，从莫斯科到斯大林格勒（现伏尔加格勒），从斯大林格勒到库尔斯克，一直到最后攻占柏林，朱可夫指挥了卫国战争中几乎所有的重大战役，获得了崇高的威望，被誉为苏联的"军神"。

朱可夫堪称"遵循战道，机断指挥"的典范。尽管现实社会中难以复制朱可夫式的英雄，但其身上所反映出来的、孙子所说的"上将之道"和"遵循战道"的精神值得效仿。日常生活和工作中，人们通常都会面临既要根据客观情况办事，又要严格执行领导指令的问题，如何做到两全其美？我们不妨从孙子的智慧和朱可夫的实践中寻求一些启迪。

082　进不求名，退不避罪/郑维山违抗军命主动出击

【原文】

故进不求名，退不避罪，唯人是保，而利合于主，国之宝也。

【精解】

优秀将领“君命有所不受”的胆量从何而来？难道他们就不知道直言犯上、违抗君命是要杀头的吗？难道他们就不明白纵然战功卓著，一旦惹得国君不高兴，到手的功劳和荣誉就没了吗？当然知道！可他们为什么还要干这种傻事？孙子明确地给出了答案。他写下“战道必胜，主曰无战，必战可也；战道不胜，主曰必战，无战可也”这句话之后，紧接着说：“故进不求名，退不避罪，唯人是保，而利合于主，国之宝也。”他用一个“故”字告诉人们，优秀将领敢于违抗君命的原因所在。“进不求名”，是说将领率领部队前进，赢得作战胜利，不是为了个人的名利。“退不避罪”，则是讲军队在非常不利的情况下，不得不撤退，将领不是将责任推给下属，而是主动承担。接着，孙子用了一个“唯”字，强调在这种将领心目中，进退攻取的目的只有一个，那就是“唯人是保，而利合于主”，即如何保全民众的安全，如何谋求国君的利益。孙子认为，这样的将领才是“国之宝也”。

值得一提的是，现在有的人批判孙子“利合于主”这一思想，认为它体现了封建地主阶级的战争观。从文字表面上看，这句话确实具有时代局限性和阶级局限性，似乎一切都是为国君个人而奋斗。但是，如果深入琢磨，你会发现“主”字另有深意。在封建社会，普天之下莫非王土，国君就是国家的主人，那么“利合于主”这一思想虽然表面上是讲符合国君利益，其实质也是呼吁将帅在战场作战时要考虑国家主体的利益，“主”不仅仅是指国君个人。而且，孙子将“唯人是保”放在“利合于主”前面，将人民安危放在国君利益之上，这在当时也是一种进步的“人本主义”思想，这种仁道是古代将帅精神境界的最高体现。

显然，优秀将领之所以敢于叫响“君命有所不受”，不外乎两个原因。一是他们无私才能无畏。他们的进退攻取都是为着民众、为着国家的，毫无个人得失的计算，所以无所畏惧。二是他们干大事且不惜命。曹操和刘备煮酒论英雄时，之所以评价袁绍不可怕，原因就在于认为其“干大事而惜身，见小利而亡命”。即做大事情的时候，贪生怕死；见到蝇头小利的时候，却可以连命也不要地干。化用曹操这句话，即能够干出一番大事的人，往往“不惜身”。所以，这样的将领在战场上的前进和后退都根据战场实际情况和战争规律决定，而不是简单地顺从于国君个人的喜好。

古往今来，具有军事才能的将领不在少数，但是能够达到孙子要求的“进不求名，退不避罪”的还真不多。试想，谁在战场杀敌不想立下赫赫战功？又有几人在打了败仗之后敢于承担责任？只有毫无私心、胸怀天下，将国家和人民利益置于首位，将个人生死荣辱置之度外的人，才能在战场上机断指挥、勇于进退、敢于负责，一切从战场实际出发，坚决按战争的规律决定自己的行动。

平津战役中晋察冀野战军第三纵队司令员郑维山，在围歼敌35军的作战行动中就充分体现了这种优秀品质。

1948年12月，郑维山率晋察冀野战军第三纵队参加了平津战役。在战役中他遵守中央军委的统一部署，于12月8日晨协同兄弟部队将傅作义集团的第35军包围于新保安。国民党35军是傅作义赖以起家的王牌部队，装备好、战斗力强。该部一旦被歼，会直接动摇傅作义固守北平、天津的决心。12月8日下午，郑维山收到兵团电报，电文称：“军委已经严令我们确实包围35军于现在地区，并隔绝其与怀来之敌的联系。我们已对军委负了责任。因此我们亦要求你严格而确实地执行我们的一切命令，如因疏忽或不坚决而放走敌人，定要追究责任。”这样的电令是很少见的，作为一军之长的郑维山感到肩头的担子十分沉重，他深思熟虑后做了相应部署。按照命令，郑维山的任务是在新保安的西面围堵，东面和东南面如有敌人则不归他负责。

但是郑维山想到另外一个问题，敌35军是傅作义的“心肝宝贝”，35

军回撤北平，傅作义不可能不派兵接应和支援，傅作义最有可能命令位于怀来的 104 军西出接应。于是，郑维山多了个心眼，派了一支精干的侦察队，先于部队沿洋河向北平方向侦察。果然不出所料，不久他就接到侦察分队报告，傅作义派 104 军由怀来出动，企图接应 35 军。怀来距新保安路程不远，104 军到达后即可对包围新保安的我方华北野战军部队实行两面夹击，敌 35 军可能就逃掉了。一旦敌 104 军和 35 军会合，将对整个战局造成难以设想的后果。战况紧急，因此必须阻挡敌 104 军，不使其与敌 35 军会合。郑维山拿起电话问防守在新保安城东的 4 纵："你们 4 纵在沙城地区有没有部队？"回答是："没有，我们的任务是阻止 35 军东逃。"

郑维山很快接到侦察小分队的再次报告。敌方大股部队沿洋河北岸土路向西行进。郑维山赶紧拿起电话："接兵团！"岂料，电话中传来的是："报告首长，线路不通！"郑维山扔下电话，说："给兵团发报！"然而，无线信号极差，根本联系不上。怎么办？上级的命令是 3 纵在新保安西面围堵 35 军，如果调部队去东南打接应之敌，就是违抗军令。而且，一旦行动失利，则是罪上加罪，必将受到严肃处理。可是，如果按命令于原地不动，接应之敌就会与被围的 35 军对我方形成两面夹击，一旦两股敌人合流，敌 35 军岂不就跑掉了？

是死守兵团命令，还是临机决断？郑维三思虑片刻，果断地对参谋长说："抽出兵力，主动出击，立即行动！"他命令纵队 9 旅配属 7 旅的一个团，继续在新保安围城，坚决阻敌突围。然后于当晚亲自率领 3 纵队主力 8 旅和 7 旅（欠一个团）到沙城及其以南布防，阻击敌 104 军。第二天凌晨，敌 104 军先头部队与我军开始交火。与此同时，新保安的敌 35 军也猛烈向东突围，企图与 104 军会合。东、西两面敌人同时发起攻击，双方炮火交织，十几架飞机轮番轰炸。正在此时，郑维山接到兵团发给他并报送中央军委的一份电报，电报内容大意是：你擅自将 3 纵队围城部队主力调至沙城地区，如果 35 军冲出突围逃跑，你要负完全责任。郑维山此时将个人荣辱置之度外，从战场实际出发指挥部队坚决阻止敌 104 军与 35 军会合。他同时给兵团回电，并请兵团报中央军委："现在我这里情况严重，处境困难，望令4纵增援我1至2个团。”经中央军委与兵团研究后，第4纵队参谋长唐子安受令率两个营增援郑维山。

在情况最危急时，104军与35军部队相隔不足4公里。但是，由于3纵队主力顽强阻击，两股敌军始终未能会合。战斗从凌晨打到傍晚，郑维山指挥3纵终于将敌104军击溃。这时，3纵指战员要求乘胜追击。郑维山却非常冷静地命令：“停止追击，返回原地待命。”指战员不理解，于是郑维山解释说：“打援是为了包围敌35军，现在援敌已经被打退，我们的任务仍是包围敌35军。至于眼下的敌人，跑不了多远就会成俘虏了。”

当晚，郑维山收到中央军委的嘉奖令，电文说：“新保安敌35军9日数次向东猛突，均被我击退，怀来敌104军向西猛犯，亦仅占我沙城以南一村。3、4纵队昨（9日）击退东西两面犯敌，确保自己阵地，应传令嘉奖。”

在郑维山接到嘉奖令的几个小时后，傅作义发出了“要求中共停止战斗，双方谈判解决”的电报。郑维山将自己置身于腹背受敌、胜败未卜的危险境地而不顾，果断命令部队堵截傅作义的第104军对35军的接应，切断了第35军回撤北平的唯一通道，实现了毛泽东的“分割包围，各个歼灭”的战略意图，迫使傅作义走向和平道路，对下一阶段北平和平解放计划的顺利实施起到了很大推动作用。

孙子倡导的“进不求名，退不避罪”，在郑维山身上得到了很好的诠释。军队作战总是有进有退，成王败寇。郑维山将个人名利功过抛在一边，从整个战场态势出发，才能在战场上审时度势、总揽全局，根据实际情况进退攻防，把战争逐步引向胜利。否则，将领利欲熏心、患得患失，或者死守成命、胸无大志，必然无法洞悉战争规律，招致失败。

083 以情带兵，爱之有度 / 晚清八旗兵为何衰败

【原文】

视卒如婴儿，故可与之赴深溪；视卒如爱子，故可与之俱死。厚而不能使，爱而不能令，乱而不能治，譬若骄子，不可用也。

【精解】

古人说："将得其人，则兵无不精，兵无不精，则国威自振，而虏寇之患自平矣。"（《皇明经世文编》卷三十三，《于忠肃公文集一·建置五团营疏》）似乎只要选对了将领，一切事情就都好办了。如果仅仅是为了强调将领的重要作用，如此说法，不无不可。但是，从实际管理部队的情况来看，这种说法就过于简单了。孙子早在吴王宫殿里训练宫女的时候就体会到，管理军队不仅要"将得其人"，而且还要将得其法，掌握带兵管理方法，士兵才有可能跟得上将领的思路和步伐，才有可能正确执行将领的各种指令。所以，他对将领提出"进不求名，退不避罪，唯人是保，而利合于主"的要求之后，接着又告诫将领带兵的方法："视卒如婴儿，故可与之赴深溪；视卒如爱子，故可与之俱死。厚而不能使，爱而不能令，乱而不能治，譬若骄子，不可用也。"

这段话有两层意思。

首先他强调的是以情带兵的方法。将领对待士卒像对待婴儿一样，主动关心、爱护和培养他们，士卒就会感恩戴德，关键时刻便可以跟随他"赴深溪"。"深溪"，很深的山涧，指士卒跳下万丈深渊也在所不惜。如果将领对待士卒像对待自己最关爱的儿子一样，付出全部的真情予以关心、爱护和培养，作战的时候士卒就会跟随他同生共死，英勇拼杀。

在奴隶社会和封建社会，普通士卒的待遇差、地位低，被认为是国君将帅的私人所属品，但是孙子看到了普通士卒的作用和力量。这句话具有双重含义。一方面要求将领对士卒要有深厚的感情和关爱行动，要像热爱自己的婴儿、爱子一样去对待士卒；另一方面指出，关爱的目的是更好地

用兵，得到士卒的忠心，让他们在作战时与自己同生死、共命运。这一主张揭示了军队建设中将与兵之间关系的实质：军队将领与士卒及其相互关系是构成军队内环境的主要因素，将领对待士卒的态度决定了军队战斗力的高低。所以，孙子主张将领应当真心实意地爱护士卒，这样才能激发士卒对将领的衷心拥护和爱戴之心，才能造就强大的军队。

战国时期名将吴起亲自为士兵吸脓疮从而激发士兵斗志的故事，就很能说明问题。相反，三国时期猛将张飞之死的故事，也很能说明问题。当然，它是从反面印证了以情带兵的重要性。在《三国演义》中，关羽败走麦城，被孙权杀掉，刘备得知后悲恸不已，本想立即报仇，但被诸葛亮、赵云等人劝住，准备伺机行动。但是桃园三结义之情令张飞报仇心切，每日借酒消愁。关羽死后两年，刘备才准备出兵报仇。刘备派遣张飞为讨吴先锋，但提醒张飞，要克制脾气暴躁的毛病，特别是不要酒后鞭打身边的士卒，更不要打完后还把他们留在身边使用，这样做是自取灭亡，提醒他以后要宽容待人，不能像原来那样了。

张飞回到行营后，立即责令帐下范疆、张达两员末将：限三日内置办白旗和白铠甲，三军挂孝伐吴。次日，范疆、张达入帐禀告："白旗白甲，一时筹措不齐，须宽限些时日。"张飞大怒："我着急报仇，恨不得明天就到逆贼境内，你们竟敢违背我命令?！"于是令手下将两个末将绑到树上，各鞭背 50 下，打完还恨恨地说："你们明天一定要完成筹备任务，如若超过了期限，就杀你们示众！"范疆、张达第二天无论如何也完不成筹备任务，两人一商量，与其让张飞杀了我们，不如我们杀了他。于是，两人当夜借禀报机密之事进入张飞帐中，短刀刺死张飞。张飞——一代猛将，就这样惨死于自己部下手中。

张飞的悲剧在于他对于手下官兵过度严苛，明明是不能完成的任务，却非让范疆、张达去完成，完不成还要杀头。加上他平时对属下也是借着酒力，一言不合就非打即骂，属下对他的害怕、憎恶之情远远大于崇敬、爱戴之情了。

再看第二层意思，孙子强调的是爱之有度的方法："厚而不能使，爱而不能令，乱而不能治，譬若骄子，不可用也。”“厚”是“厚待、厚养”的意思。这句话指出了三种错误的带兵方法：一是“厚而不能使”，即只知厚待而不会使用；二是“爱而不能令”，即只知溺爱而不会教育；三是“乱而不能治”，即士卒违纪而不会惩治。显然，这三种方法用情过度、有失分寸，那么士卒必然就像被娇惯的子女一样，关键时刻无法作战。晚清八旗兵的衰败就很好地印证了这一点。

清兵入关的时候，八旗兵大抵是能骑善射、勇于征战的。但是，随着晚清政治的日趋腐朽，八旗军也逐渐腐败，在战场上常常一触即溃。除了封建政治腐朽这一根本原因之外，八旗兵享有的特殊优待也直接加速了其衰败过程。

清军入关以后，八旗兵作为开国功臣享有全面的优厚待遇。为了维持八旗成员特殊的政治、经济地位，清廷将八旗官兵及其家属全都供养起来，给他们授予官职、让他们承袭爵位，占有土地、人丁等许多方面的好处，保证他们过着上等社会的生活。同时，这一系列特殊的优待政策也使得“从严治军”的信条在他们身上无法真正实行。事实上，八旗士兵在社会上惹是生非、打架斗殴、作奸犯科，久之便成为京城和各八旗军防地的一项公害，各级旗营军官总是相互庇护，地方官吏也很少敢出面拿问，致使八旗兵的气焰愈加嚣张。八旗军的训练，大都是虚应故事。不仅平日射箭拉弓沦为徒具形式且不起实际作用的规章制度，就连三年一次的大阅兵也不过临时稍加演习，过后即置而不问。负责监督军训的御史大臣虽心知肚明，却仍层层欺瞒，不愿意说出真相。一次，某王爷奉命阅操。有一名步军校迟到，按例要受到鞭打的处罚。执刑人解开他的衣服，却发现一大堆小古董从其身上掉下来。王爷问是怎么回事儿，步军校哭着回答说：家中有 10 口人，每月只有 5 两俸银，吃不饱饭，只好从古董店里领一些小古董到集市上贩卖以养家口。今天早上正逢隆福寺庙会，所以上操迟到了。最后连王爷也只好将他放了不加责罚。乾隆、嘉庆皇帝对八旗军内部隐瞒真相、姑息迁就的情形并非毫无所知，也曾多次批评八旗官兵和监察御史。但他们除了在口头上提倡“鞍马骑射功夫”外，并没有采取什么有效措施来改变这一局面。相反，他们不断降低军官和士兵的军事技能考核标准。如那时规定，各旗挑选马甲时不再校阅骑射功夫，只是将备选之人传赴衙门，令其拉弓，即行选取。这种看似方便考生的做法，实际上是姑息了仅把当兵作为谋生手段的八旗子弟，纵容了旗人不习武艺、整日游荡的风气。这么一支长期养尊处优的军队，能不败吗？

毋庸讳言，前几年我们解放军出现了严重的腐败现象，产生了一批以徐才厚、郭伯雄、谷俊山为代表的“大老虎”，严重败坏我军风纪、削弱我军战斗力，影响人民子弟兵的形象。毫无疑问，产生这些现象的重要原因在于治军不严，军队过度放纵。

殷鉴不远，来者可追。无论治国、治军、治企、治家，还是教育子女，孙子提出的“以情带兵，爱之有度”的方法都不失为法宝，值得我们借鉴并灵活运用。身为管理者，我们要力争做到厚而能使，爱而能令，乱而能治，把以情带兵与爱之有度结合起来，刚柔相济，恩威并用，张弛有度。如此，方能使被管理者产生与你同生死、共命运的强烈愿望，养成胜不骄、败不馁的作风，关键时刻拉得动、用得上。

084 动而不迷，举而不穷 / 李世民缘何被毛泽东视为最会打仗的君王

【原文】

知吾卒之可以击，而不知敌之不可击，胜之半也；知敌之可击，而不知吾卒之不可以击，胜之半也；知敌之可击，知吾卒之可以击，而不知地形之不可以战，胜之半也。故知兵者，动而不迷，举而不穷。

【精解】

毛泽东喜欢读古书，晚年时对明代冯梦龙编撰的《智囊》一书爱不释手，他多次阅读并在上面圈点了不少地方。在《智囊》中有一处引用唐太宗李世民的按语："自少经略四方，颇知用兵之要。每观敌阵，则知其强弱，常以吾弱当其强，强当其弱。"毛泽东读到这里在旁边点评道："自古能军无出李世民之右者，其次则朱元璋耳。"显然，在毛泽东心目中，古代帝王中最会打仗的就是唐太宗李世民。李世民之所以被毛泽东视为最会打仗的君王，那是因为他的军事才能确实有独到之处。

李世民每战必会亲自深入战场一线查看情况，甚至不惜冒着危险到靠近敌营的地方观察地形和敌情，也绝不肯将这个活儿派给别人，一定是自己去。李世民非常重视了解敌情、我情以及战场形势，所以他一生征战，所向披靡。正如孙子所言："知吾卒之可以击，而不知敌之不可击，胜之半也；知敌之可击，而不知吾卒之不可以击，胜之半也；知敌之可击，知吾卒之可以击，而不知地形之不可以战，胜之半也。故知兵者，动而不迷，举而不穷。"

这段话主要有两层含义。第一层含义听起来有点儿像绕口令，讲了三个"胜之半"的情况。"胜之半"的意思就是胜利的可能性有一半。

第一种情况是"知吾卒之可以击，而不知敌之不可击"。如果知道我方战争准备已然就绪，士兵士气高昂，具备攻打的能力，但是不了解敌方严阵以待，且综合实力优于我方，那么这种情况下我方贸然攻打，既有可能胜利，也有可能失败。

第二种情况是“知敌之可击，而不知吾卒之不可以击”。如果我方清楚地了解到敌方没有做好战争准备，或者综合实力不如我方，完全可以攻打，但不了解我方战斗力不强、战争准备不充分的实际情况，此时开战也是胜负可能性各半。

第三种情况是“知敌之可击，知吾卒之可以击，而不知地形之不可以战”。如果我方既摸准敌人可攻之处，又深知我方具有充足的进攻作战能力，但是对于战场环境、地形地貌还不甚知晓，在这种情况之下作战，也只有一半的胜算。

我们知道孙子崇尚全胜，一切都以打有把握之仗为出发点和落脚点。这种“胜之半”绝不是孙子追求的最好结果，与其说他是在叙述客观事实，不如说他是在警示将领。将领不仅要知道我方能打，敌方可以被打，还要知道战场地形适不适合打，如果这些情况都知晓于心，那么就不是“胜之半”——仅有 50% 的胜算，而是“全胜”了。

这段话的第二层含义即孙子认为“故知兵者，动而不迷，举而不穷”。在古代汉语中，“故”通常表示因果关系。此处的“故”，说明了上下两层意思之间的因果关系，意在告诉人们，只有做到了知彼、知己、知天地三方面的实际情况，才能做到“动而不迷，举而不穷”。这里面的“动”和“举”意思相近，指的是行动或者战术战法。“不迷”就是目标明确，不会因为战场迷雾而盲动。“不穷”就是变化多端，不会因为战场态势变化而黔驴技穷。

“动而不迷”讲的是指挥的坚定性，它要求指挥员在情况没有发生根本变化时，不为敌人一些行动的表面现象所迷惑，不为任何困难所动摇，不为不负责任的建议所鼓动，坚决贯彻既定目标，以无可动摇的信心和毅力夺取胜利。

“举而不穷”讲的是指挥的灵活性，它要求指挥员在情况发生根本变化以及原定的目标已部分不符合或完全不符合客观实际时，不刻板行事，不坐等主动权从自己手中滑落；要善于根据变化了的情况，当机立断，毅然改变计划，变更目标，快速反应，实施灵活指挥。

概括起来说，指挥的坚定性和灵活性一切取决于一个“知”字，知彼、知己、知天地，是最根本的前提和基础。

李世民军事才能的独到之处就建立这样的基础之上。隋朝末年，各地割据势力纷纷称帝。公元619年，王世充于洛阳称帝，国号郑，并趁唐军在河东战场无暇东顾之际，夺取唐军在河南的部分地区。第二年，当时的秦王李世民率领8万唐军精兵攻打王世充。王世充被迫退守洛阳，被唐军围困。王世充困守孤城，派使者向窦建德求救。窦建德是隋末农民起义军领袖，当时称雄河北，建立了夏国。他手下的幕僚刘斌进言说，唐据陕西，郑有河南，我们有河北，这类似三国鼎立。现在唐强郑弱，如唐灭了郑，我们就唇亡齿寒了。不如现在发兵助郑，合两国之力，则唐必败，郑必弱，我军趁机赶走唐军，灭掉郑国，再趁势兵入陕西，直捣长安，天下可得矣。窦建德心想，这可是一石二鸟呀，于是采纳了他的建议。

公元621年3月，窦建德亲自率领10万大军救援洛阳，水陆并进，驻扎在板渚，威胁唐军侧背。唐军诸多将领听到窦建德率领10万夏军前来援助郑国，都感到非常惊恐，害怕受到里外夹击，建言秦王李世民从洛阳撤退。李世民却临危不惧，提出了围点打援的计划。为防止王世充从洛阳突围，他将大部队人马留给齐王李元吉继续围困洛阳城，自己则率领3 500名精兵进驻虎牢关，目的是将窦建德的10万大军拦在洛阳之外。虎牢关，是洛阳东边门户和重要的关隘，此关南连嵩岳，北濒黄河，山岭交错，自成天险，大有“一夫当关，万夫莫开”之势。李世民派大将秦叔宝等人在虎牢东20多里处设伏，自己与骁将尉迟敬德仅带领4骑人马前往查看敌情。路上遭遇敌军，他且战且退，将敌军引入预设的伏击圈。秦叔宝等奋起杀敌，斩杀敌军300多人。

窦建德知道虎牢关易守难攻，但他有自己的小算盘，他知道，虎牢关虽险却小，唐军的马匹草料必然不够，他打算等到唐军被迫到城外放牧时，再趁机攻打。李世民通过谍报知道了他的这个打算，心中暗喜：“窦建德，我要的就是你和我决战。”于是他传令放马汜水以北，引诱夏军出击。窦建德获知唐军牧马汜水后，立刻率全军出战，在汜水沿岸布阵，阵宽几里，号角连天，军容相当鼎盛。唐军将领看到这种阵势，不免感到惊慌，但是李世民胸有成竹，他分析道：第一，窦建德的人马都是农民出身，没经历过什么恶仗，而我们屡次与突厥这样的强敌作战，所以他们的战斗经验不如我们；第二，现在马上就要开战了，而对方的人马还在擂鼓狂哮，大喊大叫，这说明其军纪不严；第三，他们很希望和我们正面作战，可见面了如此轻慢，这说明他们有轻敌之心。

窦建德摆开大阵等唐军决战，却左等不来、右等也不来，从早晨一直等到中午，士兵叫嚣得头昏脑涨，又饥又渴。很多人都坐了下来，嚷着要吃饭喝水。可那是 10 万人马，饭和水没那么快送到的，于是越来越多的人开始抢饭吃、抢水喝，阵形乱了。说时迟那时快，忽然间马蹄声起，号角震天，唐军在这个当口发起了冲锋。李世民亲率轻骑，突入夏军核心，左劈右砍如入无人之境，唐军大队涌入，夏军大乱，阵势全无。李世民清楚，自己只有 3 500 人，而对方有 10 万人，如果硬拼下去，久了就会撑不住，所以他率领几员极其生猛的将领，挥舞旗帜，猛插到夏军后方，竖起唐军大旗。夏军官兵忽然见军阵里立起了唐军旗帜，以为唐军已胜，一下子集体心理崩溃，全军大溃，窦建德也束手就擒。

李世民之胜，显然得益于他做到了“三知”，既“知敌之可击”，又“知吾卒之可以击”，而且据守虎牢关这个隘口，也“知地形之可以战”。再加上李世民通过一系列小的战斗消耗了夏军的实力，挫败了夏军的士气，再采取诱敌的方式使得夏军列阵决战，趁其阵形混乱之时发起突袭，“动而不迷，举而不穷”，多种战法并用，出其不意使敌军措手不及，从而取得了战役的最后胜利。

毫无疑问，“动而不迷，举而不穷”是很多人孜孜以求的境界，尤其是企业家。在波谲云诡、风云变幻的市场面前，如何以变应变，顺利并快速地做大、做强？如何避免迷失方向，避免投资失误、决策失当？请记住孙子教给我们的“万全之策”，那就是我们在做任何重大的决策，或干任何紧要的事情时，务必做到“三知”——知对手可不可以战，知自己能不能够战，知情况适不适合战。

085 知天知地，胜乃可全 / 一江山岛战役开战时机的艰难选择

【原文】

故曰：知彼知己，胜乃不殆；知天知地，胜乃可全。

【精解】

孙子在《地形篇》结束之际，重申“知彼知己”的同时，又向前推进了一步，赋予其新的内涵：“知彼知己，胜乃不殆；知天知地，胜乃可全。”他在原来的基础上，增加了“知天知地”4个字。

孙子的“四知”来源于天、地、人“三才”的思想。兵法贵在将领通晓“三才”之道。《六韬·虎韬》中说：“将必上知天道，下知地理，中知人事。”不论是刘伯承讲的要确定“任务、敌情、我情、地形、时间”的“五行”，还是孙子“知彼知己”“知天知地”的“四知”，抑或是《六韬》讲的通晓“天道、地理、人事”的“三才”，这些都是告诫将领，全面地“知”才具备“胜”的基础。

在《十一家注孙子》的版本中，这句话是“知彼知己，胜乃不殆；知天知地，胜乃不穷”。但是,《孙子兵法》从文学艺术角度看也是文辞优美、讲究押韵的。“全”字与“穷”字比较来看，以“全”作为韵脚更美。而且，孙子将全胜作为用兵的最高境界，杜牧的爷爷，即唐代著名宰相杜佑是这样做注的：“知地之便，知天之时……既能知彼知己，又按地形，法天道，胜乃可全，又何难也？”所以无论是从音韵还是从含义两个角度看，“胜乃可全”更符合孙子本意。

战争总是在一定的空间和时间中进行的，地形、天候等自然条件对战争的胜负具有不可或缺的重要影响。作为一名优秀的军事指挥员，不仅要明达人事，还要上晓天文、下通地理，这样才有可能立于不败之地。

迄今半个世纪以来，在我军和国民党军队最后一场正面战争，同时也是我军目前唯一一次海、陆、空联合作战的一江山岛战役中，华东军区参谋长张爱萍充分贯彻中共中央和中央军委的指示，全面谋划、充分备

战，一举解放了浙江一江山岛。这次战役中，上至中央军委，下至前线指挥员，都很好地做到了“知彼知己”和“知天知地”，完全是先知而后行，打有把握之仗。

首先，打一江山岛的决定就来自“知彼知己”的战略判断。

1949年，国民党残余部队退守东南沿海部分岛屿，企图利用这些岛屿作为守卫台湾和反攻大陆的基地。浙江东部沿海国民党军所占岛屿的指挥中心和防御重点为大陈岛，而一江山岛则成为大陈岛的屏障和前沿据点。中华人民共和国成立之时，我军海空军力量极为薄弱，因此国民党军经常利用这些沿海岛屿对大陆实施袭扰。我军积极准备登岛作战，将击破国民党军在浙东沿海岛屿防御体系作为重点。

随着1950年6月朝鲜战争以及10月25日抗美援朝战争的爆发，我军主要力量不得不由东南沿海转向东北地区。蒋介石这个时候感觉反攻大陆有望，决定加强闽浙沿海力量。我军在朝鲜战场同以美国为首的“联合国军”进行保家卫国的战争的同时，也丝毫不敢放松大陆沿海的军事防御。

1951年2月，张爱萍任浙江军区司令员兼第七兵团司令员，开始筹谋解放浙江沿海岛屿问题；1952年6月，陈毅将军委作战部长张震计划攻打大陈岛的方案报毛泽东，得到批示：“朝鲜停战前，不要进行，停战后再说。”1953年7月27日，朝鲜板门店停战协定签署。解放东南沿海岛屿以及台湾问题再次成为我军中心任务。1954年8月27日，华东军区成立浙东前线指挥部，以张爱萍为司令员兼政委。

1954年12月2日，美蒋签订了《共同防御条约》，其中所规定的范围，明确提及的只有“台湾与澎湖诸岛”，并没有包括大陆沿海岛屿。我军经观察分析，从美国为蒋介石画下的这个“保护圈”来看，美无意插手沿海诸岛军事斗争，这为我军谋划解放浙江沿海岛屿提供了有利的外部条件。

其次，一江山岛的突击地点和攻击时间，也是在“知天知地”的基础上谨慎选定的。

大陈岛是整个大陈列岛国民党军攻防体系的核心，如果攻下大陈岛，其他岛屿自然唾手可得，但是大陈岛防御完备，而且距离大陆又远，解放军难以形成对登陆部队的有效支持。那么，登岛作战应首选什么地方作为登陆点呢？通观整个大陈列岛地形，一江山岛堪称其门户。俞大维曾经说，“一江不保，大陈难守”。而且，一江山岛距离大陆较近，在大陆岸炮的火力攻击范围内。因此，一举夺取一江山岛，从而造成威胁，进而进攻大陈，成为作战方案的最佳选择。1954 年 8 月 31 日，我军在宁波召开作战会议讨论作战方案，决定首先拔除大陈岛前哨—— 一江山岛。为了选择登陆地点，张爱萍对着航拍照片一张一张翻来覆去地看，最终选择了西北角的两个突出地段。

接下来就是对攻击时间的选择。一旦确定攻击时间，也就确定了攻打一江山岛，从而攻占整个大陈列岛的方案。

张爱萍和华东军区选择的时间是 1955 年 1 月 18 日。根据他们搜集的 20 多年的气象资料，1 月 17 日、18 日、19 日的风、浪、潮汐都适宜海空作战，在 1 月 19 日后天气可能转差。因此建议在 17 日做好一切准备，18 日发起进攻，19 日结束战斗。

战役是非常具体的，每一个环节都必须非常精细。除了根据气象变化选定进攻日期外，指挥者还必须考虑进攻当天具体的时间，是白天还是夜晚。在研究作战方案的会议上，指挥员们曾经对发起进攻的时间产生了争议。温台巡防区副司令员陈雪江主张白天登陆。这与登陆作战“夜间航渡、拂晓登陆”的惯例不同，遭到了很多人的反对。然而，陈雪江的建议却得到了张爱萍司令员的支持，他有三点理由：首先，一江山岛悬崖陡壁，夜间不易攀登攻击；其次，渡海装载工具是各方拼凑而来，夜间不利于组织协调；最后，当时我军掌握了战区海空优势，可以在白天发威，为水面进攻提供保障。

1955 年 1 月 17 日晚，大战在即，张爱萍几乎一整夜没合眼。海面上狂风呼啸，集结起来准备参与作战的船只在风浪中摇晃，互相碰撞。如此大风大浪，战船很容易倾覆，也很容易偏离航向，强行进攻难有胜算。这时候天气变化就成为能不能作战的决定性因素了。张爱萍半夜里多次打电话到空军气象科询问天气情况，最终气象科给出肯定的回答：这是短时大风，即将结束。于是，张爱萍果断决定按预定时间发起进攻。

登陆战从早上 8 点整开始，飞机轰鸣着开始了第一次空中袭击。中午时分，炮兵群开始炮击一江山岛，几乎同时，登陆部队乘坐的船只起航。接下来，海军和空军对一江山岛进行轮番的火力攻击。直到下午 3 时，步兵两个团全部登陆，然后迅速占领了有利地形。战至 19 日 2 时，一江山岛完全解放，岛上敌军 1 086 人被全歼。三天后，国民党军全部撤出大陈岛，紧接着又放弃了其他浙江沿海岛屿。一江山岛战役大获全胜。

由此可见，孙子所说的“知彼知己”“知天知地”，实乃制胜法宝，“四知”之中缺一不可。

归结起来看，“四知”之法可以说是对《地形篇》的总结和升华。知彼知己，固然十分重要，但是如果指挥者不知天不知地，再好的决策也难以落实，从而进一步突出“地形者，兵之助也”的思想主张。

—第十一篇—

《九地篇》——统军出征的步骤及方法

[**篇题解析**]

《九地篇》共一千多字，是孙子13篇中最长的一篇，约占全文的1/5，从题目看，孙子似乎要讲一讲9种特殊地形的用兵方法，也就是9种战略地形。所以有的学者认为这一篇是军事地理学的专篇。如果通读原文，不难发现《九地篇》所研究的内容并不能完全等同于今天所谓军事地理学问题，其主题是战略进攻问题，是从战略地理学的角度出发，论述在战略进攻中实施突然袭击的若干问题。而9种地区是孙子研究战略进攻所做的独特地理划分，着眼于官兵在9种不同的地区作战时的特定心理，分析相应的指挥方法，不同于《地形篇》。《地形篇》之"地"为高山、平原、湖泊、沼泽等自然地形,《九地篇》之"地"则主要讲战场区域的划分，诸如前沿、纵深、核心等，官兵们在不同的战场区域思想情绪表现不一，诸侯、敌我的态势也会发生变化，因而要有不同的应对方法。孙子从战略高度宏观地论述了在9种战略地区的情况下如何进攻作战的若干原则和方法，许多原则极富借鉴意义，所以《九地篇》受到后人的普遍重视和赞赏。

【**正文注释**】

孙子曰：用兵之法，有散地[①]，有轻地[②]，有争地[③]，有交地[④]，有衢地[⑤]，有重地[⑥]，有圮地[⑦]，有围地[⑧]，有死地[⑨]。诸侯自战其地，为散地。入人之地

---

① 散地：指士卒近家，战不利则心易散，故言散地。曹操注："士卒恋土，道近易散。"杜牧曰："士卒近家，进无必死之心，退军归投之处。"

② 轻地：言军队进入敌境未深，可以轻易撤回。张预注："始入敌境，士卒思还，是轻返之地也。"

③ 争地：杜牧曰："必争之地，乃险要也。"此谓谁先占领就对谁有利的军事要地。

④ 交地：交，道路交错。我军可以往，敌军可以来的地区。曹操注："道正相交也。"

⑤ 衢地：四通八达的地区。《尔雅·释宫》："四达谓之衢。"

⑥ 重地：指军队深入敌国时，背后城邑已经很多的地区。梅尧臣注："过城已多，津要绝塞，故曰重难之地。"

⑦ 圮地：山林、险阻、沼泽，难行的地区。顾福棠注："地势不固，无可凭依，行军至此，易于倾覆而难于保全，故曰圮。"

⑧ 围地：进入道路狭隘，退路迂远，敌人可以以少击众的地区。

⑨ 死地：梅尧臣注："前不得进，后不得退，旁不得走，不得不速战也。"此谓不速战求生则会被消灭之地。

而不深者，为轻地。我得则利，彼得亦利者，为争地。我可以往，彼可以来者，为交地。诸侯之地三属[①]，先至而得天下之众者[②]，为衢地。入人之地深，背城邑多者[③]，为重地。行山林、险阻、沮泽，凡难行之道者，为圮地。所由入者隘，所从归者迂[④]，彼寡可以击吾之众者，为围地。疾战则存，不疾战则亡者，为死地。是故散地则无战[⑤]，轻地则无止[⑥]，争地则无攻[⑦]，交地则无绝[⑧]，衢地则合交[⑨]，重地则掠[⑩]，圮地则行[⑪]，围地则谋[⑫]，死地则战[⑬]。

所谓古之善用兵者，能使敌人前后不相及[⑭]，众寡不相恃[⑮]，贵贱[⑯]不相救，上下不相收[⑰]，卒离而不集[⑱]，兵合而不齐。合于利而动，不合于利而

---

① 诸侯之地三属：三属，三国交界的地方。曹操注："我与敌相当，而傍有他国也。"

② 先至而得天下之众者：此句谓先到达可以得到诸侯列国的援助。曹操注："先至得其国助。"杜牧曰："天下，犹言诸侯也。"

③ 入人之地深，背城邑多者：谓深入敌国，所过城邑众多的地区，为重地。杜牧注："难返还也。"背，去也；多，道里多也。

④ 所由入者隘，所从归者迂：进入的道路狭隘而回归的道路迂远。

⑤ 无战：不宜作战。李筌注："恐走散也。"张预注："士卒怀生，不可轻战。"二注均是。

⑥ 无止：不宜停留。

⑦ 无攻：梅尧臣曰："形胜之地，先据乎利；敌若已得其处，则不可攻。"曹操注曰："不当攻，当先至为利也。"此句谓敌已占据争地则不可进攻。

⑧ 无绝：梅尧臣曰："道既错通，恐其邀截，当令部伍相及，不可断也。"言在交地，部伍相联结，不可断绝。

⑨ 合交：曹操注："结诸侯也。"孟氏注："得交则安，失交则危也。"全句谓在交地，则当结交诸侯，陷敌于孤立。

⑩ 重地则掠：梅尧臣曰："去国既远，多背城邑，粮道必绝，则掠畜积以继食。"全句谓在重地作战则掠夺敌资粮。

⑪ 圮地则行：行，快速通过。张预曰："难行之地，不可稽留也。"

⑫ 围地则谋：处围地则发谋以取胜。

⑬ 死地则战：奋力作战，死里逃生。

⑭ 不相及：不相策应，不相连续。

⑮ 众寡不相恃：恃，依靠。全句谓大部队与小部队不能协同依恃。

⑯ 贵贱：指官与兵。

⑰ 不相收：不能聚集，不能联系。

⑱ 卒离而不集：离，分、散。《吕览·大乐》："离则复合。"高诱注："离，散也。"言士卒分散难于集中。

止。敢问：敌众整而将来[1]，待之若何？曰：先夺其所爱[2]，则听[3]矣。兵之情主速[4]，乘人之不及，由不虞之道[5]，攻其所不戒也。

凡为客之道[6]：深入则专[7]，主人不克[8]；掠于饶野[9]，三军足食；谨养而勿劳[10]，并气积力[11]，运兵计谋，为不可测[12]。投之无所往，死且不北[13]。死，焉不得士人尽力[14]。兵士甚陷则不惧[15]，无所往则固[16]，深入则拘，不得已则斗[17]。是故其兵不修而戒[18]，不求而得[19]，不约而亲[20]，不令而信。禁祥去

---

① 敌众整而将来：赵本学注："苟遇敌兵多而且整，势将来攻；欲守则未备，欲战则畏其锋，若何而为计耶？"

② 先夺其所爱：先剥夺敌人所爱惜依恃的有利条件。

③ 听：《广雅·释诂》："听，从也。"意谓使敌被动，从我意愿。

④ 兵之情主速：主速，重在迅速。张预注："用兵之理，惟尚神速。"全句谓用兵的道理是以神速为上。

⑤ 由不虞之道：虞，料想、意料。言通过敌人料想不到的道路。

⑥ 为客之道：客，进入敌国作战的部队。《礼记·月令》注："为客不利。"疏："起兵伐人者，谓之客。"言深入敌境作战部队的用兵规律。

⑦ 深入则专：专，《广雅·释言》："齐也。"全句谓深入敌境，则军心一致。

⑧ 主人不克：主，要本土作战的军队。梅尧臣曰："为客者，入人之地深，则士卒专精，主人不能克我。"言在本土作战的军队，无法战胜客军。

⑨ 掠于饶野：饶野，《玉篇》："饶，丰也，厚也。"全句谓掠夺野外的粮草。

⑩ 谨养而勿劳：认真养练休整，勿使疲劳。

⑪ 并气积力：并，合并，此为鼓舞、鼓励之意。全句谓鼓舞士气，积蓄力量。

⑫ 为不可测：使敌人无以判断。

⑬ 投之无所往，死且不北：梅尧臣注："置在必战之地，知死而不退走。"全句意谓将士卒置于无路可走的境地，虽死也不会败退。

⑭ 死，焉不得士人尽力：处于危险境地，士卒死且不顾惧，岂能不竭尽全力。曹操注："在难地，心并也。"

⑮ 兵士甚陷则不惧：张预曰："陷在危亡之地，人持必死之志，岂复畏敌也。"言兵士深陷于危难之中，那么反而无所畏惧。

⑯ 无所往则固：往，杜牧注："走也。"固，李筌注："坚也。"言无路可走，则军心稳固。

⑰ 不得已则斗：曹操注："人穷则死战也。"

⑱ 不修而戒：修，修明法令。戒，警戒。曹操注："不求索其意，自得力也。"言士卒不待休整而自戒备。

⑲ 不求而得：梅尧臣注："不索而情自得。"张预注："不求索而得情意。"言不待征求而情意已得。

⑳ 不约而亲：梅尧臣注："不约而众自亲。"言不待约束而自然亲和。

疑[①]，至死无所之[②]。吾士无余财，非恶货也[③]；无余命，非恶寿也[④]。令发之日，士卒坐者涕沾襟，卧者涕交颐[⑤]。投之无所往者，诸刿[⑥]之勇也。

故善用兵者，譬如率然[⑦]；率然者恒山[⑧]之蛇也。击其首则尾至，击其尾则首至，击其中则首尾俱至。敢问：兵可使如率然乎？曰：可。夫吴人与越人相恶也，当其同舟而济，遇风，其相救也，如左右手。是故方马埋轮[⑨]，未足恃也；齐勇若一，政之道也[⑩]；刚柔皆得，地之理也[⑪]。故善用兵者，携手若使一人[⑫]，不得已也。

将军[⑬]之事：静以幽，正以治[⑭]。能愚士卒之耳目，使之无知[⑮]；易其

---

① 禁祥去疑：祥，吉凶的预兆。言禁止迷信和谣言之事，避免士卒疑惑。

② 至死无所之：之，往也。言士卒至死也不会逃跑。

③ 无余财，非恶货也：梅尧臣曰："不得已竭财货。"言士卒毁弃财物，抛弃必需品以外的钱财，并非不爱惜财物，实乃性命不保，何惜财物。

④ 无余命，非恶寿也：士卒不顾性命去拼死搏斗，并非不愿长寿，而是身陷死地，不得不舍命以求生。

⑤ 卧者涕交颐：颐，颊、腮。言士卒仰卧在地，泪流满面。

⑥ 诸刿：人名。专，指专诸，春秋时期吴国的勇士。刿，指曹刿，春秋时期鲁国的勇士。

⑦ 率然：古代传说中的一种蛇。《神异经·西荒经》："西方山中有蛇，头尾差大，有色五彩。人物触之者，中头则尾至，中尾则头至，中腰则头尾并至，名曰率然。"

⑧ 恒山：竹简本为"常山"。西汉时因避汉文帝刘恒的"恒"字而改为常山。

⑨ 方马埋轮：曹操注："方，缚马也；埋轮，示不动也，此言专难不如权巧。故曰：虽方马埋轮，不足恃也。"全句谓缚马埋轮，以示坚守的决心。

⑩ 齐勇若一，政之道也：齐，齐心协力。梅尧臣曰："使人齐勇如一心而无怯者，得军政之道也。"言三军齐勇如一人，靠的是军政之道严明，即治军有方。

⑪ 刚柔皆得，地之理也：王皙曰："刚柔，犹强弱也。言三军之士，强弱皆得其用者，地利使之然也。"全句意谓强者和弱者都能充分发挥战斗力，是巧妙地借助地形使然。

⑫ 携手若使一人：张预注："三军虽众，如提一人之手而使之，言齐一也。"

⑬ 将军：将，率领。将军，在此处意为主持军事，非指正式官职。

⑭ 静以幽，正以治：静，沉着冷静。幽，深隐难测。正以治，公正而严明。曹操注云："谓清静幽深平正。"

⑮ 能愚士卒之耳目，使之无知：曹操注："愚，误也。民可以乐成，不可以虑始。"李筌注："为谋未熟，不欲令士卒知之。"即蒙蔽士卒的耳目，不让他们知晓军情。

事，革其谋，使人无识[①]；易其居，迂其途，使民不得虑[②]。帅与之期，如登高而去其梯[③]；帅与之深入诸侯之地，而发其机[④]；若驱群羊，驱而往，驱而来，莫知所之。聚三军之众，投之于险，此谓将军之事也。九地之变，屈伸之利[⑤]，人情之理，不可不察也。

凡为客之道：深则专，浅则散[⑥]。去国越境而师者，绝地也[⑦]；四达者，衢地也；入深者，重地也；入浅者，轻地也；背固前隘[⑧]者，围地也；无所往者，死地也。是故散地，吾将一其志[⑨]；轻地，吾将使之属[⑩]；争地，吾将趋其后[⑪]；交地，吾将谨其守；衢地，吾将固其结[⑫]；重地，吾将继其食[⑬]；圮地，吾将进其涂；围地，吾将塞其阙[⑭]；死地，吾将示之以不活[⑮]。

---

① 易其事，革其谋，使人无识：张预注："前所行之事，旧所发之谋，皆变易之，使人不可知也。"谓变更部署，改变计谋，使人无法识破。

② 易其居，迂其途，使民不得虑：梅尧臣注云："更其所安之居，迂其所趋之途，无使人能虑也。"言变换驻防，迂回行军，使人们不得图谋。

③ 帅与之期，如登高而去其梯：赵本学注："期，约战之所也。"谓主帅与军队约战，犹言赋予作战任务，断绝其退路，使之勇往直前。

④ 帅与之深入诸侯之地，而发其机：机，弩机之扳机。此言将帅率兵深入敌国，如击发弩机射出的箭，可往而不可返。

⑤ 九地之变，屈伸之利：张预注曰："九地之法，不可拘泥，须识变通，可屈则屈，可伸则伸，审所利而已。"言九地作战原则的灵活运用，或屈或伸的利害关系。

⑥ 深则专，浅则散：在敌国境内作战，深入则士卒一致，浅进则士卒涣散。《广雅·释言》："专，齐也。"

⑦ 去国越境而师者，绝地也：赵本学注本云："去国去己之国，越境越人之境。绝，绝望之意。此篇无绝地之文，此特因上文诸侯自战其地为散地之句，而反言申之也。"另一说，梅尧臣注云："进不及轻，退不及散，在二地之间也。"

⑧ 背固前隘：梅尧臣曰："背负险固，前当厄塞。"张预曰："前狭后险，进退受制于人也。"此谓背后险固，前路狭隘。

⑨ 一其志：李筌注："一卒之心。"此言统一士卒意志。

⑩ 使之属：属，连接。使军队部属相连接。

⑪ 趋其后：曹操注："利地在前，当速进其后也。"杜佑注："利地在前，当进其后；争地先据者胜，不得者负。"言后续部队迅速跟进。

⑫ 固其结：杜牧注："结交诸侯，使之牢固。"言巩固与诸侯的结盟。

⑬ 继其食：贾林注："使粮相继而不绝也。"言补充军粮，保障供给。

⑭ 塞其阙：孟氏注："意欲突围，示以守固。"此言堵塞阙口。

⑮ 示之以不活：表示死战的决心。

故兵之情：围则御，不得已则斗，过则从[①]。

是故，不知诸侯之谋者，不能预交[②]；不知山林、险阻、沮泽之形者，不能行军；不用乡导者，不能得地利。四五者[③]，一不知，非王霸之兵[④]也。夫王霸之兵，伐大国，则其众不得聚[⑤]；威加于敌，则其交不得合[⑥]。是故不争天下之交[⑦]，不养天下之权，信己之私[⑧]，威加于敌，故其城可拔，其国可隳[⑨]。施无法之赏，悬无政之令[⑩]，犯三军之众[⑪]，若使一人。犯之以事，勿告以言[⑫]；犯之以害，勿告以利[⑬]。投之亡地然后存，陷之死地然后生[⑭]，夫众陷于害，然后能为胜败[⑮]。故为兵之事，在于顺详敌之意[⑯]，并敌一向[⑰]，千里杀将，此谓巧能成事者也。

---

① 过则从：孟氏曰："甚陷则无所不从。"言陷于险境十分深重则无不听从。

② 不知诸侯之谋者，不能预交：预，与，古通用。言不了解诸侯的谋略，不能同他结交。

③ 四五者：指九地。曹操注："谓九地之利害。"清夏振翼《武经体注大全会解》云："四五，指'九地'言。'九地'中五为客兵，四为主兵，故不合言之而分言之。"

④ 霸王之兵：《荀子·王霸》注："为诸侯之长曰伯。"曹操注："霸者，不结成天下诸侯之权也。绝天下之交，夺天下之权，故己威得伸而自私。"王，《荀子·正论》："令行于诸夏之国谓之王。"按：王，先秦指商周之王；霸（伯），指诸侯之首领，源于春秋时代。此谓能够称霸诸侯的军队。

⑤ 其众不得聚：聚，集中、动员。言敌人的军队来不及动员集中。

⑥ 威加于敌，则其交不得合：兵威指向敌国，使其外交不得联合。

⑦ 不争天下之交：不争着与天下诸侯交结。

⑧ 信己之私：信，同"伸"。私，偏爱。言伸展自己对民众的恩爱。

⑨ 其国可隳：《吕览·顺说》："隳人之城郭。"高诱注："隳，坏也。"谓可毁坏其国都。

⑩ 施无法之赏，悬无政之令：无法，超出惯例，破格。悬，挂、颁布。黄巩《集注》："无法之赏，谓破格也；无政之令，谓临事应变。"

⑪ 犯三军之众：犯，用也、动也。此为驱使、任用之意。言使用三军之众。

⑫ 勿告以言：王皙注："情泄则谋乖。"此谓不要告诉士兵所担负任务的意图。

⑬ 犯之以害，勿告以利：命令他们去完成危险任务，只告诉危险因素，不告诉有利条件，使其意志坚定。

⑭ 投之亡地然后存，陷之死地然后生：曹操注："必殊死战，在亡地无败者。孙膑曰：'兵恐不投之死地也。'"梅尧臣曰："地虽曰亡，力战不亡；地虽曰死，死战不死。故亡者存之基，死者生之本也。"全句谓置军队于危亡之地，然后可以生存。

⑮ 能为胜败：意谓军队陷入危亡之地才能取胜。

⑯ 顺详敌之意：顺详，谨慎观察；又或谓同"顺佯"，假装顺从，言假装顺从敌人的企图。

⑰ 并敌一向：集中优势兵力，选择恰当的进攻方向。

是故政举之日[①]，夷关折符，无通其使[②]；厉于廊庙之上[③]，以诛其事[④]。敌人开阖[⑤]，必亟入之。先其所爱[⑥]，微与之期[⑦]。践墨随敌[⑧]，以决战事。是故始如处女，敌人开户；后如脱兔，敌不及拒[⑨]。

【白话译文】

孙子说：根据用兵的原则，战地在地理上可分为散地、轻地、争地、交地、衢地、重地、圮地、围地、死地。诸侯在本国境内作战的地区，叫作散地。在敌国浅境纵深作战的地区，叫作轻地。我军得到会有利，敌军得到也会有利的地区，叫作争地。我军可以往，敌军也可以来的地区，叫作交地。多国交界的地区，先占领便容易得到诸侯援助的地区，叫作衢地。深入敌境，背靠敌人众多城邑的地区，叫作重地。山岭、险阻、沼泽等难于通行的地区，叫作圮地。进兵道路狭隘，退回的道路迂远，敌军以少数兵力即可击败我军的地区，叫作围地。迅速奋战就能生存，不迅速奋战就会灭亡的地区，叫作死地。因此，军队在散地不宜交战，在轻地不宜停留，在争地不宜贸然进攻，在交地行军序列不要断绝，在衢地应结交诸侯，深入重地就要掠取粮秣，遇到圮地就要迅速通过，陷入围地就要运谋设计，到了死地就要殊死奋战。

古时善于指挥作战的人，能使敌人前后部队不能相互顾及，主力与小

---

① 政举之日：决定实施战略计划的时候。

② 夷关折符，无通其使：夷，封锁。符，通行证。曹操注："谋定，则闭关以绝其符信，勿通其使。"言废除通行凭证，断绝交通往来。

③ 厉于廊庙之上：厉，砥砺，反复推敲。按："厉"古通"砺"，指磨刀石。此言在庙堂上反复研究，以决定战争大事。

④ 以诛其事：诛，治，这里指研究。言决定战争大事。

⑤ 开阖：阖，门扇。敌人敞开门户，喻敌方出现虚隙，可乘机而入。

⑥ 先其所爱：杜牧注："凡是敌人所爱惜，倚恃以为军者，则先夺之也。"

⑦ 微与之期：期，约、合。谓不要与敌人约期交战。

⑧ 践墨随敌：践，通"刬"。贾林注："刬，除也。"墨，墨守成规。言避免墨守成规，随敌情变化来决定作战方案。

⑨ 始如处女，敌人开户；后如脱兔，敌不及拒：全句言开始如少女般柔弱沉静，敌人便放松警戒，后如逃兔一般迅捷，打击敌人，使之来不及反抗。

部队不相依靠，官与兵不相救援，上下建制失去联络，士卒溃散而不能集中，对阵交战阵形不整齐。对我有利就打，对我无利就停止行动。请问："如果敌军人数众多、阵势严整地向我推进，用什么办法对付呢？"回答是："先夺取敌人的要害之地，就能使他们不得不听从我的摆布了。"用兵的道理，贵在神速，我们要趁敌人措手不及，走敌人意料不到的道路，攻击敌人没有戒备的地方。

对敌国采取进攻作战的原则是：越深入敌境，军心士气越牢固，敌人越不能战胜我军，在丰饶的田野上掠取粮草，全军就有足够的给养。注意休整部队，不使其过于疲劳，增强士气，养精蓄锐。部署兵力，巧设计谋，使敌人无法判断我军企图。把部队置于无路可走的绝境，士卒虽死也不会败退。既然士卒宁死不退，又哪有不得胜之理，上下也就都能尽力而战了。士卒深陷危险境地，就无所畏惧，无路可走，军心就会稳固；深入敌国，军队就不会涣散。处于这种迫不得已的情况，军队就只有坚决战斗。因此，在这种条件下的军队，不须重赏就能注意戒备；不须强求，就能完成任务；不须约束，就能亲附协力；不待申令，就会遵守纪律。禁止迷信活动，消除部属的疑虑，他们便至死也不会逃跑。我军士兵没有多余的钱财，不是他们不爱财物；士卒们不贪生怕死，不是他们不想活命。当作战命令发布的时候，士卒们坐着泪湿衣襟，躺着泪流满面。可是一旦把他们放到无路可走的绝境，就会像专诸和曹刿那样勇敢了。

所以善于统率部队的人，能使部队像"率然"一样。"率然"是恒山的一种蛇。打它的头，尾就来救应；打它的尾，头就过来救应；打它的腰，头尾都来救应。请问："那么可以使军队像'率然'一样吗？"回答是："可以。"吴国人与越国人是互相仇恨的，但当他们同船渡河遇到大风时，他们相互救援如同一个人的左右手。因此，缚住马缰，深埋车轮，显示死战的决心，并不是最好的办法。将领要使部队上下齐力、如同一人，在于管理、教育有方。要使强弱不同的士卒都能发挥作用，在于合理利用地形。所以善于用兵的人，能使全军携起手来如同一个人一样协调一致，这是因为客观形势迫使部队不得不这样。

将军处事，要沉着镇静而幽深莫测，管理部队公正而严明；要能蒙蔽士卒的视听，使他们对于军事行动毫不知情；要改变作战计划，变更作战部署，使人们无法识破玄机；经常改换驻地，故意迂回行进，使人们推测不出意图；率领士卒与敌约期作战，要像人登高后被抽去梯子一样，使士卒有进无退；率领士卒深入诸侯重地，捕捉战机，发起攻势，像射出的箭矢一样勇往直前。这种办法如同驱赶羊群，将士卒赶过来、赶过去，使他们不问要去哪里，只知勇往直前。聚集全军，置于险境，这就是将军的责任。9种地形的灵活运用、攻守进退的利害得失、官兵上下的心理变化，这些都是将帅不能不认真周密考察的。

进入敌国作战的规律是：进入敌境越深，军心就越是稳固；浅入敌境，军心就容易懈怠涣散。离开本国进入敌境作战的地区就是绝地，四通八达的地区就是衢地，敌国纵深的地区就是重地，敌国浅境的地区就是轻地，背有险固、前有阻隘的地区就是围地，无路可走的地区就是死地。因此，将领在散地上，要统一全军意志；在轻地上，要使营阵紧密相连；在争地上，要使后续部队迅速跟进；在交地上，要谨慎防守；在衢地上，要巩固与邻国的联盟；入重地，要补充军粮；经圮地，要迅速通过；陷入围地，要堵塞缺口；到死地，要显示死战的决心。所以，作战的一般情形是：军队被包围时就会竭力抵御，形势险恶而不得已时就会殊死奋战，深陷危境时就会听从指挥。

将领不了解诸侯各国的战略动向，就不要与之结交；不熟悉山林、险阻、沼泽等地形，就不能行军；不使用向导，就不能得到地利。这几个方面，有一方面不了解，都不能成为具有谋取诸王或霸主地位实力的军队。凡是王、霸的军队，进攻大国时能使敌国的军队来不及动员集中；兵威加在敌人头上时就能使它的盟国不能配合策应。因此，我们不必争着同天下诸侯结交，也不必在各诸侯国培植自己的势力，只要伸展自己的意图，把威力加在敌人的头上，就可以攻下敌人的国都，毁灭敌人的城邑。将领实施超越惯例的奖赏，颁布打破常规的号令，指挥全军如同指挥一个人一样。将领授以任务，不必说明作战意图。赋予危险的任务，但不指明有利条件。将领把士卒投入危地，才能转危为安；把士卒陷于死地，才能转死为生。军队陷于危境，然后才能取得胜利。所以指挥作战这种事，就在于将领要谨慎地观察敌人的战略意图，集中兵力于主攻方向，千里奔袭，斩杀敌将，这就是所谓巧妙用兵能够达到预期的作战目的。

所以，决定战争行动的时候，就要封锁关口、销毁通行证，不许敌国的使节往来，在庙堂再三谋划，做出战略决策。敌方一旦出现可乘之机，就要迅速趁机进攻。首先夺取敌人战略要地，但不要轻易与敌人约期决战。敌变我变，灵活决定自己的作战行动。因此，战争开始之前要像处女那样沉静，诱使敌人放松戒备；战争展开之后，要像脱逃的野兔一样迅速行动，使敌人来不及抵抗。

086　九地之变，各有其招/项羽两次死地决战为何一生一死

【原文】

孙子曰：用兵之法，有散地，有轻地，有争地，有交地，有衢地，有重地，有圮地，有围地，有死地。诸侯自战其地，为散地。入人之地而不深者，为轻地。我得则利，彼得亦利者，为争地。我可以往，彼可以来者，为交地。诸侯之地三属，先至而得天下之众者，为衢地。入人之地深，背城邑多者，为重地。行山林、险阻、沮泽，凡难行之道者，为圮地。所由入者隘，所从归者迂，彼寡可以击吾之众者，为围地。疾战则存，不疾战则亡者，为死地。是故散地则无战，轻地则无止，争地则无攻，交地则无绝，衢地则合交，重地则掠，圮地则行，围地则谋，死地则战。

【精解】

首先看看孙子提出了哪9种战略地区，以及他认为在不同地区应当采取的不同办法。

孙子曰："用兵之法，有散地，有轻地，有争地，有交地，有衢地，有重地，有圮地，有围地，有死地。"

第一种地区，"散地则无战"。"散地"的"散"，即离散、逃散的意思。诸侯在自己国界内作战，作战地区即是散地，因为在本国境内作战，士兵们离家近，还有后退之路，容易产生逃走的想法。因此散地不宜作战。孙子这是就出国作战而言，认为军队不要尚未走出国门就开战。其实，士卒是不是会逃散，并不取决于是不是在家门口作战。这里显然有一个士兵为谁而战的问题，这一战是不是关系到士兵的切身利益，是不是关系到国家的生死存亡。如果士卒确实是为自身和国家利益而战，越是在家门口作战，越是敢于拼命。

第二种地区，"轻地则无止"。轻地，就是部队已经出境，但进入敌境不深的地区，这个时候军心还在进退之间犹豫，还没有巩固，因此孙子主

张在轻地要加速行进，不要停留、不能宿营，以防止士兵逃归家乡。

第三种地区，“争地则无攻”。争地就是必争之地。我方得到会有利，敌人得到也会有利的地区，叫作争地。对于这种地区，如果敌人尚未占领，我军应该抢先占领；如果敌人已经占领，我军就不要去强攻硬争。

第四种地区,“交地则无绝”。交地就是道路交错之地，我军可以前往，敌军也可以前来，这就是交地。“无绝”的一种解释是部队不要断绝，要保持行军的序列；另一种解释是部队不要阻绝交通，不要在交通要道上堵塞通道。相比之下，第一种解释更符合实际，遇到交地这样道路交错、四通八达之地，行军序列不要断绝，否则很容易走错方向。

第五种地区，“衢地则合交”。衢地为多国毗邻之地，至少是三国及三国以上相互毗邻，这样的地区，如哪方能先到而获得诸侯列国援助就十分有利，所以在这种地区，为了避免在外交上陷入孤立，要结交诸侯。

第六种地区，“重地则掠”。重地是敌人的腹地。在这种地区，后勤供应不足，孙子认为只有掠夺才能解决部队的粮食、马匹的草料问题。有的注家认为这句话应该是“重地则无掠”，好像主张掠夺有损孙子的形象。其实在冷兵器时代，远离本国作战，靠本国运输粮食物资是很难满足部队后勤补给的，最便捷、最有效的方法便是就地补充。所以孙子一再强调“因粮于敌”“智将务食于敌”。在当时的历史条件下，孙子这种以战养战的观点，应当是不得已的，也是无可厚非的。

第七种是“圮地则行”，圮地就是山林沼泽难以通行的地方，部队遇到圮地就要迅速通过，不能停留，不能驻扎。在这里，需要说明一下，竹简本此处作“泛地”，但似乎解释不通,《十一家注孙子》为“圮地”，更符合孙子原意，所以我们采纳《十一家注孙子》版本。

第八种是“围地则谋”，围地就是敌人对我方进行包围的地区。一旦部队进入了这种地区，只有巧设计谋，以摆脱困境。

第九种是“死地则战”，死地就是指那种前不能进、后不能退、旁不得走，不战就只能面临死亡的地区。孙子主张，在这种地区，只有殊死一战，才能死里逃生。当然，这讲的只是一种方法，至于能不能从死地死里逃生，则要看战法是否得当，敌军是否坚定。项羽曾两次在死地拼死决战，结果却是两样。

一次是在公元前 207 年 12 月巨鹿之战中，面对畏缩不前的楚军主帅宋义，项羽当机立断，杀了宋义，迫使楚怀王任他为上将军，并命他立即挥师北上救赵。项羽率军进抵漳河南岸与秦军隔岸对峙。他先派英布、蒲将军带领两万精兵渡河，切断秦军运粮通道，随后亲率主力渡河，凿沉船只，毁坏炊具，烧掉营舍，每人只带三天口粮，这就是著名成语“破釜沉舟”的由来。项羽亲自冲锋陷阵，楚军个个勇猛无比，九战九捷，大败秦军，解了巨鹿之围。

另一次则是在公元前 202 年 12 月，韩信、彭越、英布等人与刘邦会合后，在垓下将向江南撤退的十万楚军层层包围。项羽拼命突围，韩信一路追杀，追到了乌江边，项羽手下仅剩 28 骑。显然已然处于死地。项羽乃令从骑皆下马，以短兵器与汉兵搏杀，项羽一人杀汉军数百人，自己亦身中十余剑，最后自刎而死。

项羽的成败告诉我们一个道理，学习《孙子兵法》一定不要恪守某一种具体方法，而要把握其思维方法、谋略艺术。无论是《九地篇》中对 9 种地区的划分，还是其对不同地区、地形的不同战法，孙子的核心思想是提醒人们一定要注重具体情况具体分析，不同情况应采用不同的方法，千万不要一成不变，或者墨守成规。

不言而喻，打仗如此，为人处世、社会竞争也都是如此。企业经营要讲究市场细分、产品细化，其道理与孙子所说的“九地之变，各有其招”的思想如出一辙。

087 先夺其所爱，则听矣 / 曹操火烧乌巢一举扭转危局

【原文】

所谓古之善用兵者，能使敌人前后不相及，众寡不相恃，贵贱不相救，上下不相收，卒离而不集，兵合而不齐。合于利而动，不合于利而止。敢问：敌众整而将来，待之若何？曰：先夺其所爱，则听矣。

【精解】

孙子很清楚，战争不是一方的独角戏，战场不是单方面的舞台，我方要利用好"九地"，敌方也会想着法子争夺"九地"。高明的人总是要想方设法阻止敌方利用"九地"。为此，孙子提出了一系列办法："所谓古之善用兵者，能使敌人前后不相及，众寡不相恃，贵贱不相救，上下不相收，卒离而不集，兵合而不齐。合于利而动，不合于利而止。敢问：敌众整而将来，待之若何？曰：先夺其所爱，则听矣。"

这段话至少有三层含意。

第一层意思：孙子说"所谓古之善用兵者，能使敌人前后不相及，众寡不相恃，贵贱不相救，上下不相收，卒离而不集"。他强调，自古以来善于打仗的将领，都不是只知道闷头死拼的人，他们往往特别注重用计、用谋搞乱敌人，孙子点出了比较常用的 6 种方法。

一是"能使敌人前后不相及"，即令敌人的部队前后不相策应、各奔东西，这里的"及"就是策应的意思。

二是"众寡不相恃"，"众"指人数众多的主力部队，"寡"指人数寡少的支援部队，"恃"即依靠、凭借的意思。整句话强调的是使敌人的主力部队与支援部队不能相互依靠。

三是"贵贱不相救"，"贵贱"在这里是一种比喻、代指，指身份高贵的将领和身份低贱的士兵。本句意思是使敌军的官兵之间不能相互救援。

四是"上下不相收"，这里的"收"是聚集、联系的意思。本句意为使敌人的军队上下不能相互联络，无法统一指挥协调。

五是“卒离而不集”，“离”就是分散，“集”就是集中。本句意为使敌方士卒溃散、难以集中。

六是“兵合而不齐”，“合”为交战的意思。本句意为使敌方交战的时候队形不整齐，阵势不严整。

可想而知，一旦敌军处于这6种状态，即使他们占领有利地形，也难以得到地形之利，更无法与我方交战。

第二层意思：“合于利而动，不合于利而止。”这句话很重要，它道出了战争最基本的原则。那就是在打仗问题上，将领不能感情用事，也不能想当然，一定要根据战场上的客观情况决定进退、攻守。这里的“利”，主要不是指利益，而是状态的利弊。地形、地势对我方有利，敌情被我方搞乱，那我方就坚决行动，迅速打击。反之，地形地势对我方不利，敌情并未混乱，那我方就停止行动，等待时机。当然，把握这条原则并不容易，需要将领特别冷静，特别有智慧。因为利与弊的状态往往交织在一起、难以分辨。所以，将领一定要特别冷静和机智地权衡。

第三层意思：“敢问：敌众整而将来，待之若何？曰：先夺其所爱，则听矣。”冷静和智慧对将领来说固然非常重要，但在有些情况下，除了冷静和智慧之外，更需要的是勇气。孙子以提问的口吻问道：假如敌人人数众多，阵势严整地向我推进，用什么办法来对付他们呢？孙子随即自己回答说：首先夺取敌人的要害之地，就能够使其听从我的摆布了。《广雅·释诂》：“听，从也。”意谓使敌人听从、顺从我的意愿。

这其中有三个要点。

一是首先要知道何为敌人所爱？何为敌人要害？曹操认为：“夺其所恃之利。”就是要夺取敌人关键、利害之处，而明代兵家赵本学的解释则更为详细，他说，“所爱之处”为敌人的心腹巢穴之地，或为敌人的粮草积聚之地，或为敌人必须救援之地。总之，一定是敌人关键的要害之处。

二是要善于选准敌人的要害之处。敌人的关键利害之处，不仅是足以影响敌人战略全局的关键之处，而且最好又是敌人疏于防守或虚弱的环节，这样才能牵一发而动全身。其实就是孙子所讲的“避实而击虚”。用今天的话来说，就是集中优势兵力，以敌人既是要害而又虚弱之处为战略进攻的主要方向。这是一个了不起的战略见解。我们知道，若米尼说过："一定要打击在最具有决定性的方向上面。"（A. H. 若米尼，《战争艺术概论》）斯大林也这样说过：正确地选定战略主攻方向就能"预先决定整个战争十分之九的命运"（斯大林，《斯大林军事文集》）。

三是行动要隐蔽突然，迅速干脆。我们即使找准了敌人的要害，如果行动拖拖拉拉也难以让敌人"听矣"。

在著名的官渡之战中，曹操之所以能够反败为胜，关键在于他不仅活用了"先夺其所爱"的战法，而且行动过程中很好地把握了这三个要点。

公元200年，袁绍发布檄文，率10万大军向盘踞许昌的曹操发起进攻。曹操北上迎敌，双方几经激战，在官渡形成相持局面。当时，曹军的形势十分危急，不只是兵力处于劣势，粮草也不多了。恰好在这时，本为袁绍谋士的许攸来投，向曹操献上了"火烧乌巢"的妙计。乌巢地处袁军大营北20公里处，是袁绍最重要的辎重存放地。由于它在袁绍大本营的后方，故守备兵力不强，且疏于戒备。曹操立刻意识到这是袁绍的"所爱"之处，于是立即亲率5 000名精兵，打着袁军旗号，每人带一束柴草，人衔枚、马裹足，利用夜暗走小路直奔乌巢。袁绍获知曹操袭击乌巢后，只派轻骑救援，主力则猛攻曹军大营。哪知曹营非常坚固，攻打不下。那边呢，曹军急攻乌巢大营。尽管袁绍增援的部队已经迫近，曹操仍然加紧督促官兵死战，结果大破袁军，并将其粮草全数烧毁。

袁军听说曹操火烧乌巢，顿时军心大乱。袁绍带800名骑兵仓皇退回河北，曹军先后歼灭和坑杀袁军7万多人，官渡之战就这样以曹胜袁败而结束了。

近些年，西方军事理论界先后提出打击重心理论、五环理论、结构瘫痪战理论，其实，其核心都是孙子所说的"先夺其所爱"，一旦最被重视的要害遭到毁灭性打击，随之而来的便是全局瘫痪或整体崩溃。现代社会面临的战争，也很可能就是这种战争。双方交战，一方不一定在边境上打击另一方的军事阵地和作战部队，而可能会远程精确打击其国计民生的要害，诸如电力中心、信息中心、金融中心、交通中心、能源基地等。这些地方一旦受到袭击，很可能举国混乱。科索沃战争已经做出了示范。美国和北约的飞机用石墨炸弹炸毁了南联盟的电力中心，使其全国电力系统顿时陷入瘫痪，南联盟政府被迫接受停战条件。所以，我经常呼吁：国防不等于军防，国防是全民的国防，各行各业的人们都应当有战争意识，平时要有防范战争的措施，全国上上下下都应当培养战争承受能力，战乱之际才能意志坚定。

如果上升到哲学层面来看，孙子"先夺其所爱"的观点也揭示了一种哲学的思维方法，那就是我们要抓住主要矛盾和矛盾的主要方面，不能没有选择地什么都干，什么都占，胡子眉毛一起抓，没有重点。有些人一辈子忙忙碌碌，却一事无成，恐怕关键原因就在于没有找准主攻方向，没有弄清攻击重点，精力分散，当然干不出什么大事。

088　兵贵神速，攻其不戒 / 李愬大雪之夜奔袭蔡州

【原文】

兵之情主速，乘人之不及，由不虞之道，攻其所不戒也。

【精解】

“先夺其所爱”，是进攻作战的重要原则之一。但是，话又说回来，敌人“所爱”之处，往往重兵把守，并不那么容易夺取。

孙子想到的办法是：“兵之情主速，乘人之不及，由不虞之道，攻其所不戒也。”这个办法概括起来可简称为“神速 + 出奇”。

兵贵神速，是孙子一贯的主张，《作战篇》中就说过“兵贵胜，不贵久”。进攻作战，要想一招制敌，一下子把敌人打倒，慢了可不行。所以，《九地篇》再次强调“兵之情主速”，要求打闪击战。

然而，在孙子看来，光是动作神速还不够，还得加上“攻其无备，出其不意”的奇招。所以，他连用了三个“不”：“不及”“不虞”“不戒”。

“乘人之不及”，是指我们攻打敌人要趁敌人措手不及时攻打；“由不虞之道”，是说要从敌人料想不到的方向或道路发起攻击；“攻其所不戒”，是强调打击敌人没有戒备的地方。不难想象，尽管敌人的“所爱”之处有重兵防守，但是一旦遭到突如其来又意想不到的打击，也必定猝不及防，被我方瞬间攻克。

唐朝后期名将李愬在大雪之夜袭取蔡州之战，可谓灵活运用这一战法的典型战例。

唐朝的“安史之乱”使盛极一时的大唐王朝元气大伤，并形成了地方长期割据、与中央对抗的局面。在诸多藩镇之中，盘踞于淮西镇的蔡、申、光一带的吴元济，屡屡与朝廷作对，为祸不小，唐军征讨 4 年，但连吃败仗。

元和十二年（公元 817 年），太子詹事李愬出任西路唐军统帅，开始谋划讨伐吴元济之事。李愬采取优待俘虏、重用降将的政策，致使淮西将

士纷纷来投。每当俘获投降的士兵，李愬一定亲自招来查问详情，因此叛军地势的险要和平易、道路的远近、军备的虚实他全部都弄清楚了。被俘的叛军将领李佑被李愬的宽待和重用感动，想方设法为袭取蔡州出谋划策。他告诉李愬说："蔡州的精锐兵马都在蔡州西北面百余里地的洄曲及其周边据守，守卫蔡州城的都是瘦弱衰老的士兵，可以趁他们后方空虚一直打到蔡州城。"

李愬认为这意见很有道理，于是命令李佑、李忠义率领突击队 3 000 人作为先锋，自己率领 3 000 人作为主力军，命令李进诚率领 3 000 人殿后。部队的行动十分秘密，除个别将领外，全军上下均不知行军的目的地和部队的任务。李愬只下令说向东行进。东行 30 里后，唐军在夜间抵达张柴村，趁守军不备迅速发起进攻，之后全歼守军，尤其是把村子周边负责烽燧报警的士卒也全部歼灭了。然后李愬命令官兵们稍微休息一会儿，吃点干粮，整理好战马的笼头和缰绳。李愬留 500 人驻守，防备朗山方向之敌，另以 500 人切断通往洄曲和其他方向的桥梁，并下令全军立即开拔。诸将问军队开往何处，李愬这才宣布说，要入蔡州直取吴元济。诸将闻言皆大惊失色，但军令如山，众将只得率部向东南方向急进。

此时夜深天寒、风雪大作，旌旗为之破裂，人马冻死者相望于道。夜半，雪越下越大，唐军强行军 35 里，终于抵达蔡州。

近城处有鸡鸭池，李愬遂命士卒驱赶鸡鸭，利用它们的声音来掩护军队的行动。凌晨时分，李愬军到达蔡州城下，守城敌军仍未发觉。李佑、李忠义身先士卒，登上外城城头，杀死熟睡中的守门士卒，只留下巡夜者，让他们照常敲梆子报时，以免惊动敌人。李佑等人既已得手，便打开城门，迎接唐军主力部队。主力部队入城后，一路攻取，直接杀进内城。鸡鸣时分，风雪渐止，李愬领着官兵攻至吴元济外宅。而这时的吴元济仍高卧未起，做着春秋大梦。有人发觉情况不对，跑来报告说，官军来了。吴元济却丝毫不以为意，笑着说，"俘虏作乱罢了，天亮后把他们全部杀掉"。就在这时，李愬开始传达将令，近万人齐声响应、余音不绝。吴元济大惊失色，命令剩余的少量官兵登上牙城抗拒。蔡州百姓长期苦于吴元济的压迫，争先恐后地抱来柴草帮助唐军火烧南门。黄昏时分，唐军攻入南门，吴元济走投无路，只好率部投降，淮西叛乱遂告平定。

回顾这一仗，我们不难看出，李愬夜袭蔡州的整个过程很好地运用了孙子“兵之情主速，乘人之不及，由不虞之道，攻其所不戒也”的谋略思想。

兵贵神速是自有战争以来的一条军事通则。尤其对于当今时代，因各种武器和作战平台嵌入了信息、网络、电子等高科技手段，无论是在物理空间还是虚拟空间，“速度”都已成为战争制胜的重要“砝码”，各国军队围绕争夺“速度优势”展开了一轮胜过一轮的军备竞赛，纷纷追求发现快、反应快、机动快、打击快、撤离快，以致“秒杀”成为现代战争的一大新特点。然而，在以快制快的战争模式中，光有速度还不够，还必须具备孙子所说的“乘人之不及，由不虞之道，攻其所不戒”的能力。发达国家着力研发无声、隐形武器和各种电子致盲技术，目的正在于此——让对方在神不知鬼不觉之际，遭到致命打击。但是，这些都还只是技术手段，相比之下，战略战术上的谋略运用更应当受到重视。在这里还不得不再次提到 1991 年海湾战争中美军的“左勾拳战术”，就是从萨达姆意想不到的沙特边境杀入伊拉克，避实击虚，如入无人之境。2011 年 5 月 1 日夜间，美军海豹突击队击毙本·拉登的“海王星之矛”行动，也是利用漆黑的夜晚，低空飞行，突袭巴基斯坦阿伯塔巴德的一座三层建筑物，一举击毙本·拉登。美军拥有在当今世界上占绝对优势的军事技术和军事实力，尚且注重在实战中运用谋略出奇制胜。军事技术和军事实力相对弱一点的国家更要注重灵活运用谋略以弥补力量的差距，才有可能做到“乘人之不及，由不虞之道，攻其所不戒也”。

写到这里，我不由得想起 2001 年在芬兰军事学院讲学的情景。当时我讲授的主题是“毛泽东游击战理论与实践”。讲完之后便是现场答疑环节。首先站起来提问的是美国驻芬兰的武官，一位海军上校。他问了两个问题，一是：“中国军队现在是否仍然继承毛泽东的游击战思想？”二是：“如果你们还用游击战、人民战争那一套方法打仗，万一将来中美之间爆发战争，我们怎样区分你们的军队和人民？”这两个问题确实有点刁钻。当时，正是美国世贸大楼遭恐怖袭击后不久，这两个问题的潜台词显然是把毛泽东的游击战理论等同于本·拉登的恐怖袭击教材。我略微思考后回答说：“我们解放军现在仍然继承毛泽东游击战理论的思想，当然，具体作战形式远远超出当年游击战中地道战、地雷战、麻雀战的形式。至于万一中美交战如何区分军队和老百姓的问题，但愿不会出现这个‘万一’。中国人民历来崇尚和平，我们希望中美友好相处。”话音一落，会场响起热烈的掌声。事后回想起来，美军上校这个问题其实也折射出美国人的一种担忧。他在担忧什么？我曾经听人说过美军中流行的一个说法：“不怕中国军队现代化，就怕中国军队毛泽东化。”在美国人看来，中国拼军事技术和武器装备，怎么也拼不过美国。但是，他们知道，中国是个传统的谋略大国，有《孙子兵法》这样的经典谋略宝库。更加上毛泽东的军事思想是从战争实践中探索出来的制胜法宝，而且美国人在朝鲜战场上曾经与用毛泽东军事思想武装起来的中国人民志愿军直接交过手，惨痛的教训记忆犹新。因此，他们担忧，中国军队在拥有较高技术水平和军事实力的基础上，如果继承和发扬毛泽东军事思想，那么这种有技术又有思想、有实力又有谋略的军队，将是很难对付的。

我还是坚持那个观点：但愿中美之间永远不要打仗。当今世界，中美两强，合则两利，战则两败。然而，我们还是要为可能发生的战争做准备。其中，谋略思想的准备万万不可忽略。所以，我强烈建议从事军事理论教学和研究的朋友，要想办法呼吁人们增强对军事谋略的教学和研究，尤其要重视对毛泽东军事思想和《孙子兵法》的教学和研究，这是我们的根和魂，也是未来对手害怕的制胜法宝，千万别丢了。

089　进攻作战，足食＋巧谋/蒙古骑兵远程进攻作战的特点

【原文】

凡为客之道：深入则专，主人不克；掠于饶野，三军足食；谨养而勿劳，并气积力，运兵计谋，为不可测。

【精解】

曾经有不少网友争论一个问题：成吉思汗读过《孙子兵法》没有？有的说，他那么能打仗，肯定读过。有的说，他不识汉文，怎么可能读《孙子兵法》？网友们吵得不亦乐乎，谁也说服不了谁。成吉思汗本人是否读过《孙子兵法》，这个问题还真有点难回答。其实，他读没读过，并不重要。历史上多少人读过《孙子兵法》，照样打败仗。没读过的人未必不能打胜仗。《孙子兵法》总结的是战争规律、谋略思路，汉民族打仗会遵循这些规律和思路，蒙古族也必然会遵循这些规律和原则。比如，他们的远程战略、迂回进攻作战的方法就与孙子所说的“为客之道”惊人地一致。

孙子说：“凡为客之道：深入则专，主人不克；掠于饶野，三军足食；谨养而勿劳，并气积力，运兵计谋，为不可测。”

所谓“为客之道”就是我军深入敌国境内作战的基本方法与原则。孙子强调了两个特别重要的问题。

第一个问题：“深入则专，主人不克；掠于饶野，三军足食。”这句话的大致意思是说：凡是进入敌国作战，越深入敌国境内则我方军心越容易统一，敌军就越无法战胜我方；在敌人富饶的地区夺取粮草，使全军得到充足的给养。此句核心强调的是作战过程中的粮草补给方式。

古人讲，兵马未动，粮草先行。在孙子的时代，一支军队要远离本国去别的国家作战，除了本国的后勤补给之外，还有一个很重要的途径就是就地补给——掠夺敌人的粮草来补充自己。关于这个问题，孙子在《作战篇》曾算了一笔账，从战争成本和保持军队持续作战能力的角度分析，得出了“因粮于敌”的思想，强调作战中消耗的粮食要从敌国就地获取补充。

第二个问题："谨养而勿劳，并气积力，运兵计谋，为不可测。"即告诉将领要注意保持士卒的体力，不要让他们疲劳不堪，要提高士气、积蓄力量；部署兵力，要巧设计谋，造成敌人无法揣测我方之企图的有利态势。其核心强调是谋形造势的问题。

13 世纪的蒙古军队曾横扫世界、席卷欧亚大陆、所向无敌，向南一直打到缅甸，向东差点把日本灭了，向西占领俄罗斯、波兰、匈牙利，打败德意志，穿过多瑙河，最后到达亚得里亚海，征服了半个世界，创造了军事史上的奇迹。可以说，其战无不胜的一个重要原因是蒙古军队的后勤问题解决得比较成功。他们每征服一处，就将被征服地区的人员抓来扩军，夺其所有来补充自己。掠夺财物和人口是蒙古军队解决军队人员补给、粮食补给的基本形式。这样他们不需要携带大量的粮秣物资，又不需要庞大的辎重车队跟随，还不必保留一个后方供应地，因为部队没有后勤"尾巴"，所以他们能以旋风般的速度和力量作战。他们的掠夺是公开和大规模的，每占领一处，就会抢掠几天，从金银财宝到衣物食品，都不放过，还让当地人民交各种物品和税赋。虽然这种后勤补给方式非常野蛮，但的确也是相当有效的方法。

除了这一方法外，还有一种方法，那就是伴随保障。蒙古军队一旦出征，整个部落都搬迁。他们的补给随身携带，如食物、武器、马匹。一袋皮囊的食物够一个人吃大半年，远征的蒙古人马背都带几个皮囊，马匹也不需要补给，蒙古人打仗带的大多是母马，一是可以大量产崽，补给所用马匹，二是可以提供马奶。马还可以做帐篷用，当年攻打莫斯科、蒙古大军围困的时候，天寒地冻，气温是零下几十度，蒙古人也没带什么帐篷，都是用布盖住马身，自己钻在马肚子底下躲避严寒。

此外，在就地解决粮食补给的基础上，军队还要巧妙部署兵力、巧设计谋，使敌人无法揣测其企图。13 世纪，成吉思汗的军队之所以能在六七十年的时间里攻取那样广大的地区，并且攻必取、战必胜，西方史学家经过长期研究得出的解释是："当时蒙古军队的武器比别人更精良而且更适合于实战使用；成吉思汗兵制比较完善，军纪严明；将领多巧于计

谋，擅长兵法和战略。”（布鲁丁，伊万宁，《大统帅成吉思汗兵略》）

蒙古骑兵的大迂回战略是成吉思汗及其子孙在长期的征战中形成的作战韬略之一。它源于蒙古族的围猎，其突出特点是：在使用力量之前，先用计谋将对方制服。在全面侦察敌情、地形的前提下，蒙古军队凭借骑兵持久的耐力和快速机动能力，经常越过人们难以想象的大漠、险滩、雪谷、荒原，出其不意地向敌人的深远之地大胆穿插、分割，几路进攻部队相配合，四面包围敌人，迫使对方迅速瓦解。它不以击溃敌人为战争目的，而是用猎人那双狡黠、深邃的眼神盯着敌人的后方，以左右包抄的方式将敌人包围，从不给对方留下一条逃生的出路。即使留有一条生路，那完全是一种战术运用。这种大迂回战略，与孙子“运兵计谋，为不可测”的思想可谓一脉相承。

也许有的朋友会想到一个问题：既然游牧民族不学《孙子兵法》都能够横扫世界，那么读《孙子兵法》也就没什么用了。有位教授就曾经在电视节目中讲过类似的观点。他认为，游牧民族不读兵书，却常常打败读兵书的军队，所以兵法无用，《孙子兵法》无用。我倒是认为，如果他们读了《孙子兵法》，而且真正读懂了，也不至于能马上打天下却不能马下治天下，不至于盛极一时的元朝仅仅持续了 98 年就远遁大漠之北。

可以肯定的是，《孙子兵法》绝不是万能的，不能“包治百病”，也不是“灵丹妙药”，一用就见效。它只是战争经验和教训的总结，是战争规律的结晶和谋略艺术的概括。其作用在于训练人们的谋略思维能力，启迪人们的战争智慧，提供人们各种历史经验。学习《孙子兵法》，有助于人们更加自觉地、有意识地运用谋略思维思考和处理问题，形成遇事先谋而后动的习惯。

正因为如此，我们不能抱着“有用”或“无用”的观点看待《孙子兵法》。毫无疑问，其中相当一部分具体方法，比如《地形篇》中利用种种地形的那些办法，已经不能直接搬用了。然而，其中的主流思想和大部分谋略思路仍然富有生命力。所以，我们重在学习其思想精髓。“为客之道”就是如此。其思想精髓在现代战争中，尤其是信息化战争中仍然管用。比如美军近些年的海外作战行动，主要的后勤补给方式就是通过盟国就近补充。在伊拉克战争中，美军因沙尘暴和伊军威胁也出现了补给跟不上的问题。由于美国国防部长拉姆斯费尔德的战法强调进攻速度——一周之内，战线推进 300 公里——造成战线过长，后勤油料、弹药和部队给养补给相对困难。进入伊拉克的先头部队——第 7 装甲骑兵团及第 3 步兵师、陆战队第 1 师等，因得不到油料、饮水、野战口粮及装备补给而被迫减缓进攻速度。人们看到，美军官兵蓬头垢面，36 小时吃一顿饭，向平民伸手索要鸡蛋，车辆缺少零件抛锚，为躲避风沙在车辆下席地而卧，美军的后勤补给可谓捉襟见肘。20 多万美军仅靠后勤部门从本土运输补给品是很难解决问题的。为此，美国依靠伊拉克周边的盟友国家，采购洗衣粉、香皂、床单、枕头、手纸，以及水果、食品、帐篷等，就近解决了后勤补给问题。再加上美军拥有绝对的制空权、制海权，它凭借其强大的国力、优厚的待遇、美国精神的宣扬以及强大的后勤输送能力较好地解决了这个问题。

此外，“为客之道”表面似乎讲的是纯粹的军事问题，是进攻作战的方法。但是由“掠于饶野，三军足食”的思想，我们能不能联想到借用外力、借用市场上各种资源为我服务？由“运兵计谋，为不可测”的思想，我们能不能想到在竞争场上用计、用谋，以营造对自己十分有利的态势？不言而喻，当今的竞争场上，我们既需要巧借外力，又需要巧用谋略，而且还要把两者不露声色地结合起来，才能使自身处于“不可测”的有利地位。对手不知如何攻，也不知如何守，我方既安全又自主。何乐而不为？

090 禁祥去疑，激励斗志 / 大战前夕与老排长洒泪诀别的情景

【原文】

投之无所往，死且不北，死，焉不得士人尽力。兵士甚陷则不惧，无所往则固。深入则拘，不得已则斗。是故其兵不修而戒，不求而得，不约而亲，不令而信，禁祥去疑，至死无所之。吾士无余财，非恶货也；无余命，非恶寿也。令发之日，士卒坐者涕沾襟，卧者涕交颐。投之无所往者，诸、刿之勇也。

【精解】

一般来说，进攻作战，尤其是深入敌国作战的时候，我们除了需要想办法保证粮食弹药的供应，还有一个问题也马虎不得——官兵们的心理和斗志问题。记得自卫还击作战刚开始的两天，我们不断向敌国推进。一路上不时地看到我们的伤员被抬下来，甚至看到被击毁的坦克歪倒在路边，几位身着黑色驾驶服的坦克兵并排躺在履带旁，他们的体格看上去很强壮，但都已经牺牲了。从他们身旁经过时，我痛惜的同时，不由得想象着自己牺牲后的模样。我的紧张、恐慌之情可想而知。现在回想起来，这是非常正常的心理反应，而且自古如此。孙子早就注意到这个问题，所以在研究进攻作战时，专门针对这一问题提出了一系列解决办法，即“禁祥去疑，激励斗志”。

孙子说：“投之无所往，死且不北，死，焉不得士人尽力。兵士甚陷则不惧，无所往则固。深入则拘，不得已则斗。是故其兵不修而戒，不求而得，不约而亲，不令而信，禁祥去疑，至死无所之。吾士无余财，非恶货也；无余命，非恶寿也。令发之日，士卒坐者涕沾襟，卧者涕交颐。投之无所往者，诸、刿之勇也。”

这段话包含三层意思。

第一层意思，是将领要将士兵置于无路可走的境地，那么士兵不得不死战，战则必胜。

孙子说，“死，焉不得士人尽力”，既然处于危险境地，士卒死都不怕了，岂会不竭尽全力死战呢？一般来说，人越是走投无路，应当越恐惧，为什么反而不怕了？孙子分析其中的原因说：“兵士甚陷则不惧，无所往则固。”即士卒陷于绝地，清楚地看到横竖是个死，与其贪生怕死，不如拼命战死，所以反而无所畏惧了。士卒没有退路，也就没有任何别的选择，只能更加抱团，依靠集体的力量，所以军心更加稳固。孙子得出结论说：“深入则拘，不得已则斗。”这里的“拘”是束缚、凝成一团的意思，深入敌国境内，士卒远离本国，已无退路可言，所以他们就会被迫选择死战，死战则必胜。孙子连用4个“不”来形容在这种情况下部队可能呈现出的状态：“是故其兵不修而戒，不求而得，不约而亲，不令而信。”部队一旦处于死地，那么士卒不须整饬就能注意戒备，不须强求就能完成任务，不须许诺重赏就能获得亲附拥戴，不须三令五申就能遵守纪律。不言而喻，这种状态的部队特别能打、能拼。这就是“置之死地而后生”的原因之所在。

第二层意思是部队要禁止迷信，消除疑虑。孙子意识到，把官兵投放到死地并不一定能够激起拼命精神，难免会有一些官兵惊恐害怕、胡思乱想，势必动摇军心、影响斗志。因此，孙子提醒将领要会做思想稳定工作。他提出的办法是“禁祥去疑”。祥，是指凶吉的预兆。疑，就是疑虑。“禁祥去疑”这句话的意思就是要禁止一切预测吉凶的迷信活动，消除士卒的一切疑虑，要求他们完全听从将领的指挥。一旦打消了官兵的侥幸心理，断绝了其任何依赖和等待的念头，他们就会一心求战，“至死无所之”。“之”，在此是当动词用，为逃跑之意。“至死无所之”即战死也不会逃跑。著名的牧野之战中，姜太公就曾经采用了这一办法。

公元前1046年，武王伐纣。发兵前，突然狂风大作，电闪雷鸣，三军士兵皆感到疑惑；恰巧武王的坐骑赤鬃马也被雷电击中倒地而亡，武王姬发也认为：“这是上天对我周人的警告，可能是纣王作恶还没有到头，国人百姓不希望我们此时伐纣，所以上天才降祸阻拦我们。”于是，他心生退兵之意。

姜子牙却说："大王您德行高尚，如今大军已至殷商牧野，天突降暴风骤雨，乃是精诚感动天地。大雨以洗吾兵，雷电正应天时！"

周武王心中不信，命巫师占卜："我们此次大举攻伐纣王，不知是吉是凶？"占卜师于是将龟壳用火烧，通过裂纹判断吉凶，他说："大王，此次征伐不吉利啊。"于是武王身边的伯夷、叔齐趁此机劝武王说："我们不能因为纣王一人的错误，而违背天道杀天下百姓，这是圣人不能做的事情啊。"

姜子牙见武王仍然忧虑，立场不定，有动摇的迹象，又观叔齐、伯夷作梗，恐生变故，便假装大怒曰："上天只眷顾那些有德之人，今天下百姓痛恨纣王，就连纣王的忠臣比干、箕子也被或杀或囚禁，纣王已是众叛亲离，伐之有何不可？枯草朽骨（占卜用的那些竹签和龟壳），怎么能知道吉凶呢？"

姜子牙接着说："顺应天地之道未必会吉祥，违背它未必会凶险，关键是看能不能得人心，得人心得天下，失人心则失天下，三军会战能否取胜，有智慧的将帅没有必要去问天道鬼神，只要能任贤用能，就可以战而胜之。大王只要速速进军，就会成功。"（司马迁，《史记·齐太公世家》）

说完，他就把占卜的龟壳烧了，把竹签折断。最后武王终于下定决心，果断出兵。战幕一拉开，姜子牙亲率少部分精锐为先锋，随后姬发率领大队人马攻击商纣王的军队。商军人多势众，但士卒与商纣王离心离德、纷纷倒戈。纣王见大势已去，急忙逃回都城朝歌，登上鹿台自焚而死。姜子牙引姬发攻入朝歌，诏告天下商朝灭亡，周王朝由此建立。

孙子的第三层意思重在强调激励官兵们的斗志。孙子毕竟是一位饱经战阵的将军，深谙官兵们在战场上的心理变化，所以，他将士卒刻画得惟妙惟肖，又相当准确："吾士无余财，非恶货也；无余命，非恶寿也。令发之日，士卒坐者涕沾襟，卧者涕交颐。投之无所往者，诸、刿之勇也。""恶"，即厌恶、不喜欢。"货"，指财货、财物。"吾士无余财，非恶货也"是说我军士兵没有多余的钱财，不是因为不爱财物；"无余命"，是指没有多余的生命（第二条命）。“恶寿”，指讨厌长寿。“涕交颐”，即泪水从左边脸流到右边脸，从右边脸流到左边脸。后两句意为：我军士兵没有多余的生命，明知上战场上要丢掉性命，并不是因为不想长寿。因此，当作战命令下达的时候，他们中坐着的泪湿衣襟，躺着的泪流满面。可是一旦把他们投放到无路可走的绝境，他们就会像春秋时期著名的刺客专诸和曹刿那样英勇作战。

每次读到这段话，我的脑海总会浮现出与排长最后一别的画面。那是1979年2月13日的下午，我们喷火排的三个班马上要分别被配属到三个步兵团去参加作战。我在组织全班战友检查武器和行装时，12班长李和明跑到我身边悄声地说：“排长叫你！”“在哪？”李和明把头一歪，示意就在右边不远处的卡车旁。我立刻放下手中的喷火枪，快步跑向卡车。只见排长半倚着车门，背对我来的方向。我心里嘀咕着：“我啥事没做好，他又要熊我两句？”我这个排长有点像电影《高山下的花环》中的副连长靳开来。他长得敦敦实实，嗓门很大，是有名的炮筒子，看不顺眼的事就敢说，直来直去，而且也是临战之际提了个副连职，仍干着排长的活。我喊了一声：“排长，你找我？”排长缓缓地转过身来，哽咽着说：“我们就要分别了！”我心里猛地“咯噔”一下，向来豪放的老排长怎么满脸泪水了？估计他与前面两位班长道别的时候已然泪如雨下了。这一瞬间，我才意识到什么是战争，战争意味着什么。我的泪水也不由得夺眶而出。此时的排长就像亲哥哥一样，完全没有平时的威严，而是一边流着泪、一边语重心长地嘱咐：“14班长，一定要把你的班带好。既要勇敢作战，绝不能当孬种，又要好好活着，尽量都能够安全地带回来！”我坚定地回答说：“是，排长您放心！”“嘟、嘟、嘟”——出发的哨音响起来了。我挺直胸膛缓缓地抬起右臂，庄重地向排长行了一个军礼，排长也回了个礼。然后我们分别登车出发。岂料，这竟然是我们的最后一别。6天之后，排长就在作战中像专诸、曹刿那样，慷慨赴死后英勇牺牲了。

有道是：英雄并非本无泪，泪洗柔情志更坚。

曾经多次有人问我：现在的解放军战士大多是独生子女，干部几乎全部都是大学生，还能不能打仗、敢不敢打仗？从整体来看，我们解放军英勇作战是没有问题的，但是，这也确实是值得我们高度重视的一个现实问题。我们不妨从孙子“禁祥去疑，激励斗志”的谋略中得到一些智慧的启迪。

091　兵如率然，旅进旅退 / 解放战争期间国共两军的不同状态

【原文】

善用兵者，譬如率然；率然者，恒山之蛇也。击其首则尾至，击其尾则首至，击其中则首尾俱至。敢问："兵可使如率然乎？"曰："可。"夫吴人与越人相恶也，当其同舟而济，遇风，其相救也如左右手。

【精解】

春秋时期有这么一个故事：越王勾践被吴王夫差打败，在吴国被囚禁3年，受尽了屈辱。回国后，他发愤图强，立志复国。经过10年卧薪尝胆，越国恢复元气、兵马强壮，将士们又一次向勾践请战，纷纷说："大王，越国的四方民众，敬爱您就像敬爱自己的父母一样。现在，儿子要替父母报仇，臣子要替君主报仇。请您再下命令，与吴国决一死战。"勾践答应了将士们的请战要求，把军士们召集在一起，向他们坦率地说："我听说古代的贤君不为士兵少而忧愁，只是忧愁士兵们缺乏自强的精神。"并提出一个作战要求："吾不欲匹夫之勇也，欲其旅进旅退也。"（左丘明，《国语·越语上》）即我不希望你们单凭个人的勇敢行事，而希望你们步调一致，同进同退。到了出征的时候，越国的人都互相勉励。大家都说，这样的国君，谁能不为他效死呢？由于全体将士斗志高涨，终于打败了吴王夫差，灭掉了吴国。

这则故事中，"吾不欲匹夫之勇也，欲其旅进旅退也"这句话很有意思。"旅进旅退"，即整个部队同进同退，反映了整体作战、联合作战的思想，与孙子所提出的"兵如率然"思想完全一致。

孙子先是提出把官兵们投放到无路可走的绝境，以激发出其如专诸、曹刿一般的杀敌勇气。但是，他认为光有刺客那样的匹夫之勇还不够，搞个暗杀还可以，战胜千万敌军就不行了，还必须发挥整体力量。于是，他强调说："善用兵者，譬如率然；率然者，恒山之蛇也。击其首则尾至，击其尾则首至，击其中则首尾俱至。敢问：'兵可使如率然乎？'曰：

‘可。’夫吴人与越人相恶也，当其同舟而济，遇风，其相救也如左右手。”

先说说“率然”二字。孙子说是“恒山之蛇”。这是汉简本的说法，传世本则写为“常山”。在中国古代，皇帝享有至高无上的权威，他的名字是独一无二的，天下凡事物或人名有与之相同字者，必须另改一字以示避讳。否则被视为大不敬，要被杀头的！所以，专家们推测“恒山”改作“常山”恐怕是为了避汉文帝刘恒之讳，或为避宋代真宗赵恒之讳而改。我们还是还原其本身，写作“恒山”为宜。恒山，是指山西的恒山。这片山区的蛇反应非常灵敏，你打它的头，尾巴就来救应，打它的尾，头就来救应，打它的腰，则头尾都来救应。孙子认为，指挥部队就应当像恒山地区的长蛇一样，“击其首则尾至，击其尾则首至，击其中则首尾俱至”。这个比喻形象地说明，整体作战和联合作战的重要性、必要性。

问题是怎样使部队达到“恒山之蛇”的程度？

孙子接下来用自问自答的方式回答了这一问题。他首先自问：“敢问：兵可使如率然乎？”然后自答：“可。”他用一个假设巧妙地揭示了其中的奥秘：“夫吴人与越人相恶也，当其同舟而济，遇风，其相救也如左右手。”“相恶”，即互相交恶，长期仇恨。虽然吴国人和越国人有百年世仇，但是当他们同坐一条船渡河的时候，一旦遇到大风，即将翻船之际，他们会立刻本能地互相救援，就像一个人的左右手那样，协调一致。这个假设意在告诉人们，要想使每个英勇的官兵和各支分散的部队形成合力、协调一致，关键是抓准他们共同的利和害，使他们面对共同的危害而本能地携手共进，为了共同的利益而玩命地拼死决战。

解放战争中，军事实力远远不如国民党的共产党最终获胜，一个很重要的原因就是国民党军队内部派系林立，地方部队各怀私心，为保存实力，或观望、或拖延、或相互掣肘，总是不能统一行动，难以形成合力，官兵关系不平等。他们之间利益不一致，因此士气低落，士兵不会为军官死战。而共产党军队来自人民，官兵一致、作风民主，党员干部的模范带头作用很强。以毛泽东、朱德、周恩来为首的军队缔造者们与普通士兵同吃、同住、享受同等待遇。因此，解放军士气高昂、作战英勇顽强。

其实，蒋介石并不像有些书里描写的样子——专横跋扈、一意孤行、心胸狭隘，他还是很有预见力的，他的大多数想法也都不错。只是他的决策一般都执行不下去。早在1948年初他就预感到东北守不住，决定让卫立煌把东北的精锐部队撤至锦州。但是卫立煌心里有他的小算盘，他害怕蒋介石将东北丢失的罪责加在他头上，所以坚决不撤。在卫立煌守不住的时候，蒋介石做傅作义的工作，让他放弃北平天津，把华北的50多万精兵撤到长江以南。结果傅作义也没有答应。傅作义心里也有一个小算盘，为保存自己的实力，他宁愿去做他的西北王，也不愿撤到长江以南受蒋介石的节制。因此，他坚决不撤，主张决战。

与此同时的淮海战役中，国民党军各兵团中将领各怀私心，都只顾各自逃命。比如，蒋介石提议白崇禧统一指挥徐州和武汉部队，以对付刘伯承和粟裕的联合攻势，白崇禧当面满口答应，但到关键时候突然变卦，坚决不肯负责统一指挥，结果临战前蒋介石的主帅空缺，由此造成的影响实在是很致命的。再比如，徐州大撤退时，各部队本应互相掩护，却变成了各自逃亡、互相践踏、人员死伤无数。造成这一切的根本原因在于国民党内部派系林立，地方军队各有各的盘算。蒋介石的种种决策都是因为下面的延误执行、推诿而难以实现。这样的军队，怎么可能形同一人、左右相救、生死与共？

再看看我军方面，在辽沈战役中，尽管东北野战军统帅林彪一开始对毛泽东“先占锦州，关门打狗”的战略决策有不同意见，但他们最终达成一致，并坚决执行。其实，毛泽东与林彪在攻打锦州问题上的分歧只是军事上的意见不同，没有利益上的冲突，因此最终能够以是否有利于消灭敌军为标准达成一致意见。

辽沈战役结束后，我军紧接着发动了平津战役。为配合平津战役，东北野战军提前结束休整，日夜兼程，秘密入关，与聂荣臻率领的华北野战军会合，采用“隔而不围”“围而不打”的办法，完成对北平、天津、张家口之敌的战略包围和战役分割，为平津战役的最后胜利做好了准备。这要放在国民党军队就不可能了，中央军与地方军貌合神离，生怕蒋介石趁机打击异己，削弱自己的实力，让自己的部队当了炮灰，因此，他们为保存实力，只会表面上做出配合的样子，实际上则是观望不前。

在平津战役展开的同时，淮海战役也打得如火如荼，并于 1949 年 1 月 10 日决出胜负。整个淮海战役，解放军以 60 万战胜了国民党军的 80 万，被斯大林等人都称为奇迹的战役。其胜利的原因有很多，其中很重要的一点即为在淮海战役期间华东与中原两大野战军协调配合。同时，为配合平津战役，两大野战军对徐州杜聿明逃敌“围而不歼”，为拖住傅作义起到了重要的作用。

三大战役之间的配合如此完美，关键原因在于中央的决策能很好地被落实、人民军队的利益一致、士兵们为自己和自己的兄弟姐妹而战，因此，打起仗来配合密切，如出一人之手。这样的“率然之势”部队在战场上自然是团结作战，战无不胜的。

现在很多人非常注重提升自身的业务能力和学习能力，毫无疑问，这是必要的，但是组织能力和协调能力也不可忽视。任何一项伟大的事业都很难凭借一个人的能力完成，需要动员和组织整个单位或团队共同努力。所以，聪明人务必学会使全员同舟共济的办法，摸准大家共同关心的利和害，营造“恒山之蛇”的态势，从而达到上下同心、协调一致、整体共进的目的。

092 齐勇若一，刚柔皆得 / 曾国藩的治军之道

【原文】

是故方马埋轮，未足恃也，齐勇若一，政之道也。刚柔皆得，地之理也。故善用兵者，携手若使一人。

【精解】

一旦将官兵们置于没有退路的危险境地，他们为了求生存便会拼死决战，这叫作“置之死地而后生”。有的朋友问：难道把官兵们置于死地，他们就一定会死战吗？也许他们觉得没有希望，就直接缴械投降了。这也是很有可能的。甭说古代，就是现代战争，比如 1991 年的海湾战争中，当伊拉克共和国卫队被美军包围之后，数十万官兵排着长长的队伍举手投降。可见，置之死地未必管用。在孙子看来，官兵处于死地，他们是死是生，并不取决于地形，而是取决于官兵的心理，关键在于军队是否做到了“齐勇若一，刚柔皆得”。这句话道出了一种很重要又很有效的带兵方法。

孙子说：“方马埋轮，未足恃也，齐勇若一，政之道也，刚柔皆得，地之理也。故善用兵者，携手若使一人。”

首先，孙子明确指出，在最危险的情况下单纯摆出决一死战的架势是远远不够的。其中“方马”的意思是缚住战马；“埋轮”即埋住车轮。孙子认为，用这种形式显示死战的决心，并不足以仗恃，关键时刻靠不住。什么方式才靠得住，真管用？孙子紧接着支了两招。

第一招是“齐勇若一，政之道也”。“齐”就是齐心协力的意思，“勇”就是勇士、将士。只有使军队上下齐心并力，勇敢如同一人，这才是将领掌控部队的根本方法。

第二招是“刚柔皆得，地之理也”。“刚柔”，是指官兵的身体强弱；“皆得”，则是指使他们都能够发挥作用。这里强调的是将领要想使身体强弱的官兵都能够被激发斗志、发挥作用，关键在于灵活地利用地形条件。

孙子认为，只有从心理上统一所有官兵的意志，又加上在实际地形上

扬长避短，便可把天、地、人融为一体，使全军将士携手团结得像一个人一样，临危不惧、合力奋战。如此方能置之死地而后生。

还得重复那句话：大道至简，知易行难。“齐勇若一”“刚柔皆得”，其中包含多么丰富的内涵，将领需要相当深厚的功夫和高超的谋略思维能力，才能得以实现。

首先，将领要想使整个部队的官兵“齐勇若一”，要身先士卒、率先垂范，这是非常重要的条件。俗话说：兵熊熊一个，将熊熊一窝。拿破仑也有类似的名言：“一头雄狮率领着一群绵羊，会战胜一只绵羊率领的一群狮子。”战场上，事实确实如此。

春秋时期，晋国大夫赵简子率军围攻卫国国都的外城，他拿着坚固的大小盾牌作掩护，站在弓箭和滚石打不到的地方，击鼓命令官兵进攻，结果他的官兵却待在原地一动不动，赵简子气得一把将鼓槌扔到地上，叹息道：“唉，我军士气，怎么会如此低落呢？”

这时候，一位名叫烛过的行人（掌管传旨、册封、接待诸侯等事务的贴身官员）脱掉盔甲走上前来说：“这是主公您的错呀！怎么可以说是我军士气低落呢？以前先君献公，吞并了 17 个国家，使 30 国屈服，打了 12 次胜仗，依靠的就是这些民众。献公死后，惠公即位，他残暴傲慢，纵情于声色，秦国看到这样的情况便随意地侵入我国，军队甚至已经到了距离都城 17 里的地方。但即便是这样，还不是靠晋国的人民来抵御的吗？惠公死后，文公即位，围攻卫国，得到邺地；城濮的战争中，我方 5 次打败楚军，得到天下霸主之名，依靠的也还是这些民众。怎么说晋国军队没有勇气呢？这主要还是您做得不够好，而不是我军士气低落的缘故。”

赵简子听后，恍然大悟，马上丢下大盾牌，冲到阵前，再次击鼓下令冲锋。官兵们受到了极大的鼓舞，个个奋勇争先，最后终于大获全胜。

得胜之后，赵简子感叹地说：“行人烛过的一番话，真是胜过了千辆兵车啊！”（左丘明，《国语·晋语九》）

由此可见，将领是一支军队的灵魂，他的人格魅力和言谈举止对官兵们的影响是巨大的。将领的权威来自哪里？不是一纸任职命令，而是他身先士卒的行为，正直公平、智勇双全的人格魅力和指挥才能激起官兵们敬畏的心、获得官兵们真心的拥戴。赵简子作为主帅，却躲在犀牛皮制的大盾牌后面偷生，让官兵们去前面送死，当然很难鼓舞起官兵们杀敌的勇气。

将领英勇固然是达到战争胜利的重要条件，但仅有这一点还是不能保证全军上下“齐勇若一”。项羽被围在垓下，尽管他本人英勇无比，可是10万大军还是被韩信的四面楚歌动摇瓦解。这就告诉我们，在非常危险困难的情况下，将领要使部队官兵做到“齐勇若一”，恐怕不是一蹴而就的事情，而是系统工程，需要平时从多方面努力。我们不妨温习一下《计篇》中的“七计”：主孰有道，将孰有能，天地孰得，法令孰行，兵众孰强，士卒孰练，赏罚孰明。这“七计”既是深入细致观察敌对双方强弱的着眼点，同时也揭示了治军管理的系统方法。君主得道，就能赢得官兵们的拥戴；将领有能，就能获取官兵们的信赖；天地先得，就能鼓舞官兵们的斗志；法令素行，就能强化官兵们的纪律；装备优势，就能增强官兵们的力量；训练有素，就能提升官兵们的能力；赏罚分明，就能激发官兵们的勇气。这一系统中，上至国君，下至士兵，既重精神，又重物质，实行全方位治军管理。这样的部队到了战场上才有可能做到“齐勇若一”“刚柔皆得”。所以说，功在平时，贵在系统。

现在社会上有一股“曾国藩热”的现象，不少人欣赏他治学、治国、治军、治家的思想和方法。公允地说，他所组建的湘军历经十余载的南征北战，终于将曾占据大半个中国的太平天国武装血腥镇压下去，为延长清王朝半个多世纪的寿命立下了汗马功劳，并赢得了“中兴名臣”的显赫名声，确实有不少可圈可点之处。其中，曾国藩的治军思想可谓深得孙子“七计”之神韵，不少想法和做法与孙子的主张相吻合。比如：

他提倡“独仗‘忠信’二字为行军之本”，要求对军队进行教育，“第一教之忠君，忠君必先敬畏官长”。(曾国藩,《讨粤匪檄》)士兵不尊重长官，下级不服从上级，这便是不忠的表现。“信”是处理和协调同级关系的准则，曾国藩说，“信以施于同列”，就是要求将帅之间、兵勇之间能够相互信赖，遵守信用，彼此团结，同舟共济。

同时，他清楚地意识到将领被下属忠信的前提条件是，将领要为人师表。他提出“勤恕廉明”四字作为将领的行为准则，即“勤以治事，恕以待人，廉以服众，明以应务”。鉴于湘军中普遍存在的骄矜之气，他对诸将帅还以“谨慎”二字相勉。他谆谆告诫部属，务必守个“谦”字、“慎”字，戒骄戒惰，从而赢得官兵们的尊重和服从。

再比如，他非常重视“立法行令”“宽严相济”，以严明军纪为先，同时着意培养“合气”，将士同心，他认为“将军有死之心，士卒无生之气”，只有这样的军队才能置之死地而后生。所以，他将军法、军规与家法、家规结合起来，用父子、兄弟、师生的关系弥补军中上下尊卑等级关系的不足，以减少军中官兵之间的摩擦和抵触情绪。这样，士兵也就会像子弟对父兄那样忠义孝敬，关键时刻“齐勇若一”。

此外，曾国藩治军打仗还有一个特点，那就是“看地形”。他非常反对“纸上谈兵”，主张要实地考察地形，选择有利地势来作战，以充分发挥官兵的战斗力。

曾国藩正是靠着这一系列的治军管理方法，使得新组建的湘军战斗力大大提高，不仅强于八旗、绿营，也强于各地的农民武装，在镇压农民起义的作战中能征善战。

当然，正如曾国藩的历史作为有功亦有过一样，他的治军管理思想虽然大体符合孙子的治军之道，但也还是有不少的糟粕，比如用同乡、师生等私人情谊维系全军感情，以至于在军营中提倡“死党”关系，使整个军队成为“私家军”。这些做法都是现代军队治军管理所不允许的。

现在，无论在军界、政界、商界，还是其他领域，不少领导管自己还可以，管别人就不知如何下手了，管整个单位或团队时更是不知如何是好。建议大家好好品味孙子的治军管理之道，也许能够从中获得些许智慧的启迪，或者能得到一些提升管理能力的灵感。

093　将军之事，静幽正治 / 司马穰苴怒斩庄贾的深层用意

【原文】

将军之事，静以幽，正以治。

【精解】

古代不少将军和政客总喜欢把“静幽正治”几个字挂在厅堂或卧房，我估计其用意恐怕不仅仅是欣赏书法，更重要的还是给自己心理暗示，时时告诫、提醒自己培养良好的心理习惯。

这 4 个字出自《孙子兵法·九地篇》。孙子说：“将军之事，静以幽，正以治。”有的人把“将军”理解为名词，以为指的是官职。非要这样理解也不是不可以，但是，从上下文来看，“将”应当是动词。人们熟知的成语“韩信将兵，多多益善”中的“将”也是动词。司马迁记载：有一天刘邦和韩信在闲聊各位将领有没有才能，刘邦忽然问道：“如我，能将几何？”就是：像我自己，能带多少士兵？韩信说：“陛下不过能将十万。”刘邦反问道：“于君何如？”韩信回答：“臣，多多而益善耳。”上笑曰：“多多益善，何为为我禽？”信曰：“陛下不能将兵，而善将将，此乃信之所以为陛下禽也。且陛下所谓天授，非人力也。”（司马迁，《史记·淮阴侯列传》）韩信所说的“而善将将”，两个“将”连用，前者是动词，后者是名词，即善于驾驭和掌控将领。可见，孙子所谓“将军之事”主要指的是统率军队、主持军事。

接下来的“静以幽，正以治”则是他提出的要求和标准。其中的“以”通“而”，静而幽，正而治。有人把中间的“以”字去掉，浓缩为“静幽正治”4 个字，精辟地概括了作为将军在统率军队、主持军事活动的过程中应当注意的原则、达到的标准或最高的境界，这是对为将之道最简明的表述。

“静”指沉着冷静，隐忍坚韧。要求将帅具有独特的理性、智慧和韧性。在面对强敌时，将帅不能一味争强斗狠，要沉得住气。将帅只有静下

心来，才能理性思考；只有隐藏起来，才能让对方捉摸不透；只有耐心等待，才能抓住机会以柔克刚。将帅也只有临危不惧，处变不惊，遇事不乱，冷静应对，才能稳定部队的思想情绪，给官兵以信心和力量。

“幽”是指思想深邃，幽远难测。要求将帅要具有深远的谋划能力和长远的战略眼光。孙子认为“无智名，无勇功”才是最高明的将军，还说：“人皆知我所以胜之形，而莫知吾所以制胜之形”，意思是优秀的将帅当着众人的面打了胜仗，大家都看到了取胜的全过程，但是没人知道究竟是怎样取胜的。就像高明的魔术师，当着观众表演，观众从形式上目睹了表演的全程甚至细节，但是看不出变化的关键点究竟在哪里。将帅是战场上的魔术师，其战略筹划和长远思考一般人看不出来，一旦被看出来，尤其是被对手看出来，也就没有悬念了，当然也就被动挨打了。

“正”是指为人正直，处事公平。这要求将帅具有公正廉洁、率先垂范的品德修养，“进不求名，退不避罪”的担当精神，“唯人是保，而利合于主”的信义公道。只有这样的将帅才能真正获得官兵的尊重和信任，才会带出一支上下同欲、生死与共的部队。为将者，如果过多地考虑自己的毁誉得失，没有敢于承担责任的担当精神，是难以担负起国家与民族赋予的重任的。如果将帅处理事情偏心偏向，不讲公平公正，必然引起矛盾和混乱。

“治”指严谨细致，有条不紊。这要求将帅无论是在作战还是平时的治军中都要细致周密，井井有条。战场上，战机转瞬即逝，如果将帅在指挥中杂乱无章、抓不住要害，就会失去战机甚至被敌人打败。将帅平时带兵，如果只讲大道理，不注重细节，不深入官兵生活，就很难发现问题。孙子讲的“将之六过”中“将弱不严，教道不明，吏卒无常，陈兵纵横，曰乱”，从反面说明将帅只有平时实行严谨细致、有条不紊的管理，才能避免生乱。

讲到“静幽正治”不能不与“为将五德”“为将五危”联系起来。智信仁勇严，是将之五德；必死、必生、忿速、廉洁、爱民是将之五危。显然，“静幽正治”既是讲将帅主掌军事的一般原则和方法，更是讲境界。

将帅应当提升五德，避免五危，达到的境界便是“静幽正治”。比如，将帅有智慧，而智慧高深者则体现出沉着冷静、幽深难测的状态，决不会盲目乱战或临危而惧；将帅讲诚信，而诚信者则显示出为人正直、处事公道的状态，决不会追求虚名或偏心偏向，等等。虽然不必一一对应地把“为将五德”“为将五危”与“静幽正治”的境界对号入座，不难想象的是，但凡能够达到“静幽正治”境界的将帅，通常已经具备了“为将五德”，并且能够有意识地避免“为将五危”。春秋时期，享有“文能附众，武能威敌”美誉的司马穰苴可以说基本上达到了这一境界。

齐景公时，晋国于公元前531年派军从西面侵入齐国，燕国军队也同时乘隙从北面攻入齐国边地，齐国守军屡屡败退。军事上的失利，使齐景公深为忧虑。为了扭转败局，齐景公急需选拔和任用智勇双全的将领。当时担任相国的晏婴，向齐景公推荐了司马穰苴。说起来，司马穰苴与孙子还是亲戚。

孙子祖上原是陈国公子，姓陈，名完，迁移到齐国后改姓田，所以孙子的爷爷曾经姓田，名书。后来田书因为在讨伐莒国的作战中战功突出，被齐景公赐予了一个新的姓氏，即孙，即可以另立门户了。所以，现在姓孙的后人多以孙书为家族祖先。而这位穰苴原是陈完的后代，也就是田氏家族的子孙，因为活动于齐景公时期，估计与孙子的爷爷是同辈，或许是孙子的叔爷。

晏婴向齐景公推荐说，司马穰苴这个人很有才能，长于谋划，且熟知兵法，“文能服众，武能威敌”，如以他为将，必能改变目前的形势。齐景公听了晏婴的介绍，立即召见司马穰苴，请他谈了有关治军、用兵的方略和法则。司马穰苴在军事上的杰出见解，赢得了齐景公的赞赏，遂被齐景公拜为大将。齐景公命他率军抵御晋国和燕国的军队，穰苴却提出要求说：“我的身份一贯卑贱，您把我从乡里中提拔起来，位在大夫们之上，士卒还不拥护，百姓还不信任，人微权轻。我想请您选派一个您亲近的、又在全国享有威信的人做我的监军，这样才好。”景公急于派人抵抗外敌，这等要求当然立刻答应了，于是派自己的亲信大夫庄贾去担任监军。

穰苴辞别景公，率军出发前，他与庄贾约定："明天就要点兵出发，请监军中午准时在军营会齐。"第二天司马穰苴提前来到军营，叫军士立起标杆，以测量太阳的影子、记录时辰。庄贾是齐景公宠臣，一贯骄傲自大，以为统率的是自己的军队，而自己又是监军，所以不急不忙。只顾与为他送行的同僚、亲友饮酒行乐，根本没把集合报到的约定放在心上。到了中午，庄贾还未到。穰苴就命令放倒木表，停掉"滴漏"，进入军营调度部署军队，申明军纪法令。一切规定完毕，已到黄昏，这时庄贾才到。穰苴问他："为什么迟到？"庄贾满不在乎地说："我因为大夫们和亲戚来相送，就耽误了时间。"

穰苴严肃地说："将帅受领任务时就该忘记家庭、置身军队，受军纪约束，就该忘记亲人，击鼓指挥军队作战时，就该有忘我的精神。如今敌军深入国境，举国骚动。士卒风餐露宿于边境，国君寝食不安，百姓的命运都握在你的手里，怎么还去谈什么送行呢？"于是招来军法官问道："误了规定时限而迟到的，按军法该怎么处理？"军法官说："应该斩首。"庄贾害怕了，急忙派人飞马急报齐景公，请景公救他。庄贾派去的人还未回来，他就被斩了，且在全军中示众。全军将士都大为惊惧。过了些时候，齐景公派的使者拿着符节驱车直入军中，司马穰苴高声问军法官："在军营里驾车横冲直撞的，应当如何处治？"回答："当斩。"来使大惧，恳求饶命。司马穰苴说："既是国君派来的使者，可以不杀，但必须执行军纪。"于是命令军士把车拆了，把马砍了，以示三军。

司马穰苴整军之后，齐军面貌立刻改观，成了纪律严明、军容整肃、令行禁止、悉听约束的能战之师。然后，他立即率师出发，奔赴前线。在军旅中，他对士卒们的休息、宿营、掘井、修灶、饮食、疾病、医药的问题都亲自过问和安抚，把供给将军的全部费用和粮食都用以犒赏士卒，自己与士卒吃一样的伙食，与体弱士卒特别亲近，很快就取得了将士们的信任。三天后部署调整军队时，病兵都要求同行，士卒都争着奋勇参战。晋军得知这个消息，立马撤兵走了。燕军得知这个消息，也回渡黄河并取消了攻齐计划。司马穰苴率齐军乘势追击，歼灭部分敌军，全部收复了已失去的齐国城邑和土地，然后班师回国。

对于斩庄贾这件事，很多人只看到了司马穰苴严格治军的一面，而忽略了他更深层的谋略。大敌当前，他却地位卑微，如何领兵作战？穰苴主动申请监军，又怒斩监军，这一动作可谓一举多得。他既获得皇上的授权，不受遥控，又震慑了三军，树立了权威，同时还震慑敌军，令其胆怯，足见其深谋远虑，幽思难测。不仅树立了权威，在具体带兵过程中，穰苴又非常细致入微、严谨有序，真可谓集“静幽正治”于一身。

之所以很多朋友都喜欢“静幽正治”这几个字，恐怕也都是想以此自勉。我曾经自创了一句话：“为人如为将。”在社会上行走，无论职务高低，都有必要像将军那样，努力达到“静幽正治”的境界，才更有利于我们干出一番可观的事业。

094　愚兵耳目，统一意志 / 四渡赤水期间红军为何来回走“弓背路”

【原文】

能愚士卒之耳目，使之无知；易其事，革其谋，使人无识。易其居，迂其途，使民不得虑。帅与之期，如登高而去其梯；帅与之深入诸侯之地，而发其机；若驱群羊，驱而往，驱而来，莫知所之。聚三军之众，投之于险，此谓将军之事也。九地之变，屈伸之利，人情之理，不可不察也。

【精解】

《孙子兵法》中有个观点饱受诟病，一直被不少专家学者斥责为糟粕，此观点即“愚兵”思想。

孙子确实表达过“愚兵”的意思。他的原话是：“能愚士卒之耳目，使之无知；易其事，革其谋，使人无识。易其居，迂其途，使民不得虑。”其中的“能愚士卒之耳目”，强调的就是将领要能够愚弄、蒙蔽官兵的视听，使他们对于军事行动的目的、路线、方法等问题毫无所知。而愚弄的具体方法则是：将领变更作战部署，改变原定计划，使官兵们无法识破机关；经常改换驻地，故意迂回行进，使官兵们推测不出真实的意图。

对于这段话，有些人认为，这是孙子的愚兵政策，体现了新兴地主阶级的思想，歧视战争主体力量，鼓吹个人英雄主义，是《孙子兵法》中的糟粕，应当予以摒除。这些批评谴责乍一看似乎很有道理，但是深入想一想又觉得我们有必要首先辩证而仔细地品味孙子此言的真正含义，然后再下结论。

首先，这个“愚”字并非真正意义上的愚弄、欺骗，而是一种比喻。孙子擅长用比喻表达观点。比如“善守者，藏于九地之下；善攻者，动于九天之上”“胜者若以镒称铢，败者若以铢称镒”“恒山之蛇”等。此处的“愚”也应是通过形象的比喻加深人们的印象。

其次，深入敌国作战，危险重重，兵贵机密。为了作战保密的需要，部队的作战部署、驻防变化、行军路线、谋略运用等关键事宜只能有少数高级将领知道，否则很容易走漏风声，使部队陷于绝境。孙子在《用间篇》中分析，一般双方都会派出因间、内间、反间、死间、生间5种间谍，谁也不能保证自己千万官兵中没有隐藏敌方的间谍。所以，不能凡事都向所有官兵交代得明明白白，需要一些善意的隐瞒和伪装。

再次，深入险境作战，军心通常容易动摇或者军队出现意见分歧，所以早在《孙子兵法》问世之前，一本名为《军势》的兵书中就提出："出军行师，将在自专，进退内御，则功难成。"它强调出兵打仗，将帅贵在集中统一指挥，如果军队进退都受君主"遥控"，或者部下意见左右，那就难以成功了。中唐时期著名政治家、文学家陆贽则把理由说得更为充分，他在一篇奏议中指出："夫统帅专一，则人心不分；人心不分，则号令不二；号令不二，则进退可齐；进退可齐，则疾徐如意；疾徐如意，则机会靡愆；机会靡愆，则气势自壮。"（司马光，《资治通鉴·唐纪五十》）统帅军权能够专一，军心就不会分散；军心不分散，号令就可以统一；号令统一，进退行动就会一致；进退行动一致，快慢速度就能符合作战企图；快慢速度符合作战企图，就不会失去战机；不失战机，军队的气势就自然雄壮。

至于怎样才能既保守作战机密，又统一官兵思想，孙子提出的办法是："易其事，革其谋，使人无识。易其居，迂其途，使民不得虑。"即通过变化行军路线，改变宿营地点，调整作战谋略，使官兵们不识、不知，谁也没有充足的理由乱发议论或随意出主意，大家心里只剩下一个念头：唯将帅马首是瞻。

孙子连用三个比喻描述接下来产生的效果："帅与之期，如登高而去其梯；帅与之深入诸侯之地，而发其机；若驱群羊，驱而往，驱而来，莫知所之。"

第一个比喻中，"期"指主帅与军队约定出战期限。主帅赋予军队作战任务，断绝其归路，使之勇往直前。

第二个比喻，主帅与军队一起深入敌国，如击发弩机射出的箭，一去而不复返，所谓开弓没有回头箭，只能一路往前冲了。

第三个比喻，说明这种情况之下的士兵，如同来回被驱赶的羊群一样，虽然他们不知要到哪里去，但个个奋勇争先。

虽然把士兵比作羊群，听上去似乎是“愚兵”，但是其效果是深入敌国作战时所必不可少的。所以，孙子把谋求这种办法称为“将军之事也”。他说：“聚三军之众，投之于险，此谓将军之事也。”这句话可以说是整段话的点睛之笔，指出了所谓“愚兵”的目的所在。这句话强调的是，集结全军出征，把官兵们投于危险境地，激发他们死战到底的决心，这是将军统帅军队作战最重要的事情。

《九地篇》篇幅较长。从内容上看，这里大致讲完了将军领军出征，经历各种复杂地形，处理种种困难情况，最终进入战场、准备交战的全过程。于是，孙子用一句话做了一个小结。他说：“九地之变，屈伸之利，人情之理，不可不察也。”

“九地之变”，是指本篇一开头分析的 9 种地形及其应变的方法；“屈伸之利”，是指军队在种种复杂情况下的进退、谋求有利作战态势的方法；“人情之理”，则是指官兵们一步步深入敌国之后心理和士气的客观变化。孙子强调，作为一个将军，在整个出征过程中对这一系列重要问题都要认真考察，做到心中有数、灵活应对。

我多次讲过，学习《孙子兵法》不要局限于字面，一定要透过字面思考其深刻的内涵。如果孤立地看，“愚士卒之耳目”这句话似乎有阶级偏见，令人不可接受。但是结合整段话来看，将其还原到战争实际场景和整个战争过程中，又可以看出它是通过比喻揭示一种带兵打仗的方法和艺术。所以，不宜把它一味斥为糟粕。

我常常在想，中央红军当年四渡赤水实在不容易。那时候的红军面临着多种复杂而又艰难的困境：其一，红军是新败之军，刚刚遭受第五次反“围剿”失败和湘江之战惨败，10 万红军只剩下 3 万多一点儿，军心士气受到重挫；其二，红军内部意见不一，博古、李德为首的“左倾”思想领导人时常攻击毛泽东、周恩来的游击战思想；其三，蒋介石继续率领中央军和地方部队 40 多万人马围追堵截，发誓彻底消灭红军；其四，4 次渡过赤水河来回拉锯，忽东忽西，战士们非常疲惫，再加上途中又打了土城之战和鲁班场之战两次败仗，不少人负伤牺牲；其五，红军没吃没喝，武器装备极差，有不少人掉队，甚至逃跑；其六，那时候的红军战士都很年轻，大多只有 20 多岁，身为红一军团长的林彪也只有 27 岁，这个年龄的人容易情绪激动，也容易悲观；其七，遵义会议之前，毛泽东在军队中的领导权被剥夺，其领导地位在遵义会议上被恢复，之后才协助周恩来领导红军。

毛泽东、周恩来、朱德在运用声东击西、避实击虚、出奇制胜等谋略对付蒋介石的同时，又一边保守作战机密，一边鼓舞官兵斗志。直到巧妙渡过了金沙江、把 40 万追兵甩得老远之后，大家才看清楚了毛泽东的战略意图，大家都心服口服了。

毛泽东之所以非常坦率地说四渡赤水是他平生最得意之笔，原因就在于，按常规来说不可能生存下来的情况下，毛泽东带领红军生存下来了，不可能打赢的恶仗，毛泽东指挥红军打赢了。这一决策非常人之所能及，确实是人类战争史上的奇迹，称之为“神来之笔”一点儿也不为过。

我们常讲，诚信做人，以诚带兵。毫无疑问，这是为人处事、当好领导的根本之所在。但是，有领导经验的人都不会否认，在危机四伏、麻烦不断、意见不一、胜负难定的时刻，孙子所说的“愚士卒之耳目”不失为一种统一思想、凝聚力量，带领大家共渡难关的有效方法。

095　九地之变，统军之要 / 自卫还击开战前官兵们的复杂心态

【原文】

凡为客之道，深则专，浅则散。去国越境而师者，绝地也；四彻者，衢地也；入深者，重地也；入浅者，轻地也；背固前隘者，围地也；无所往者，死地也。是故散地，吾将一其志；轻地，吾将使之属；争地，吾将趋其后；交地，吾将谨其守；衢地，吾将固其结；重地，吾将继其食；圮地，吾将进其涂；围地，吾将塞其阙；死地，吾将示之以不活。故兵之情，围则御，不得已则斗，过则从。

【精解】

《孙子兵法》的《九地篇》不仅篇幅最长，而且最为难读，《谋攻篇》《火攻篇》都是一气呵成，读起来思路连贯，如行云流水一般酣畅淋漓。《九地篇》却分上、下两部分，而且多处重复。比如，上半部分一开篇就提出“九地之说”，下半部分又重提“九地之说”。

很多专家学者都注意到这个问题，他们说法不一，主要有两种意见。一种意见认为，这就是简单的前后重复，前面说过，后面又重复，以示强调。另一种意见认为，是错简所致。秦始皇下令焚书坑儒之后，先秦典籍或者大量散失，或者藏于民间，在战乱频繁的年代，人的生存为大，史书典籍在收藏者颠沛流离的过程中难免散失。《孙子兵法》也是如此，《作战篇》《九地篇》《用间篇》都有多处重复，应当是竹简绳线断了之后，导致前后篇的竹简混在一起，后人整理时又没有按原样理清楚，只是按大致意思排列在一起，于是便有了重复，或者突然冒出一句前后不搭的话来。

仔细对比不难看出，《九地篇》上、下两部分都提到“九地之说”，应当不属于错简所致。因为，下半部分针对 9 种地形所提出的应对办法，与上半部分的办法不同，或者说更进一步、更为细致。比如上半部分讲到散地，应对办法是“散地则无战”，下半部分则是“散地，吾将一其志”，要统一全军意志。上半部分讲到轻地，应对办法是“轻地则无止”，下半部

分则是“轻地，吾将使之属”，即要使营阵紧密相连，避免士卒掉队开小差。显然，这不是错简的问题，如果是错简，那就应当像现在的电脑拷贝那样，放在什么地方，文字都一点儿不走样。通过对比我们可以看出，尽管9种地名前后基本一致，但是应对方法各不相同。由此可推测，下半部分重申九地之说，应当是孙子对“九地之变”的方法有了新的认识，或者需要进一步阐述。

“九地之变”的方法，表面上看似乎讲的是遥远的古代将领们在各种复杂地形上带兵打仗的方法，如果把目光转向现实，你会发现这些复杂情况下带兵打仗的方法似乎并未过时，好像还管用，用好了效果还不错。

我们不妨逐一分析一下“九地之变”的方法。

散地、轻地的应对方法前面已经讲到，我们接着分析其他几种地形及其应对方法。

对于双方争夺、谁先占领就对谁有利的“争地”，孙子提出的应对方法是“吾将趋其后”，即迅速出兵抄到敌人的后面，以占据其地。

对于双方都可以往来、道路交错的“交地”，孙子提出的应对方法是“吾将谨其守”，即谨慎防守，防止被敌人突袭。

对于四通八达、多国交界、先占领便容易得到诸侯援助的“衢地”，孙子提出的应对方法是“吾将固其结”，即巩固与列国的结盟，以获取盟国的支援。

对于进入敌国纵深、背靠敌人众多城邑的“重地”，孙子提出的应对方法是“吾将继其食”，即深入敌境，进入重地，保障军粮供应，以保障军队的持续战斗力。

对于山岭、险阻、沼泽等难于通行的“圮地”，孙子提出的应对方法是“吾将进其涂”，即迅速通过，以免发生不测或被敌人袭击。

对于进兵道路狭隘、退回的道路迂远、背后有险固、前面有阻隘、敌军以少数兵力即可击败我军的“围地”，孙子提出的应对方法是“吾将塞其阙”，即堵塞缺口，以免敌人攻进来。

对于迅速奋战就能生存、不迅速奋战就会灭亡的“死地”，孙子提出的应对方法是“吾将示之以不活”，既向敌人，同时也是向自己的官兵显示出死战的决心。

孙子所列举的这 9 种地形，毫无疑问指的是战场客观地形，但是社会各领域的竞争场上，是不是也存在着各种看不见的客观地形？说到“围地”“死地”这些词，恐怕很多经营企业的朋友就会深有同感。那么，孙子针对不同客观地形提出的“九地之变”的方法，也值得我们思考如何在现实生活和竞争中的“围地”“死地”“交地”中灵活运用。

尽管孙子针对 9 种地形所提出的应对方法各不相同，但是深入分析不难发现，其核心就是力求做到“三个统一”：统一思想、统一行动、统一力量。比如，“散地，吾将一其志”，明显就是统一思想；“轻地，吾将使之属”，重点在于使整个部队前后相连；“衢地，吾将固其结”，即加强与诸侯各方的关系，强化联盟力量。至于“围地，吾将塞其阙；死地，吾将示之以不活”，都是从思想、行动、力量上谋求高度统一的方法。

之所以要谋求高度统一而不能自由任性，孙子用一句话揭示了其中的奥秘，也可以说是现代领导学上的诀窍。他说：“故兵之情，围则御，不得已则斗，过则从。”显然，这句话是对 9 种应对方法的总结，也是核心提示。它告诉人们，官兵们一般的心理状态有三种表现：第一，“围则御”，即陷入包围就会竭力抵抗；第二，“不得已则斗”，形势逼迫，迫不得已时就会拼死战斗；第三，“过则从”，“过”指非常深入地进入敌国，陷入绝境就会听从指挥、紧紧跟随。不言而喻，只有想办法做到“三个统一”，才有可能使部队达到这种状态。

对于孙子所说的这种“兵之情”，我可是有过深刻的体会。1979 年对越自卫还击作战临战之前，部队的思想情绪是相当复杂的。接下来的一系列动作十分考验人的心理和意志。比如，每个人都把自己所有的东西打包，写上家庭住址和家人姓名，贴在背包表面，准备作为遗物送给后方。每个人把自己的姓名、单位、血型写在衣服内兜和领章、帽子上，以便负伤时救治，或阵亡后安葬。尤其是趴在草地上给父母、妻儿、爱人写遗书的时候，谁知道自己在这个世界上还能活几天？可想而知，官兵们在做这一系列动作的时候，头脑中一定想象着自己负伤或牺牲的样子，内心是何等复杂、何等煎熬。可见，孙子所指出的在散地、轻地军心容易动摇，甚至溃散，并不是个别现象，而是战争常规现象，是官兵的自然反映。不过，我们解放军解决这类问题还是有传统做法和高招的。记得当时我们白天训练、晚上看电影，一场接一场地看战争片，官兵们自然会边看边琢磨战场上是当英雄还是当狗熊的问题。当然其中还有更多鼓励杀敌立功的办法。战争开打之后，随着逐步深入战场，原先那些侥幸、矛盾的心理逐渐消失，战士们越来越清楚地意识到只有英勇作战才有可能活着回来。于是，便出现了孙子所说的“围则御，不得已则斗，过则从”的状态。

战争硝烟已经散去，和平竞争却越发激烈。孙子提出的“九地之变”的统军方法可否灵活运用于各位的日常竞争之中呢？答案自不待言。

096　王霸之兵，威行天下 / “大秦锐士”所向披靡的背后原因

【原文】

是故不知诸侯之谋者，不能预交；不知山林、险阻、沮泽之形者，不能行军；不用乡导者，不能得地利。四五者，不知一，非王霸之兵也。夫王霸之兵，伐大国，则其众不得聚；威加于敌，则其交不得合。是故不争天下之交，不养天下之权，信己之私，威加于敌，故其城可拔，其国可隳。

【精解】

《孙子兵法》中有个很霸气的名词——“王霸之兵”，不少专家将其解读为“霸王之兵”。“王霸”和“霸王”是不是一码事？

孙子讲：“是故不知诸侯之谋者，不能预交；不知山林、险阻、沮泽之形者，不能行军；不用乡导者，不能得地利。四五者，不知一，非王霸之兵也。”

“王霸之兵”就是这段话中一个重要的概念。孙子先从反面讲，什么样的军队不是王霸之兵。

其实，这句话在《军争篇》里已经提到过，为什么在《九地篇》又重提，古人有不同看法。三国时期的曹操、宋代的梅尧臣等人解释为不知上述情况就无法用兵，所以孙子才重复强调。明代的赵本学则认为，这段话与上下文并不协调，可能是错简所致。但仔细分析孙子的这句话，便可以看出并非错简。大军出国作战，如果不知道诸侯列国的战略意图，不知道各国山林、险阻、沼泽等地形情况，不知道利用当地人引导行军，那怎么能出征作战呢？显然，孙子在这里重复强调是非常必要的。

孙子紧接着得出一个结论：“四五者，不知一，非王霸之兵也。”人们对这里“四五者”的理解又出现了分歧。一种观点以曹操为代表，认为四五者指九地，即九地之利害。清朝学者夏振翼也说：“四五者，指‘九地’，‘九地’中五为客兵，四为主兵，加起来就是九地。”另一种观点则

以明人茅元仪为代表，认为应该是“此三者也”，古代字的读音与现在不一样，‘此’字的读音近似于“四”，而“三”字的读音近似于“五”，所以误写为“四五者”，这实际上是指前面孙子提出的三个方面，即“不知诸侯之谋者，不能预交；不知山林、险阻、沮泽之形者，不能行军；不用乡导者，不能得地利”。还有人认为，是指“四时”“五行”。根据孙子的表述习惯来分析，这里不一定是准确的数字，大致相当于今天所谓“如此等等”“诸如此类”的意思。意思是说，这些方面的情况如果有一样不了解，都不能成为“王霸之兵”。

“王霸之兵”，汉简本作“王霸之兵”，《十一家注孙子》作“霸王之兵”。究竟是“王霸之兵”，还是“霸王之兵”？在春秋时期，统一天下才叫“王”，如夏、商、周三代之王。不能统一天下只能叫“霸”，如“春秋五霸”。“霸”就是“伯”（两个字是通假关系）。伯本来是兄弟行辈中的老大、诸侯的首领。形象一点儿说，“王”大致相当于今天企业中的“董事长”，拥有企业所有权；“霸”则相当于总经理，仅有经营权。孙子把“王”“霸”并称，合之为“王霸之兵”，应当指的是打天下的军队。战国时期，七雄争霸，当了霸主即可称王，王和霸的概念开始混淆，顺序颠倒。所以，宋代《十一家注孙子》写成了“霸王之兵”。相比之下，还是竹简本的说法符合孙子本要表达的意思，所以我们沿用“王霸之兵”。

“王霸之兵”作为打天下的军队，其战斗力、战斗作风、作战方法应当非同一般。孙子接着说：“夫王霸之兵，伐大国，则其众不得聚；威加于敌，则其交不得合。是故不争天下之交，不养天下之权，信己之私，威加于敌，故其城可拔，其国可隳。”

把前一段话结合起来看，“王霸之兵”有三大特点：第一，是将领精通“九地之变”，擅长在战场上趋利避害，灵活运用兵力；第二，是兵力强大，部队实施远程奔袭，敌人猝不及防，必然造成敌国“其众不得聚”，即军队来不及动员和集中；第三，是威慑力强，一旦摆开作战态势，兵威加在敌人的头上，就能使它的盟国不能配合策应，甚至迅速瓦解。

孙子认为，一旦拥有这么一支“王霸之兵”，争夺天下便不在话下，也就不需要“争天下之交，养天下之权”了。“不争天下之交”，即用不着争相讨好敌国、结交天下诸侯；“不养天下之权”，则是用不着争着讨好敌国、供养天下的强权。另一种说法是，用不着与敌国争着在诸侯国培植自己的势力。我倾向于前一种理解，“外交”与“强权”相对，互文见义。孙子认为，这些做法都是“非王霸之兵”的国家之所为。拥有“王霸之兵”的国家，完全靠自己的实力开路。“信己之私，威加于敌，故其城可拔，其国可隳。”其中的“信”是“伸展”的意思。解释为，只要把我的战略意图通过强大的实力展现出来，直接施加在对方身上，就能把对方的城堡打下来，摧毁其国都。

历史上，秦始皇统一六国的战争，特别是在灭韩、赵、魏的战争中，其“王霸之兵”的威力就显露无遗。当时，堪与秦国比肩的是齐国，齐国最后一位国君田建，在位长达44年，却无所作为，完全被秦国的威势所吓倒。他不但不敢发兵阻止秦军东进，也不敢联合五国合纵攻秦，还一味恭顺事秦，秦国每灭一国，还都派使者入秦祝贺。最终在韩、赵、魏灭亡后，他的最后屏障也没有了，只能不战而降。

齐国灭亡后，齐国大臣以及百姓们都怨恨齐王，认为齐国灭亡的原因就是齐王建听信奸臣宾客之言，不与诸侯合纵攻秦，致使国家灭亡。其实，关键原因并不在于不合纵，而在于齐国实力不行，应该是齐王被秦国“王霸之兵”一扫天下的态势震慑住了，不敢与五国合纵抗衡，更不敢与秦国的军队直接对抗，所以即便合纵的策略摆在眼前，却没有胆子用。

在当时的情况下，不仅齐国害怕秦国的“王霸之兵”，与它交战的其他诸侯列国也害怕，所谓“合纵”不过是装装样子罢了。秦军一来，便各奔东西。秦国就是凭着这支虎狼之师，横扫六国，所向披靡，从心理上给六国军队极大的震慑。

秦国的“王霸之兵”并非自然天成，而是缘于秦国几十年的全方位改革。著名的商鞅变法，使秦国国富兵强，真正崛起。商鞅实行的军功爵制，使秦国士兵的切身利益与战争的胜败紧密联系起来，秦国的士兵通过在战场上奋勇杀敌就可以封官进爵，改变自己奴隶或平民的命运，因此，士兵能全力以赴，英勇杀敌。这样，秦国很快就扭转了长期以来被动落后的局面。从此以后，“大秦锐士”独步天下，无坚不摧，在七雄争霸的200多年时间内，战无不胜、攻无不克、势如破竹、不可阻挡。

有学者认为，21世纪的世界格局有点类似于中国古代的春秋战国：群雄并立，多极竞争，强胜弱败。这种说法不无道理。孙子“王霸之兵”“威加于敌”思想与当今西方世界奉行的“战略威慑”理论的相似性，也从侧面说明了这一点。

战略威慑理论包含三个要点：首先，要有“军事威慑实力”，没有实力不叫威慑，叫嘘声恫吓；第二，要“有使用力量的意志与决心”，没有决心意志，实力就如同虚设，该用时就用，不能不用；第三，还要“让对手知道”，如果对方不知道，威慑就无从谈起。三者结合，从而构成战略威慑。不难看出，其实质与孙子所说的“王霸之兵”“威加于敌”十分相似。

中国在经济上迅速发展，但是国家安全天天面临种种战略危险，甚至面临剑拔弩张的战争威胁。处理这些危险、威胁，仍然有必要遵循孙子的原则：“不争天下之交，不养天下之权”，即不去讨好四方，也不去花钱买平安，而是抓住难得的战略机遇期，把功夫下在自己身上，加紧发展国家的经济和军事。一旦综合实力强大到足以威慑对手时，那就很可能如孙子所说，“信己之私，威加于敌，故其城可拔，其国可隳”，一切危险、威慑、威胁都可能迎刃而解。

实力决定地位，气势关乎成败。战争如此，各领域竞争莫不如此。

097　不拘常法，重赏重罚 / 乾隆驭将好用非常之法

【原文】

施无法之赏，悬无政之令，犯三军之众，若使一人。

【精解】

西汉辞赋家司马相如有言："盖世必有非常之人，然后有非常之事；有非常之事，然后有非常之功。非常者，固常之所异也。"（司马迁，《史记·司马相如列传》）意思是：世上一定是先有不同寻常的人，才会有不同寻常的事；做出了非同寻常的事，才能立下非同寻常的功劳。非常就是不同寻常。有人套用这句话的形式，说"处非常之时，行非常之事，用非常之法"。无论是司马相如的原话，还是后人的套用之语，都很有道理，反映了事物发展过程中遵循常规和灵活变通的关系。在这方面，孙子绝对是高手。我曾在《世界兵学双璧》一书中专题分析了孙子的"常变论"。《孙子兵法》中既注重研究一般的谋略思路和办法，又注重研究特殊情况之下的特殊谋略思路和办法，常变结合。眼前这段话就充分体现了这一特点。孙子认为，一个将领统率"王霸之兵"深入敌国作战，必定遇到重重阻碍，遭受顽强抵抗，部队不断伤亡，官兵思想混乱。在这种情况之下，将领必须采用非常规的手段和方法才能使自己的部队继续保持所向披靡、势不可挡的状态。具体办法是"施无法之赏，悬无政之令"。这里的"无法"就是超出惯例、破格；"无政"，与"无法"互文见义，指的是临事应变，超越常规。"悬"，就是颁布、施行。整句话强调的是，深入敌国重地、处于危急境况时，就应当实施与平常制度不同的奖赏，即重赏；颁发与平常制度不同的特殊法令，即重罚。

战争既是力量的拼搏，更是意志的较量。越是在危险的关头，精神意志的作用越大，特殊情况下甚至是决定胜负的关键之所在。常言说："重赏之下必有勇夫，重罚之下必有畏者。"超常的重赏，往往能够激发官兵们拼死决战的勇气，超常的惩罚，也往往能够迫使官兵们敬畏严明的军纪

或肩负的职责。在孙子看来，如果这两手运用得好，其效果必定是“犯三军之众，若使一人”。“犯”，用、动之意。即一旦动用军队，统率三军之众作战，所有官兵紧密团结，各个部队协调一致，上上下下携手共进，如同一个人的四肢那样灵活自如。

清高宗乾隆皇帝正是因为活用了这一“非常之法”，才赢得了“十全武功”。

乾隆即位后，边疆叛乱不断，各地武装起义也相继而起。乾隆善文好武，自称文治武功为古今第一人。为振奋军威，巩固自己的统治，他重视驾驭将领和激励士兵，注重明赏严罚，甚至重赏重罚。为了明确赏罚之制，乾隆帝在四十九年（1784 年）颁布了《行军简明军律》，严格规定下几十条赏罚条例，用以振奋军威。将士在战场上只要勇于作战，都可获得从赏银到授予世职不等的奖赏。在用将方面，乾隆帝也常常破格用人。最为著名的要数破格提拔任举、高天喜二将。

乾隆十一年（1746 年）固原兵变，叛军夜攻提督署（相当于现在的省军区）。固原游击将军任举发现叛乱后，单骑前往鼓楼鸣角，召唤各部队反击。叛兵害怕了，仓皇退却，任举领兵追击，斩首 10 多人，擒获 40 多人，击败攻城叛军，随即被乾隆提拔为参将。十二年（1747 年）征讨金川叛军，各将却大多畏缩不前，独任举骁勇善战。总督张广泗上奏说：在川镇将，忠诚勇敢无出任举右者，建议提拔。于是，乾隆破格提拔任举至重庆镇总兵。前后一年时间，任举由游击升至总兵，由正五品晋升到正二品，可见乾隆破格用将的气魄。任举战死于金川后，乾隆“阅疏为泣下”，下令按照提督规格赐恤，加都督同知（战区副司令），加封荣誉称号“勇烈”，建昭忠祠以供后人祭祀。

高天喜是乾隆帝一手破格提拔起来的另一位清朝名将。乾隆二十二年（1757 年），副将军兆惠进军伊犁，高天喜以甘州守备之职跟随参将迈斯汉前往增援。遇到噶勒杂特武装百余人拦截，高天喜领兵杀之，缴获其驼马。不久，前方传来兆惠被困济尔哈朗的消息，众将议论应当迅速前往救援，但是主将迈斯汉胆怯不进。巴里坤办事大臣雅尔哈善听说之后，上报朝廷，于是乾隆下诏革除迈斯汉职务，以高天喜代为参将，没多久又提拔为金塔协副将，很快又提拔为西宁镇总兵，授领队大臣。一年之内高天喜由守备升至总兵，连跳几级，在前清时期实属罕见。高天喜在乾隆二十三年（1758 年）回疆之役中战死。乾隆御制诗悼之，称其为“绿旗中第一人”。在这种重赏拔擢政策下，乾隆一朝涌现出一批勇猛、善战的将领，取得了一系列战争的胜利。

乾隆帝驭将，既重赏，也重罚。对有功之将予以重赏，对于无功败将则处以重罚。平定大小金川之战，在近 2 年时间里，总督张广泗带领的 3 万清军进展迟缓，且死伤惨重。十三年（1748 年）乾隆加派大学士讷亲为经略特使，到前线指挥作战。张广泗与讷亲闹矛盾，各持己见。进攻 4 月有余，损兵折将，仍毫无进展。乾隆将张广泗、讷亲撤职诛杀，以示军威。为警示全军，乾隆帝于十三年针对将帅贻误军机的问题，特意研究讨论，增军律三条：统兵将帅苟图安逸，故意迁延不将实在情形具奏，贻误军机者，斩立决；将帅因私忿娼疾推诿牵制，以致糜饷老师贻误军机者，拟斩立决；身为主帅，不能克敌，传布流言蛊惑众心，藉以倾陷他人贻误军机者，拟斩立决。(《四库全书 · 皇朝文献通考 · 卷一百九十九 · 刑考》)

乾隆帝的重赏、重罚的驭将政策起到了励将奋进的作用。乾隆一朝武功极盛，大的战役有 10 次，均获胜利，乾隆帝为此志得意满，夸耀“十全武功”，晚年自号“十全老人”。这 10 次战役的起因和性质不同，如何评价是一个复杂的问题，需要进行具体的分析，我们姑且不论。但这 10 次战役清军之所以最后均获全胜，与乾隆帝实施重赏重罚的驭将政策有着直接的关系。每次战役他亲自遴选将帅、批答奏章，每克一城，都要举行盛大仪式，祭告宗庙、重赏有功的将士、破格拔擢将士，并在紫禁城建紫光阁，将战役中有大功之臣绘于其上，为其赋诗立传，极尽渲染之能事，以励将帅奋进之心。与此同时，乾隆帝对那些在战场上不能勇敢作战、临阵退缩的将帅，不能和衷共济、争功嫉能的将帅，不能遵守军纪、腐败无能的将帅，均严惩不贷。在 10 次战役中乾隆帝诛杀身为皇亲国戚、王公权贵的高级将领共有数十人，可谓用典严峻。（池双明，《二十四史管人

智慧》)

明太祖朱元璋曾说:“赏罚者国之大权。人君操赏罚之权以御天下,一本于至公。故有功者,虽所憎必赏,有罪者虽所爱必罚。”(《明太祖宝训》)他认为,赏罚之事是国家的大权。国君掌握赏罚大权以统治国家,一切赏罚都要本着大公无私的精神,所以对有功劳的人虽有所厌恶也必须奖赏,对有罪过的人虽有所喜爱也必须惩罚。不难看出,孙子所提倡的重赏重罚,不仅是战争状态下统兵打仗的方法,也可作为平时治国理政的重要方法。推而广之,恐怕也不失为现代管理的重要方法。现代管理的核心,就在于培养上下一心的认同感,换言之,就是要使所管辖的单位呈现孙子所说的“犯三军之众,若使一人”的状态。无论社会管理还是企业管理,恐怕没有哪个领导者希望自己的“麾下”乱作一团、各自为营,面临难关或攻关之际,他们无不希望全体人员同心协力“若使一人”。实现这一愿望的有效办法是,借鉴孙子的思想,根据具体情况实施重赏重罚的奖惩制度,从而在最大限度上激励先进、鞭策后进,确保组织拥有强大的生命力和竞争力。

098 陷之死地，方能决胜 / 自卫还击大战前夕写下的遗书

【原文】

犯之以事，勿告以言；犯之以害，勿告以利。投之亡地然后存，陷之死地然后生，夫众陷于害，然后能为胜败。

【精解】

著名兵书《司马法》中有一句名言："古者，国容不入军，军容不入国。军容入国，则民德废；国容入军，则民德弱。"（姜子牙，《司马法·天子之义》）"国容"，即朝廷的礼仪法度或者说国中的管理制度不能用在军队；"军容"，即军队的礼仪法度或者说军中的管理制度不能用在朝廷内。老子也有类似的说法，他的名言是："以正治国，以奇用兵，以无事取天下。"（老子，《道德经》）他主张以符合社会常规的正常有序、正大光明的方法安邦定国，以出奇制胜、灵活变化的方法用兵打仗，不扰民、不折腾百姓，从而享有太平天下。纵观古今中外，治国讲平稳，用兵讲变化，两者各有特色，合奏出社会运行的交响曲。然而，现今有少数专家学者似乎不太在意二者的区别，时常不自觉地以"治国理论"衡量"用兵规则"，或者以"用兵规则"评判"治国理论"。比如，《孙子兵法》这句话就被有的学者批评为"骗术"。

孙子说："犯之以事，勿告以言；犯之以害，勿告以利。投之亡地然后存，陷之死地然后生，夫众陷于害，然后能为胜败。"犯，侵也。如"人不犯我，我不犯人"。这里当为领兵出征的意思。"犯之以事"，即领兵遂行作战任务，采取军事行动。这时，不要告诉官兵们任务的意图。"犯之以害，勿告以利"一句在流传过程中有点变化。十一家注本作"犯之以利，勿告以害"，各传本皆同。仅汉简本作"犯之以害，勿告以利"，把"害"放在前面，"利"放在后面，两句话正好相反。联系上下文来看，还是汉简本的说法更符合逻辑。下文紧接着说的是"陷之死地而后生"，"勿告以利"是使官兵们有必死奋战的决心，不存侥幸心理。

有专家评论说：当将军明明要把士兵投入最危险的境地，却不告诉他们这就是害，这不是哄骗是什么？按常理来看，将军的这种做法确实没有对官兵们讲实话，确有欺骗之嫌。但是，我们认识和理解事物不能脱离具体的环境或语境去大而化之地高谈阔论，也不能不分析其动机和意图而武断定论。孙子这段话讲的不是平时的带兵方法，而是在《九地篇》中讲深入敌国作战、危机四伏、拼死决战的特殊情况之下作战的方法。试想，在这种情况下把任务的艰巨性、情况的复杂性、危险的严重性、结果的不可测性，毫不保留地告诉官兵们，泄露军事机密不说，可想而知会引起官兵们怎样的思想情绪。孙子作为一个饱经战火的人，他深切地知道，在这种情况下，不得不采取“犯之以事，勿告以言；犯之以害，勿告以利”的办法。采用这种方法，至少可以产生三个方面的效果：一是保守军事机密，使其不被泄露；二是统一官兵思想，避免议论纷纷，干扰作战指挥；三是打消侥幸和依赖心理，鼓舞官兵斗志，激发全部潜能。一旦产生了这一系列效果，部队即使处于死地，也会因为奋力一战而避免覆没；即使身陷死地，也会因为拼死决战而杀出一条生路。孙子总结说，军人的心理状态就是具有这种特点：越是陷入危险之中，越需要集体的力量；越是面临灭亡的绝境，求生欲望越发强烈；越是断绝了一切侥幸和依赖，越容易激发斗志。这就是所谓“夫众陷于害，然后能为胜败”，即军队陷入危亡的境地才能取胜。项羽的巨鹿之战、韩信的井陉之战、红军的二万五千里长征，都是置之死地而后生的经典案例。

当年在自卫还击作战的战场上，我也有过这种体验，或者说也正是因为被置之于死地、激发起英勇作战的斗志，才得以消灭敌人，保存自己。我们部队战前是“乙种师”，即人员不满编，武器不齐全，一半时间生产、一半时间训练的非全训部队。用现在的话来说，就是非重点部队。但是，面临战争，甲种师、乙种师，统统上阵。于是 1978 年底大批新兵补充到我们部队，迅速扩充成为甲种师。当时，我的班一下子补充了 7 名新兵。这些新战友，大多只有十八九岁，刚刚离开中学校园，一个个满脸稚气。坦率地说，当时他们不少人是没有思想准备的，只想着当兵光荣，哪里知道穿上军装，坐上闷罐车就直接来到了前线。个别新兵吓坏了，脱掉军装就往家乡跑。可想而知，这些新兵心里何等紧张和恐慌。这个时候讲任何空洞的大道理都无济于事，只有想办法打消他们的恐慌和侥幸心理，激发他们的勇气和斗志。我也没有别的什么高招，记得当时主要用了三招。一是白天组织他们强化训练，迅速掌握手中武器，提高作战技能；二是反复申明军纪军法，违者严惩；三是组织他们学英雄，引导他们认识为自己的父母、兄弟姐妹而战的意义。当然，作为兵头将尾的班长，我还得以身作则，尽管自己也才 20 岁，也从未经历战争，比他们强不了多少，但是在他们面前还得做出榜样。记得那是在临战前两天，我带领全班战友刚刚配属到步兵团不久，大家躺在草地上神聊，想象着即将开打的战争是什么模样。

有的说："可别一上去就死了，我可是还没谈过女朋友呢。"

另一个接茬儿："死了倒好，可别伤得不轻不重，不死不活，太难受了。"

又有一人说："死伤都还好说，可别当了俘虏，俘虏可是生不如死呀！"

还有的设想："如果我遇到黄继光那种情况怎么办？""如果我们打成上甘岭那样怎样办？"

更有个别人悄然落泪。

说实在的，当时我的内心也是七上八下的，谁知道开战之后是啥样子，谁知道自己能活几天，但是作为班长我觉得大家这种精神状态不对，得鼓鼓劲儿。于是，为了鼓舞全班战友，也为了激励自己，我趴在草地上写下一份非常简短的请战书：

> 我们一定誓死保卫祖国，誓死保卫人民，誓死捍卫中华民族的尊严，狠狠打击越南侵略者！一定英勇作战，不怕牺牲，前赴后继，重伤不哭，轻伤不下火线，不管在任何严峻时刻，绝不叛党，绝不叛国！为了祖国，为了人民，我们不惜牺牲自己的一切！
>
> 请营党委把最艰巨的任务交给我们。
>
> 125 师防化连喷火排十四班全体战士

写完之后，大家争相传看，一致叫好，并纷纷自发地在末尾签上自己的名字。然后，又用别针扎破手指，挤出鲜血，一一在各自的名字上面盖上殷红的血印。当我把这份斑斑血迹的请战书交给营长时，营长怔住了，半晌才说出两个字："很好！"并表示要全营向我们班学习。全班同志大受鼓舞，精神立马振作起来了。

战友们亢奋了，我内心深处最柔软的部分却开始悸动起来。躺在草丛中，想起曾经走过的山山水水，熟悉的同学朋友，更想起最亲爱的爸爸妈妈，兄弟姐妹，他们知不知道我此刻在干什么，他们能不能经受得住我的离去……

想到这些，虽然明知已经断绝与外界的一切联系，书信无法寄出去，但还是希望他们能够感应得到我此刻的心声，于是我掏出记事小本，写下了几句话：

亲爱的爸爸妈妈：

敬请你们不要悲伤，不要难过，抬起头，挺起胸。看，那迎风飘扬的五星红旗，它是您儿子生命所换；看，那日新月异的大好河山，它是您儿子汗水的结晶；看，那茁壮成长的全中国青少年，她们身上凝聚着您儿子的鲜血，她们是您的儿女……你们应当高兴，应当骄傲！您的安儿，没有辜负您的抚养，没有辜负祖国的希望，可称得上中华民族的优秀儿子！

最后，谨向你们致——军礼！

1979年2月15日，安儿

也许现在有些人看了这些文字会觉得好笑，甚至认为这人有点傻，更有甚者，或许把它看成"假大空"的东西。然而，它是百分之百的真实，既是留给父母的遗言，也是将自己置之于死地的誓言。现在回想起来，或许正是因为当初抛弃了侥幸、丢掉了幻想，抱着必死之心走上战场，才能够带领全班战友英勇杀敌，最终活着回来。

战争是和平发展进程中的间歇期，未必人人遇得上，竞争却是任何人不能回避的。无论个人还是集体，在激烈的竞争中难免会遇到类似于九地作战这种复杂局面或艰难状态，孙子“陷之死地，方能决胜”的谋略思想，无疑是可取的带兵方法，也是有效的制胜之道。

099 顺详敌意，巧能成事 / 霍去病两次河西之战的获胜秘诀

【原文】

故为兵之事，在于顺详敌之意，并敌一向，千里杀将，此谓巧能成事者也。

【精解】

说起西汉抗击匈奴的名将霍去病，人们自然会想到他“匈奴不灭，无以家为”的凌云壮志与报国情怀，也会想到他“六战六捷、马踏匈奴”的少年风采和智勇双全，更会想到他“封狼居胥”的最高军事功绩与荣誉。要知道，他取得如此辉煌的战绩时不过 20 岁左右。20 岁的年龄，在我们现代生活中，许多人刚刚踏入社会，甚至不少人还在家中啃老，霍去病怎么就如此风光了？有人说，是上天太过眷顾霍去病，还有的说他是皇帝的外戚，更多的人则认为根源还在于他卓越的军事才能与非凡智慧。原因究竟何在？我们不要急于下结论，不妨先看一看孙子的作战思想。

孙子主张进入敌国作战时不要预留后路，“投之亡地而后存，陷之死地而后生”，以此激发官兵拼死决战的斗志。但是，即使是拼死决战，也不能是愚蠢地蛮干，仍然需要巧干。所以，孙子接着提出：“故为兵之事，在于顺详敌之意，并敌一向，千里杀将，此谓巧能成事者也。”这里的“顺”借为“慎”，谨慎之意，“详”有两种不同的理解，一种以曹操为代表，认为“详”字通“佯”，即假装、欺骗；一种则认为“详”，为详细审察之意。这样，“顺详敌之意”这句话就有两种理解，一种是军队假装按照敌人的战略意图行动，迷惑敌人，使敌人做出错误的决策；一种则是谨慎审察敌人的战略意图。这两种理解各有其道理，但依据上下文，第一种解释更为合理，更符合孙子始终贯穿全篇的“上兵伐谋”思想。而且，与下文的“并敌一向，千里杀将”相照应。“并敌一向”，指集中优势兵力于一个进攻点，而不是多个。这里的“将”，不一定专指敌方将领，也可指敌人的指挥部等要害之处，即能给敌人以致命打击的地方。“并敌一向，

千里杀将”强调的是集中兵力于敌人的要害之处，在这个方向上形成绝对优势。杜牧注说：“若已见其隙有可攻之势，则须并兵专力，明向敌人。虽千里之远，亦可擒其将也。”也就是说，选准了对方间隙薄弱处的目标，就要果断用兵，集中优势兵力打歼灭战，即使有千里之遥，也可以战胜敌人，擒获敌将。这是对“并兵向敌，乘势而行”的准确解释。

这一段文字虽然简短，但内涵丰富，是孙子战略进攻思想的精髓。其中，孙子至少表达了四层意思。一是要知悉敌情。即对敌方战略企图的了解。要想战胜对方，就得深入了解对手，做到知彼知己。二是“顺详敌之意”，即要选择正确的时机。如果发现敌人的企图，不要直接揭穿或硬生生地对抗，而应将计就计，按照对手的意图和计划行事，以迷惑对手，使其轻敌，做出错误的判断。三是“并敌一向”，即选好战略方向。要集中优势兵力于敌薄弱要害之处，形成局部上的绝对优势，一击必胜。四是“千里杀将”，即选好作战方式。要使用我方精锐力量，秘密行动、快速出击，乘敌之隙，突然发动进攻，在敌人在毫无防备的情况下夺其所爱。孙子认为做到了这四条，就可以在进攻中“巧能成事”。

霍去病两次河西之战，堪称运用孙子“顺详敌之意，并敌一向，千里杀将，巧能成事”思想的生动例证。

元狩二年（公元前121年）春，霍去病第一次出兵河西，当时河西匈奴族首领主要有浑邪王和休屠王。霍去病率军深入匈奴腹地，长途奔袭作战，在皋兰之战中俘虏了浑邪王子及其所属的相国、都尉等一批贵族，斩杀了折兰、卢侯两位部落首领，斩匈奴8 960人，歼灭了休屠王主力。究其胜利原因，一是进攻方向明确。在进攻方向的选择上，霍去病的进攻目标十分明确，就是祁连山北麓的浑邪王的大本营——西城，因而能够直击要害，一战告捷。二是进攻方式隐蔽突然。霍去病带领精锐骑兵一万人，长途奔袭2 000里，奇袭匈奴首领大本营，在敌人毫无防备的情况下发动进攻；三是速战速决，突袭后迅速撤离。在首战告捷后，霍去病并没有恋战，而是立即从前线回师。毕竟是孤军深入匈奴腹地，而且此次出兵也是为了了解河西的地理环境及匈奴的一些情况，进行战略性的试探进攻，为再次更大规模出兵河西积累了经验。

半年之后，也就是当年的夏天，霍去病第二次西征，由于有了第一次西征的基础，霍去病选择了一条新的进攻路线，直取浑邪和休屠二王的核心牧场地带，可以实现以战养战，而且这条线路也几乎是一条直线走向，可以用最快的速度切入休屠王的腹地。因此这又是一次奇袭战，战果更是辉煌，投降的有 2 500 多人，斩匈奴 32 000 人，俘获五王、五王母、王子等 59 人，相国、将军、当户、都尉等 63 人。总之，这两次河西之战，共计让浑邪、休屠两部损失了将近 4 万人，几乎占了河西匈奴人口的半数。这样的损失，足以让一支军队或者部落失去战斗能力了。

一支万余人的精锐骑兵，孤军深入，很容易被匈奴人切断后路，但霍去病不为所惧。这是因为，他率领的这支军队有着匈奴人无法抵挡的强大进攻力；他深知只有直取匈奴大本营、斩其敌将，匈奴才会不战自溃，战争才会速战速决。因此并不顾忌后路问题。

从上面的战例分析中，我们可以看出，霍去病两次河西之战之所以成功，一是进攻目标明确，即对匈奴首领的大本营实施斩首行动；二是进攻方式隐蔽快速，给敌人以突然袭击。霍去病为何取得那么多的胜利、获得那么多殊荣，答案不言自明了。

在战略进攻中，战略方向的选择是重中之重。选定正确的进攻方向是战略进攻成功的关键。如果选择多个方向，多个突破口，则不能很好地将兵力集中于一点，很有可能陷入持久的消耗战中，更不可能实现巧能成事的目的。《淮南子·兵略训》中说："夫五指之更弹，不如卷手之一桎，万人之更进，不如百人之俱至也。"意思是，5 个指头轮番敲打，不如攥紧拳头一击；10 000 个人轮番进攻，不如 100 个人同时动手。这与孙子的思想不谋而合。如果进攻点是多个，就会造成力量分散，容易被敌人各个击破。那么，究竟如何集中才能达到最好的战略效果呢？一般说来，在战场空间许可的情况下，在同一时间里集中使用兵力、火力，要比拉长时间分散使用兵力火力的效果好得多。在具体的战场上选择突破地段时，既要有重点，也要注意在同一时间对同一目标实行多处突击。这样的作战效果会更好。

一般来说，正确的方向和明确的目标比具体努力更为重要。如果方向不对，即使再努力也是徒劳无功。战场上，选择一个战略主攻点或主攻方向是克敌制胜的关键，即使实力不如敌人强大，但在局部的某个关键点上集中优势力量进攻，也会成功。在职场上也是一样，选择正确的方向和突破口对个人成功来讲同样重要。集中精力做一件事情才更容易成功，如果频繁地变换目标或者在同一时间段设立多个目标，很容易因分散精力而做不成事。然而，我们经常会看到，很多人做事情不能专一，往往是“眉毛胡子一把抓，芝麻西瓜满地捡”，“样样都懂，样样稀松”。因此，在目标的选择上，一定要有所偏向，要有一个突破口，如果不讲主次、四面开花、“撒胡椒面”，那么原有的优势也就丧失殆尽了。正确的方法应是选择优势领域，在某一点或某一处突破，然后以点带面，创造最经济、最优先的效益，达成自己预定的奋斗目标。这大概也可说是“故为兵之事，在于顺详敌之意，并敌一向，千里杀将，巧能成事”的谋略思想在人生职场上的运用方式吧。

100 始如处女，后如脱兔 / 志愿军入朝作战美军何以猝不及防

【原文】

是故政举之日，夷关折符，无通其使；厉于廊庙之上，以诛其事。敌人开阖，必亟入之。先其所爱，微与之期。践墨随敌，以决战事。是故始如处女，敌人开户；后如脱兔，敌不及拒。

【精解】

常言说：画蛇莫添足，画龙要点睛。《孙子兵法》的文法很有这一特点。《九变篇》最短，但当止则止，决不拖沓。《九地篇》最长，尽管它讲了九地之变、为将之道、统军之法、决胜要诀等多方面的内容，篇幅已经够长了，但是最终还是要用一段话作为小结："是故政举之日，夷关折符，无通其使；厉于廊庙之上，以诛其事。敌人开阖，必亟入之。先其所爱，微与之期。践墨随敌，以决战事。是故始如处女，敌人开户；后如脱兔，敌不及拒。"

这段话显然不是画蛇添足，而是必不可少的画龙点睛。它既高度概括了进攻作战的全过程，又精辟地强调了进攻作战的关键性原则，用生动形象的比喻展现出为客之道的深刻底蕴。

总体上看，这段话是全文思想脉络的自然延伸。前面 1 000 多字主要讲的是深入敌国作战、一路开进过程中如何利用种种复杂地形、如何在不同的作战地区采用不同的战法、如何调理官兵紧张情绪之类的军心士气问题、如何应对种种突发情况，等等。就好比我们干某一件大事，方方面面的准备工作都到位了，接下来就是甩开膀子大干一场了。这段话讲的就是即将开战之际要注意的问题和必须运用的谋略。大致有三层意思：

首先，是临战准备的隐蔽性。"是故政举之日，夷关折符，无通其使；厉于廊庙之上，以诛其事。"在汉简本中"政举"作"正与"。"正"有出兵，征讨之意。"正举"或"正与"，都是指交战日期已定，即将开战之际。这种时刻最重要的就是保密和隐蔽。"夷关折符，无通其使"，即关闭

所有关口，注销进出的通行证，断绝两国使者的往来。相当于现在两国打仗，必定先撤离使馆和疏散侨民。“厉于廊庙之上，以诛其事”，则是强调再次仔细研究作战方案，检察是否有纰漏。“厉”，砥砺，意为反复推敲。“廊庙”，指朝廷，也可指主帅大营。虽然出兵之前我们已经有明确的作战计划，也选定了作战方法，但是经过远距离移动，面对具体敌情，临战之际还是有必要再次反复推敲。“以诛其事”中的“诛”，曹操解释为“治”，意为研究确定，使作战计划进一步细化和精确化。

其次，是接敌运动的隐蔽性。“敌人开阖，必亟入之。”“开阖”，即开门，喻指敌方出现虚隙。这时就应当趁机行事，突发制人。

再次，是发起攻击的突然性和灵活性。“先其所爱，微与之期。践墨随敌，以决战事。”其中“先其所爱”这几个字很有现代感，与当今西方军事强国奉行的“打击重心理论”思想一致。“所爱”，即敌人所爱惜、依靠的部位，诸如司令部、通信中心、后勤基地等。这些要害部位一旦受到攻击，很可能导致全局瘫痪。所以当我们突然间发起攻击的时候，不是一通乱打，而是集中兵力直取敌之所爱。而且还要“微与之期”，即非常突然，让对方来不及反应。对于这 4 个字，古今有多种解释：一是不要与敌约期交战，二是不要与敌泄露战期，三是与敌微露战期，四是暗地里等待敌人前来。根据孙子喜欢夸张用词的表述习惯，我们还是把“微”字理解为“不要”更为合适。即不要事先与敌人约定交战日期，突然打击其要害。突袭作战往往面临种种不可测的变数，所以不能死守着战前的计划打仗，而是要“践墨随敌”。这几个字是比喻指挥官应当像木匠那样，按照木材的形状划定墨线，然后下锯取材。突袭过程中也应当根据敌情和战场实际情况的变化，随机决定作战方案、随时调整作战方法。

最后，孙子用一句话完成了点睛之笔：“是故始如处女，敌人开户；后如脱兔，敌不及拒。”用“处女”和“兔子”做比喻，生动形象地概括了突袭进攻应有的状态：进攻前夕好像含羞带怯的少女，让人只顾开门探望，赏心悦目，而不加防范；一旦发起突击行动的时候，又像草丛中蹦起来的兔子，让人猝不及防，挡都挡不住。一是喻其静，一是喻其动。隐蔽性、突然性、巧妙性、灵活性尽在其中。

抗美援朝作战中，第一次战役之所以能够给“联合国军”以猝不及防的打击，就在于志愿军很好地做到了“始如处女，敌人开户；后如脱兔，敌不及拒”。

尽管在中华人民共和国成立不到一年之际，要做出抗美援朝的决策相当艰难。但是，一旦下定决心之后，中央军委和毛泽东立刻转入作战思维，按孙子所谓“为客之道”指挥志愿军秘密入朝。

志愿军出国前，中央军委和毛泽东依据敌我双方的情况，曾计划在朝鲜北部的德川至宁远一线以南地区先组织防御作战，待半年之后再进行反攻。但是，志愿军出国前夕，情况发生了很大变化。美军已占平壤、元山等地，并集中了4个军13万人的兵力，由元山、平壤两地分东西两线（主力置于西线），向中朝边境冒进，企图在11月23日前，前出到中朝边境，一举歼灭朝鲜人民军，达到占领全朝鲜的目的。

根据这一变化了的情况，毛泽东和彭德怀商议后，立即改变了原来的作战计划。毛泽东于10月19日在给中南、华东、西南、西北等中央局的电报中指出：“为了保卫中国，支援朝鲜，志愿军决于本日出动。先在朝鲜北部尚未丧失的一部分地方站稳脚，寻机打些运动战，支援朝鲜人民继续奋斗。”并确定“以运动战为主，与部分阵地战，敌后游击战相结合”作为志愿军第一阶段的作战方针。

我的老部队42军是最早进入朝鲜的部队。为了达成战役的突然性，最先入朝的各部队采取了一系列伪装隐蔽的措施。比如：部队入朝时，利用黄昏和暗夜时分分路过江，有的甚至是将石板铺在水下，踏水过江，使“联合国军”不便进行空中侦察和空中袭击。入朝后向前开进时，避开定州、博川、军隅里一线及其以北约20公里的地区，专走山路、小路，以防过早被“联合国军”发现。各部队派遣的侦察队，伪装成朝鲜人民军，而不称中国人民志愿军，甚至有的部队所有官兵身上都没有军队符号，以此迷惑“联合国军”。此外，各部队都严格实行无线电静默。由于这一系列措施得当，加之美军判断中国出兵的可能性极小，因而对志愿军入朝行动未能察觉。

10月21日，毛泽东鉴于志愿军徒步开进，已来不及在预定地区组织防御，遂电示志愿军改变原定先站稳脚跟的计划，争取战机，采取在运动中歼敌的方针。彭德怀随即调整部署：西线集中第40、第39、第38军（附第42军第125师）在温井、云山、熙川以北地区，分别歼灭韩军第6、第1、第8师，志愿军第66军主力立即入朝，向铁山方向前进，准备阻击英军第27旅；东线以第42军（欠第125师）在黄草岭、赴战岭及其以南地区阻击美军第10军及韩军第1军团，保障西线主力的翼侧安全。25日，“联合国军”在西线继续以师或团为单位分兵冒进。

10月25日7时，志愿军第40军第118师在两水洞地区设伏，韩军第6师的一个加强营毫无防备，贸然进入伏击地带。伏击部队当即发起攻击，猛打猛冲，打得敌人晕头转向，仅两个多小时即将其全歼，并生擒美军顾问赖勒斯。两水洞战斗规模不大，却是志愿军入朝作战的第一仗，标志着正式拉开了抗美援朝战争的序幕。

整个第一次战役，中国人民志愿军与朝鲜人民军英勇奋战13天，共歼灭“联合国军”1.5万多人，粉碎了“联合国军”感恩节以前占领全朝鲜的企图，并将其从鸭绿江边赶到清川江以南，获得初战胜利，从而初步稳定了朝鲜战局，取得了以劣势装备战胜优势装备的“联合国军”的经验，增强了胜利的信心，为尔后作战创造了有利条件。

“始如处女，动如脱兔”，将动与静、攻与守有机结合起来，充满了辩证思维，深藏着战争智慧。毫无疑问，也是现实生活中各领域的人共同需要的竞争智慧和处事艺术。我们既不能始终藏而不露，也不能动而不止，最好是藏动结合。藏时甘于寂寞，动时毫不迟疑。

—第十二篇—

《火攻篇》——慎重决策须把握的三大原则

[篇题解析]

顾名思义，“火攻”即以火作为手段来辅助进攻的意思。孙子那个年代，打仗主要用长矛大刀、强弓劲弩，这些武器一旦遇到高墙深沟的城堡就难以发挥作用了。所以，孙子专列一篇论述火攻问题，足见《火攻篇》在《孙子兵法》中的重要性。既然如此重要，为什么要将《火攻篇》放在《孙子兵法》13 篇的末尾？这就涉及《火攻篇》的深层主旨：用兵如用火，穷兵黩武的后果将会是玩火自焚，真正懂得用兵之道的决策指挥者必须要理性、慎重地对待战争。这一主旨与《孙子兵法》开篇讲的“兵者，国之大事”前后呼应。《火攻篇》主要讲了四个问题：一是五火之变，二是火攻与水攻的比较，三是胜战修功，四是戒怒慎战。

【正文注释】

孙子曰：“凡火攻有五：一曰火人①，二曰火积②，三曰火辎③，四曰火库④，五曰火队。行火必有因⑤，烟火必素具⑥。发火有时，起火有日⑦。时者，天之燥⑧也；日者，月在箕、壁、翼、轸⑨也。凡此四宿者，风起之日也。

凡火攻，必因五火之变而应之⑩。火发于内，则早应之于外⑪。火发兵

---

① 火人：李筌注：“焚其营，杀其士卒也。”杜牧曰：“焚其营栅，困烧兵士。”谓焚烧营栅，烧毁敌军人马。

② 火积：此言焚烧敌军积聚的粮草。

③ 火辎：辎，装载物资的车辆。杜牧曰：“器械财物及军士衣装，在车中上道未止曰辎。”此言焚烧敌军被服、军器装备及车辆等辎重。

④ 火库：《说文》：“库，兵车藏也。”此谓焚毁敌军所贮装备、军饷、财物等库藏。

⑤ 行火必有因：因，《吕览·尽数》：“因智而明之。”高诱注：“因，依也。”此言行火时必须有所依，即天时、敌情可用，行火器材常备。

⑥ 烟火必素具：烟火，曹操注：“烧具也。”此言发火器材必须平日准备好。

⑦ 发火有时，起火有日：发动火攻要选择好天时，具体点火要有恰当的日子。

⑧ 天之燥：燥，曹操注：“旱也。”此言气候干燥，物品容易燃烧。

⑨ 箕、壁、翼、轸：为二十八星宿之四宿。箕为东方苍龙七宿之一；壁为北方玄武七宿之一；翼、轸为南方朱雀宿之二。古人通过长期观察，月亮与这些星宿运行到一起的日子，一般多风，这可看作上古时的气候资料。

⑩ 凡火攻，必因五火之变而应之：根据五种火攻所引起的敌情变化，适时地运用军队策应。

⑪ 早应之于外：曹操注：“以兵应之也。”杜牧注：“凡火，乃使敌人惊乱，因而击之，非谓空以火败敌人也。闻火初作，即攻之；若火阑众定而攻之，当无益，故曰早也。”

静者，待而勿攻，极其火力[①]，可从而从之，不可从而止[②]。火可发于外，无待于内，以时发之[③]。火发上风，无攻下风[④]。昼风久，夜风止[⑤]。凡军必知有五火之变，以数守之[⑥]。

故以火佐攻者明，以水佐攻者强[⑦]。水可以绝，不可以夺[⑧]。

夫战胜攻取，而不修其功者，凶[⑨]，命曰费留[⑩]。故曰：明主虑[⑪]之，良将修之[⑫]。非利不动[⑬]，非得不用[⑭]，非危不战[⑮]。主不可以怒而兴军，将不可以愠[⑯]而致战。合于利而动，不合于利而止。怒可以复喜，愠可以复悦；

---

① 极其火力：使火力燃烧到最旺时。

② 可从而从之，不可从而止：从，随也。曹操注曰："见可而进，知难而退。"言可随火而进攻敌人则进攻，没有机会进攻就按兵不动。

③ 以时发之：陈皞注："以时发之，所谓天之燥、月之宿在四星也。"其说甚是。

④ 无攻下风：不要在下风处进攻。赵本学注曰："下风为烟焰所冲，固不宜攻，亦恐敌兵避火，溃出相蹂藉也。"

⑤ 昼风久，夜风止：白天刮风时间长，到晚上就会停止。各家注本皆同此。唯刘寅《直解》引张贲说："白昼遇风而发火，则当以兵从之；遇夜风而发火，则止而不从，恐彼有伏，反乘我也。"

⑥ 以数守之：即按火攻应遵循的自然规律把握火攻的时机。杜牧注曰："须算星躔之数，守风起日，乃可发火，不可偶然而为之。"

⑦ 故以火佐攻者明，以水佐攻者强：用火进攻敌人效果十分明显，用水进攻敌人就会壮大我军声势。

⑧ 水可以绝，不可以夺：绝，断绝、分割。不可以夺，曹操注："不可以夺敌蓄积。"言用水攻敌可以打散敌人，但不能彻底摧毁敌人。

⑨ 不修其功者，凶：凶，祸患也。此言打了胜仗，夺取城邑，而不修明政治，及时论功行赏，激扬士气，以巩固胜利成果，则埋下祸患。

⑩ 命曰费留：命，名也。费留，曹操注云："若水之留，不复还也。"此言若不及时赏赐士卒，将士不领命，致使战争拖延或失败，军费将如流水般逝去。

⑪ 虑：《说文》："虑，谋思也。"此言思索、想到。

⑫ 良将修之：明智的将领应很好地研究这个问题。

⑬ 非利不动：《香草续校书》云："当指士卒言，谓非有所利，则不为我动也。"言对我无利则军队不行动。

⑭ 非得不用：《香草续校书》云："非有所得，则不为我用也。"言没有必胜的把握则不出动军队作战。

⑮ 非危不战：危，紧急。《香草续校书》云："非有所危，则不为我战也。"

⑯ 愠：怨愤、恼怒。

亡国不可以复存，死者不可以复生[①]。故明君慎之，良将警之，此安国全军之道也[②]。

【白话译文】

孙子说，火攻的方式有五种：一是火烧敌军人马，二是火烧敌军粮草，三是火烧敌军辎重，四是火烧敌军仓库，五是火烧敌人粮道。实施火攻需要具备一定条件，这些条件必须平常即有准备。发动火攻要依据一定天时，点火要看准日子。天时是指气候干燥的季节，日子是指月亮行经箕、壁、翼、轸四星所在位置的时候。月亮经过这四星宿的时候，就是起风的日子。

凡用火攻，将领必须根据这五种火攻所引起的不同变化，灵活地派兵接应。从敌营内部放火，就要及时派兵从外部策应。火已烧起而敌营仍然保持镇静的，应持重等待，不要急于进攻；待火势兴旺，可以进攻就进攻，不可以进攻就停止。火可从外面放，这时就不必等待内应，只要适时放火就行。要从上风放火，不要从下风进攻。白天风刮久了，夜晚就容易停止。军队必须懂得灵活运用五种火攻方式，并等待放火的时日条件具备再进行火攻。

用火辅助军队进攻，效果明显；用水辅助军队进攻，可以使攻势加强。水可以阻隔敌人，但不能直接削弱敌军实力。

军队凡打了胜仗，夺取了土地城邑，而不能巩固战果的，则很危险，这叫劳而无功的“费留”。所以说，明智的国君要慎重地考虑攻战之事，贤良的将帅应该认真地决定军事行动。不是有利就不要采取军事行动，没有必胜的把握就不要用兵，不是危机迫近不要开战。国君不可因一时愤怒

① 怒可以复喜，愠可以复悦；亡国不可以复存，死者不可以复生：梅尧臣注：“一时之怒，可返而喜也；一时之愠，可返而悦也。国亡军死，不可复已。”其说颇是。

② 故明君慎之，良将警之，此安国全军之道也：张预注：“君常慎于用兵，则国可以安；将常戒于轻敌，则可以全军。”全句谓明智的国君要慎重，贤良的将帅要警惕，这是安定国家、保全军队的重要原则。

而发动战争，将帅不可因一时气愤而出阵求战。符合国家利益才用兵，不符合国家利益就停止；愤怒可以恢复为欢喜，气愤可以恢复为高兴；国家灭亡了就不能复存，人死了也不可能再生。因此，对于战争，明智的国君要慎重，贤良的将帅要警惕，这是安定国家和保全军队的重要原则！

101 五火之变，以数守之 / 赤壁大战时的东南风并非“借”来

【原文】

孙子曰：“凡火攻有五：一曰火人，二曰火积，三曰火辎，四曰火库，五曰火队。行火必有因，烟火必素具。发火有时，起火有日。时者，天之燥也；日者，月在箕、壁、翼、轸也。凡此四宿者，风起之日也。凡火攻，必因五火之变而应之。火发于内，则早应之于外。火发兵静者，待而勿攻，极其火力，可从而从之，不可从而止。火可发于外，无待于内，以时发之。火发上风，无攻下风。昼风久，夜风止。凡军必知有五火之变，以数守之。

【精解】

孙子首先提出了“五火”之名，也就是可火攻的五种对象：“凡火攻有五：一曰火人，二曰火积，三曰火辎，四曰火库，五曰火队。”一是焚烧敌人的兵马，二是焚烧敌人的粮食草料，三是焚烧敌人的辎重装备，四是焚烧敌人的各种物资仓库，五是烧毁敌人的交通设施和运输工具。前四种情况比较好理解，唯一存在争议的是第五种情况，即“火队”中“队”的含义。古人注解《孙子兵法》，对“火队”有三种解释：一种认为“火队”指的是烧敌人的队伍，那么“火队”就和第一种情况“火人”重复。另一种认为“火队”指烧敌人的队仗武器，这又和第三、第四种情况重复；还有一种认为“火队”中的“队”与隧道的“隧”相通，指道路。相比之下，这种解释更为合理。值得注意的是五火的次序，孙子把“火人”排在第一位并不是随手写来，而是经过充分考虑的。消灭敌人的有生力量被孙子放在了最优先的级别，这是古代冷兵器战争时代最重要的任务。其次是烧粮草，没有后勤补给军力就无法维持，军心就会大乱。

有一个成语叫作“玩火自焚”，火这种东西不像长矛大刀那么好控制，一不留神就容易烧着自己。也不像长矛大刀那样全天候都可以使用，下雨天就很难实施火攻。所以，孙子接着指出实施火攻必须具备一定的条件，还要把握好时机。他说：“行火必有因，烟火必素具。发火有时，起火有

日。时者，天之燥也；日者，月在箕、壁、翼、轸也。凡此四宿者，风起之日也。”

“行火必有因”，是说实施火攻必须具备一定的条件。其中重要的是“因”，即根据，或利用的意思。军队要善于利用宿营地附近的树林、布阵在干枯的草地上、营房用茅草覆盖、战车战船相连，或者是利用敌营中的细作或内应，天气长期干燥并且风势大，风向顺等条件。

“烟火必素具”是说平时要注意准备火攻的条件，如干柴、枯草、油脂、松香等平时就要准备好，此外还要有训练有素的纵火之人。

条件具备了，还有一个时机问题。所谓“发火有时，起火有日”，强调的就是实施火攻要选择有利的时、日。具体来说，时，指天气干燥的季节；日，指月亮在箕、壁、翼、轸四宿位置的日子。四宿指四个星座，古人认为太阳、月亮在二十八星宿间的运行位置与天气、节令有直接对应关系，大凡月亮运行到箕、壁、翼、轸四宿的位置时，就是有风之日。

在《三国演义》赤壁之战的相关章节中，对于利用风力帮助火攻的情形有着精彩的描述：建安十三年十一月十五日，曹操横槊赋诗，意在并吞江南。周瑜为破曹军派庞统献连环计，眼看计谋就要成功，突然想到风向不对，立刻急得口吐鲜血。当时正是寒冬季节，江上刮的是西北风，而不是周瑜所需要的东南风。诸葛亮识破玄机，自称能呼风唤雨，并在南屏山摆七星坛祭东风，承诺可借三日三夜东南大风，即从十一月二十日甲子到十一月二十二日丙寅。周瑜开始不信，着急地说：“孔明之言谬矣。隆冬之时，怎得东南风乎？”结果三更时分果然刮起了东南大风。

当然，这段故事只是文学家对历史的艺术化描述，其实真正的原因是诸葛亮熟悉天文知识，早知起风的时日。据气象学专家分析，倘若冬季气候转暖，地处亚热带湿润季风气候带的地区即使在隆冬十二月也是非常有可能刮几场东南风的。据《后汉书·五行志》记载，建安十三年的十月会有“日有食之”，即出现了日食。这年天气十分反常，而且瘟疫流行，夏季不热，冬季不冷。来自东南沿海一带的副热带高压逐渐增强北上，形成了这一年特有的冬季常刮东南风的奇观，这才是诸葛亮能借到东风的真正原因。

分析了火攻的条件和时机之后，孙子接着研究火攻的方法。他提出了五火之变，即使用火攻时五种应对情况变化的策略：“凡火攻，必因五火之变而应之。火发于内，则早应之于外。火发兵静者，待而勿攻，极其火力，可从而从之，不可从而止。火可发于外，无待于内，以时发之。火发上风，无攻下风。昼风久，夜风止。凡军必知有五火之变，以数守之。”

第一种情况是我方从敌人内部放火，及早在外部策应。第二种情况是我方待火燃起后观察敌方动静，如敌营十分镇静，就不要急于进攻，等到火势极旺，可根据敌情变化能攻则攻，不能攻则停止。第三种情况是我方从外面放火，而不必等待内应，只要时机成熟就进攻。第四种情况是火要从上风点燃，不要从下风进攻。这一方面是因为下风被烟焰冲击不宜进攻，另一方面是因为敌人无路可逃时必将做困兽之斗，强攻会给我方造成不必要的损失。第五种情况是如果白天刮风时间长，夜里风则会停止，火攻的实施者应根据这种情况采取正确的行动。

孙子在这一段话的最后告诫用兵者，在行军作战及宿营时必须熟悉五种火攻形式、灵活运用，根据星宿运行的位置来把握火攻的机会，同时要兼顾好防守，不能只想到以火攻敌，还要防着敌人以火攻我。

南朝宋的太尉沈庆之讨伐汉水沔水流域犬羊山诸山蛮时，沿着山险构筑城堡，并在营区内开凿水池，一方面早晚都不用出营汲水，另一方面可用来提防山蛮火攻。不久，适值大风天气，山蛮果然趁夜色掩护下山放火烧营，但火烧到营区就被泼灭了。正是因为沈庆之懂得提前预防火攻，懂得事先“以数守之”，才避免了临时打乱仗的不利局面。

孙子讲的这些火攻方法，或许已经显得非常古老且不适用了，但是听话听音、锣鼓听声，我们要重视把握其思想精髓。孙子提出的这些火攻方法，至少告诉我们做人做事的三个要领：一是我们要善于把握和利用有利的时机，顺势而为，事半功倍，逆势而为，事倍功半；二是我们要灵活使用某种方法，不能简单行事，而应用多种方法配合；三是我们要攻守兼顾，你用什么方法攻击对方，也很可能遭到对方同样方法的还击，所以务必做好防守准备。

102 火攻者明，水攻者强 / 自卫还击作战中喷火兵的神奇威力

【原文】

故以火佐攻者明，以水佐攻者强。水可以绝，不可以夺。

【精解】

这段话实际上是将火攻与水攻相比，突出火攻的重要作用和特点。

首先，孙子肯定水攻与火攻都是借助自然力对敌发动攻击的有效手段。“故以火佐攻者明，以水佐攻者强。”“佐”，即辅佐、辅助之意。问题是“明”和“强”两字不太好理解。有的人理解成用火攻助战则效果明显，用水攻助战则力量强大。恐怕我们不能这么理解。清代学者王念孙曾指出，《左传·哀公十六年》和《国语·周语》都有“争明”一词，它与“争强”是一个意思，这里的“明”和“强”是“异文同义”，字不相同而意思一致。说的是在发动攻势时用火助攻与用水助攻一样，都能取得显著效果，因此在战争中要合理运用两种手段。

战争最讲究借助一切外力，战场环境中有什么条件可用就拿过来用，以延伸军人的手臂、增强攻击的力量。所以，什么时候用火攻，什么时候用水攻，没有一定之规，完全根据战场条件而定。如果战场上同时具备火攻和水攻的条件，当然两手并用。但是，相对来说，水攻受自然条件限制更大，必须有相当规模的水源和我高敌低的地势，否则难以采取水攻。而且，其杀伤力也相对温和一些。

所以，孙子接着说：“水可以绝，不可以夺。”“绝”指隔绝阻断，杜牧注《孙子》时曾将“绝”解释为“绝敌粮道、绝敌救援、绝敌奔逸、绝敌冲击”。“夺”即消灭去除、使失去，指的是使敌方的士卒、粮食、财物等因被焚烧而消失。应当指出的是，水攻并非只有隔绝的作用，如《武经总要前集》曾指出水攻有 5 种作用：绝敌粮道，沉敌之城，漂敌之庐舍，坏敌之积聚，使敌百万之众缘木而居、悬釜而炊。可见水攻的作用是多样的，除了隔绝还有巨大的破坏作用。水攻虽然有强大破坏力，却很容易成

为双刃剑。如南北朝时期陈朝名将吴明彻当年采取水攻，结果没有淹着敌军，反而淹了自己。

太建九年（公元577年）10月，陈宣帝听闻北周灭北齐，意图乘机争夺淮北地区，于是诏令吴明彻进军北伐。吴明彻的部队抵达吕梁，北周的徐州总管梁士彦率军抵抗交战，吴明彻多次打败他，于是梁士彦退兵彭城，守卫城池，不敢再出战。吴明彻又引清水河的水灌入城中，在城下环列船舰，加紧攻打。北周派上大将军王轨率军救援。王轨轻装从清水进到淮口，在水中横着竖起一排木头，用铁锁穿住车轮，阻断船的通道。将领们听说后，很惊慌、害怕，商议劈开拦河坝，移动军营，用船载马。马主裴子烈建议说："要是劈开拦河坝放船下去，船肯定倾覆，怎么能行呢？不如先把马打发出来，这样就行了。"刚巧吴明彻采纳了这一建议，自己陈书请示掘开拦河坝，趁着水势退军，希望获得成功。可是，等到掘开大坝，水势渐渐小了下来，船到清水口时都不能渡过，部队迅速溃散，吴明彻走投无路，于是被擒。

虽然这只是个别案例，不代表普遍规律，但也足以说明水攻比火攻更不容易操作。孙子正是因为清楚地看到了这一点，才明确地说"水可以绝，不可以夺"，多少体现出他对火攻的偏爱。明代兵学家茅元仪在《武备志·兵评诀》中曾指出这两句话是"借水以赞火之功也"，他讲的是有道理的。仅在三国时期就有火烧新野、火烧赤壁、火烧夷陵等经典的火攻战役，足见其使用之频繁，杀伤力之大。

其实，说起火攻，我恐怕还是有一点发言权的。因为我曾经是喷火兵，作战期间排长牺牲之后还曾经代理过一段时间喷火排排长。不过，最初我并不愿意当喷火兵，从新兵连分配到师直防化连喷火排时，我一见到喷火器就泄了气。那家伙又笨又重，射程又近。装满油料的情况下，重50多斤，而最远射程只有45米，一旦油料稀释了，很可能只能打个二三十米。它还有一个特有的毛病，那就是后坐力巨大。击发时，为了保证火柱飞向瞄准的目标，必须保持人枪一体，在巨大后坐力推动下，身体在地上需要正直后移，不能歪斜，否则火柱就会偏移。可是击发瞬间后坐力重达上百斤，全都撞击在腰杆子上。

这些不利因素到了战场上就变成了要命的危险了。武器重，动作就慢，我们被敌人发现和击中的概率就高。射程近，不得不近处开火，十几米，甚至几米之内都有可能，生还的概率更低。后坐力大，如果第一瓶油打偏了，空中飞过一条火龙，相当于给敌人直接标示了喷火手的位置，喷火手很难有机会再次瞄准喷火，不是遭到敌人的火力压制难以前进，就是被击中而牺牲。正因为有这么多不利因素，以至于我们与机枪手、火箭筒手相比，真有点像“丑小鸭”和“灰姑娘”。上战场之前，就连我们自己都觉得立功恐怕主要是那些武器轻、射速快的战友的事儿了，我们喷火兵背着这种将要淘汰的笨家伙，能活着回来就不错了。

没想到，坏事变好事。我们喷火兵在山岳丛林地带作战中发挥出特有的作用。越南山多林密，越军躲在山洞、堑壕、暗堡之中，直射火器很难发挥作用。喷火枪喷出的火柱是软的，可以拐弯儿、溜缝儿，钻入隐蔽之处。击发之际，随着“轰隆”一声巨响，一条“火龙”飞出去，前方顿时变成一片火海，油料喷到哪儿，哪儿就迅速燃起大火，而且敌人越试图扑灭，火势就越大，足以烧死敌人，烧毁工事。火柱喷出瞬间的温度高达800℃~1 100℃，即使是坦克，其内部一些部件也能被烧毁，火顺带燃烧完坦克附近的氧气，使坦克内的敌人窒息死亡。

作战之中，我们排共消灭敌军暗堡、地道、山洞之类的火力点35个，摧毁各种战场目标38个。其中，我带领的班消灭火力点13个，摧毁各种目标10多个。全排荣立集体一等功，我班也立集体一等功。当然，我们伤亡也很大。全排33人参战，排长和两位新战士牺牲，负伤16人。其中，三四位战友因喷火距离太近，被返回的火焰烧伤。

放眼整个自卫还击作战期间，各部队喷火兵共消灭越军地堡、洞穴、坑道等各种火力点1 000多个。其中攻下的几处——由法军留下、又经越南人加工后能容纳数百人的大型而坚固的地堡，就是因为喷火兵先上，将火焰喷射进去，使敌人丧失抵抗能力，然后各兵种才将其合力拿下来的。在1984年4月我边防部队再次收复老山、夺取者阴山的战斗中，喷火兵消灭敌人火力点等目标近200个。

真可谓，小兵种，立大功。

或许有的朋友会说，你讲的喷火兵的故事与孙子所说的火攻不是一码事儿吧。的确，同中有异。都是火攻，孙子讲的是战役、战斗中的一般战法，我们喷火兵则是战斗中的具体战法。但是，我还是想借此机会纪念那些战友、宣扬战友们的功勋。

103 胜不修功，前功尽弃 / 孙子是否最终归隐山林

【原文】

夫战胜攻取，而不修其功者，凶，命曰费留。故曰：明主虑之，良将修之。

【精解】

现在世界军事领域有一个词越来越受到重视，那就是“战后重建”(或“战后维和”)。过去我们只管打赢、打垮敌人，现在并不追求彻底消灭敌国、敌军，而是要征服敌国、敌军意志，只要他们俯首称臣，从政治、经济、思想上完全服从我方的意志，我们就达到了目的。换言之，征服敌国、敌军，是为了更好地利用敌国、敌军谋取更多的利益。因此，我们就不能一味地大规模杀戮，无限度地破坏，而要见好就收，适时恢复和平稳定，如此方能将战争红利落袋为安，巩固胜利成果。其实，这并不是什么新问题、新观点，自从有战争，就有战后重建、战后维和的问题，只是当时并不受人们重视罢了。人们往往偏重于战胜攻取，一味冲杀，以致一场大战之后，往往死伤遍地，血流成河。无怪乎，老子曾经描述说：“师之所处，荆棘生焉。大军之后，必有凶年。”(老子，《道德经》)饱经战火的孙子早就看到了这一问题，大声疾呼：战胜之后，一定要“修其功”。

他在《火攻篇》中提出：“夫战胜攻取，而不修其功者，凶，命曰费留。故曰：明主虑之，良将修之。”这句话中有两个新词，也是关键词，一是“修其功”，二是“费留”。

“修”，即整治，恢复完美，修复、修治、修缮；“其功”可理解为战胜攻取的成果、战果。因此，这三个字是说：仗打赢了，攻战胜利了，就要想办法把胜利成果巩固下来。

针对“费留”之意，注解很多。主要有三种解释：一种解释是曹操的说法：“若水之留，不复还也。”是以“费留”的“留”为“流失”的流。他强调若不及时赏赐，将士不用命，致使战争拖延或失败，军费将如流水

般失去。第二种解释是唐代注家贾林的说法："费留，惜费也。"即吝惜钱财，不及时论功行赏。与曹操的理解比较接近。第三种解释为：战胜而不修事功，则胜利徒有其名，无实际利益，久将为害。

我的看法是，"留"应当是指战胜之后应当保留的成果。"费"即浪费、消耗、耗损之意。"费留"，即无论是激战而胜还是巧取而胜，如果不注意战后的治理和巩固，那就等于白费力气、前功尽弃。之所以如此理解，主要还是源于孙子自身的经历。

公元前 506 年，吴军攻入楚国首都郢城之后，发生了"吴人争宫"的恶性事件。据《列女传·楚平伯嬴》记载，吴王阖闾占领楚都后，对楚昭王"尽妻其后宫"，吴国的军政大臣也都如法炮制。什么意思？那就是吴王把楚王的妻妾全部据为己有，文武官员也按官职大小把楚国官员的妻妾据为己有，把他们的府宅变成自己的行宫。官兵所到之处，大肆烧杀淫掠、尸骸遍地。就连对孙子有举荐之恩的伍子胥也一反常态，回到楚国不是安抚百姓，而是发泄私愤，把对其有杀父兄之仇的楚平王的尸骨从墓穴中拖出来，让士兵们鞭尸 300 下。这些违背人伦的暴行与孙子的一贯主张背道而驰，他气愤无比，可是又无力制止。所以，当吴王阖闾要授予他头等战功时，他"辞而不受，固请还山，飘然而去"（冯梦龙，《东周列国志》）。道不同，不足以为谋。

说到这里，我们顺便分析一下孙子的结局。孙子虽然写有千古不朽的兵书，对中国古代军事思想发展有着巨大的贡献，可是有关他的历史记载并不多。所以，关于孙子的结局是喜是悲，没有确切的文字记录。人们只能根据只言片语的正史和野史推测。主要有三种推测。

第一种推测，是有些人根据"辞而不受，固请还山"的说法，认为从此孙子离开了吴王，回归山林，重新过起了隐居生活。唐代军事家李靖与唐太宗李世民讨论历史上谋略家特点时认为，孙武和春秋末期越国著名谋士范蠡、楚汉时期著名谋士张良一样，都是功成名就之后能够"脱然高隐，不知所往"，保全自身性命的高人。

第二种推测，出自东汉史学家班固写的《汉书》。班固在《刑法志》

中说："孙、吴、商、白之徒，皆身诛戮于前，而功灭亡于后。"认为孙武、吴起、商鞅、白起等人，虽然都是一代豪杰，但又都是先被杀戮，然后才闻名于世的。根据这一记载，一些人推测孙武同伍子胥一起被吴王杀害。孙武乃帮助吴王打败强大楚国的头号功臣，怎么会与伍子胥一同被杀呢？孙子与伍子胥关系密切，因此很可能在打败越国之后，与伍子胥一起多次劝谏吴王夫差暂缓北上争霸，先集中精力彻底灭掉越国，因与吴王夫差意见不合，和伍子胥一同被吴王赐死。

第三种推测，有些人根据司马迁的"西破强楚，入郢，北威齐、晋，显名诸侯，孙子与有力焉"（司马迁，《史记·孙子吴起列传》）这句话，推测孙子攻破楚国之后，又参加了向南征服越国、向北征服齐国和晋国的战争，可以说参加了吴国争霸天下的全过程，最终老死于吴国。现在，江苏苏州相城区还保存着孙子冢。

我个人倾向于第一种推测，理由有二。一是吴军攻入楚国首都之后的暴行确实与孙子"不战而屈人之兵"的思想主张大相径庭。孙子在《计篇》说过，"将听吾计，用之必胜，留之；将不听吾计，用之必败，去之"。既然吴王阖闾不听孙子的劝告，恣意妄为，孙子"固请还山"就是情理之中的事了。其二，吴王夫差先胜后败，竟被奄奄一息的越王勾践反戈一击，最终败亡。如果孙子一直辅佐吴王，以其兵法智慧可能不至于如此惨败。

当然，这只是推测，历史的真相有待将来如果发现新的历史记载或考古证据，再做定论。

让我们再回到"吴人争宫"的情节之中。吴王及其整个军队的暴行不仅激起了孙子的愤怒，更是激起了楚国民众，甚至周边国家的愤怒。在楚昭王的请求之下，秦国出兵救援，结果又把吴军打回吴国。孙子费尽心机的柏举之战，前功尽弃。

虽然，孙子没有预料到柏举之战先胜后败的结局，但是他根据以往的战争实践，清楚地预见到一条规律，那就是如果"战胜攻取，而不修其功者"，必有灾祸，必定丧失全部胜利成果。于是，他提醒国君将帅："明主虑之，良将修之。"即明智的国君筹划战争时就要慎重地考虑战后"修其功"的问题，贤良的将帅则应该在作战过程中切实采取"修其功"的行动。

多么理智的思想，多么智慧的谋略。随着人类文明的发展，其思想的光芒不仅毫不褪色，反而历久弥新。

美国发动的伊拉克战争表明，在信息时代仍然要以极其慎重的态度来对待战争，既要考虑战胜攻取的问题，也要考虑如何控制战争和巩固、扩大胜利成果的问题。美国之所以在伊拉克战争中陷入泥潭难以自拔，主要是因为其庞大的军费开支没有得到相应的回报，同时没有有效的办法安抚民心，也没有迅速扶持一个得力的政府，因此武装抵抗持续不断，美军不得不长期滞留伊拉克，伤亡不断增加。

从 2003 年 3 月 20 日战争爆发，至 2010 年 8 月 31 日驻伊美军撤出全部战斗部队，整个伊拉克战争共历时 7 年 5 个月。在伊拉克主要军事行动结束后，驻扎在伊拉克的美军不断遭到袭击，反美武装每天都在绑架、暗杀和制造汽车炸弹爆炸事件，伊拉克局势始终动荡不安。美国在当地建立亲美政权的企图遭遇重重阻力，其政治目的难以达成。这些因素导致驻伊美军难以脱身，长期滞留在伊拉克的部队超过 16 万人。美军驻在伊拉克的部队，对伊拉克不断恶化的安全形势无能为力，尽管采取了多次军事打击行动，但收效甚微。驻伊美军的困境暴露出美军在战后巩固胜利成果方面缺乏战略筹划和有效办法。

104 慎重决策，三非原则 / 德皇威廉二世迟到的忏悔

【原文】

非利不动，非得不用，非危不战。主不可以怒而兴军，将不可以愠而致战。合于利而动，不合于利而止。怒可以复喜，愠可以复悦；亡国不可以复存，死者不可以复生。故明君慎之，良将警之，此安国全军之道也。

【精解】

1914 年 6 月 28 日，德皇威廉二世的朋友奥匈帝国皇太子弗朗茨·斐迪南大公在萨拉热窝被人刺杀身亡。得知好友的死讯后，威廉感到大为震惊。于是，他向奥匈帝国提供协助，并支持奥匈帝国镇压策划刺杀行动的秘密组织，甚至建议其以武力对付疑似该组织的幕后黑手——塞尔维亚。7 月 28 日，也就是刺杀事件一个月之后，奥匈帝国皇帝弗朗茨·约瑟夫一世向塞尔维亚宣战，第一次世界大战爆发。三天后，奥匈帝国开始炮击塞尔维亚首都贝尔格莱德。俄国迅速展开全面动员，准备武力支援塞尔维亚，于是德国立刻向俄国宣战，全面卷入战争。虽然，第一次世界大战最初并不是德国发动的，但是威廉的建议和支持起到了很大的推动作用，尤其是因为刺杀事件而相继与俄国、法国开战，更是缺乏慎重考虑。所以，战败后威廉二世十分后悔当年的轻率决定。

孙子的“主不可以怒而兴军，将不可以愠而致战”这几句话确实是警世名言，具有振聋发聩的作用，堪称战争决策的不二法则。

顾名思义，“非利不动”，是说没有利益不行动。如果发动战争却得不到什么好处，这个仗一定不要打。趋利避害是敌我双方无不注重的基本原则，孙子更是实事求是的现实主义者，一切军事行动都要以利益为导向，无利可图的军事行动他是坚决反对的。值得注意的是，孙子并不是唯利是图的人，在他的思想中，上升到战略层面考虑的“利”绝不是蝇头小利，而是国家大利，关乎“死生之地，存亡之道”的核心利益。所以，决策者务必冷静权衡利益的大小，不要被小利牵着鼻子走，而要紧盯核心大利决

策。有些企业辛辛苦苦几十年，老是做不大，总处在打游击战的状态，东一榔头，西一棒子。这关键在于企业领导者不善于取舍，总是被眼前鸡毛蒜皮的小利吸引。看到项目就眼红，见到商机就冲动，全然不顾自身企业的特点和能力，什么都干，四面出击，导致人员、资金的分散，一旦需要集中人力、物力、财力干大事的时候，两手空空，握不成拳头，眼睁睁看着挣大钱的机会花落人家，自己却仍然只能小打小闹地四处游击作战。

“非得不用”，是说没有得胜的把握就不要动用军队作战。“用”是指用兵打仗。在这个问题上，毛泽东的观点与孙子的完全一致。毛泽东强调，不打无准备之仗，不打无把握之仗，打则必胜。克劳塞维茨把战争比喻为两个人之间的搏斗，认为“战争无非是扩大了的搏斗”。我以为，战争与搏斗之间还是不能画等号。搏斗可以冒险一搏，输赢只影响两个人，战争却不可以进行赌博式的冒险，它涉及国家的存亡、民众的生死，只能胜利、不能失败。所以，战争决策一定要慎之又慎。

“非危不战”，是说如果没有到危急关头不能轻举战端。其中的“危”也并非泛指一切危机，而是特指生死存亡的大危机。至于一些“皮毛之痒”式的局部危机，我们要沉着应对。无论国家、军队还是企业，危险时刻存在，随时闪现。如果一遇到危机，我们就不分大小轻重，开动战争机器，那么必定是国无宁日、社会动荡，不可能和平稳定地发展。所以，要慎对危机。但是，如果面对生死攸关的大危机，要当战则战，毫不犹豫。千万不能把这一决策原则误解为该战不战，该打不打。

需要指出的是，这三条决策原则是递进排列的。孙子认为，国家决定打一场战争必须坚守三个条件，也就是三条原则，即：有利的原则、胜利的原则、正义的原则。不能仅选其一，最好是三者兼备。比如，即使按照“非利不动，非得不用”的原则判定可以打了，也不是非打不可，只有被敌国逼得没有退路了，最后才决定开战。

如果仔细分析不难发现，这三条原则有一个共同基础，那就是理智。只有在非常理智的情况下，才有可能判明利益大小，掂量胜负把握，区分危机轻重。正因为如此，孙子接着说出了一句千古名言，也是对于国君和将帅的忠告："主不可以怒而兴军，将不可以愠而致战。合于利而动，不合于利而止。"需要注意的是，"主"与"将"不同，"主"高于"将"；"怒"与"愠"不同，"怒"大于"愠"；"兴军"与"致战"不同，"兴军"是全局性的，战略层面的，"致战"是局部的、战役作战层面的。还有一个字需要说明一下。"主不可以怒而兴军"一句中，竹简本写作"军"，传世本写作"师"，我们还是取竹简本的写法。孙子强调的是，作为国君，不可以因为心里不高兴就发动战争；作为将帅，不可以因为被激怒就出阵喊战。一定要对国家有利才能兴军用兵，不符合国家利益则要按兵不动、隐忍等待时机。《孙子兵法》中很多关键字词往往有多重含义。"合于利而动"的"利"，主要代表利益，尤其是国家的核心利益，但是还有一层意思，即战场状态的利弊。"非得不用"，就包含着这方面的意思。如果战场上我方状态明显不利，没有胜利的把握，则不能盲目乱战；战场状态于我有利，当然应当果断出战。

这一切都靠我们的理智去辨别和掌握。所以，孙子提醒人们注意："怒可以复喜，愠可以复悦；亡国不可以复存，死者不可以复生。故明君慎之，良将警之，此安国全军之道也。"他旗帜鲜明地反对情绪化决策，提倡理智而慎重地决策，并将其上升为保全国家和军队生存发展的根本之道。

我注意到，每次给企业家们讲到这里时，大家都不由自主地频频点头，他们内心在这个问题上有多少酸甜苦辣，可想而知。

第十三篇

《用间篇》——情报真假决定竞争胜负

[**篇题解析**]

《用间篇》主要讲述怎样使用间谍。孙子从战略高度肯定了间谍的地位，并对间谍的作用、分类和使用方法分别加以说明。《用间篇》放在 13 篇的最后，这是一个非常巧妙的安排。孙子强调用兵打仗要有“率然之势”，其实 13 篇布局也有“率然之势”。《计篇》讲“先知后定”,《谋攻篇》讲“知彼知己”,《地形篇》讲“知天知地”,《用间篇》讲“先知后行”，首尾呼应，浑然一体。“间”，本指空隙，钻空子去了解敌情的人也叫间。用间的目的是在战争中取得情报优势，进而克敌制胜。孙子认为“间”可分为 5 类：乡间、内间、反间、死间与生间。五间相配合，组成一个间谍网络，反间是其中搜集情报活动的总枢纽。谍报活动由于有组织、有计划且机密，因而易于成功。明君贤将如果用间的方法正确、措施得当，使用智慧超群的人做间谍，就一定建立奇功。孙子揭示的谍报基本原理，始终为世人所推崇，在当今世界仍被人们遵循。

【**正文注释**】

孙子曰：“凡兴师十万，出征千里，百姓之费，公家之奉①，日费千金，内外骚动②，怠于道路③，不得操事者，七十万家④。相守⑤数年，以争一日之胜，而爱爵禄百金⑥，不知敌之情者，不仁之至也，非民之将也，非主之佐⑦也，非胜之主⑧也。故明君贤将，所以动而胜人⑨，成功出于众者，先

---

① 公家之奉：公家，指国家。奉，同“俸”，指军费开支。

② 内外骚动：举国不得安宁。

③ 怠于道路：怠，杜牧曰：“疲也……转输疲于道路。”

④ 不得操事者，七十万家：操事，操作农事。曹操注：“古者八家为邻，一家从军，七家奉之，言十万之师举，不事耕稼者七十万家。”

⑤ 相守：相持。

⑥ 而爱爵禄百金：爱，吝惜。王皙注：“吝财赏，不用间也。”言吝惜爵位、俸禄和金钱而不肯重用间谍，置国家、人民安危于不顾，实为不仁之至。

⑦ 非主之佐：不配为君主的辅佐。

⑧ 非胜之主：梅尧臣注：“非致胜主利者也。”言不是胜利的主宰。

⑨ 动而胜人：动，行动。此言出兵便能克敌制胜。

知也。先知者不可取于鬼神[①]，不可象于事[②]，不可验于度[③]，必取于人，知敌之情者也。

故用间有五：有乡间，有内间，有反间，有死间，有生间，五间俱起，莫知其道[④]，是谓神纪[⑤]，人君之宝也。乡间者，因其乡人而用之[⑥]。内间者，因其官人而用之[⑦]。反间者，因其敌间而用之[⑧]。死间者，为诳事于外[⑨]，令吾间知之，而传于敌间也[⑩]。生间者，反报也[⑪]。

故三军之亲，莫亲于间[⑫]，赏莫厚于间[⑬]，事莫密于间。非圣智不能用

---

① 不可取于鬼神：曹操注："不可以祷祀而求。"谓不能以祈祷、祭祀鬼神和占卜去预知胜负。

② 不可象于事：象，杜牧注："类也。"曹操注："不可以事类而求。"此言不能以相似的事物做类比。

③ 不可验于度：验，验证。度，天象的度数，又同历数。曹操注："不可以事数度也。"言不可用日月星辰运行的位置来推验吉凶祸福。

④ 五间俱起，莫知其道：道，方法、规律。曹操注："同时任用五间也。"李筌注："五间者，因五人用之。"言同时使用 5 种间谍，使人陷于盲目的地步。

⑤ 神纪：梅尧臣注："五间俱起以间敌，而莫知我用之之道，是曰神妙之纲纪。"张预注："兹乃神妙之纲纪。"神纪，意为神妙莫测之道。

⑥ 乡间者，因其乡人而用之：杜牧注："因敌乡国之人而厚抚之，使为间也。"言利用敌国之人为间谍。

⑦ 因其官人而用之：官人，指敌国官吏。李筌注："因敌人失职之官。"梅尧臣曰："因其官属，结而用之。"言利用敌国的官吏为间谍。

⑧ 反间者，因其敌间而用之：反间，王皙注："反为我间也。或留之使言其情，又或示以诡形而遣之。"言收买或利用敌方派来的间谍，使其为我所用。

⑨ 为诳事于外：诳，欺、惑。《香草续校书》云："服敌之服，言敌之言，役敌之役，任敌之任。其表见于外者如此，故曰为诳事于外也，而其内则专欲间知敌情。"言向外散布虚假情况，用以欺骗、迷惑敌人。

⑩ 令吾间知之，而传于敌间也：杜牧注："吾间在敌，未知事情，我则诈立事迹，令吾间凭其诈迹，以输诚于敌，而得敌信也。若我进取，与诈跡不同，间者不能脱，则为敌所杀，故曰死。"

⑪ 生间者，反报也：张预注："选智能之士，往视敌情，归以报我。"言到敌人方面了解到情况以后，能亲自返回报告的人。

⑫ 莫亲于间：此句谓间谍是军中最亲信的人。张预注云："三军之事，然皆亲抚，独于间者以腹心相委，是最为亲密。"

⑬ 赏莫厚于间：言没有比间谍所受赏赐更优厚的了。

间，非仁义不能使间，非微妙[①]不能得间之实。微哉微哉[②]，无所不用间也[③]。间事未发，而先闻者[④]，间与所告者皆死[⑤]。

凡军之所欲击，城之所欲攻，人之所欲杀，必先知其守将、左右、谒者、门者、舍人[⑥]之姓名，令吾间必索知之。必索敌人之间来间我者[⑦]，因而利之[⑧]，导而舍之，故反间可得而用也。因是而知之，故乡间、内间可得而使也[⑨]；因是而知之，故死间为诳事，可使告敌[⑩]；因是而知之，故生间可使如期[⑪]。五间之事，主必知之，知之必在于反间，故反间不可不厚也[⑫]。

昔殷[⑬]之兴也，伊挚[⑭]在夏；周之兴也，吕牙[⑮]在殷。故惟明君贤将，能以上智为间者[⑯]，必成大功，此兵之要，三军之所恃而动也[⑰]。

---

① 微妙：精细巧妙。此谓非用心精细、手段巧妙的将领，不能对所获情报去伪存真。

② 微哉微哉：梅尧臣注："微之又微。"张预注："密之又密。"其言皆是。

③ 无所不用间也：言处处皆可使用间谍。王皙注："当事事知敌之情。"

④ 间事未发，而先闻者：谓我用间所谋之事未行而走漏了风声的。

⑤ 间与所告者皆死：梅尧臣注："杀间者，恶其泄，杀告者，灭真言。"赵本学注："苟军中有以间事相告语者，彼此皆斩之。斩间者之泄言，斩闻者以灭其口也。"

⑥ 守将、左右、谒者、门者、舍人：杜牧注："守，谓官守职任者；谒，告也，主告事者也；门者，守门者也；舍人，守舍之人也。"

⑦ 必索敌人之间来间我者：一定要搜索出打入我方内部的敌人间谍。

⑧ 因而利之：趁机以重利收敌方间谍。

⑨ 故乡间、内间可得而使也：此言通过反间了解敌情，乡间、内间就可为我所用。梅尧臣注曰："其国人之可使者，其官人之可用者，皆因反间而知之。"其义近似。

⑩ 死间为诳事，可使告敌：因从反间处得知敌人内部情况，故死间可将虚假情报传送给敌人。

⑪ 生间可使如期：生间可以携敌情报按预定期限返回。

⑫ 故反间不可不厚也：杜佑注："人主当知五间之用，厚其禄，丰其财。而反间者，又五间之本，事之要也，故当在厚待。"言国君知道 5 种间谍的运用，应给予反间以特别优厚的赏赐。

⑬ 殷：殷代，即商朝。

⑭ 伊挚：伊尹。《吕览·慎大》谓汤"欲令伊尹往视旷夏，恐其不信，汤由亲自射伊尹。伊尹奔夏三年，反报于亳"。伊尹原为夏桀的臣子，熟悉夏朝的情况，归商后，汤重用为宰相，遂助商灭夏，且世代受到厚待。

⑮ 吕牙：吕尚，即姜子牙。吕尚原为殷纣的臣子，熟悉殷内情。归周后，周文王立为师。

⑯ 能以上智为间者：何延锡注："言五间之用，须上智之人。"此谓贤明的君主、将领，如能用智慧超群的人为间谍，必能成大功。

⑰ 三军之所恃而动也：恃，依靠。言军队要依靠间谍提供的情报行动。

【白话译文】

孙子说：凡是兴兵十万，出征千里，百姓的耗费、公室的开支，每天要花费千金；前后方动乱不安，士卒疲惫地奔波于道路，不能从事正常耕作的有 70 万家。双方相持数年，是为了一朝决胜，如果领导者吝啬爵禄和金银，不重用间谍，因不能了解敌情而失败，那就是最不仁慈的人。这种人不配为军队的统帅，不配为君主的辅臣，也不是胜利的主宰。明君、贤将之所以一出兵就能战胜敌人，战功超出众人，就在于他们事先了解敌情。要事先了解敌情，不可祈求鬼神，不可用类似的事情去类比、推测，也不可用日月星辰运行的度数去验证，必须取之于人，从那些熟悉敌情的人口中获取情报。

间谍有五种，即乡间、内间、反间、死间、生间。这 5 种间谍一齐使用起来，使敌人不知我用间的规律，这是使用间谍神妙莫测的方法，是国君胜敌的法宝。所谓乡间，是利用敌国乡人做间谍；所谓内间，是利用敌方官吏做间谍；所谓反间，就是利用敌方派来的间谍，使其反过来为我方效力；所谓死间，就是制造假情报，并通过潜入敌营的我方间谍传给敌人；所谓生间，就是能亲自回来报告敌情的人。

所以在军队的人员中，没有比间谍更亲信的了。军中的奖赏，没有比间谍的更优厚的，没有比间谍谋划事情更秘密的。不是聪明睿智的人不能任用间谍；不是仁慈慷慨的人，不能指使间谍；不是谋虑精细的人，不能取得间谍的真实情报。微妙啊，微妙！无时无处不可以使用间谍。间谍的工作尚未进行，消息已泄露在外，那么间谍和听到秘密的人都要处死。

凡是要攻打敌方军队，要夺取敌方城邑，要刺杀敌方官员，我方必须预先了解其主管将领、左右亲信、掌管传达的官员、守门官吏和门客幕僚的姓名，一定要指示我方间谍侦察清楚。一定要查出敌方派来的间谍，从而重金收买他，优礼款待他，诱导其为我所用，这样，反间就可以为我所用了。通过反间了解敌情，就能从敌方找到恰当人选，乡间、内间就可发挥作用了。由此了解情况，就能使死间传假情报给敌人；由此了解情况，就可以使生间如期回报敌情。5 种间谍的使用，君主都必须了解掌握。了解情况的关键在于反间，所以对反间的待遇一定要特别优厚。

从前殷朝的兴起，在于伊挚曾经在夏为间，了解夏朝内情；周朝的兴起，在于姜子牙在商朝搜集情报。因此，明智的国君，贤能的将帅，若令高超智慧的人充当间谍，一定能成就大功。这是用兵的绝招，整个军队都要依靠间谍提供的敌情来决定军事行动。

105 不知敌情者，不仁之至也 / 美国对中国出兵朝鲜的误判

【原文】

孙子曰：凡兴师十万，出征千里，百姓之费，公家之奉，日费千金，内外骚动，怠于道路，不得操事者，七十万家。相守数年，以争一日之胜，而爱爵禄百金，不知敌之情者，不仁之至也，非民之将也，非主之佐也，非胜之主也。

【精解】

孙子开篇并没有直接从正面论述用间的意义，而是首先从反面用战争久拖不决带来的种种物质耗费和用间的耗费算了一笔账："凡兴师十万，出征千里，百姓之费，公家之奉，日费千金，内外骚动，怠于道路，不得操事者，七十万家。""日费千金"，是指公家和私家都需花费巨额资金。春秋时期军队出征，或者 5 家，或者 8 家共出一个壮丁，凡是他所需要的车、牛、马、饲料、军粮，全由不出壮丁的各家供给。不仅要提供如此巨大的物力、财力，还需要花大量的劳动力在上千里的道路上来来回回地运送。所以十万之师出征，70 万家掏腰包，几乎家家户户不能正常地进行生产劳动。国家和百姓都付出如此巨大的人力、物力、财力，战争造成的经济负担和财产损失之大，可以想象。问题是这种负担和损失不是一两天就结束了，而是"相守数年，以争一日之胜"。"相守数年"是指军队从出征，到进入战场，到摆兵布阵，再到约期交战，反复攻守争战，整个过程很可能持续多年，每天、每年都有如此巨大的消耗和损失，累积起来更是无法估量。与敌军相持多年，消耗无法计数的人力、物力、财力，就是为了争夺决战之日的胜利。可想而知，决战得胜则皆大欢喜，巨大付出获得巨大回报。可一旦决战失败则前功尽弃，巨大付出却招致巨大灾难。任何一个国家都难以承受这种致命性的打击。

无数战争史实证明，决战失败除了作战层面的因素之外，最为重要的原因就在于决策错误。决策务必建立在知彼知己的基础之上，古代的"知

彼”和侦察了解敌情，主要靠间谍。供养间谍是个很花钱的事情，且不说培养、训练间谍要有巨大财力投入，还要封官许愿、封官加爵，以提升其忠诚度。间谍深入敌国收买、套取有价值的情报也需要花大把的钱，如此才能有所斩获。虽然开销巨大，但是与“日费千金”的战争相比，不过是九牛一毛。有些国君和将帅算不过来这个账，只想着获取看得着的胜利，不愿意为看不见的斗争付出代价，孙子称之为“爱爵禄百金”，其中的“爱”就是吝惜、舍不得。“爵禄百金”与“日费千金”相比，也就是 1/10。由于他们舍不得用官职和重金奖赏深入虎穴的间谍，也舍不得用高官厚禄引诱敌方的间谍，以至于不知敌情，胡乱决策，作战失败。孙子对这种国君、将帅痛恨至极，连用 4 个排比句加以怒斥：“不知敌之情者，不仁之至也，非民之将也，非主之佐也，非胜之主也。”即不知敌情而胡乱决策的人，这样做是不仁到了极点。这样的君主将帅，全都没有履行好他们的职责，不配做军队的主帅，这样的谋士也算不上国君的得力助手，这种国君、将帅和谋士都成不了胜利的主宰者。这语气简直是咬牙切齿地怒骂，道出了因胡乱决策而家破人亡的亿万民众的强烈抗议，喊出了因盲目指挥而冤死沙场的千万官兵的无比愤怒。

通过对战争巨大消耗和损失的概略描述以及对“不知敌情者”的一番怒骂，孙子高度重视间谍、不惜一切代价获取情报的思想跃然纸上。

时光荏苒，两千多年后，我们读到孙子这句话仍然不胜唏嘘。讲到这里我不由得想起近些年流传的一则故事。

就在朝鲜战争爆发的前 8 天，美国民间智库兰德公司通过机密渠道告诉美国五角大楼对华政策研究室，它投入了大批人力和资金研究了一个课题，题目是“假如美国出兵朝鲜半岛，中国的态度将会怎样？”，而且第一个研究结果已经出来了，虽然结论只有一句话，它却索价 500 万美元。

当时美国五角大楼的人对华政策研究室以为这家公司是穷疯了，他们一笑置之。但是当美军在朝鲜战场上被中朝联军打得丢盔卸甲、狼狈不堪时，美国国会开始争辩“出兵朝鲜半岛是否真有必要”的问题，在野党为了在国会上言之有理地进行争辩，匆忙用 280 万美元的价钱买下了该咨询公司这份已经过时的研究结果。他们打开来一看，所谓的课题结论只有一句话："中国将出兵朝鲜"。但是，在这一句结论后面附有长达 600 页的分析报告，它详尽地分析了中国的国情，以充足的证据表明中国不会坐视朝鲜的危机而不救，必将出兵并置美军于进退两难的地步。并且兰德公司判断：一旦中国出兵，美国将以不光荣的姿态自动退出这场战斗。

从朝鲜战场回来的美军总司令麦克阿瑟将军得知这个研究成果之后，感叹道："我们最大的失策是猜忌咨询公司的价值，舍不得为一条科学的结论付出不到一架战斗机的代价，结果是我们在朝鲜战场上付出了 830 亿美元和 10 多万名士兵的性命。"

这则故事流传很广，被不少人引用。但是也有人认为这是 20 世纪 90 年代末国内某些作者杜撰出来的，其实根本就没有这码事。近几年也有一些人到兰德公司求证，兰德的人不置可否。直到 2014 年 11 月，中国互联网"大 V"访美代表团成员与美国兰德公司华盛顿分部进行交流时，兰德公司高管杰弗里才否认曾就中国出兵朝鲜做出提前预测，认为这种说法类似于一个"童话故事"。他不无幽默地说："这是一个很好的故事，应该是郑渊洁先生笔下的童话故事。事实上，兰德在朝鲜战争结束 7 年之后才撰写了报告。兰德是一个优秀的机构，但没有你们传言中的那么好。"

我没有专门研究过这个问题，但是宁愿相信杰弗里先生说的是真的。主要理由有二：其一，美国各智库也是讲国家利益至上的，国家面临重大问题时正是它们表现的最佳时机，而不是讨价还价的时机，兰德公司应当不会在关乎国家利益的关键时刻为一个研究成果而索要天价。其二，有些善于想象的作者确实喜欢编造故事。比如，1991 年海湾战争前夕，有报道说美国海军陆战队官兵每人行囊中装有一本《孙子兵法》，以便临阵研读。一两个官兵带着《孙子兵法》或许有可能，所有上战场的官兵人手一本，十有八九是虚构的。

明知兰德公司的故事是虚构的，为什么还要以讹传讹？那是因为这个故事还是很能说明问题。美国人确实误判了中国政府的战略决心，确实很不光彩地被中国人民志愿军从鸭绿江边赶过了"三八线"，最终不得不在停战协定上签字。如果他们决策之前能够花更多的时间和精力摸准中国政府的决心和利益关切点，也许不至于付出巨大代价且无功而返。

说到“用间”两字，恐怕不少人头脑中闪现的是偷情报、搞破坏之类见不得阳光的事情。其实，孙子所谓“用间”强调的还是一种思维方法或工作方法。任何人都不能只顾埋头拉车，不抬头看路；任何单位领导在进行决策和经营时也都不能只顾闭门造车，不问阃外春秋。这恰恰是人们普遍容易出现的问题，或者过于自信，或者过于盲目。抬头看路，关注阃外春秋，就是要安排专门的人员，或抽出专门的时间，了解天下大势，分析竞争对手，掌握各方信息。在这个问题上，不能“爱爵禄百金”，而要舍得下功夫，花精力。

106　先知敌情，必取于人 / 国共两党历史上典型的间谍案

【原文】

故明君贤将，所以动而胜人，成功出于众者，先知也。先知者不可取于鬼神，不可象于事，不可验于度，必取于人，知敌之情者也。

【精解】

孙子连用 4 个排比句怒骂吝啬的国君、将帅之后，紧接着指出赢得战争胜利的必由之路，那就是“故明君贤将，所以动而胜人，成功出于众者，先知也”。英明的国君、贤良的将领，之所以一采取战争行动就能够战胜敌人，而且取得的成功超过同时出征的众多将领及其所率军队，关键就在于对敌情、地形等重要情况做到了“先知”。

孙子在《形篇》中提出过“先胜”的概念，认为取得胜利往往是因为预先具备了取胜的条件，预先立于不败之地。这里又提出“先知”，进一步说明“先胜”的前提和基础是力求做到“先知”。

《左传 · 成公十三年》记载了周朝大夫刘康公的一句话：“国之大事，在祀与戎。”祀，指祭祀，也指祭典。戎，兵戎，指兵器、军队，也指战争。春秋时期，对一个诸侯国来说，祭祀和战事是国家最重要的大事。所以，孙子一开篇就借用“庙算”一词，比喻战略决策的活动过程。可见我们的祖先曾经很长时间里是靠巫师占卜的方式预测战争凶吉、胜负，然后决定打还是不打。孙子一改前人这种唯心、迷信的做法，明确指出：“先知者不可取于鬼神，不可象于事，不可验于度，必取于人，知敌之情者也。”孙子连用三个“不可”，否定了占卜超验之类方法的科学性，认为用这些方法不可能预先准确地了解敌情。

“不可取于鬼神”强调不能向鬼神祷告，烧香磕头，摆放祭品，念念有词，请鬼神保佑。

“象于事”和“验于度”，是原始预测活动中常用的两种方法。中国古代有所谓象数之学。“象”即用肉眼观察，如相宅、相墓，看风水，相人、

相马、相刀剑。“术”则是用数理推算，如式法、选择、卜筮。古人认为，吉凶之类的事情，有象有数，象靠观察，数靠推算。一般说，相术属于前一类，占卜属于后一类。然而很多数术，既有象，也有数。比如天文，夜观天星、望云省气是取于象，推躔度、排干支是取于数。“象于事”是用同类事物类比推断，“验于度”是用天象的度数来推验，似乎前者是用类推法，后者是用计算法。孙子认为，这些办法都多少有些“猜”和“蒙”的成分，难以准确预测瞬息万变的战争情况。

正确而又可靠的方法只能是“必取于人，知敌之情者也”。一个“必”字，意味着这是一条必由之路，舍此没有别的更好的方法。注意，这里的“人”不是一般的人，而是“知敌之情者也”。也就是深入第一线，或者潜入敌人内部、了解真实情报的间谍。我们说，孙子是唯物论者，是一切从实际出发的先哲，除了“经之以五事，校之以七计”然后决策的观点之外，这句话也充分地体现了这一点。

在战争史上，中央红军之所以能够在第五次反“围剿”中突破重围，就得益于隐蔽在敌人内部的红色间谍及时地掌握了敌军绝密的“铁桶计划”。

蒋介石对中央苏区的第五次“围剿”原计划3个月完成，结果从1933年9月25日至1934年9月，他用了一年也未能消灭红军。这个时候，德国军事顾问冯·塞克特将军建议以坚不可摧的碉堡封住红色区域，然后以优势兵力步步为营、稳扎稳打，最后消灭红军，这就是所谓的“铁桶计划”。蒋介石采纳了这一建议。1934年9月下旬，国民党军政要员纷纷赶往庐山，参加蒋介石主持的高层军事会议。身着戎装的蒋介石在会上雄心勃勃地抛出了“铁桶计划”，准备以12个师的兵力继续佯攻红军，将红军吸引在苏区，同时从各地秘密调集100万兵力，以红都瑞金为中心，形成一个半径为150公里的大包围圈，对苏区红军进行围困。蒋介石计划待合围形成后，各部队每天前进5公里，每隔5公里拉上一道高2米的铁丝网，构筑以碉堡为主体的包围圈，用1个月左右的时间合围瑞金，让中央苏区的红军无法逃脱。会场的保密措施十分严密，每位领取文件的与会官员都要按收件人的编号亲自签字领取。时任江西第四行政区督察专员兼保安司令的莫雄与共产党交往颇厚，对革命深为同情。通过莫雄，中共地下党已经在国民党的专署、保安司令部以及南昌行营安插了地下工作人员，这些人有的就在蒋介石的身边。庐山军事会议结束的当天，莫雄便带着有关“铁桶计划”的保密文件下山，并把这些材料交给了中共地下党员、保安司令部谍报科参谋项与年。项与年接到情报后连夜把敌军的军力配备、各部队的推进计划、火力网点设置、后勤机构设置等用特种药水密写在4本新买的学生字典上，还把一些重要的军事标图描到薄纱纸上，以确保情报的精确性。情报处理完后，项与年经过装扮，开始向瑞金进发。进入兴国后，项与年看到每条路上都有敌人的哨卡，青壮年根本无法过关。情急之下，他把自己的4颗门牙一一敲掉，用双手拉乱头发，打扮成一个乞丐，把情报藏在讨米袋里，终于成功地闯过敌人的关卡，于10月7日把情报送到了周恩来等人的手中。李德、博古和周恩来等人得到蒋介石“铁桶计划”的情报后，迅速决定进行战略转移。此时，距蒋介石制订“铁桶计划”仅十几天。接到中央军委的命令后，中央苏区的红军主力共8.6万多人，从10月16日到18日，分别在4处渡口渡过于都河，安全向西转移。10天后，国民党各部才按计划完成对瑞金的包围，但已错过了合围的最好时机。

由此可见，使用间谍和获取准确情报对战争的胜负极其重要。我们是不是可以这样说：得情报者得胜券，失情报者失全局。斯大林也说过类似的话，他认为为了打一个胜仗，是需要几个军的，但是破坏这个胜利，只需要某个师或某个军部内有几个能偷出作战计划并交给敌人的人。

近年来，我们遭受的某些重大损失，就是因为潜伏在我们内部的间谍泄露了重要情报。如中华人民共和国成立以来最大的军方间谍案——解放军原总后勤部军械部部长刘连昆案就是如此。1992年，刘连昆退休时被间谍策反，被封为国民党的少将，为台湾方面提供重要情报长达7年之久。尤其是在1996年我军军事演习期间泄露的情报使我们遭受了重大损失。

这一年李登辉抛出“两国论”，“台独”气焰十分嚣张，3 月的台湾“总统”大选之际，我军决定在台湾海峡进行大规模军事演习以震慑以李登辉为首的“台独”势力。演习原先的预案是：实弹射击，动员潜舰，攻占外岛。整个演习的预算超过 40 亿元人民币，规模庞大。但在演习前，台湾方面开始展开反制的军事部署，同时美国也表达强烈关切，派出两个航空母舰战斗群。为避免演习引发大战，中央立即下达“三不原则”。刘连昆将这些绝密情报告诉了台湾方面，使得原本十分惊恐的李登辉无所顾忌，胸有成竹，而且主动向外界透露大陆准备试射导弹的消息，并特意强调导弹是空炮弹，弹头部分仅为精准测试系统。这些信息消除了选民的恐惧情绪，李登辉顺利赢得大选，“台独”气焰也更为嚣张。

不过，李登辉有得也有失。他在竞选过程中不小心说出“中共所有行动都在我们掌握中，大陆的飞弹是空炮弹”。这就引起我方的警觉，由此判断我方高层有“内鬼”。1999 年 4 月，台湾间谍叶炳南在大陆被捕后，供出了刘连昆，潜伏 7 年之久的少将间谍才被挖掘出来，并被处以死刑。教训极为惨痛。

现在网络十分发达，人们足不出户便可以漫游天下，不用敲门便可以潜入用户系统。然而，各个领域都存在“知敌之情者”，领导层应该防患于未然。

107 五间俱起，莫知其道 / 海湾战争中美军多样化间谍侦察

【原文】

故用间有五：有乡间，有内间，有反间，有死间，有生间，五间俱起，莫知其道，是谓神纪，人君之宝也。乡间者，因其乡人而用之。内间者，因其官人而用之。反间者，因其敌间而用之。死间者，为诳事于外，令吾间知之，而传于敌间也。生间者，反报也。

【精解】

我们平常从影视剧中看到的间谍，大多是男俊女靓，其实，这只是间谍中的极少数。大部分的间谍很可能是非常普通的人，越普通越好，越平凡得不起眼越难以被发现。在孙子的笔下，“乡间”就是如此。孙子把间谍分为5种：第一种就是乡间，然后是内间、反间、死间、生间。5种间谍，各有特色，也各有职能。

“乡间”，即“因其乡人而用之”，指通过敌方下层的乡民来开展间谍活动。结识敌方的乡民，让他们去打探敌方的消息，并向我方秘密报告。倘若一时难以找到合适的人充当乡间，则可以变通一下，如选择普通的俘虏，给予重赏，或者以其家人作人质，或者以刑罚威胁，迫使他们向我方提供情报。然而我方对敌方的情报不能轻信，必须加以辨别。所以，利用乡间时，应当边问边察、反复权衡，只有经过这样细致的考察分辨，才能详知敌情且使我方情报不致泄密。乡间的优点在于其不仅了解情况，而且可以在敌方长期隐蔽。

所谓“内间”，是“因其官人而用之”，指通过敌方上层的官员开展间谍活动。所谓“官人”是指敌国的官员。尤其是那些有点才能而没有得到重用的，犯了错误遭受惩处的，有权有势又贪图钱财的，或者想借战乱施展才干的敌国官员，我方都可以通过使用秘密手段，以丰厚的贿赂去疏通拉拢，借他们打探敌方的机密要事，掌握敌情动态，打乱敌方计划。战国时期秦将王翦进攻赵国，赵国派李牧、司马尚抵御。李牧曾多次打败秦

军，诛杀秦将，王翦非常恨他，就给赵王的宠臣郭开送了大批黄金，诱使其陷害李牧。郭开对赵王说："李牧、司马尚为贪图封赏，正打算投靠秦国。"赵王因此怀疑李牧，另派赵葱、颜聚代将，不久又借故杀了李牧，废了司马尚。李牧死后三个月，王翦大举攻赵，杀了赵葱，俘虏了赵王和颜聚，灭掉赵国，王翦用赵国的宠臣做"内间"取得了最终的胜利。如果说堡垒最易从内部攻破，那么"内间"就是安放在堡垒内的定时炸弹。许多绝密的经济、政治、军事、科技情报被泄露给敌国，往往就是因为内部出现了间谍。

所谓"反间"，即"因其敌间而用之"，也就是收买或者利用敌方的间谍为我方效力，相当于现在所谓的"双重间谍"。敌人派间谍来刺探消息，我方一旦查清这一间谍的身份，不要打草惊蛇，而要佯装不知其为间谍，并编造一些虚假情报，让他带回去复命。这样，他就反而成了我方的间谍。例如，南宋名将岳飞奉命征讨广西岭南曹成领导的地方武装，在抓到敌方间谍时，故意在审讯中让管事来报告军中断粮的消息。管事请示怎么办，岳飞随口答道"退兵茶陵，等待补给"。说完就装作因失口泄密而悔恨，之后岳飞故意放松守备让间谍逃跑。曹成得到谍报果然中计，出兵企图乘机追击，而岳飞以主力进攻曹成后方，一举打败了他，这就是巧用反间取得的战果。

所谓"死间"，即"为诳事于外，令吾间知之，而传于敌间也"，就是故意散布虚假情报，让我方间谍知道，然后再由他传给敌方间谍。"传于敌间"，是说把用来欺骗敌人的情况传给敌人，从而起到离间的作用。如果公开说这是为了欺骗敌人，那么就没有人甘愿冒险打入敌方做间谍了。所以要把用来骗人的情况传布出去，让我方的间谍也一起受骗。当他们被敌国俘获，敌军主帅必然以死威胁，用钱收买，或者长期拘禁，诱迫他说出真情。他不得已，可能会把来时所听到的一切情报供出来。这样，敌方就会中了我方的计谋。有时我方间谍充当了死间而不自知，敌人一吃败仗，这个间谍也非死不可。"死间"实际上是冒着必死的危险深入敌营，按照我方事先的意图向敌人报告虚假情况的人。他们表面上是在向敌人报告机密，实际上是引诱敌人按我方的意图行事。死间的行动不为自己人所理解，但作用特别重大，他们虽然有可能在敌营中受到重用，但随时有被识破而丢掉生命的危险。自己人胜利之时，就是他们牺牲之日，因此“死间”往往具有悲剧色彩。

所谓“生间”，即“反报也”，指派去敌方而能活着回来报告敌情的间谍。生间必须智慧超众、能言善辩、忠肝义胆，具备这样品质的人可以胜任生间的使命；此外，有一些虽其貌不扬却心思缜密，外表糊涂却内心精明的人，也可以用作生间，派去诈降，进入敌营打探机密。“生间”是相对于“死间”而言的，生间不仅可以活着回来报告情况，而且还可以“自由地”出入敌我之间。他们以各种身份作掩护，比如手艺人、杂耍者、僧人、道士等，以便适应敌营的需要，从而与敌方将士广泛接触，间接探听消息而不引起怀疑。

五间之中，乡间、内间、反间是一类，要收买、利诱敌方人员为我所用；死间、生间是一类，这一类是我方派遣的特工人员。

对于这 5 种间谍，孙子强调尽量不要单一使用，而要“五间俱起”，同时运用、配套运用、交叉运用，这样才会使敌人“莫知其道”，即难以捉摸，难以察觉。这里面所包含的道理神妙莫测，“是谓神纪，人君之宝也”。“神纪”是指如同鬼神纪事，既幽隐又巧妙。孙子认为，君主一旦掌握了灵活运用五间的奥妙也就掌握了克敌制胜的法宝。

受时代条件的限制，孙子视野中的间谍不论分类还是使用方法都相当简单，与信息时代的间谍战、情报战不可同日而语。但他提出的综合运用、配套运用、交叉运用间谍的思想仍然备受人们重视，并被广为应用，只是技术水平、运用手段更加多样化、信息化。伊拉克战争中美军正是利用技术优势，全方位展开技术情报战。美国作为全球信息强国，大力利用空间技术和信息技术收集伊拉克的政治、经济、军事等方面的情报。比如，在太空采用间谍卫星锁定伊拉克的重要目标，从高空进行侦察、监视，其间谍卫星把美军所要打击的一些重要地区、重要目标的照片拍下来并及时传送给情报分析和研究中心；在天空用无人机和其他高空侦察飞机对地面目标进行侦察，探测有关情报；在地面布置立体的、多层次的雷达侦察体系，利用空投、人员带入等多种途径，在伊拉克的重要战略目标附近安置一些智能型多功能探测器，这些传感器能把得到的信息及时传送出去。美军通过多种技术手段获取情报的方法，为情报的及时性和准确性提供了保障。虽然技术侦察是获取情报的一个重要途径，但是即使在现代战争中，要想获取敌方核心情报，仅仅依赖技术手段是远远不够的，必须派出人员对相关目标进行必要的侦察与情报核实。因此，美军不遗余力地派出得力人员，在伊拉克战争中收集情报。比如，为掌握萨达姆的情况和准确位置，美国军方在战前派遣一个名为“灰色狐狸”的情报搜集小组秘密潜入巴格达，并派特种部队直赴萨达姆的老家提克里特。潜入伊拉克境内的美军情报人员中，许多人有阿拉伯血统，精通当地语言，类似于孙子所说的“乡间”，不易被察觉。美国还以联合国在伊拉克开展核查的名义，派出一些情报人员打入核查队伍，通过他们获得许多可靠的一手情报，并通过空降等途径，直接向伊拉克境内派遣特工，搜集情报。2002 年 2 月，美军曾派遣特种部队前往伊拉克北部，以获取从北部向伊拉克展开进攻的数据和资料。此外，美国还特别重视在伊拉克寻找和培植“内间”，从萨达姆政权内部收买间谍为其服务，如美国国防部出资 9 200 万美元，资助并训练“伊拉克国民大会”的武装人员，这些人以多种身份潜伏在伊拉克境内，为美国提供情报，指引美军轰炸目标。由于综合运用多种间谍手段，美国比较全面、深入地了解到伊拉克各方面的情况，这些情报在美军的军事行动中发挥了重要作用。

间谍战、情报战是古老又时兴的斗争形式，而且具有既专业又通用的特点。不仅军事领域如此，商场竞争、赛场竞争都活跃着形形色色的间谍身影。尽管我们希望诚信经营、公平竞争，但是对于孙子所说的“人君之宝也”，我们还是不得不上点儿心、留点儿神。

108　三军之亲，莫亲于间 / 李克农不带兵打仗为何成为开国上将

【原文】

故三军之亲，莫亲于间，赏莫厚于间，事莫密于间。非圣智不能用间，非仁义不能使间，非微妙不能得间之实。微哉微哉，无所不用间也。间事未发，而先闻者，间与所告者皆死。

【精解】

在人们的印象中，上将，尤其是中华人民共和国刚刚成立不久授予的上将，应当是驰骋沙场、杀敌无数的战将。可是，在共和国第一批 52 位上将中就有那么一位从未直接领过兵、打过仗的人，他就是李克农。没有直接领兵打仗，何以成为上将？这是因为他长期从事隐蔽战线工作，甚至曾经潜伏在国民党中央组织部，担任总务科主任，及时为共产党提供情报。

1931 年 4 月 25 日，周六，深夜。李克农在上海一片闹市区的狭窄马路旁一家不起眼的简陋旅馆休息，这里其实是他的一个秘密联络点。忽然，一阵急促的敲门声传来，而且符合接头的暗号，他急忙打开门，一个年轻人跌跌撞撞地冲进来。年轻人神色紧张，呼吸急促，递给李克农一封密信。这个青年人是隐蔽在国民党中央组织部的红色间谍钱壮飞的女婿，钱壮飞把他安排在正元实业社做杂务跑腿的工作，实际是担任钱壮飞和李克农之间的联络员。

李克农一看钱壮飞的密信，大惊失色，他怔住了：中共中央政治局候补委员、中央“特科”负责人之一顾顺章，在武汉被国民党武汉行营侦缉队捕获后叛变了，要到南京面见蒋介石，密报中共中央、江苏省委和共产国际在上海的机关和中央领导人的住处，并要亲领国民党特务将这些机关和领导人一网打尽，以作为向蒋介石投降并获得重用的见面礼。

中共中央首脑机关和主要领导人危在旦夕，分分秒秒耽误不得！

经过种种周折，他第一时间找到了上海中央特科负责人陈赓，报告了

这一重要情况。随即，他和陈赓见到了周恩来。周恩来立即召集中央有关领导，决定采取断然措施，把顾顺章知道的所有关系和线索统统掐断，令顾顺章掌握的所有联络暗号和接头方法全部作废。中央机关、江苏省委机关、共产国际在上海的机关立即全部撤出，所有人员全部转移。

1931 年 4 月 27 日一早，国民党特务头子陈立夫、徐恩曾带着顾顺章直接奔往上海，像饿虎扑食、恶狼端窝一般准确无误地向目标扑去。然而，一处处人去楼空，有的地方仅余一堆堆刚刚燃烧过的文件的灰烬。

共产党在上海的总部机关和高层领导成功地逃脱了国民党的魔掌。

这等“挽狂澜于既倒，扶大厦之将倾”的巨大贡献，不远胜于消灭敌人一两个军吗？更何况这还只是李克农若干重大贡献中的一个。所以，1955 年中华人民共和国第一次授衔时，授予李克农上将军衔，确实理所应当、实至名归。同时，这一做法也完全符合孙子的思想。孙子不仅强烈呼吁重视用间，而且具体指点国君将帅怎样做才算上是重视用间。他说：“三军之亲，莫亲于间，赏莫厚于间，事莫密于间。”强调整个军队中，国君最为亲近的是间谍，奖赏最为厚重的是间谍，谋事最为机密的是间谍。三个“莫”，相当于现代的三个“最”。之所以要给予间谍如此高规格的待遇，那是因为间谍这种工作既重要，又复杂，还危险，随时可能丢掉性命。因此，如果不注重特别与其亲近，间谍就不一定会被激发起出生入死的决心；如果不给予重赏，间谍就不一定会焕发尽职尽责的热情；如果不注重高度保密，间谍所从事的机密事情就不一定成功。

间谍和情报固然十分重要，但是相比而言，运用间谍和需求情报的国君、将帅更为重要。因为，如果他们不善于艺术地运用间谍，不小心泄露了间谍的信息，那么间谍也就难以生存了。如果他们思维不敏捷、不缜密，即使间谍送回来非常有价值的情报，他们也难以辨别真伪，或者难以取舍。所以，孙子接着对国君、将帅连说了三个“非”：“非圣智不能用间，非仁义不能使间，非微妙不能得间之实。”所谓“圣智”，即圣人一般的智慧，指能通晓极深奥、极隐秘道理的人。实施间谍活动，制订具体计划，在敌人面前编造情节、虚构言辞，用心都须极其深刻且细致，不能被人识破，所以说“非圣智不能用间”。对派出去的间谍，用间者平时需要以仁义相待，只有使间谍感恩戴德，愿意拼死效力，才能够把重要任务托付给他，所以说“非仁义不能使间”。由于敌情本身有真有假，间谍获取的情报也可能有真有假，因此，对于间谍情报必须深入细致地思考，通过分析、比较、综合、判断来辨别真伪，从而为决策和指挥提供可靠的依据，所以说“非微妙不能得间之实”。

显然，这“三非”是对国君和将帅的要求和忠告，也是正确使用间谍、获得情报的总体方法。周恩来作为我党情报工作的创始人和总负责人，应当说很好地避免了这“三非”。1927 年 5 月，从上海脱险的周恩来到达当时的中共中央所在地武汉。他吸取之前的教训，为保卫中央安全建立了“特务股”，在各处建立内线，并组织了精干的武装保卫人员和秘密交通网。11 月，周恩来从广东回沪后，重组了中央特科。此时，特科成员中有一些带有江湖流氓习气的人，如顾顺章等，热衷于打打杀杀。周恩来针对这些不良倾向，亲自为特科规定了“三大任务一不许”：“三大任务”是搞情报、惩处叛徒和执行各种特殊任务，“一不许”是不许在党内相互侦察。周恩来提出的“一不许”原则，对保障中共后来正常的党内生活极为重要。可以说，这些要求既做到了“圣智”和“仁义”，又做了“微妙”。

孙子接着感叹道：“微哉微哉，无所不用间也。”微妙呀，微妙，战争中无处不需要使用间谍，无处不需要进行情报侦察。他意在告诉国君将帅，切不可把用间当作权宜之计，或者一次性行为，而要把它当作军国大事，高度重视，巧妙运用，慎重保密。历史上往往有些国君将帅不擅长此道，运用间谍的时候不注重保密，或者用完之后公之于众，以至于间谍“出师未捷身先死”。所以，孙子提醒国君将帅：“间事未发，而先闻者，间与所告者皆死。”如果间谍的工作尚未展开，人员尚未派出去就已败露，那么间谍和听到秘密情报的人都要处死。他们或者为保密而被我方处死，或者因败露而被敌方处死。杀间谍是因为防止泄密，杀听密者是为了灭口。也许有人会认为孙子此言太残忍血腥了。然而，敌对斗争就是如此残忍。

109 五间之事，反间为要/中外各色“反间”

【原文】

凡军之所欲击，城之所欲攻，人之所欲杀，必先知其守将、左右、谒者、门者、舍人之姓名，令吾间必索知之。必索敌人之间来间我者，因而利之，导而舍之，故反间可得而用也。因是而知之，故乡间、内间可得而使也；因是而知之，故死间为诳事，可使告敌；因是而知之，故生间可使如期。五间之事，主必知之，知之必在于反间，故反间不可不厚也。

【精解】

孙子曾经主张，情报来源不要单一，发展的对象也不要局限于一两个人。他说：“凡军之所欲击，城之所欲攻，人之所欲杀，必先知其守将、左右、谒者、门者、舍人之姓名，令吾间必索知之。”强调若是想攻打敌人的军队，或想攻占敌人的城堡，或想暗杀敌人的某个要员的话，一定要事先打听到至少5种人的情况。一是“守将”，这里的“守”是职守，可理解为“负责将领”；二是“左右”，即将领的左右亲信；三是“谒者”，“谒”含有进见、拜见的意思，因此负责接引宾客的官员被称作“谒者”，这种人必是将领身边的人；四是“门者”，是指把守城门的官员，掌握大门的开启和关闭的人；五是“舍人”，“舍”指宫室、官府，因此“舍人”泛指官府中聘用供使唤的人，也是最接近“守将”的人。从左右谋士、联络官吏，到守门人员、贴身侍从等人，其姓名、特点、兴趣爱好，都要一一侦察清楚。为什么要了解清楚如此众多人员的情况？因为他们或者是出谋划策的人，或者是深知内情的人，或者是具体执行的人。掌握了他们的情况，也就有利于从多方面获取情报，也有利于从多角度印证情报的真伪。

然而，这些人大多很少抛头露面，不是藏在军营中，就是躲在深宫中，很难接近。生间、死间、乡间都很难获得他们的情报，只有了解内情的反间具备独特条件。所以，孙子接着强调：“必索敌人之间来间我者，因而利之，导而舍之，故反间可得而用也。”也就是必须搜查出前来侦察我军情报的敌方间谍，并用重金收买他，用优厚的礼遇款待他，引诱开导他为我方服务，然后放他回去，这样一来，反间就可以为我所用了。在孙子看来，一旦反间为我所用，整个棋局就活了。用孙子的话说：“因是而知之，故乡间、内间可得而使也；因是而知之，故死间为诳事，可使告敌；因是而知之，故生间可使如期。”意思是说，通过反间了解敌情，那么乡间、内间就可以为我所用了；通过反间了解敌情，也就能够使死间将假情报传递给敌人了；通过反间了解敌情，就可以使生间按预定时间回来报告敌情了。显而易见，生间、内间、乡间、死间虽然各有各的情报途径，但是“反间”提供的情报是最主要的来源，是整个间谍情报网络的关键节点，所以反间最为重要。

孙子提醒国君、将领：“五间之事，主必知之，知之必在于反间，故反间不可不厚也。”国君、将帅对5种间谍的使用方法和艺术都必须了如指掌。但是，其中最为关键的环节在于用好反间，一个“必”字，突出了反间的至关重要性，所以对于反间，不可不给予特别优厚的待遇。

说到“反间”，不由得让人想到美苏争霸的“冷战”时期的美国间谍奥尔德里奇·埃姆斯。此人原先是美国中央情报局的一个不起眼的角色。1967年他大学毕业后进入中情局，被他的同事认为“能力不强，老爱享受”，所以，他在中情局工作了近20年，仍是个中级文官，而且升迁的希望非常渺茫。20世纪80年代初，他的婚姻出现麻烦，夫妇俩常常吵架，他因此染上了酗酒的恶习。而正在这时，他的事业出现了转机，上级开始委派他执行各种反情报任务。在土耳其、华盛顿工作了几年后，他又被派到墨西哥城，负责那里的谍报工作。在那里他常常违规、酗酒、搞婚外恋。然而等他调回美国时，等待他的不是对“违规的处罚”，是职务的升迁。1985年他升任中央情报局苏联东欧部反情报处的负责人，也就是在这一年，他出卖了祖国，成了苏联克格勃的“鼹鼠”。由于他掌握着中情局内部几乎所有的机密，这样的人一旦“倒戈”，其危害程度可想而知。确实，从1985年他接受克格勃的第一笔酬金开始，直到案发前的10年当中，克格勃利用埃姆斯提供的情报摧毁了中情局30多次间谍行动，中情局在苏联的情报网遭到严重破坏，至少10名为美国工作的双重间谍被处决。面对一连串的失败，中央情报局和联邦调查局起初并未引起警觉，直到一名重要间谍在苏联突然失踪后，中央情报局和联邦调查局才联合组建特别行动队，开始搜寻潜伏在中情局的“鼹鼠”。渐渐地，埃姆斯被盯上，进入了行动队的名单。1994年2月，行动队在掌握了确凿的证据后，逮捕了埃姆斯。埃姆斯案震惊了美国当局，他们终于找到了10年来中情局在与克格勃进行情报战时始终处于下风的原因。

埃姆斯投靠克格勃，金钱应该是主要原因，他从苏联得到了总数达150万美元的回报。还有一个原因也非常重要，那就是因为在中情局他长期不受重用，他却总想炫耀自己的聪明才智，让大家看看究竟谁是中情局玩得最开的人。

1995年，埃姆斯被美国政府判处无期徒刑。埃姆斯案对西方情报工作的危害至今尚未彻底消除。无独有偶，近年美国“棱镜门”事件中的揭秘者爱德华·斯诺登又让美国中央情报局头痛不已，不仅使美国的情报大量外泄，还严重损坏了美国的国家形象，成为美国情报部门时时发作的隐痛。

遗憾的是，在这方面我们并非乐而无忧的看客，其实我们也置身于激烈的间谍与反间谍的斗争旋涡之中，也有难以言表的惨痛。最为典型的就是原总参谋部二部美洲大洋洲局长徐俊平叛逃事件。1989年徐俊平曾在美国哈佛大学肯尼迪学院中国官员进修班学习，当时，美国方面已获知他的身份，并和他秘密接触过。2000年12月，徐俊平赴美时与美国中央情报局联络后叛逃。徐俊平叛逃事件造成的损失相当巨大。因为，他当时专门负责联络美国驻北京大使馆武官，并在中美高层会议中任翻译，是军方海外情报工作的一名核心人员，掌握中国海外情报网络的大量机密，其叛逃有可能导致中国海外情报系统被美方破获。惨痛的教训告诉我们，对敌方为我所用的“反间”“不可不厚也”，同时对我方内部可能成为敌方“反间”的人更是不可不防也。

需要说明的是，我们讲用间，尤其是讲反间，并不是教唆广大读者照着其中的谋略去处理现实生活中的种种事情。对从事和平竞争工作的朋友来说，更重要的恐怕还在于汲取其思想，认清获取竞争信息的重要作用，学会从多角度和多层次认知事物、获取信息的方法，从而为正确决策、正确行动提供可靠的依据。

110　上智为间，必成大功 / 苏秦为何载入《孙子兵法》

【原文】

昔殷之兴也，伊挚在夏；周之兴也，吕牙在殷。故惟明君贤将，能以上智为间者，必成大功，此兵之要，三军之所恃而动也。

【精解】

这是《用间篇》的最后一段话，也是整部《孙子兵法》的结束语。孙子讲完了用间的重要性、间谍的 5 种分类和使用方法之后，最后用历史上成功的经典案例说话："昔殷之兴也，伊挚在夏；周之兴也，吕牙在殷。"其中提到的伊挚和吕牙就是中国古代最早的间谍，情报工作的鼻祖。

夏朝末年，夏桀在位之时，暴虐无道，商汤以伊挚为辅佐，伐灭夏桀，成为商朝立国之君。灭夏之后商朝建都于亳，后来商王盘庚迁都于殷，因而商朝也被称作殷商。"伊挚在夏"中的伊挚，就是伊尹，他原来在夏为臣，是夏桀的臣子，后来归附了以仁义著称的商汤，提供了夏朝各方面的情报，商汤因此而对夏桀有了全面深入的了解，终于伐灭夏桀而成大业。

500 年之后，商纣王在位时，暴虐无道，朝政败坏，周武王姬发以吕牙为辅佐，伐灭了商纣，成为周朝的立国之君。吕牙就是吕望，字子牙，又称姜子牙、太公望。据《史记·周本纪》记载："太公博闻，尝事纣，纣无道去之。""吕牙在殷"就是指姜子牙原先在殷为臣，后来归附了深得民心的姬昌，即周文王，并被尊为"师尚父"，此后多次深入商都朝歌侦察了解情况，因而姬发（周武王）尽知商纣王的政情，终于伐灭商纣而成大业。

《孙子兵法》在写作方法上最突出的特点就是"舍事而言理"，即舍去具体的案例，直接说出经过深思熟虑之后悟出来的道理。所以，孙子几乎是一句一理，很少用案例说话。然而，他在此处连用两个案例，在大量说理的基础上，再用案例说话，意在用事实证明一个结论。他总结说：

“故惟明君贤将，能以上智为间者，必成大功，此兵之要，三军之所恃而动也。”

这段话至少有两层含义。一是用伊挚、吕牙的案例说明，英明的国君、贤良的将领如果善于运用这种具有上等智慧的人从事间谍工作，“必成大功”。二是说明运用间谍掌握准确情报是“兵之要”，即用兵打仗最关键、最重要的事情。战争如何决策，作战如何指挥，整个军队一切行动，都依间谍获得的情报而定。可以说，情报往往具有一锤定音的作用。所以，万万不可轻视，一定要舍得用伊挚、吕牙这样的“上智”之人从事间谍情报工作。

孙子这一思想道出了成就大业的关键秘诀，因而深受历代国君和将帅重视，因此中国古代的间谍层出不穷，而且大都富于传奇色彩，其故事也往往引人入胜。其中战国时代的苏秦就颇具传奇色彩，因为太富传奇色彩，竟被后人编入《孙子兵法》之中。银雀山竹简本的文字与传世本有一个重要的区别，竹简本《孙子兵法》写的是：“昔殷之兴也，伊挚在夏；周之兴也，吕牙在殷；燕之兴也，苏秦在齐。”比传世本多了“燕之兴也，苏秦在齐”。苏秦是战国末期人，晚孙子 200 多年，这句话很可能是西汉初年人们整理兵书的时候被加进《孙子兵法》中的。但是它从另一个侧面证明，在苏秦是燕国间谍这个问题上，古人的认识是相对一致的。纵横家苏秦是一位可以和伊挚、吕牙相提并论的高级间谍。

苏秦一生的主要活动都是为了帮助燕昭王复兴燕国。周赧王元年（公元前 314 年），燕国发生了内乱。齐国趁机大举进攻，几乎灭掉了燕国。在燕国人民的奋力反抗和各国的干预下，齐国才不得不从燕国撤兵。3 年后，燕昭王即位，决心复兴燕国并报仇雪恨。为此，燕昭王特别注重招揽各方面人才。一直郁郁不得志的苏秦曾先后向周天子、赵王和秦王自荐，都不得重用。来到燕国后，却受到燕昭王的重用，并逐渐成为燕昭王的亲信。周赧王十五年（公元前 300 年），燕昭王派苏秦到齐国进行间谍活动。这次间谍活动的目的主要是使齐国不要谋取燕国，同时破坏齐国与赵国的关系，让齐国和赵国都无暇进攻燕国。苏秦在齐国待了 5 年，进行了大量的间谍活动，齐兵尽管多次出击，但都没有攻打燕国，齐与赵的关系也是时好时恶、时合时离，燕国则在与齐、赵的三边关系中坐收渔利、游刃有余，既可以同齐国一起攻打赵国，也可以同赵国一起进攻齐国，处于较为有利的地位。周赧王二十三年（公元前 292 年），齐、赵、秦三国争夺宋国土地，苏秦再次被燕昭王派到齐国，以助齐攻宋为名，企图达到借助秦、赵之力破齐的目的。周赧王二十九年（公元前 286 年），齐国伐宋，一举吞并宋国，各国震动，行动起来合力攻齐。燕国趁机积极活动，与诸侯合纵伐齐。3 年之后，诸侯联军在燕国大将乐毅的指挥下对齐国实施突袭。由于燕昭王和苏秦的保密措施做得好，苏秦在齐国的间谍身份一直没有暴露。齐闵王对苏秦十分信任，并把燕国视为本国的后院，对燕国方面的进攻毫无防备，所以遭到五国联军的猛烈突袭时，齐国因几乎没有还手之力而惨败。直到这时，苏秦的间谍身份才完全被暴露。齐闵王盛怒之下，将苏秦车裂于市。苏秦以自己的牺牲，促成了燕国的兴盛。恐怕正是由于这种不平凡的功绩，苏秦被后人视为与伊挚、吕牙一样的“上智”之人，列入《孙子兵法》之中。

结束语

111 孙子的思维方法

读书之大忌，在于生吞活剥、不求甚解。读书之秘诀在于融会贯通、撷英掇华、转化能量。从这个意义上来说，掌握孙子的思维方法，无疑是融会贯通《孙子兵法》13 篇、提纲挈领地把握孙子谋略思想精华、将之转化成我们自身的思想和能力的必由门径。

思维方法是开启智慧之门的钥匙，孙子之所以能够登上世界兵学的巅峰，与他超凡脱俗的思维方法显然有着密切的关系。综合起来看，孙子思考纷繁复杂的谋略问题大致采用了 6 种思维方法。

一是大胆创新。孔子曾说："言之无文，行而不远。"认为文章没有文采，就不能流传久远。此话固然不错，也可以稍改一下："言之不新，行而不远。"即重复前人的老话，话说得再优美动听，也难以流芳百世。《孙子兵法》之所以能够跨越千年流传下来，一个至关重要的原因就在于孙子具有创新思维，他敢于超越前人，敢于打破常规，见前人之所未见，道前人之所未道。

比如：由于长年战争，春秋末期社会上各思想流派人士几乎都反对战争。道家创始人老子最为典型，明确地说："兵者不祥之器，非君子之器，不得已而用之。"（老子，《道德经》）孙子却开篇大声疾呼："兵者，国之大事，死生之地，存亡之道，不可不察也。"强调国君和将帅要高度重视战争，慎重对待战争。

又比如：西周时期国君为了维护"家天下"政治体制的稳定制定了一系列战争规则，诸如不击半渡、不鼓不成列、不擒二毛、不重伤、不伐丧等，强调战争中必须遵守规则，打堂堂之阵。春秋末期这些规则已然失效，战场上奇谋诡道大行其事，所以孙子一针见血地指出："兵者，诡道也。"

再比如：军功爵制虽然在战国后期经商鞅提出后才正式成为制度，但是早在春秋时期它就已经是军人们晋升的基本途径。所以，一些人认为在战争中往往要追求杀敌无数，所谓英雄也应当是百战百胜的猛将。孙子则不然，明确提出："百战百胜，非善之善者也；不战而屈人之兵，善之善者也。"呼吁人们重视以智取胜，避免单纯暴力制胜。

诸如此类的创新性思想观点不胜枚举。可以说，将它们放到今天的时代，仍然熠熠生辉。

二是唯物求真。战争几乎自从产生之日起便与巫术如影随形。所以《左传》中记载："国之大事，在祀与戎。"（左丘明，《左传·成公十三年》）国家的头等大事，一是祭祀，二是战争。而且每次出征务必先行"庙算"，请巫师算一算。显然，其实质是假托神旨，行君王之意。孙子虽然借用过"庙算"一词，但他压根儿就不信神灵怪异那一套，考虑战争问题一切从实际出发，从客观物质条件和环境着眼。比如，他认为，"庙算"决策时，务必算一算敌对双方"道、天、地、将、法"5个方面的客观条件和环境谁强谁弱，《形篇》开篇即提出战争必须建立在雄厚的物质基础和充分的战争准备之上，"昔之善战者，先为不可胜，以待敌之可胜"。《用间篇》更是明确强调："先知者，不可取于鬼神，不可象于事，不可验于度，必取于人，知敌之情者也。"直接否定了巫师占卜那一套唯心主义的天命论，主张无神论、唯物论。

三是辩证分析。孙子的军事思想不仅表现出朴素唯物论的色彩，而且表现出朴素辩证法的特点。他说："是故智者之虑，必杂于利害。杂于利而务可信也，杂于害而患可解也。"一个"杂"字，体现出他认识和解决战争中各种矛盾的基本方法，即辩证分析法。他看到，战争中的种种矛盾总是不断变化的，对立双方总是互相依存、互相作用、互相转化的。比如敌人防备严实，但由于"备前则后寡，备后则前寡，备左则右寡，备右则左寡，无不备者无不寡"，不可能做到天衣无缝，总有疏漏。那么，如果避其实而击其虚，敌人的主动地位就转化为被动地位了。为了充分说明普遍存在于战争各个方面、各个层次的辩证关系，他构建了一个范畴体系，诸如攻守、全破、阴阳、刚柔、虚实、奇正、强弱、众寡、治乱、迂直、利害等，几乎每一篇都紧紧围绕这些主题，从而揭示战争中某种辩证关系。

四是整体思考。孙子深知战争是一个立体的、动态的过程，谋划战争问题务必从整体上思考。全书13篇的内容，从纵向来说，依次阐述了战争决策、作战指挥、战场变化、利用地形、火攻用间等方面的问题。从横向来看，既讲了政治因素、经济因素，又讲了精神因素、物质因素；既讲了为将之道、统军方法，又讲了管理之道、带兵方法。每篇既是一个独立个体，各篇之间又相互保持密切联系。日本兵学家山鹿素行清楚地揭示了《孙子兵法》的结构特点。他认为，从思想内容上来说，孙子的许多观点既在一篇之中详加阐释，又于其他篇章中加以发挥，从而贯穿于13篇之中，“通篇自有率然之势”。

五是兼收百家。有人说，《孙子兵法》是中国最古老的兵书。这是不确切的说法。应当说，《孙子兵法》只是中国现存军事典籍中产生最早、最为成熟的一部兵书。因为，在它之前，中国军事思想的产生和发展已有相当长的历史。基于“国之大事，在祀与戎”“国之所以兴者，农战也”的共识，历代君臣名士都热衷于议兵，仁者见仁，智者见智，涌现出异彩纷呈的兵学思想，从而使孙子得以兼收百家之长，成一代兵圣之言。所以说，《孙子兵法》并非完全由孙武个人创作，而是集大成的结果。书中既吸收了西周时期的原始兵书如《军政》《令典》之中的内容，又吸收了春秋时期各家学派的思想观点，若明若暗地表现出儒、道、法各家思想的影子。比如“道者，令民与上同意也”“不战而屈人之兵，善之善者也”，这些观点多少显示出儒家以仁义治国的思想。而“先为不可胜，以待敌之可胜”“避实击虚”之类的表述显然与道家顺应自然、以柔克刚的思想神韵相通。再看“施无法之赏，悬无政之令，犯三军之众，若使一人”，这一类型的观点则明显表现出法家依法治国的思想。《易经》的影响则比比皆是。所以说，《孙子兵法》虽是兵家圣经，却融入了各家流派的精华。

六是渐思顿悟。中国古代军事文化的特点之一是重宏观、重综合，擅长在纷繁复杂的现象中提炼出事物的本质。古代兵家思考问题时，常常从直观体验开始，经过大脑对观察到的事物进行反复思考、仔细琢磨，逐渐搞清楚了来龙去脉、因果关系，忽然间领悟了其中的哲理。这就是渐思顿悟的思维方法。老子如此，孔子如此，孙子也如此。而一旦顿悟出某种哲理或奥妙，用文字写出或口头说出来的时候，往往就是那么一两句话。这种表达方式，学者们称之为“舍事而言理”，即舍弃思考过程中考虑过的事物细节和过程，只是简明扼要地概括其本质，以便读者能够顿悟个中道理。这就形成了中国古代兵书惜墨如金、言简意赅的文风。孙子撰写兵法十三篇的方法可谓鲜明地表现了这一特点。如“三军可夺气，将军可夺心”“非利不动，非得不用，非危不战”等，确实堪称“一句一理，字字珠玑”。

如果说《孙子兵法》中一个个经典谋略犹如一颗颗智慧的明珠，那么，这 6 种思维方法就是穿起一颗颗明珠的经纬，从而共同组成了光照古今的军事思想宝库。正因为如此，我们学习《孙子兵法》既要关注一个个经典的谋略思想，更要牢牢把握这 6 种思维方法，方能融会贯通、撷英掇华、转化能量。

而且，毫不夸张地说，将这 6 种思维方法作为我们认识当今社会，思考现实问题，筹划人生战略，处理复杂事情的方法也未尝不可。

112 玩转《孙子兵法》的妙招

“玩转”两字有点花哨，其实本节就是讲学好、用好《孙子兵法》的基本方法。多年来，经常有一些朋友向我讨教学习《孙子兵法》最简便的办法，甚至一蹴而就的捷径，可是我的回答总是让他们失望。至少三个原因决定了它不可能一看就懂、一用就会。首先，它是用先秦时期的语言写的，与现代汉语差异很大，不看注释还真不容易看懂；其次，它是军事哲学著作，高度抽象地研究战争规律和谋略艺术，不用心琢磨还真不知所云；再次，它采取“舍事而言理”的写作方法，几乎每一句话都讲的是一条谋略思路，没有故事、没有情节，不沉下心来还真不容易读下去。尽管如此，它作为流传 2 500 多年的智慧宝库又确实值得人们下一番功夫。我常对朋友们说：“《孙子兵法》早学早开窍，多学多受益。”

宋代学者陈善曾提出一种很好的读书法，即出入法。他说：“读书须知出入法。始当求所以入，终当求所以出。见得亲切，此是入书法；用得透脱，此是出书法。盖不能入得书，则不知古人用心处；不能出得书，则又死在言下。惟知出知入，得尽读书之法也。”（陈善，《扪虱新话·读书法》）说白了，读书既要能够钻进去，又要能够跳出来。不钻进去则不能够理解作者所要表达的真实思想，不跳出来又会食而不化，死读书、读死书。我以为，学习《孙子兵法》就应当很好地运用出入法。具体而言，我们应该在“读”“悟”“融”“用”4 个方面下功夫，才能得其神韵、取其精华，并转化成自己的思想和能力。

所谓“读”，不是一般地泛读、扫一两眼式地读，而是要精读。我们静下心来精读，才能“进入”，也才能真正理解孙子的“用心之处”，领略那些古朴而深奥文字下面的奇思妙想。这是入门的前提和基础，犹如“童子功”。练就这种“童子功”没有捷径可走，就得一字一句地读原文，不懂之处就查注释，甚至将几家注释对比分析，看谁的解释更精准，如此精读、通读才能品尝原汁原味，才能掌握 13 篇的真实面貌。如果只读两三句，或者读后人写的通俗版、故事版，则只能“人云亦云”，不得要领，甚至可能被误导。比如，有人说："《孙子兵法》的思想概括起来就是两个字，一个是算，一个是骗。"如果没有认真读懂《孙子兵法》，就很可能被这种说法左右了。读书是一件幸福的事情，也是一件很艰苦的事情。很多人知道《孙子兵法》是个宝贝，但始终得不到这个宝贝，恐怕关键原因就在于舍不得吃这个苦，练不了"童子功"。性急吃不了热汤圆。不要急于几天内就一口气读懂《孙子兵法》全篇。

所谓"悟"，即用心领悟孙子思想的精髓。孙子的思维方法之一是渐思顿悟，然后用"舍事而言理"的方法表达悟出来的哲理。对读者而言，要想理解其精练语言中包含的深刻而丰富的思想，必须用还原法，即还原作者渐思过程中可能思考过的历史背景、历史事件和真实人物，才能有血有肉地理解作者所思所想。同时，"悟"还是"出书"的必由之路。只有边读边琢磨，才能吸收和消化作者的思想，逐渐将其思想"转移"到读者的头脑中来，转化成读者的智慧。此外，"悟"更是学以致用的唯一通道。2 500 多年前的孙子不可能告诉今人如何用计、用谋，而且他的不少谋略与当今现实差异巨大，如何将其精髓运用于现实的战争、竞争，甚至为人处世之中，除了自身用心"悟"，没有别的办法。赵括兵书倒背如流，打仗一战而败，恐怕关键原因就在于他缺乏悟性。我们不能当现实中的赵括。

所谓"融"，即融会贯通、全面理解。有人认为，只要记住孙子的一些名言警句就掌握了《孙子兵法》。殊不知，《孙子兵法》是一座完整的军事智慧宝库，各篇之间既彼此独立，又相互关联，只有全面了解孙子的思想体系，才算读懂了《孙子兵法》。从文字表述上看，某些重要观点不仅在某一篇中有集中阐述，在其他篇中也得到了丰富和完善。比如，《形篇》中强调："古之所谓善战者，胜于易胜者也。"其中的"易胜者"，用白话来说，就是容易被战胜的敌人。如果把古代善战者的最高境界仅仅理解为"战胜那些容易被战胜的敌人"，似乎没有什么智慧可言，这是人所皆知的常识。然而，孙子确实写的是"易胜"。这就需要联系上下文，甚至结合他的整个思想体系去理解。放到整个孙子谋略思想体系中，便不难发现这里所谓“易胜者”，并非从始至终的弱者，相反，其原本可能是很难打的强者。面对强者，孙子主张“实而备之，强而避之”，逐步用计、用谋削弱对方，使其由强变弱，由难打到易打，最后抓住机会一战而胜。再比如，有人认为《孙子兵法》中《地形篇》《九变篇》讲地形、天候之类的内容已经过时，完全没有用了，可以略过不读。其实，恰恰是这些内容反映了孙子非常务实的思想。战争一定是在特定的地形和环境中展开的，再巧妙的谋略思想也一定要在客观的地形和环境中才能够实现。综合分析13篇，《地形篇》《九变篇》等讲具体地形的篇章绝不是可有可无的，充分体现孙子“天地人”三才联动的思想。可见，我们在研读《孙子兵法》时，只有综合各篇有关言论，做到融会贯通，方能知其主旨，得其神韵。

所谓“用”，即灵活运用。毛泽东曾经说过：“读书是学习，使用也是学习，而且是更重要的学习。”（毛泽东，《毛泽东选集》）“学”的目的在于“用”，“用”的原则在于“活”。“活”的内涵很丰富。这个“活”字，可以当“实”字解，就是不能把理论当作教条，要实事求是，求真务实；可以当“变”字解，就是不能把理论僵化，要因时而变，因事而变；可以当“新”字解，就是根据时空变化，不断丰富发展，“苟日新，日日新”；可以当“奇”字解，就是奇妙无穷，以奇制胜。兵学不是刻板的理论，而是实用之学。兵法原则只有在实践中灵活运用才具有价值、才有活力。人们只有在实践中，才能更加深刻地理解兵法的内涵，并加以进一步发展。这就是古今中外伟大的军事家，既有深厚军事理论基础，又有丰富实战经验的重要原因之一。王安石认为韩信仅仅灵活运用了孙子的一两条奇谋妙计，便赢得了战争。他突出强调的就是活学活用，反对死读书、读死书。毛泽东在读《新五代史·刘鄩传》时写下一句批语：“兵书多坏事，少读为佳。”读《新五代史·刘仁赡传》时，他又写了一句批注：“（兵书）略通可以，多则无益有害。”我理解，毛泽东此言并不是反对读兵书，而是强调弄通其思想，掌握其精华，更重要的是在实践中灵活运用。因此，我们研读《孙子兵法》时，只有活学活用，才能常学常新。

当前，我们正处在又一个智者辈出、智慧闪耀的伟大历史时代。时代呼唤智慧，时势造就智者。《坛经》上说："一灯能除千年暗，一智能灭万年愚。"在面对竞争、迎接挑战、创造辉煌的时候，愿《孙子兵法》的谋略智慧能够烛照案头，点燃我们每个人心中那盏永不熄灭的智慧之灯，指引我们追求卓越、智赢天下。

后　记

年轻的时候，我非常信奉一句经典名言："人的一生虽然漫长，但紧要之处往往只有几步，特别是当人年轻的时候。"（柳青，《柳青文集》）一直以来，我常常庆幸二十来岁的时候有几步走得还不错。一是下农村，领略了社会的底层生活；二是上战场，经历了生与死的磨炼；三是读军校，踏上了通往军事学术殿堂的道路。回首往事，这三步既奠定了我军旅生涯的基础，又深深地影响了我的一生。时至花甲之年，我依然信奉那句经典名言，但是又有了新的理解。我认为，影响一生的不仅仅是年轻时候的那几步，进入中年、老年之后的关键几步同样丝毫不可马虎。

按照军队的规定，2016 年 4 月 28 日我收到由习近平主席签发的退休命令，从军职领导岗位正式退休。习惯了体制内生活的人，在这种时刻大多不知所措，对未来几十年平静的生活心生恐惧。我当然也不能免俗。但是，我很快从失落的阴影中走出来，健步走向更广阔的舞台。

深究起来，我之所以能够迅速地实现转身，最主要的还是得益于年轻时选对了行业，干对了事业。几十年国防教育和军事研究的经历，令我形成了深厚的学术积淀，熔炼了丰富的军事思想。我在领导岗位上时无暇整理和表达，现在完全有时间、有精力、有兴趣让自己回归到纯粹学者的状态，在知识的海洋中上下求索，在自由的时空中展翅飞翔。追往昔，总结一生学术研究心得；究来者，探索未知的知识领域。

恰巧在这个转折时刻，邱裕明和许长荣两位年轻人找上门来，请我在喜马拉雅 FM 平台上系统精解《孙子兵法》。这真是印证了一句老话：机会总是留给有准备的人的。多亏我在正式退休之前已经着手撰写《孙子兵法微课教本》，原打算以新颖的微课形式在网络上传播中华民族的军事智慧，现在他们主动搭起了平台，只等我"登台唱戏"了。我们当然是一拍即合。

2016 年 12 月初，《薛教授精讲〈孙子兵法〉》第一课正式在喜马拉雅 FM 播出。此后，我们一篇一篇撰写讲稿，一课一课录音编辑，截至 2017 年 8 月 23 日，全部 113 课上线完毕。

自从 1990 年考入军事科学院攻读中国古代军事思想专业研究生，我研究《孙子兵法》近 30 年，撰写著作 10 多本，开展大小讲座数千场，但从未像这次这样逐字逐句地深入研究、细致讲解。这一过程确实校正了我不少曾经错误的理解，令我收获了不少新的认识，可谓集 30 年研究之大成。同时由于种种原因，1979 年自卫还击作战一直被人们讳莫如深，鲜有研究成果。我在 113 课中多次结合战场真实感受和经验教训分析兵法内涵及运用之妙，客观上大致梳理了当年作战的主要经历。从这个意义上来说，喜马拉雅上的 113 课和本书《薛将军精解〈孙子兵法〉》是我人生旅途的一个重要标志，或者说是我花甲之年的纪念丰碑。

我的博士研究生谬称，这也是中国古代兵学研究领域一座标志性的丰碑。从研究的深度和高度来说，本人确实不敢妄称丰碑。但是，从借用信息技术、网络平台，采用微课的形式，完整讲授《孙子兵法》，让《孙子兵法》走出“密室”，走向普通大众的做法，无疑是前无古人的。从这个角度来说，称之为运用信息技术传播中国古代优秀军事文化的丰碑，似乎未尝不可。

现在，《薛将军精解〈孙子兵法〉》统稿完毕，即将付梓。掩卷而思，一张张笑脸浮现眼前，感激之情涌上心头。衷心感谢喜马拉雅 FM 给了我这个广阔的平台，感谢编导和技术人员的悉心指导和多方帮助，感谢各位听众的热心点评和大力支持，感谢“国安兵法大家谈”微信群中各位学友的热忱鼓励和互动交流。同时，还要感谢我的博士研究生张海华、张小朋，他们为课程的录音和制作提供了非常有意义的帮助；赵巳阳、张有凤、刘常撰写了《九变篇》至《用间篇》的初稿。最后，要特别感谢我的助理英子和婧子，她们既是最忠实的第一批听众，提出了不少有价值的意见和建议，又是最勤奋的得力助手，为组织和维护“国安兵法大家谈”学习交流微信群做了大量具体而且卓有成效的工作。

西方著名军事家克劳塞维茨撰写《战争论》时曾经预言：他的《战争论》将引起军事理论界的一场革命，并且它将不是二三十年之后就会被人们遗忘的书。我不敢奢望拙著能够引起什么军事理论界的革命，但也确实希望这本呕心沥血之作能够有益于增强听众和读者的谋略思维能力，并且流传久远。

薛国安

2018 年 8 月 1 日于红山斋

太和智库简介

太和智库成立于2013年，是一家科技驱动、行动导向、面向全球的社会智库，“凝聚全球精英，寻求共同价值”为其使命职责，“关注时代需要”为其行动理念。太和智库致力于打造客观、独立、高质量的智慧产品，为中国发展提供决策依据，为世界各领域交流提供智力支持。

太和智库聚焦人文交流、教育文化、国际关系、民族宗教、前沿科技、财经贸易六个领域，与十几家部委机构建立了课题委托关系，与百多家国内外组织机构开展了广泛的交流合作。研究成果通过其自有及国内外合作媒体平台推送发布，部分成果以“太和智库丛书”形式集结出版。

2017年，太和智库发起创办太和文明论坛，以“探寻共同价值，共谋和谐发展”为根本宗旨，以“严谨客观、面向国际、着眼前沿、务求实效”为原则，聚焦人类文明共生共享，发掘研究矛盾问题根源，寻求平抑化解冲突之道，旨在促进国家地区文明交流互鉴，推动人类社会和谐恒续发展。太和文明论坛致力于成为具有广泛影响力的学术交流、公共外交和人文交流平台。